OEUVRES
DE
WALTER SCOTT.

PARIS. — IMPRIMERIE ET FONDERIE DE RIGNOUX,
rue des Francs-Bourgeois-S.-Michel, n° 8.

LE COMTE
ROBERT DE PARIS

QUATRIÈME ET DERNIÈRE SÉRIE

DES CONTES DE MON HOTE,

Par Walter Scott.

TRADUIT

PAR M. ALBERT-MONTÉMONT

AUTEUR DES LETTRES SUR L'ASTRONOMIE
DU VOYAGE DANS LES CINQ PARTIES DU MONDE, DU VOYAGE AUX ALPES, ETC.

> Sur le rivage européen et asiatique, la coupole de Sainte-Sophie avec ses rayons dorés, les bocages de cyprès, l'Olympe élevé et couronné de neige, les douze îles, et plus que je ne saurais imaginer, encore moins retracer : voilà le spectacle merveilleux qui charmait la belle Marie Montagu.
> LORD BYRON, *Don Juan.*

PARIS.

ARMAND-AUBRÉE,

ÉDITEUR DES OEUVRES DE VOLTAIRE, DE ROUSSEAU, ETC

RUE TARANNE, N° 14.

M DCCC XXXII.

Saml Adams

INTRODUCTION.

JEDEDIAH CLEISHBOTHAM,
MAÎTRE-ÈS-ARTS,

AU LECTEUR BIENVEILLANT

SALUT ET PROSPÉRITÉ.

Il me siérait mal, à moi dont le nom a été répandu par les premières collections portant le titre de *Contes de mon hôte*, et que la voix sincère d'une foule de lecteurs a appris à me croire digne non seulement des fumées de la gloire, mais encore des avantages plus solides que le succès attache au métier d'auteur... il me siérait, dis-je, mal de laisser entrer dans le monde ce nouveau-né littéraire, le plus jeune et probablement le dernier enfant de ma vieillesse, sans l'accompagner d'une apologie modeste au sujet de ses défauts, ainsi que j'ai eu l'habitude d'en user dans les précédentes occasions de la même nature. Le monde a été suffisamment instruit d'une vérité, c'est que je ne suis point individuellement la personne à qui l'on doit attribuer l'invention ou le dessin du plan d'après lequel ces contes, qui ont été trouvés si agréables, furent originairement construits; de même qu'aussi je ne suis pas non plus l'ouvrier qui, ayant reçu d'un architecte habile un plan indiquant avec exactitude les dimensions et les directions d'ensemble et de détail, a mis ensuite la main à l'œuvre, et s'est appliqué à exécuter et compléter la forme et les proportions de chaque division de l'édifice. Néanmoins j'ai, sans contredit, été l'homme qui, en plaçant son nom à la tête de l'entreprise, s'est rendu principalement et particulièrement responsable du succès général. Lorsqu'un vaisseau de guerre livre un combat avec son équipage composé de plusieurs marins d'élite et de divers officiers, ce ne sont pas ces subordonnés à qui l'on attribue le gain ou la perte du vaisseau qu'ils montaient ou qu'ils attaquaient (quoique chacun se soit activement employé au poste qui lui était assigné), mais le bruit court et se répand aussitôt, sans autre explication, que le capitaine Jedediah Cleishbotham a perdu le vaisseau de 74, ou s'est rendu maître de celui qui, par les efforts réunis de tous ceux qui ont pris part à l'action, a été enlevé à l'ennemi. De même il serait triste et honteux que moi, capitaine volontaire et armateur de ces expéditions commerciales, faites sous ma responsabilité particulière, après m'être, en trois occasions différentes, approprié les profits et la réputation qui en découlaient, je déclinasse aujourd'hui les risques qui peuvent résulter du non succès de ce quatrième et dernier voyage. Non! j'adresserai plutôt à mes associés à bord du navire commun ce langage qui peint la constance de l'héroïne de Mathew Prior :

> Mon dessein n'était-il de tenter avec toi
> Que le paisible sein d'une mer sans orage,
> Pour fuir l'onde irritée et gagner le rivage
> Quand les vents déchaînés y souffleraient l'effroi ?

Il conviendrait néanmoins aussi peu à mon âge et à mon état de ne pas reconnaître franchement certains défauts que l'on peut justement indiquer dans ce complément des *Contes de mon hôte*, dernière production que laissa évidemment, sans l'avoir jamais revue ou corrigée avec soin, feu M. Pierre Pattison, le digne jeune homme dont il est si souvent fait mention dans ces essais sous forme d'introduction, et jamais sans payer à son bon sens et à ses talens, je dirai même à son génie, le tribut d'éloges que la part qu'il avait à l'entreprise que j'avais formée le mettaient justement en droit d'attendre de l'ami et du patron qui lui survivait. Ces pages, ai-je dit, furent le *ultimus labor* de mon ingénieux collaborateur; mais je ne dirai pas, comme le célèbre docteur Pitcairn de son héros, *ultimus atque optimus*. Hélas! les vertiges même que l'on éprouve en parcourant le chemin de fer de Manchester ne sont pas si dangereux pour les nerfs que l'habitude trop fréquente de se laisser emporter dans ce gai tourbillon du monde idéal, dont la tendance à rendre l'imagination confuse et le jugement inerte a été remarquée dans tous les siècles, non seulement par les érudits de la terre, mais par l'esprit borné de plusieurs des Ofelles[1] eux-mêmes.

[1] Personnage d'une pièce de théâtre. A. M.

La rapidité avec laquelle l'imagination est emportée dans ce travail, où la volonté de l'écrivain est pour lui comme la tapisserie du prince Hussein dans le conte oriental [1], est-elle la source principale du danger, ou, indépendamment de cette fatigante vélocité d'entraînement, un séjour habituel dans ces domaines de l'imagination est-il aussi peu approprié à l'intelligence de l'homme que la respiration, pendant un espace de temps un peu considérable, de l'air raréfié du sommet des montagnes l'est à la constitution physique de son enveloppe mortelle?.. C'est une question que je ne suis pas appelé à décider; mais il est certain que nous découvrons souvent dans les ouvrages des plus distingués de cette classe d'hommes des signes d'égarement et de confusion qui ne se présentent pas aussi souvent dans ceux des personnes à qui la nature a accordé une imagination moins rapide ou moins ambitieuse dans son vol.

Il est pénible de voir le grand Michel Cervantes lui-même se défendre, comme les enfans d'une race d'hommes moins parfaite, contre les critiques du temps qui le poursuivaient de leurs attaques touchant ces petites disparates ou incorrections qui sont sujettes à obscurcir la marche même d'un esprit comme le sien, lorsqu'il parvient au couchant de sa journée. «Fort souvent, dit Don Quichotte, il arrive aux hommes qui se sont acquis une très grande réputation par leurs écrits avant qu'ils fussent publiés de la perdre ensuite entièrement, ou du moins en grande partie, lorsqu'ils ont subi cette épreuve.» —«La raison en est simple, répond le bachelier Carrasco ; leurs fautes sont plus aisément découvertes lorsque leurs livres ont été imprimés, parce qu'alors ils sont plus lus et examinés de plus près, surtout si l'auteur a été très préconisé auparavant ; car dans ce cas on est certain que la sévérité de l'examen en sera d'autant plus grande. Ceux qui se sont fait un nom par leur génie, les grands poètes et les historiens illustres, sont ordinairement, sinon toujours, l'objet de l'envie d'une classe d'hommes qui se plaisent à censurer les écrits des autres, quoiqu'ils n'aient eux-mêmes jamais pu en produire aucun.» — «Il n'y a là rien d'étonnant, dit Don Quichotte; il y a beaucoup de théologiens qui ne fe-

---

[1] Conte des *Mille et une Nuits*. A. M.

raient que de très lourds prédicateurs, et qui cependant ont l'esprit assez vif lorsqu'il s'agit de découvrir des fautes et des longueurs dans les sermons des autres. »—« Tout cela est vrai, répond Carrasco, et je souhaiterais en conséquence que de tels censeurs voulussent bien être un peu plus indulgens et moins scrupuleux, et ne s'attachassent pas avec aussi peu de générosité à de faibles taches qui ne sont, pour ainsi dire, qu'autant d'atomes sur la surface de l'astre éclatant contre lequel ils murmurent. Si *aliquando dormitat Homerus*, qu'ils considèrent combien de nuits il a veillé pour mettre au jour son noble ouvrage aussi peu entaché de défauts que possible; mais même il peut arriver en beaucoup de cas que ce que l'on censure comme une faute soit plutôt une beauté, de même que les signes ajoutent souvent à la beauté du visage. Quand tout a été dit, celui qui publie un livre court de grands risques, puisque rien n'est moins probable que de voir qu'il en ait composé un capable de lui assurer l'approbation de tous les lecteurs. » — « Bien certainement, dit Don Quichotte, celui qui traite de moi ne peut avoir plu qu'à un bien petit nombre. »—« Tout au contraire, répond Carrasco; car, comme *infinitus est numerus stultorum*, ainsi un nombre infini de personnes ont admiré votre histoire. Seulement il y en a quelques unes qui ont accusé l'auteur d'un défaut de mémoire ou de sincérité, parce qu'il a oublié de dire quel était l'individu qui vola le grison de Sancho, car il n'y est point fait mention de cette indication : seulement nous voyons d'après l'histoire qu'il fut volé; et cependant nous le retrouvons bientôt après monté sur le même âne, sans avoir préalablement reçu aucun éclaircissement à ce sujet. D'un autre côté ils disent que l'auteur a oublié d'apprendre au lecteur ce que Sancho fit des cent pièces d'or qu'il trouva dans le porte manteau sur la Sierra Morena ; car il n'en est plus dit un mot par la suite; et beaucoup de gens désireraient fort savoir ce qu'il en fit, et comment il les dépensa : ce qui est un des points les plus matériels sous le rapport desquels pèche l'ouvrage. »

Nul lecteur n'a oublié la manière amusante dont Sancho éclaircit les passages obscurs auxquels fait ainsi allusion le bachelier Carrasco ; mais il resta assez de semblables *lacunœ*, inadvertances et erreurs, pour exercer la verve de ces critiques espagnols qui avaient trop bonne opinion d'eux-mêmes pour profiter de la leçon qui leur était offerte dans la simple et modeste apologie de cet immortel auteur.

On ne peut douter que, si Cervantes n'eût pas jugé au dessous de lui de faire valoir un semblable moyen, il n'eût pu aussi alléguer le mauvais état de santé dont il fut certainement affligé pendant qu'il finissait la seconde partie de Don Quichotte. Il est évident du reste que les intervalles d'une maladie comme celle qui tourmentait alors Cervantes n'étaient pas les plus favorables du monde pour revoir des compositions légères, et corriger du moins les imperfections et les fautes les plus grossières que chaque auteur devrait, ne fût-ce que par pudeur, faire disparaître de son ouvrage avant de le produire au grand jour, où elles ne manqueront jamais d'être distinctement aperçues, ni de trouver des personnes éclairées qui seront trop heureuses de se charger du rôle de les faire connaître.

Il est plus que temps d'expliquer dans quelle intention nous avons ainsi rappelé longuement au souvenir du lecteur le grand nombre de fautes légères de l'inimitable Cervantes, et les passages dans lesquels il a plutôt défié ses ennemis qu'il n'a plaidé pour sa justification; car je suppose que l'on reconnaîtra aisément qu'il existe trop de distance entre nous et ce grand génie de l'Espagne, pour qu'il nous soit permis de nous couvrir d'un bouclier qui n'était formidable que par le bras puissant auquel il était attaché.

L'historique de mes premières publications est suffisamment connu, et je n'ai point renoncé au projet de terminer ces *Contes de mon hôte*, qui avaient eu un succès si remarquable; mais la mort, qui, dans sa marche inaperçue, fond à la dérobée sur chacun de nous, trancha les jours de l'intéressant jeune homme à la mémoire duquel je composai l'inscription et élevai, à mes frais, le monument qui protégent ses restes au bord de la rivière Gander qu'il a si grandement contribué à rendre immortelle, et dans un lieu de son choix, à peu de distance de l'école confiée à mes soins. En un mot, l'ingénieux M. Pattison a été retiré de ce monde.

Je ne bornai point uniquement mes soins à m'occuper de

sa renommée posthume, mais j'inventoriai et conservai soigneusement les effets qu'il avait laissés après lui, consistant dans le contenu de sa petite garderobe, et plusieurs livres d'une valeur un peu plus relevée auxquels étaient joints certains manuscrits horriblement raturés qui s'étaient trouvés dans sa cachette. En les parcourant, je m'aperçus qu'ils contenaient deux contes ayant pour titre : *Le comte Robert de Paris* et *le Château dangereux;* mais je fus sérieusement désappointé lorsque je reconnus qu'ils étaient loin d'être dans cet état de correction qui fait dire à une personne entendue qu'un écrit, dans le langage technique de la librairie, est prêt à être mis sous presse. Il s'y trouvait non seulement des *hiatus valdè deflendi*, mais même de fâcheuses contradictions et d'autres fautes que l'écrivain, en les revoyant à loisir, s'il eût assez vécu pour cela, eût sans aucun doute fait disparaître. Après une lecture attentive, je me flattai néanmoins que ces manuscrits, avec tous leurs défauts, contenaient çà et là des passages qui semblaient indiquer clairement que les rigueurs de la maladie n'avaient pu complétement éteindre cette imagination brillante que le monde s'était plu à reconnaître dans les créations du *Vieillard des Tombeaux*, de la *Fiancée de Lammermoor*, et autres récits de cette collection; mais je n'en serrai pas moins les manuscrits dans mon tiroir, prenant la résolution de ne point songer à les soumettre à l'épreuve de Ballantyne[1] jusqu'à ce que je pusse me procurer l'aide de quelque personne capable pour remplir les lacunes et faire disparaître les incorrections, de manière qu'ils pussent paraître avec avantage aux yeux du public, ou que peut-être de nombreuses et plus sérieuses occupations me permissent de consacrer moi-même mon temps et mon travail à cette tâche.

Dans cette incertitude, je reçus la visite d'un étranger qu'on m'annonça comme un jeune homme désirant me parler pour affaires particulières. J'augurai tout de suite qu'il s'agissait d'un nouveau pensionnaire; mais je fus, au premier coup-d'œil, arrêté court dans mes conjectures, en observant que l'extérieur de l'étranger était, à un degré remarquable, ce que, dans la langue de mon hôte de l'auberge de sir William Wallace, il

---

[1] Fameux imprimeur d'Édimbourg. A. M.

appelle *rapé*[1]. Son habit noir avait vu du service; sur son gilet de serge grise étaient encore mieux constatés les états de présence de plus d'une campagne; la troisième partie de son accoutrement était tout-à-fait un vétéran, comparée aux deux autres; ses souliers couverts de boue indiquaient assez qu'il devait avoir voyagé pédestrement; et une *limousine*[2] grise qui voltigeait autour de ses membres décharnés complétait l'équipage qui, depuis le temps de Juvénal, a toujours été la livrée de l'homme de lettres dans la misère. J'en conclus donc que j'avais devant les yeux un candidat à la place vacante de sous-maître, et me préparai à écouter son offre avec la dignité que comportait le poste que j'occupais. Mais quelle fut ma surprise quand j'appris que je voyais devant moi, dans ce savant malpropre, le personne même de Paul, frère de Pierre Pattison, venu pour recueillir la succession de son frère, et n'ayant pas, à ce qu'il paraissait, une petite idée de la valeur de cette partie de l'héritage qui consistait dans les productions de sa plume.

D'après l'étude rapide que je pus en faire, ce Paul Pattison me parut un fin matois, possédant une certaine teinture des lettres, comme le frère dont la perte m'affligeait, mais totalement dépourvu de ces aimables qualités qui m'avaient souvent porté à dire en moi-même que Pierre était comme le fameux John Gay...

Homme par ses talens, enfant par sa candeur.

Il fit peu de cas du legs qui lui était offert dans la garde de mon défunt collaborateur; les livres ne parurent pas non plus avoir beaucoup plus de prix à ses yeux; mais il demanda d'un ton absolu à être mis en possession des manuscrits, alléguant avec opiniâtreté qu'aucun marché précis n'avait été passé entre feu son frère et moi, et il finit par produire l'opinion conforme d'un écrivain ou homme d'affaires, classe d'hommes avec laquelle j'ai toujours désiré avoir aussi peu à démêler que possible.

Mais il me restait un moyen de défense qui vint à mon aide, *tanquam deus ex machina*. Ce Paul Pattison, dans sa rapacité,

---

[1] *Seedy*, mot d'argot anglais, pour indiquer un habit râpé. A. M.
[2] *Mawd*, espèce de manteau de serge grossière, ou drap gris grossier. A. M.

ne pouvait prétendre à me ravir la possession des manuscrits en litige qu'en me remboursant une forte somme d'argent que j'avais avancée en diverses occasions à feu Pierre Pattison, et entre autres pour acheter une petite rente viagère à sa vieille mère. Ces avances, avec les frais des funérailles et d'autres dépenses, se montaient à une somme considérable, que ma partie adverse, plus chargée de science que d'écus, et son rusé conseil prévoyaient également de grandes difficultés à rembourser. Ledit Paul Pattison prêta donc l'oreille à une suggestion que je laissai tomber comme sans intention au milieu de ce débat. C'était que, s'il se croyait capable de remplir la place de son frère en mettant l'ouvrage en état d'être livré à l'impression, je lui offrais avec plaisir la table et le logement chez moi durant le temps qu'il s'en occuperait, lui demandant seulement de m'aider quelquefois à faire la classe aux élèves les plus avancés. Cette proposition parut devoir terminer notre différent d'une manière satisfaisante pour toutes les parties ; et le premier acte de Paul fut de tirer sur moi pour une somme ronde, sous prétexte que sa garde-robe avait besoin d'être complétement renouvelée. Je ne fis aucune objection à cette exigence, quoique je visse une grande vanité à acheter des vêtemens dans la dernière mode, lorsque non seulement une grande partie de ceux du défunt pouvaient encore fort bien lui servir pendant une année, mais que, comme je venais de me faire faire un fort bel habillement complet de drap noir qui était aussi frais que s'il n'eût été porté que de la veille, j'eusse mis avec plaisir à la disposition de M. Pattison ceux de mes anciens vêtemens qui auraient pu lui convenir comme j'en avais toujours usé avec feu son frère.

L'école, il faut le dire, allait assez bien. Mon jeune homme était très entendu, et semblait déployer tant d'activité dans ses fonctions de sous-maître qu'il outrepassait même la tâche dans laquelle il eût dû se renfermer, si je puis parler ainsi, et que je commençai à m'apercevoir que je n'étais qu'un zéro dans mon établissement. Je me consolai en pensant que la publication avançait aussi rapidement que je pusse le désirer. Sur ce sujet, Paul Pattison, comme le vieux Pistol, «tenait des discours hardis sur le port,» et cela non seulement à la maison, mais même dans la société de nos voisins qu'il visitait en homme de plaisir, au lieu d'imiter la vie retirée et comme monastique de feu son frère, et avec lesquels ils faisait une telle bombance, qu'avec le temps on le vit ravaler le modeste ordinaire que son estomac affamé avait d'abord regardé comme un banquet recherché; et il déplut par là beaucoup à ma femme qui se vante avec justice de l'abondance, de la propreté et de la salubrité des mets qu'elle offre à ses sous-maîtres et à ses pensionnaires.

En somme, j'entretenais plutôt l'espoir que l'assurance bien réelle que tout se passât bien, et je me trouvais dans cette situation d'esprit désagréable qui précède une rupture ouverte entre deux associés qui ont depuis long-temps conçu de l'ombrage l'un contre l'autre, mais qui sont encore détournés d'en venir à cette extrémité par le sentiment de leur intérêt mutuel.

La première chose qui m'alarma fut le bruit qui courut dans le village que Paul Pattison avait l'intention d'entreprendre sous peu un voyage sur le continent... sous le rapport de sa santé, ainsi qu'il le prétendait, mais bien plutôt, comme les mêmes rapports le justifiaient, dans la vue de satisfaire la soif d'instruction qu'il avait puisée dans la lecture des classiques que pour tout autre motif. Je fus, dis-je, un peu alarmé de ce *susurrus*, et commençai à réfléchir que la retraite de M. Pattison, à moins qu'on ne pût réparer sa perte à temps, porterait probablement un coup à l'établissement; car, à vrai dire, ce Paul savait gagner l'esprit des élèves, surtout de ceux qui étaient d'un naturel doux: de sorte que je suis forcé d'avouer que je doutais si moi-même, avec toute mon autorité et mon expérience, je pourrais le remplacer dans l'école. Ma femme, comme il lui convenait dans sa position, concevant de l'ombrage des intentions de M. Pattison, me conseilla d'aller droit au but, et d'approfondir sur-le-champ cette affaire. Et, à dire vrai, j'avais toujours trouvé que cette manière d'agir me réussissait le mieux avec mes élèves.

Mistriss Cleishbotham ne tarda pas à ramener ce sujet sur le tapis; car, comme la plus grande partie de la race de Xantippe (quoique mon épouse soit une femme dont il y a beaucoup de bien à dire), elle aime à enfoncer la fenêtre quand elle ne peut entrer par la porte[1]. «Vous êtes un homme d'un esprit fin, monsieur Cleishbotham, observait-elle, et un homme d'un grand savoir, monsieur Cleishbotham... et le maître d'école de Glanderclench, monsieur Cleishbotham, ce qui est tout dire ; mais plus d'un homme presque aussi grand que vous a perdu selle pour avoir souffert qu'un inférieur montât en croupe derrière lui. Et quoique dans le monde, monsieur Cleishbotham, vous ayez la réputation de tout faire, soit dans la direction de l'école, soit dans cette nouvelle et avantageuse spéculation de librairie que vous avez entreprise, cependant on commence à dire partout à Gandercleuch, dans le haut et dans le bas de la rivière, que le sous-maître écrit les livres et instruit les élèves du maître d'école. Oui, oui, adressez-vous à la première fille, femme ou veuve venue, et elle vous dira que le moindre marmot d'entre eux va trouver Paul Pattison pour lui répéter sa leçon aussi naturellement qu'ils viennent à moi pour leur goûter, les pauvres petits, et qu'il n'y en a pas un qui songe jamais à s'adresser à vous pour une passe difficile[2] ou pour un mot qui l'embarrasse, ou pour toute autre chose, si ce n'est pour des *licet exire*, ou pour tailler quelque vieille plume.»

Il est bon de savoir que cette virulente apostrophe vint fondre sur moi par une soirée d'été, tandis que je laissais tranquillement couler mes heures de loisir en achevant une pipe courte[3], plongé dans les douces rêveries qu'a coutume de produire l'herbe nicotiane, plus particulièrement chez les personnes studieuses adonnées *musis severioribus*. Il me coûtait naturellement de quitter le sanctuaire où je me trouvais entouré d'un nuage de fumée, et j'essayai de réduire au silence la voix bruyante de mistriss Cleishbotham, qui a en elle quelque chose de singulièrement aigu et pénétrant.

«Femme, dis-je d'un ton d'autorité domestique approprié à l'occasion, *res tuas agas*... Occupez-vous de laver et tordre votre linge, de vos ragoûts et de vos tisanes, ou de tout ce qui concerne les soins extérieurs à donner à la personne des

---

[1] *She loves to thrust in her oar*, elle aime à faire entrer son aviron; c'est-à-dire à se mêler de tout. A. M.

[2] *Kitle turn*, dit le texte; expression écossaise. A. M.

[3] *Cutty*, expression écossaise. A. M.

élèves, et laissez celui de leur éducation à mon sous-maître, Paul Pattison, et à moi.»

«Je suis du moins bien aise de voir, ajouta la maudite femme (faut-il que je sois forcé de me servir de cette expression!) que vous ayez le bon esprit de le nommer le premier, car il n'y a guère de doute qu'il marche le premier de la bande; si vous voulez vous donner la peine d'entendre ce que les voisins disent hautement, ou murmurent tout bas.»

« Que murmurent-ils? Parle, sœur damnée des Euménides,» m'écriai-je, l'*œstrum* provoquant de sa mercuriale contrebalançant totalement les vertus sédatives de la pipe et du pot de bière.

«Ce qu'ils murmurent? reprit-elle en montant aux tons les plus aigus de son diapason... Mais ils murmurent assez haut, du moins pour que je puisse l'entendre, que le maître d'école de Gandercleuch n'est plus qu'une vieille femme bête [1], qui passe tout son temps à s'enivrer avec le cabaretier du village, et abandonne son école, le travail de ses livres et tout le reste aux soins de son sous-maître; et de plus, les femmes de Gandercleuch disent que vous avez pris Paul Pattison pour écrire un nouveau livre, qui doit éclipser tout le reste de ce que vous nous avez donné jusqu'aujourd'hui; et pour montrer quelle pauvre part vous avez à la besogne, elles ajoutent que vous n'en savez seulement pas le nom, et que vous ignorez s'il s'y agira des païens grecs ou de Douglas-le-Noir.»

Ces sarcasmes me furent adressés d'un ton si mordant, que j'en fus piqué jusqu'au vif, et lançai ma pauvre vieille pipe, comme un des javelots d'Homère, non pas à la figure de ma provoquante moitié, quoique j'en éprouvasse une violente tentation, mais dans la rivière Gander, qui, comme le savent parfaitement aujourd'hui les personnes qui voyagent pour leur agrément des parties les plus reculées de la terre, poursuit en serpentant son cours au dessous du rivage où mon école se trouve agréablement située. Me levant brusquement, j'enfonçai sur mes yeux le chapeau retapé qui fait honneur aux magasins de MM. Grieve et Scott, et plongeant dans la vallée qu'arrose le Gander, je remontai le cours du

[1] *Doited*, une sotte, expression écossaise. A. M.

ruisseau, poursuivi dans ma retraite par la voix de mistress Cleishbotham, qui avait quelque chose de l'aigre cri de triomphe dont l'oie menace dans leur fuite le chien importun ou l'écolier désœuvré qui est venu la troubler dans l'enceinte où elle couvait, et s'est sauvé devant elle. A dire vrai, l'influence de tout ce fracas d'expression de rage et de mépris dont je me sentais pressé sur mes derrières fut telle, que, tandis qu'il retentissait à mes oreilles, j'en fus effrayé, au point de retrousser par un mouvement machinal les pans de mon habit noir sous mon bras, comme si j'eusse été dans un danger réel d'être saisi par la main de l'ennemi acharné à ma poursuite. Ce ne fut que sur le point d'arriver au fameux cimetière, où Pierre Pattison eut la bonne fortune de rencontrer le personnage connu au loin sous le nom de *vieillard des tombeaux*, que je fis halte, dans le dessein de remettre mes esprits troublés, et de considérer ce qu'il y avait à faire ; car jusqu'alors mon ame était agitée par un chaos de passions où la colère dominait, et il ne m'était pas aisé de décider pour quelle raison et contre qui j'éprouvais une si violente indignation.

Néanmoins, ayant replacé avec le soin convenable mon chapeau retapé sur ma perruque artistement poudrée, et après l'avoir relevé un moment pour rafraîchir mon front échauffé par la course ; ayant de plus secoué et rajusté les basques de mon habit noir, je me disposai à répondre à mes propres questions, ce que j'eusse vainement tenté de faire avant que ces arrangemens eussent été tranquillement exécutés.

En premier lieu donc, pour me servir de la phrase de M. Docket, le scribe (c'est-à-dire l'avoué) de notre village de Gandercleuch, j'acquis la conviction que mon courroux était dirigé contre tous et divers, ou, d'après l'expression latine du droit, *contrà omnes mortales*, et plus particulièrement contre le voisinage de Gandercleuch, pour avoir fait circuler des bruits au détriment soit de mes talens littéraires, soit de mon mérite comme maître d'école, et tranféré la réputation qui en découlait à mon sous-maître. Secondement, contre mon épouse, Dorothée Cleishbotham, pour avoir transmis lesdits bruits calomnieux à mes oreilles d'une manière brusque et inconvenante, et sans avoir dument égard soit au langage dont elle se servait, soit à la personne à qui elle s'adressait... traitant des affaires dans lesquelles j'étais si intimement intéressé, comme si elles eussent été des sujets convenables de plaisanterie parmi des commères réunies à une cérémonie de baptême, où l'espèce féminine réclame le privilége d'honorer la *bona dea* d'après les rites secrets de son sexe. Troisièmement, il devint évident pour moi que j'étais autorisé à répondre à qui de droit que mon courroux s'était allumé contre Paul Pattison, mon sous-maître, pour avoir donné occasion d'un côté aux voisins de Gandercleuch d'entretenir de semblables opinions, et à mistriss Cleishbotham de me les avoir, sans respect, répétées en face, puisque ni l'une ni l'autre de ces circonstances n'eût pu avoir lieu, s'il n'eût criminellement présenté sous un faux jour des transactions privées et confidentielles, et dont je m'étais moi-même entièrement abstenu de laisser échapper envers un tiers le moindre mot qui pût les faire soupçonner.

Ce classement de mes idées, ayant contribué à apaiser la tourmente qui les avait suscitées, donna à la raison le temps de prévaloir, et de me demander de sa voix calme, mais claire, si, d'après toutes ces circonstances, j'étais bien fondé à nourrir sans distinction une indignation générale. Enfin, après un examen plus attentif, les diverses idées atrabilaires auxquelles je m'étais livré à l'égard des autres parties vinrent se confondre dans le ressentiment que j'éprouvais contre mon perfide sous-maître; et, comme le serpent de Moïse qui absorba tous les sujets subalternes de mécontentement, me mettre en guerre ouverte avec la masse de mes voisins, à moins que je n'eusse été certain de quelque mode efficace de me venger d'eux, eût été une entreprise trop lourde pour mes épaules, et qui eût fort bien pu, si je m'y étais imprudemment embarqué, se terminer par ma ruine. En venir à un éclat contre ma femme, en raison de son opinion sur mes talens littéraires, eût paru ridicule, et, en outre, mistriss Cleishbotham était sûre d'avoir pour elle toutes les femmes, qui l'eussent représentée comme persécutée par son mari pour lui avoir donné de bons avis, et n'ayant d'autre tort que d'y avoir insisté avec une sincérité un peu trop exaltée.

Restait Paul Pattison, sans aucun doute, l'objet le plus naturel et le plus convenable de mon indignation, puisque l'on pouvait dire que je le tenais en mon pouvoir, et pouvais le punir par son renvoi quand bon me semblerait. Néanmoins, des mesures de vengeance contre ledit Paul, quelque aisées qu'elles eussent été à effectuer, eussent pu avoir de sérieuses conséquences pour ma bourse; et je commençai à réfléchir avec amertume, que dans ce monde la route par laquelle nous arrivons à satisfaire notre ressentiment est rarement celle qui conduit à l'avancement de nos intérêts, et que l'homme sage, le *verè sapiens,* hésite rarement sur le choix de celle qu'il doit prendre.

Je fis aussi réflexion que j'ignorais complétement jusqu'à quel point mon sous-maître actuel s'était réellement rendu coupable des actes de vanterie peu délicats dont il était accusé.

En un mot, je commençai à m'apercevoir que ce n'était pas une chose à faire à la légère que de rompre tout d'un coup et sans avoir pesé plus mûrement divers *punctiuncula* qui s'y rattachaient, une entreprise à fonds communs ou société, comme l'appellent les jurisconsultes, qui, si elle lui était avantageuse, promettait du moins de ne l'être pas moins pour moi qui jouissais d'une telle supériorité sur lui par mon âge, mon savoir et ma réputation. Mu par cette considération et autres semblables, je résolus de procéder avec la prudence convenable en cette occasion, et de ne pas, en établissant trop brusquement mes griefs dès le premier abord, agraver le mal, et transformer en une rupture ouverte ce qui pouvait ne se trouver au fond qu'un petit malentendu facile à expliquer ou à excuser, et, semblable à une voie d'eau dans un nouveau vaisseau qui, étant une fois découverte et soigneusement bouchée, ne fait que rendre le bâtiment plus en état de tenir la mer qu'il ne l'était auparavant.

Au moment à peu près où je venais d'adopter cette conciliante résolution, j'atteignis l'endroit où la façade presque perpendiculaire d'un monticule escarpé semble terminer la vallée, ou du moins la partage en deux ravins, ayant chacun leur ruisseau, auquel il semble servir de berceau dans son cours rapide au sortir de la montagne. L'un de ces ruisseaux est le Gruffquack, et sur la gauche coule le Gusedub, moins profond, mais plus bruyant que son voisin, auquel il s'unit pour former la Gander proprement dite. Dans chacune de ces petites vallées serpente en la traversant un sentier rendu plus commode par le travail des pauvres pendant la saison rigoureuse de l'année qui vient de s'écouler. L'un porte le nom de sentier de Pattison, tandis que l'autre a été obligeamment consacré à ma mémoire sous celui de Domi-nie's Doidling-bit. J'étais sûr de rencontrer dans ce lieu mon collaborateur Paul Pattison, car il avait coutume de retourner le soir chez moi par l'une ou l'autre de ces routes, après ses longues excursions.

Je ne fus pas long-temps avant de l'apercevoir descendant le cours du Gusedub, par ce sentier tortueux où l'on retrouve à un si haut degré tous les caractères des vallées d'Écosse. Il était en effet assez facile à reconnaître à une assez grande distance, par les airs d'importance qu'il se donnait en marchant le jarret tendu, comme un matamore dans un club, l'air on ne peut plus satisfait non seulement de sa jambe et de ses bottes, mais de chaque partie de son extérieur, et de la coupe de ses habits, et l'on aurait presque cru du contenu de son gousset.

C'est avec ces grands airs, qui lui étaient habituels, qu'il s'avança vers le lieu où j'étais assis près du confluent des deux ruisseaux, et je m'aperçus clairement que son premier mouvement avait été de passer près de moi d'un ton assez leste et sans s'arrêter pour me saluer; mais comme cette conduite eût été inconvenante aux termes où nous en étions, il parut adopter par réflexion une marche tout opposée : il se dirigea avec empressement de mon côté d'un air de contentement, je pourrais même ajouter d'impudence, et se hâta d'entrer tout d'abord en matière au sujet de l'importante affaire que j'avais eu l'intention de mettre en discussion d'une manière plus convenable à la gravité qu'elle comportait.

«Je suis bien aise de vous voir, monsieur Cleihsbotham,» dit-il avec un inimitable mélange de confusion et d'effronterie; «les plus étonnantes nouvelles dont il ait été fait mention de mon temps dans le monde littéraire... tout Gandercleuch en a les oreilles rebattues; on n'y parle pas d'autres choses, à la lettre, depuis la plus jeune apprentie de miss Busk-Body jusqu'au ministre lui-même; et ils se demandent les uns aux autres avec étonnement si ces rapports sont vrais ou faux... Assurément ils sont d'une teneur ébahissante, surtout pour vous et pour moi. »

« Monsieur Pattison, il m'est tout-à-fait impossible de deviner ce que vous voulez dire... *Dovus sum, non OEdipus*... Je suis Jedediah Cleishbotham, maître d'école de la paroisse de Gandercleuch, et non un devin, ni un explicateur de charades, ni un interprète d'énigmes. »

« Eh bien, répliqua Paul Pattison, monsieur Jedediah Cleishbotham, maître d'école de la paroisse de Gandercleuch, etc., tout ce dont j'ai à vous informer est que toutes les espérances que nous avions conçues de notre projet sont renversées. Les contes dont nous ne pensions pas que la publication pût nous échapper ont déjà été imprimés; ils sont répandus dans toute l'Amérique, et les journaux anglais retentissent de cette nouvelle. »

Je reçus cette communication avec la même égalité d'ame que j'eusse supporté un coup dans l'estomac, appliqué par un gladiateur moderne de toute la vigueur de son poing.

« Si cette nouvelle est vraie, monsieur Pattison, dis-je, je dois nécessairement vous soupçonner d'être la personne qui a livré à la presse étrangère la copie dont les imprimeurs ont ainsi fait un usage peu délicat, sans égard aux droits des propriétaires incontestables du manuscrit original; et je demande à savoir si cette publication américaine comprend les changemens que vous aviez, ainsi que moi, jugé nécessaire d'apporter à l'ouvrage pour le mettre en état de paraître aux yeux du public. »

Mon homme vit qu'il était nécessaire de répondre directement à cette interpellation, car mes manières étaient imposantes et mon ton décisif; son audace naturelle le mit néanmoins en état de faire bonne contenance, et il répondit avec assurance :

« Monsieur Cleishbotham, d'abord ces manuscrits, sur lesquels vous réclamez des droits fort douteux, n'ont jamais été livrés par moi à personne, et doivent avoir été envoyés en

Amérique ou par vous ou par quelqu'une des différentes personnes à qui je sais positivement que vous avez accordé la faculté d'examiner les manuscrits que mon frère laissa à sa mort. »

« Monsieur Pattison, répliquai-je, je prendrai la liberté de vous rappeler qu'il n'a jamais pu entrer dans mes intentions de livrer, soit de mes propres mains, soit par celles d'un autre, ces manuscrits à la presse, jusqu'à ce que, par les changemens que j'avais médités et que vous vous étiez vous-même engagé à effectuer, ils pussent, sans inconvénient, être livrés au public. »

M. Pattison me répondit avec beaucoup de véhémence :

« Monsieur, je voudrais que vous sussiez que, si j'ai accepté votre offre mesquine, c'était moins par égard aux avantages que j'en retirais, que pour l'honneur et la renommée littéraire de feu mon frère. Je prévis que, si je vous refusais, vous n'hésiteriez pas à confier cette tâche à des mains incapables, ou peut-être à vous en charger vous-même, qui êtes de tous les hommes le moins propre à porter la main sur les œuvres du génie rendu à la tombe, et c'était ce qu'avec l'aide de Dieu, j'étais résolu de prévenir... mais la justice du ciel est elle-même intervenue dans cette affaire. Les derniers travaux de Pierre Pattison passeront maintenant à la postérité sans avoir été mutilés par le scalpel de la critique, dont se serait armée la main d'un faux ami. Loin de moi la pensée honteuse que cette arme dénaturée eût pu jamais être dirigée par celle d'un frère ! »

J'entendis ce discours non sans une espèce de vertige ou d'étourdissement, qui m'eût probablement étendu sans mouvement à ses pieds, si une pensée semblable à celle de l'ancienne ballade,

Le comte Percy voit ma chute,

ne m'eût rappelé que je ne ferais par là que fournir une nouvelle occasion de triomphe en m'abandonnant aux sentimens que j'éprouvais en présence de M. Paul Pattison, qui, je ne pouvais en douter, devait être plus ou moins directement dans le secret de cette publication transatlantique, et avait d'une manière ou d'une autre trouvé son intérêt dans cette abominable transaction.

Pour me soustraire à son odieuse présence, je lui souhaitai sèchement le bon soir, et me mis à descendre la vallée de l'air d'un homme qui vient, non pas de se séparer d'un ami, mais plutôt de se débarrasser d'un compagnon importun. Sur la route, je pesai toutes les circonstances de cette affaire avec une anxiété qui ne contribua nullement à me soulager. Si je m'étais senti en état de me livrer à un tel travail, j'eusse facilement supplanté cette contrefaçon (dont les journaux littéraires publient déja de longues citations), en insérant, dans un nouveau manuscrit que j'eusse fait sur-le-champ publier à Édimbourg, les corrections convenables des diverses contradictions et imperfections auxquelles j'ai déja fait allusion. Je me rappelais le triomphe facile de la seconde partie authentique de ces *Contes de mon hôte*, sur la publication faite par un interlope sous le même titre. Pourquoi, me disais-je, le même triomphe ne se répéterait-il pas aujourd'hui? En un mot, il y eût eu dans cette manière de me venger une fierté de talent bien pardonnable dans la position d'un homme offensé; mais l'état de ma santé a été tel depuis quelque temps, qu'une tentative de cette nature eût été de toute manière imprudente.

Dans une telle conjoncture, ces dernières reliques [1] de Pierre Pattison doivent être acceptées du public même, en l'état où elles furent laissées dans son bureau; et je me retire humblement dans l'espoir que, telles qu'elles sont, elles pourront obtenir l'indulgence de ceux qui n'ont jamais été que trop bienveillans pour les productions de sa plume, et à tous égards envers le serviteur obligé du lecteur bénévole.

J. C.

Gondercleuch, 15 octobre 1831.

---

[1] *Remains*, dit le texte; manière de désigner les OEuvres posthumes de Pattison. A. M.

LE COMTE
ROBERT DE PARIS.

CHAPITRE PREMIER.
La Porte-d'Or.

> *Léontius.* Cette puissance suprême qui étend les nuages sur le ciel pour signaler à la terre l'approche des tempêtes, et avertir la linote errante de chercher un abri, regarde d'un œil indifférent la Grèce expirante; et pas un seul prodige ne semble prédire notre destin.
>
> *Démétrius.* Mille prodiges horribles ne l'ont-ils pas annoncé ? La faiblesse du gouvernement, le mépris des lois, les séditions et les désordres de la populace, le luxe et l'immoralité de la noblesse; tous ces maux qui accablent un état sur le bord de sa ruine ne sont-ils pas des présages suffisans ? Quand le crime, plus fort que la justice, montre son front audacieux, le prophète du malheur a-t-il besoin, brave Léontius, de recourir aux merveilles de l'air, à ces augures trompeurs qui ne font impression que sur les esprits faibles ?
>
> *Irène*, acte 1er.

Les observateurs assidus de la nature végétale ont remarqué que toute greffe prise sur un arbre âgé ne possède qu'en apparence la forme d'un jeune bourgeon, et qu'en réalité elle est déja parvenue à l'état de maturité et même de déclin où était l'arbre dont elle est provenue. De là, dit-on, la langueur et la mort, qui, dans la même saison, frappent souvent certaines espèces particulières d'arbres qui, ayant tiré leur puissance vitale d'un arbre déja vieux, sont par conséquent incapables de prolonger leur existence plus long-temps que celle de la tige primitive.

De même les puissans de la terre ont souvent fait de vains efforts pour transplanter tout à coup de grandes cités, de vastes états tombés en ruines. Ainsi, telle ville nouvelle a été subitement élevée dans l'espérance de faire revivre la prospérité, la dignité, la magnificence et l'étendue sans bornes d'une ville plus ancienne, et de recommencer, à dater de l'époque de cette fondation, une nouvelle succession de siècles aussi longue, aussi glorieuse que celle des siècles précédens. Ainsi, tel fondateur s'est bercé de l'espoir enivrant de voir sa jeune capitale briller de la beauté et de l'éclat de celle qui n'est plus. Mais la nature a des lois invariables qui s'appliquent au système social comme au système végétal. Il semble qu'il y ait une règle générale, d'après laquelle tout ce qui est destiné à durer long-temps, doit se mûrir et se perfectionner lentement et par degrés; tandis que tout effort violent et gigantesque pour obtenir le prompt succès d'un plan qui embrasse des siècles entiers, est condamné dès sa naissance, et entraîne avec lui les symptômes funestes d'une fin prématurée. C'est ainsi que, dans ce conte oriental, le derviche explique au sultan l'histoire de ces arbres superbes sous lesquels ils se promenaient tous deux, et lui apprend comment il est parvenu à les élever à cette hauteur en les soignant, en les cultivant depuis le moment où ils n'étaient encore que semence; et l'orgueil du prince est étonné et humilié en réfléchissant à la culture simple et naturelle de ces beaux arbres pour lesquels aucun soleil n'a jamais été perdu, et qui, dans chaque retour régulier de l'astre vivifiant, ont dû puiser une nouvelle vigueur. Alors il fait une triste comparaison entre eux et les cèdres épuisés qui, transplantés tout à coup par un violent effort, penchent leurs têtes majestueuses et languissent dans la vallée d'Orez [1].

Tous les hommes d'un goût éclairé, dont la plupart ont visité Constantinople, s'accordent à reconnaître que le lieu le plus digne d'être choisi pour y établir le siége d'un empire universel est la ville de Constantin, elle seule réunissant le plus grand nombre d'avantages sous le rapport de la beauté, de la richesse, de la sécurité et de la majesté. Cependant, malgré cette supériorité de situation et de climat, cette splendeur d'architecture, de temples, de palais; malgré ces riches carrières de marbre et tous ces trésors, le fondateur de Constantinople doit avoir reconnu lui-même que ce fut bien moins à cette abondance et à cette magni-

[1] Conte de Mirglip, dans l'histoire des génies.   A. M.

licence de matériaux entassés là comme pour satisfaire ses désirs, qu'au génie et aux arts poussés chez les anciens au plus haut degré, qu'il dut ces monumens superbes devant lesquels l'homme s'arrêtait saisi d'étonnement et d'admiration. Il fut bien au pouvoir de l'empereur Constantin de dépouiller les autres cités de leurs statues et de leurs chefs-d'œuvre pour orner la ville qu'il destinait à porter le nom de sa nouvelle capitale; mais les héros, les grands hommes célèbres en poésie, en peinture et en musique, avaient cessé d'exister. La nation, quoique encore la plus civilisée du monde entier, avait laissé bien loin derrière elle cette époque célèbre où le seul désir de s'illustrer poussait aux grandes choses, où la gloire était la seule récompense qu'ambitionnât l'historien ou le poète, le peintre ou le statuaire. L'esclavage et le despotisme du gouvernement impérial avaient déjà entièrement détruit depuis long-temps cet esprit de patriotisme que respire toute l'histoire de la république romaine, et il ne restait plus alors que des souvenirs beaucoup trop faibles pour exciter dans l'âme une noble émulation.

En un mot, si Constantin, pour faire de sa fondation une ville régénérée, voulut y transplanter les principes vivifians de l'antique Rome qui s'écroulait alors, cela ne lui fut plus possible, et Constantinople ne pouvait plus emprunter à Rome l'éclat que Rome ne pouvait plus lui prêter, cette brillante étincelle de vie qu'elle avait perdue pour jamais.

Une circonstance d'une haute importance avait produit tout à coup la révolution la plus complète et la plus avantageuse à la capitale de Constantin. Le monde était devenu chrétien, et les dogmes du paganisme avaient disparu, ainsi que ses honteuses superstitions. Il n'y a aucun doute que les plus heureux résultats devinrent pour la société la conséquence naturelle d'une croyance plus pure, qui enchaîna les passions et améliora les mœurs des peuples. Mais si, d'un côté, la plupart des nouveaux chrétiens accueillaient avec ardeur les dogmes d'une foi belle et pure, plusieurs, dans l'arrogance de leur orgueil, osaient donner à l'Écriture l'interprétation qu'ils voulaient; d'autres faisaient de la religion un moyen de parvenir à la puissance temporelle. Ainsi il arriva, à cette époque, que ce changement de religion, tout en produisant de grands avantages, et tout en en promettant de plus grands encore, n'eut pas, dans tout le cours du quatrième siècle, cette influence prédominante que les hommes avaient eu lieu d'attendre.

La splendeur empruntée dont Constantin revêtit sa capitale était empreinte des signes certains d'une fin prématurée. Le fondateur, en s'emparant des statues de l'ancienne ville, des tableaux, des obélisques et de tous les chefs-d'œuvre de l'art, prouva l'insuffisance de sa volonté par la manière dont il remplaça ces productions du génie; et lorsque le monde entier et particulièrement Rome furent pillés pour orner Constantinople, l'empereur put être comparé à un jeune prodigue qui dépouille une mère vénérable des ornemens de sa jeunesse, afin d'en parer une brillante maîtresse sur le front de laquelle ils seront déplacés.

Lorsqu'en 324 Constantinople, sortant du sein de l'humble Byzance, parut avec toute sa majesté impériale, elle montra même, au moment de sa naissance et au milieu de toute sa splendeur, les signes de cette décadence prochaine à laquelle le monde civilisé, renfermé alors dans les limites de l'Empire romain, tendait intérieurement et imperceptiblement; et il ne s'écoula pas un grand nombre de siècles avant que ces présages funestes fussent pleinement justifiés.

Dans l'année 1080, Alexis Comnène monta sur le trône de l'Empire : il fut déclaré souverain de Constantinople et de ses dépendances. En supposant que ce prince fût disposé à une vie de mollesse, il n'aurait pas été souvent troublé par les incursions des Scythes et des Hongrois, s'il s'était borné à habiter exclusivement sa capitale. Il paraît que sa sécurité ne s'étendait pas beaucoup plus loin que cette distance, et l'on dit que l'impératrice Pulchérie bâtit une église à la Vierge Marie, aussi éloignée que possible de la porte de la ville, afin de la garantir du danger d'être interrompue dans ses dévotions par les cris des Barbares, et que l'empereur régnant avait construit un palais près du même lieu et dans le même motif.

Alexis Comnène était dans la situation d'un monarque qui tire son importance plutôt de la puissance de la dignité de ses prédécesseurs et de la grande étendue de ses domaines que des restes de fortune parvenus jusqu'à lui. Cet empereur, qui ne le fut que de nom, ne gouverna pas plus ces provinces démembrées qu'un cheval à moitié mort ne peut exercer de pouvoir sur ses membres que les corbeaux et les vautours ont déjà commencé à dévorer.

Plusieurs parties de son territoire furent ravagées par différens ennemis qui livrèrent à l'empereur des batailles tantôt heureuses, tantôt douteuses; et de toutes les nations avec lesquelles il fut en guerre, soit les Francs venus de l'Est, ou les Turcs de l'Orient, soit les Cumans et les Scythes, lançant du Nord leurs nuées de flèches, soit les Sarrasins et leurs tribus arrivant en foule du Sud, il n'y en avait pas une seule pour laquelle l'empire grec ne fût une proie séduisante. Chacune de ces nombreuses tribus ennemies avait ses habitudes particulières de guerroyer et ses manœuvres; mais les Romains (nom que portaient encore les sujets les plus infortunés de l'empire grec) étaient les hommes les plus faibles, les plus ignorans et les plus timides que l'on pût traîner sur le champ de bataille; et l'empereur se trouva heureux dans son malheur, quand il reconnut la possibilité de faire une guerre défensive en se servant du Scythe pour repousser le Turc, ou en recourant à ces deux peuples sauvages pour faire reculer le Franc ardent et fougueux, auquel Pierre l'Ermite avait, sous le règne d'Alexis, inspiré un enthousiasme poussé jusqu'à la fureur par l'influence puissante des croisades.

Si Alexis Comnène, pendant tout le temps qu'il occupa le trône d'orient, fut induit à employer une politique basse et rampante; s'il montra quelquefois de la répugnance à combattre lorsqu'il doutait intérieurement de la valeur de ses troupes; si en général il fit servir la ruse et la dissimulation à la place de la sagesse et de la bonne foi, la perfidie à la place du courage, ces moyens dont il fit usage furent à la honte de son siècle bien plutôt qu'à la sienne propre.

On peut reprocher encore à l'empereur Alexis d'avoir affecté un excès d'ostentation et de vanité qui tenait de très près à la faiblesse et à la sottise. Il mettait un orgueil extrême à se revêtir et à revêtir les autres de toutes les vaines décorations de la noblesse, même alors que ce privilége, possédé par le souverain, était une raison de plus pour le barbare, libre de mépriser le sceptre impérial. Cependant si la cour grecque fut encombrée de cérémonies insignifiantes, établies dans l'intention de suppléer à l'absence de la vénération et du respect que le vrai mérite et le pouvoir réel auraient dû y appeler, ce fut bien moins la faute personnelle de ce prince que celle du système du gouvernement adopté à Constantinople depuis des siècles. En vérité, l'empire grec, par ses vaines règles d'étiquette, ses formules ridicules pour les choses les plus ordinaires, ne ressemblait à aucune des puissances existant alors, excepté celle de Pékin, qui offrait quelques rapports avec elle pour ses folles minuties. L'une et l'autre, influencées sans doute par le même sentiment de vanité et d'ostentation, voulaient prêter un caractère de gravité et d'importance à des choses qui, par leur nature futile et insignifiante, n'en méritaient nullement.

Néanmoins il faut rendre à Alexis la justice de dire que quelque médiocres, quelque pauvres que fussent les expédiens auxquels il recourut, ils furent plus utiles à son empire que ne l'auraient peut-être été, dans les mêmes circonstances, les mesures prises par un souverain d'un caractère plus noble, d'un esprit plus supérieur et plus fier. Alexis ne fut nullement un champion fait pour rompre une lance contre son rival franc, le fameux Bohémond d'Antioche, mais on le vit, dans plusieurs autres occasions, hasarder volontairement sa vie; et l'on peut voir, d'après un mémoire historique de ses exploits, que l'empereur de la Grèce n'était jamais si dangereux sous le bouclier que lorsque quelque ennemi tentait de l'arrêter dans sa retraite d'un combat où il avait été défait.

Non seulement Alexis n'hésita jamais, au moins en beaucoup d'occasions, à exposer sa personne aux dangers du combat corps à corps qui était conforme à l'usage du temps, mais il possédait même, comme général d'armée, des talens dignes de figurer dans nos temps modernes. Il avait l'art de choisir les meilleures positions militaires, de couvrir des défaites; et il lui arriva souvent de faire tourner une bataille douteuse au désavantage de l'ennemi, et au grand étonnement de ceux qui croyaient que l'œuvre de la guerre ne peut s'accomplir que sur le champ de bataille.

S'il fut habile dans les évolutions militaires, il le fut bien autrement encore dans les ruses de la politique. Il avait l'art secret d'atteindre toujours plus loin que le but auquel semblaient tendre ses négociations, et il trouvait toujours le moyen de s'assurer quelque avantage important et durable; mais souvent ses plans échouèrent par l'inconstance ou la trahison ouverte des Barbares, nom que les Grecs donnaient généralement à toutes les autres nations, et particulièrement à ces tribus errantes dont leur empire était environné.

Nous terminerons cette courte esquisse du caractère de Commène, en disant que, s'il n'avait pas été appelé à jouer le rôle d'un monarque obligé par la nécessité de se faire craindre, à cause des conspirations de toute espèce auxquelles il fut exposé, même dans l'intérieur de sa propre famille, il aurait probablement été regardé comme un honnête homme et un prince doux et bienfaisant. Une preuve que son cœur n'était point mauvais, c'est qu'il y eut sous son règne beaucoup moins de têtes tranchées et d'yeux brûlés que sous ses prédécesseurs, qui employèrent fréquemment ce mode de châtiment pour couper court aux projets ambitieux de leurs concurrens.

Tout ce qu'il reste à dire, c'est qu'Alexis eut l'esprit fortement imbu de toute la superstition de son siècle, erreur à laquelle il ajouta encore une espèce d'hypocrisie constante, dont il ne se départit pas même à son lit de mort; et l'on prétend que sa femme Irène, qui devait mieux connaître que qui que ce fût le vrai caractère de l'empereur, l'accusa d'avoir conservé jusque dans ses derniers momens la dissimulation dont il avait fait usage toute sa vie. Il prit une part active à toutes les affaires relatives à l'Église et à l'hérésie, pour laquelle il professa ou affecta de professer la plus grande horreur; et l'on ne voit pas, dans son traité sur les manichéens ou les pauliciens, qu'il ait eu pour les erreurs de leur esprit cette pitié que les temps modernes ont montrée depuis pour des opinions erronées qui ont été amplement rachetées par les services temporels rendus par ces malheureux sectaires.

Alexis ne connaissait point d'indulgence pour ceux qui interprétaient mal les mystères de l'Église et de ses doctrines; et défendre la religion contre les schismatiques était dans son opinion un devoir aussi impérieux, aussi sacré que celui de protéger l'empire contre les nombreuses tribus de Barbares, qui de tous côtés empiétaient sur ses droits et envahissaient journellement son territoire.

Tel est le mélange de bon sens et de déraison, de bassesse et de dignité, de prudence et de faiblesse d'esprit, qui formait le trait principal du caractère d'Alexis Comnène à une époque où le destin de la Grèce et tout ce qui restait dans ce pays d'arts et de civilisation chancelaient dans la balance, et dépendaient du talent avec lequel l'empereur allait jouer la partie difficile que le sort avait mise entre ses mains.

Ces principales circonstances suffiront pour rappeler à quiconque connaît passablement l'histoire et les particularités de l'époque que nous avons choisie pour fonder ce roman.

CHAPITRE II.

Le Varangien.

> *Othus.* Cette superbe ville, qui a succédé à la maîtresse du monde, comme toi, parle vainement; elle se montre au milieu des siècles, et sur le vaste océan, comme la dernière ruine d'un spacieux pays que quelque grande et terrible opération de la nature a subitement englouti. On voit les rochers sombres et arides dominer la sauvage solitude qui l'environne, et leurs fronts sourcilleux s'avancer dans une triste et silencieuse majesté.
> *Constantin Paléologue*, scène 1re.

C'EST dans la capitale même de l'Empire d'Orient que nous allons introduire le lecteur, c'est devant le monument nommé la Porte-d'Or de Constantinople que nous devons le transporter ; et qu'il soit dit en passant que cette splendide épithète est moins due au langage boursouflé des Grecs, qui exagèrent toujours tout ce qui a rapport à eux ou à leurs monumens, qu'elle n'est due réellement à un sentiment de justice.

Les murailles massives et imprenables, en apparence,

CHAPITRE II.

dont Constantin entoura la ville avaient été augmentées et embellies par Théodose, surnommé le Grand. Un arc de triomphe, dont l'architecture et les ornemens appartenaient à un siècle supérieur mais dégénéré, servait d'entrée à la ville. On voyait sur le sommet de cet arc une statue de bronze représentant la Victoire, déesse qui avait souvent favorisé Théodose; et, grace à l'artiste, qui était probablement plus amateur de l'éclat et de la richesse dans les ornemens, qu'homme de bon goût, les lettres d'or qui formaient les inscriptions avaient fait donner à la porte ce surnom populaire. Les figures sculptées qui décoraient les murailles, et qui dataient d'une époque plus reculée et plus mémorable pour l'art, n'avaient aucun rapport heureux avec le style dans lequel ces murailles avaient été construites. Les ornemens modernes de la Porte-d'Or et les flatteuses inscriptions qui rappelaient les victoires obtenues par l'épée de Théodose, offraient donc à l'époque de notre histoire un aspect très différent de ceux qui indiquaient «la conquête du monde et la paix éternelle. » Plusieurs machines militaires pour lancer des javelots de la grosseur la plus considérable, étaient placées sur le sommet de l'arc de triomphe; et ce qui dans l'origine avait été destiné à servir de modèles d'ornemens d'architecture servit alors de moyens de défense.

C'était vers le soir, et la brise douce et rafraîchissante de la mer disposait ceux que des affaires urgentes ne forçaient pas à hâter le pas, à se livrer à la rêverie, ou à examiner avec curiosité les objets intéressans que la ville de Constantinople, sous le rapport de la nature et des arts, offrait journellement à l'habitant ainsi qu'à l'étranger.

Parmi ceux que la curiosité ou l'oisiveté avait rassemblés autour de la Porte-d'Or, on remarquait un individu dont toute la physionomie semblait indiquer plus de surprise et d'intérêt qu'on n'aurait pu en attendre d'un habitant de Constantinople, et son regard vif, rapide, ses mouvemens, l'expression de son visage, tout annonçait en lui une imagination préoccupée d'objets nouveaux et inconnus jusqu'alors. Son costume était celui d'un guerrier, et sa tournure ainsi que son teint pouvaient faire présumer qu'il était né loin de la capitale de la Grèce moderne.

C'était un jeune homme âgé d'environ vingt-deux ans, et remarquable par la beauté de sa taille et de ses formes athlétiques, qualités qu'estimaient hautement les citoyens de Constantinople qui, par la grande habitude qu'ils avaient de fréquenter les jeux publics où ils voyaient l'élite de leurs compatriotes et les plus beaux modèles de la race humaine, avaient acquis une connaissance profonde de l'homme physique.

La taille de ces athlètes, quelque belle qu'elle fût, n'était cependant point, en général, aussi haute que celle de l'étranger arrêté devant la Porte-d'Or; mais ses yeux bleus au regard perçant, et les cheveux blonds que couvrait un casque étincelant et richement orné d'argent, dont le cimier représentait un dragon entr'ouvrant ses terribles mâchoires, indiquaient une origine du nord, qu'attestait encore l'extrême beauté de son teint. Rien dans cette beauté cependant n'était efféminé : sa force, son air de vigueur et de confiance disaient suffisamment le contraire, et l'expression avec laquelle ce jeune homme contemplait les merveilles dont il était entouré indiquait non l'étonnement stupide et sans défense d'un esprit dépourvu d'instruction et d'expérience, mais l'intelligence hardie, qui comprend au premier coup d'œil la plus grande partie de ce qui la frappe, et cherche avec ardeur à découvrir ce qui lui reste à comprendre, ou ce qu'elle craint d'avoir mal interprété. Ce regard plein d'intelligence répandait un intérêt extrême dans toute la contenance du jeune étranger; et les spectateurs, tout en s'étonnant qu'un Barbare venu de quelque contrée lointaine et inconnue possédât ce noble maintien qui révèle un esprit supérieur, éprouvaient une sorte de respect pour la dignité calme avec laquelle il contemplait des merveilles et une splendeur dont ses regards étaient sans doute frappés pour la première fois.

Le costume du jeune homme offrait un mélange singulier de richesse et de frivolité propre à faire reconnaître au spectateur un peu expérimenté la nation à laquelle il appartenait et le rang qu'il occupait dans l'armée. Au casque à cimier bizarre qui distinguait l'étranger il faut ajouter une cuirasse légère, fabriquée en argent, mais dont la matière avait été si fort épargnée, qu'elle ne pouvait évidemment

CHAPITRE II.

offrir qu'une garantie insuffisante à la poitrine, sur laquelle était suspendu un bouclier qui ressemblait bien plutôt à un ornement qu'à une arme défensive : aussi en le voyant ne pouvait-on imaginer qu'il fût d'une trempe assez bonne pour résister à un javelot adroitement lancé, ou au fer vigoureux d'une flèche.

Sur ses épaules flottait une espèce de surtout qui ressemblait à une peau d'ours, mais qui, vu de près, n'était qu'un tissu à longues soies, imitant très adroitement la dépouille de cet animal. A son côté était suspendu un sabre courbé ou cimeterre dont le fourreau était en or et en ivoire, et dont la poignée très ornée paraissait beaucoup trop petite pour la large et nerveuse main du jeune Hercule si élégamment vêtu. Un justaucorps couleur de pourpre lui descendait au dessus du genou; ses jambes nues jusqu'au mollet n'étaient couvertes que par les cordons en réseaux des sandales; et ces ligatures étaient fixées par une pièce d'or, marquée au coin de l'empereur, et qui formait une espèce d'agrafe en or.

Mais une arme qui paraissait beaucoup mieux adaptée à la taille du jeune Barbare, et qu'un homme d'une apparence moins vigoureuse n'aurait certainement pu porter, était une hache de guerre dont le manche de bois d'orme était fortement garni de cuivre, et dont l'acier et le bois excessivement dur étaient attachés ensemble par des plaques et des anneaux fixés dans la poignée. La hache était à deux tranchans opposés l'un à l'autre, et entre lesquels s'avançait une longue pointe d'acier très aiguë. Tout l'acier de cette arme était poli et brillant comme un miroir; et cette terrible hache qui, par sa dimension et sa pesanteur eût été un fardeau pour un autre homme moins vigoureux, semblait avoir le poids léger d'une plume entre les mains du jeune guerrier, qui paraissait la tenir avec une facilité mêlée de nonchalance. Elle était, en effet, fabriquée avec tant d'habileté, qu'elle était beaucoup plus légère dans le service qu'on ne pouvait le supposer en la voyant entre les mains d'un autre.

Les armes que portaient le jeune homme prouvaient qu'il était ou militaire ou étranger. On remarquait chez les Grecs cet usage qui caractérise un peuple civilisé, de ne jamais porter d'armes en temps de paix, à l'exception de ceux que leur profession militaire obligeait à être toujours armés. Ils étaient donc faciles à distinguer des paisibles citoyens; et ce fut avec une apparence très prononcée de crainte et de dédain que ceux qui observaient le jeune étranger s'aperçurent que c'était un Varangien, nom par lequel on désignait les Barbares qui composaient la garde impériale.

Pour remédier au manque total de valeur parmi les sujets grecs, et pour se procurer des soldats qui fussent dépendans de la seule personne du souverain, les empereurs grecs étaient dans l'usage, depuis un grand nombre d'années, d'entretenir à leur solde, et aussi près qu'il le pouvaient de leur personne, un certain nombre de mercenaires portant le titre de gardes du corps. Lorsqu'à une discipline sévère et à une inflexible loyauté ils joignaient la force du corps et un courage indomptable, ils étaient en assez grand nombre non seulement pour déjouer toute tentative contre la vie de l'empereur, mais encore pour dissiper toute espèce de révolte, à moins qu'ils n'eussent pour les repousser une force militaire considérable. Ils étaient par conséquent très généreusement payés. Leur rang et leur réputation de bravoure leur donnaient un certain degré de considération parmi le peuple grec, qui, depuis plusieurs siècles déjà, ne brillait pas sous le rapport de la valeur; et si, comme étrangers et comme membres d'un corps privilégié, les Varangiens étaient quelquefois employés dans des actes arbitraires et impopulaires, il leur était si facile d'inspirer la crainte, qu'ils ne s'inquiétaient nullement du peu d'égards que leur montraient en général les habitans de Constantinople. Leur costume, dans l'intérieur de la ville, tenait de cette richesse et de cette élégance recherchée dont il a été question déjà, il n'était que l'apparence de celui que les Varangiens portaient dans leurs forêts. Cependant lorsque leur service les appelait au dehors de la ville, on leur donnait des armures et des armes qui avaient une analogie plus réelle avec celles de leur pays : elles avaient beaucoup moins d'éclat et de splendeur, mais en revanche elles avaient une valeur plus effective, et elles étaient plus propres à inspirer la terreur.

Ce corps de Varangiens, nom qui, d'après l'interprétation qu'on lui a donnée, était généralement approprié à tous les Barbares, se composa, dans les premiers temps de l'Empire, de ces pirates du Nord, qui, les premiers, poussés par un caractère aventureux et un mépris des dangers qui jusqu'alors n'avait point eu d'exemple dans la nature humaine, se hasardèrent sur l'élément terrible qui n'offrait à l'homme aucun chemin tracé. «La piraterie, dit Gibbon avec son esprit ordinaire, était l'exercice favori, le commerce, la gloire et la vertu de la jeunesse scandinave. Dégoûtés d'un climat froid et des limites étroites de leur pays, ils quittèrent le banquet pour voler aux aventures; ils saisirent leurs armes, firent retentir au loin leur trompette de guerre, s'élancèrent dans leurs barques, et coururent explorer toutes les côtes qui leur promirent ou des dépouilles ou la conquête de quelque pays où ils pussent fonder quelque établissement [1].»

Les conquêtes faites en France et dans la Grande-Bretagne par ces sauvages rois des mers, comme on les nommait, ont obscurci le souvenir des autres peuples du Nord qui, longtemps avant les Comnènes, firent des excursions jusqu'à Constantinople, et furent les témoins de la richesse et de la faiblesse de l'empire grec. Des hordes innombrables accoururent, les unes se frayant un chemin à travers les déserts de la Russie, les autres parcourant la Méditerranée sur des bâtimens pirates qu'ils appelaient des serpens de mer. Les empereurs, saisis de terreur à l'aspect de ces habitans audacieux des zones glacées, recoururent à la politique ordinaire à un peuple riche et peu belliqueux: ils achetèrent leur valeur au poids de l'or, et s'assurèrent par ce moyen un corps de satellites plus distingué par sa bravoure que ne l'avait jamais été la fameuse garde prétorienne; et peut-être leur infériorité en nombre fut-elle une des causes de la supériorité de leur fidélité envers leurs nouveaux princes.

Mais plus tard il devint plus difficile aux empereurs d'obtenir les hommes nécessaires pour organiser leur corps d'élite, les nations du Nord ayant eu grande part à ces excursions et à ces habitudes de piraterie qui avaient poussé leurs ancê-

---

[1] *Décadence de l'Empire Romain*, chap. LV, vol. X, pag. 221, édition in 8. (*Note anglaise.*)

tres des détroits d'Eltinore vers ceux de Sertos et d'Abydos.
Le corps des Varangiens aurait donc fini par se dissoudre ou
par être beaucoup moins bien composé, si les conquêtes des
Normands, dans l'Occident, n'eussent envoyé au secours des
Commène un nombre considérable de Bretons et d'Anglais
qui formèrent de nouveaux sujets à la garde d'élite des empereurs. C'était en effet des Anglo-Saxons ; mais les connaissances fort imparfaites que la cour de Constantinople avait
sur la géographie les faisaient appeler Anglo-Danois, attendu
que les Grecs confondaient ce pays avec la Thulé des anciens,
nom par lequel on doit entendre positivement les îles de
Zetland et d'Orkury, quoique, selon les notions géographiques des Grecs, ils entendissent par là le Danemark et la
Grande-Bretagne. Ces émigrés cependant parlaient un langage qui ne différait pas beaucoup des Varangiens primitifs,
et ils adoptèrent ce nom d'autant plus aisément qu'il semblait
rappeler à leur souvenir leur malheureux destin, ce mot renfermant dans un sens la signification d'exilé. A l'exception de
quelques principaux chefs que l'empereur jugea dignes de la
plus haute confiance, les Varangiens n'étaient commandés
que par les hommes de leur propre nation. Jouissant de
beaucoup de priviléges, ils voyaient de temps à autre leur
nombre s'augmenter de quelques autres habitans du Nord
qui venaient se joindre à eux ; car les Croisades, les pèle-
rinages et le mécontentement chassaient continuellement
vers l'Orient des Anglo-Saxons ou des Anglo-Danois. Par ce
moyen, les Varangiens subsistèrent jusqu'à la fin de l'empire
grec, conservant leur langue naturelle ainsi que cette loyauté
sans tache et cette ardeur martiale que rien n'avait le pouvoir d'abattre, et qui avaient caractérisé leurs ancêtres.

Ces détails sur la garde varangienne sont exactement histo-
riques, ce que l'on peut vérifier en parcourant les historiens
byzantins, dont la plupart, de même que Villehardouin dans
son récit sur la prise de Constantinople par les Francs et les
Vénitiens, font plusieurs fois mention de cette garde célèbre
qui accompagnait toujours les empereurs grecs [1].

[1] Ducange, relativement à ce sujet curieux, a répandu des flots d'érudition
que l'on retrouvera dans les notes de Villehardouin sur Constantinople sous les
empereurs Français. Paris, 1637, in-folio, pag. 196. Voir aussi l'Histoire de
Gibbon, vol. X, p. 231. (*Note anglaise.*)

CHAPITRE II.

Après cette explication nécessaire sur l'individu arrêté devant la Porte-d'Or, nous reprendrons le récit de notre histoire.

Il n'était point étonnant que l'on regardât avec une certaine curiosité ce soldat de la garde impériale. On doit supposer que, d'après les devoirs particuliers qu'ils avaient à remplir, leurs relations avec les habitans de la ville étaient assez rares; et d'ailleurs la police que parfois ils étaient tenus d'exercer parmi les citoyens les faisait généralement plus redouter qu'aimer; ils savaient aussi que la générosité avec laquelle ils étaient soldés, la magnificence de leur tenue, leur privilége de n'appartenir qu'à la personne du souverain étaient autant de sujets d'envie pour les autres militaires. En conséquence ils s'écartaient rarement du quartier qui leur était assigné pour demeure, à moins que leur devoir ou quelque ordre particulier de l'empereur les y obligeât.

Il était donc assez naturel qu'un peuple aussi curieux que le peuple grec s'empressât autour de l'étranger qui paraissait errer çà et là, soit qu'il cherchât son chemin, soit qu'il attendît quelque personne à laquelle il avait donné rendez-vous.

« C'est un Varangien chargé d'exécuter quelque mission, » dit un de ceux qui l'observaient en parlant à une autre personne; et se penchant vers son oreille il acheva sa phrase à voix basse.

« Que croyez-vous que soit l'objet de sa mission? » répondit l'autre.

— « Dieux et déesses, pensez-vous que je puisse le dire? Mais je suppose qu'il est là pour écouter ce que l'on dit de l'empereur. »

« Cela n'est pas vraisemblable, dit le questionneur; ces Varangiens ne parlent pas notre langue et sont peu propres à servir d'espions, puisqu'ils entendent fort mal le grec. Il n'est donc pas probable, je pense, que l'empereur veuille employer, comme espion, un homme qui ne comprend pas bien la langue du pays. »

« Mais s'il y a parmi ces barbares, ainsi que beaucoup de gens le pensent, des soldats qui parlent presque toutes les langues, reprit le politique, vous admettrez que ceux là du moins ont toutes les qualités propres à faire d'excellens espions, et qu'ils peuvent voir et entendre sans que qui que ce soit songe à se méfier d'eux.»

«Cela se peut, répondit l'autre interlocuteur; mais puisque nous voyons si clairement la pate et la griffe du renard passer sous la laine du mouton, ou plutôt, puisque nous apercevons si bien la peau de l'ours, ne ferions-nous pas mieux de nous éloigner d'ici, de peur que l'on nous accuse d'avoir insulté un garde varangien?»

Cette idée de danger, suggérée par ce dernier, qui était beaucoup plus âgé et plus versé en politique que son ami, détermina l'un et l'autre à faire retraite. Ils croisèrent leurs manteaux, se prirent par le bras; et tout en causant précipitamment et avec agitation de leurs soupçons, ils hâtèrent le pas vers leurs habitations situées dans un autre quartier de la ville.

C'était l'heure du soleil couchant, et les murailles, les boulevards et les arcades commençaient à projeter leurs ombres allongées. Le Varangien paraissait fatigué du cercle monotone et borné dans lequel il errait depuis plus d'une heure comme un être subjugué par quelque pouvoir surnaturel, et qui ne peut quitter le lieu enchanté où il est retenu que lorsque le charme qui l'y a fixé sera détruit. Enfin le jeune barbare, après avoir jeté un regard d'impatience vers le soleil couchant dont les derniers feux brillaient encore derrière un riche bosquet de cyprès, parut chercher de l'œil un endroit commode sur les bancs placés dans l'ombre de l'arc triomphal de Théodose. Il posa sa hache d'armes près de lui, s'enveloppa de son manteau; et, quoique son costume ne fût guère plus favorable au sommeil que la place qu'il avait choisie, il fut cependant endormi en moins de trois minutes. Soit que ce sommeil irrésistible provînt de fatigue ou d'ennui, la préoccupation et la vigilance du jeune soldat étaient telles que, tout en cédant à ce besoin passager de repos, ses yeux entr'ouveris conservèrent presque la faculté de voir, et jamais limier ne dormit plus légèrement que le fit notre jeune Anglo-Saxon à la Porte-d'Or de Constantinople.

Le dormeur devint alors l'objet de l'observation des passans, ainsi qu'il l'avait été auparavant. Deux hommes s'arrê-

CHAPITRE II.

tèrent tout à coup devant lui : l'un était d'une taille mince, d'une physionomie vive, alerte; son nom était Lysimaque, sa profession, dessinateur. Il portait sous son bras un rouleau de papier et une boîte contenant des crayons, des pinceaux et tous les objets nécessaires à son état. Les connaissances qu'il avait acquises sur les arts de l'antiquité étaient pour lui une occasion de parler beaucoup; mais malheureusement ses discours étaient fort au dessus de son pouvoir d'exécution. L'autre était d'une taille magnifique; mais ses formes, quoique superbes et offrant beaucoup de ressemblance avec celles du jeune Varangien, avaient bien moins d'élégance, et l'expression de sa figure avait quelque chose de grossier et de commun. C'était Stéphanos, le lutteur, bien connu à la palestre.

« Un moment! arrêtons-nous ici, dit l'artiste en jetant un regard de surprise et d'admiration sur le dormeur; laissez-moi le temps, mon ami, de faire l'esquisse de ce jeune Hercule.»

« Je croyais qu'Hercule était grec, répondit le lutteur; l'animal qui dort là est un barbare.»

Il y avait dans le ton dont cette réponse fut faite une aigreur qui indiquait un sentiment de vanité blessée. Le peintre s'empressa de calmer le mécontentement qu'il avait excité étourdiment. Stéphanos, connu sous le surnom de Castor, et célèbre dans tous les exercices gymnastiques, était une espèce de protecteur pour le petit artiste; et c'était grace à la célébrité de ce lutteur fameux que les talens de Lysimaque avaient acquis quelque réputation.

« La beauté et la force, dit l'artiste adroit, sont de tous les pays; et puisse notre muse divine ne jamais m'accorder aucune de ses faveurs, si je ne m'empresse de leur rendre hommage toutes les fois que je les rencontrerai, soit chez le sauvage du Nord, soit chez le favori d'un peuple aimable et éclairé qui sait ajouter le mérite des talens gymnastiques aux dons naturels les plus distingués, à ces dons précieux dont nous ne voyons le modèle que dans les chefs-d'œuvre de Phidias et de Praxitèle, ou dans ce modèle vivant des champions du gymnase antique.»

« Je conviens que ce Varangien est un assez bel homme, répliqua l'athlète d'un air plus doux, mais ce pauvre sauvage n'a peut-être pas eu pendant tout le cours de sa vie une seule goutte d'huile répandue sur son sein! Hercule institua les jeux isthmiques, et...»

« Mais, reprit l'artiste, que tient-il donc si près de lui sous sa peau d'ours? serait-ce une massue?»

«Allons-nous-en, mon ami, dit Stéphanos, tandis que tous deux regardaient de plus près le dormeur. Ne savez-vous pas ce que c'est que l'ame de ces barbares? ils ne font pas la guerre avec des sabres ou des lances, comme pour attaquer des hommes de chair ou de sang; ils se servent de massues et de haches, comme s'il s'agissait de hacher des membres de pin et des nerfs de chêne. Je parierais ma couronne de persil fané qu'il est ici pour arrêter quelque chef distingué qui a offensé le gouvernement. Autrement il ne serait pas armé d'une manière aussi formidable. Allons-nous-en, mon bon Lysimaque, et respectons le sommeil de l'ours!»

A ces mots, le champion de la palestre s'éloigna, montrant beaucoup moins de confiance en lui-même que sa taille et sa vigueur physique auraient pu le lui inspirer.

Plusieurs autres passans se succédèrent; mais le nombre en diminua à mesure que la nuit approcha et que l'ombre des cyprès s'allongea. Deux femmes de la classe inférieure s'arrêtèrent aussi à l'aspect du dormeur.

«Sainte Marie! s'écria l'une d'elles; cet homme me rappelle le conte oriental de ce génie qui enleva un jeune et vaillant prince de sa chambre nuptiale et qui le transporta tout endormi à la porte de Damas. Je vais éveiller ce pauvre jeune homme de peur que la rosée du soir ne lui fasse du mal.»

« Du mal! répéta d'un air rechigné la vieille femme qui accompagnait celle qui venait de parler; allez, allez, la rosée ne lui fera pas plus de mal que l'eau froide du Cydnus n'en fait au cygne sauvage. Pauvre jeune homme, en vérité! Dites plutôt un loup ou un ours, ou mieux encore un Varangien. Savez-vous bien qu'il n'y a pas une matrone modeste qui voudrait échanger une seule parole avec un être aussi inhumanisé? Venez, je vous dirai ce que m'a fait un de ces Anglo-Danois.»

En parlant ainsi, elle entraîna sa compagne, qui ne la suivit qu'avec répugnance, et qui, tout en écoutant le babil de la vieille, se retournait pour regarder le beau dormeur.

La disparition totale du soleil et presque en même temps celle du crépuscule, qui est de si courte durée dans cette région voisine du tropique, clarté douce et paisible dont les climats tempérés jouissent bien mieux que celui de Constantinople, fut pour les gardes de la ville le signal de fermer les battans de la Porte-d'Or, à l'exception d'un guichet fermé par un verrou seulement, et qui s'ouvrait toujours pour ceux que les affaires pouvaient retenir tard hors de la ville, et même pour tous ceux qui étaient disposés à payer leur passage d'une petite pièce de monnaie. La position du Varangien et son insensibilité apparente n'échappèrent point à ceux qui avaient la garde de la porte près de laquelle il y avait un poste dépendant des troupes grecques ordinaires.

« Par Castor et Pollux! » dit le centurion (car les Grecs de ce temps juraient encore par les anciennes divinités, bien que leur culte n'existât plus, et ils conservaient aussi ces titres militaires sous lesquels les vaillans Romains avaient ébranlé le monde, quoique ces nouveaux Grecs fussent, relativement aux mœurs, tout-à-fait dégénérés de leurs ancêtres); « par Castor et Pollux! camarades, nous ne pouvons récolter de l'or à cette porte, d'après ce que nous dit sa légende; mais ce sera notre faute si nous n'y faisons pas au moins une bonne moisson d'argent; et, quoique l'âge d'or soit le plus ancien et le plus honorable, c'est beaucoup, dans ce siècle dégénéré, lorsqu'on voit briller un métal inférieur.

« Nous serions indignes de marcher à la suite du brave centurion Harpax, répondit l'un des soldats chargés de la garde, et que sa tête rasée, à l'exception d'une seule touffe de cheveux, faisait reconnaître pour un musulman, si nous ne regardions pas l'argent comme un stimulant suffisant pour nous faire agir, puisque l'or ne se peut obtenir. Et, par la foi d'un honnête homme, je crois que nous pourrions à peine dire sa couleur, car voilà bien des lunes que nous n'en avons vu sortir du trésor impérial, ou que nous n'en avons obtenu aux dépens de quelque particulier. »

« Mais cet argent, reprit le centurion, tu le verras de tes

propres yeux et tu l'entendras sonner dans la bourse qui renferme notre trésor commun. »

« Qui le *renfermait*, vous voulez dire sans doute, vaillant commandant, répliqua un garde d'un rang inférieur. Mais que contient cette bourse maintenant? Rien, si ce n'est quelques misérables oboles pour acheter certaines herbes confites et du poisson salé, afin de rendre plus buvable notre ration de vin falsifié. D'honneur, je donne volontiers au diable ma part de cet argent, si notre bourse renferme la moindre chose qui soit d'un autre siècle que le siècle d'airain. »

« Je remplirai notre trésor, dit le centurion, fût-il encore plus à sec qu'il l'est. Placez-vous près du guichet, mes maîtres; songez que nous sommes la garde impériale, ou la garde de la ville impériale, ce qui est la même chose, et ne laissons passer trop vite personne devant nous. Et maintenant que nous voilà sur nos gardes, je vais vous développer... Mais, un moment, sommes-nous tous ici de vrais frères? connaissez-vous bien les anciennes et louables coutumes de notre garde? Ces lois qui nous enjoignent de garder le secret le plus inviolable sur tout ce qui concerne le profit et l'avantage de notre corps, et d'aider et de favoriser la cause commune sans délation, sans trahison? »

« Vous êtes étrangement soupçonneux ce soir, répondit la même sentinelle; il me semble que nous vous avons soutenu sans avoir jamais rien révélé d'inutile, et cela dans des circonstances plus importantes que celle-ci. Avez-vous oublié le passage du joaillier? Ce n'était ni l'âge d'or ni l'âge d'argent, mais s'il y en eut jamais un de diamant... »

« Paix! paix! bon Ismaïl, l'infidèle; car, Dieu merci, nous avons ici des gens de toutes les religions: aussi devons-nous espérer que nous avons la véritable parmi nous. Paix! vous dis-je; il est inutile que tu divulgues les anciens secrets pour prouver que tu peux garder les nouveaux. Viens ici; regarde à travers ce guichet sur le banc de pierre dans l'ombre du grand porche. Dis-moi, vieux camarade, que vois-tu là? »

« Un homme endormi, dit Ismaïl. De par le ciel, je crois, d'après ce que j'aperçois à la clarté de la lune, que c'est un de ces barbares, un de ces chiens d'insulaires par lesquels l'empereur se fait garder. »

« Et dans cette circonstance, reprit le centurion, ton cerveau fertile ne te suggère-t-il rien qui puisse tourner à notre avantage ? »

« Si vraiment, répondit Ismaïl ; ils ont une forte paie, quoiqu'ils ne soient que des barbares, et plus que cela encore, des chiens de païens en comparaison de nous autres musulmans et Nazaréens. Ce drôle se sera enivré, et il n'aura pu retrouver assez tôt le chemin de sa caserne. Il sera sévèrement puni, à moins que nous ne lui permettions de rentrer ; mais pour obtenir cela de nous, il faut qu'il vide entre nos mains tout ce que contient sa ceinture. »

« C'est le moins ! c'est le moins ! » répondirent les autres gardes avec empressement, mais en étouffant leurs voix.

« Et c'est là tout le parti que vous croyez pouvoir tirer d'une pareille circonstance ? demanda Harpax avec dédain. Non, non, camarades, si cet animal insulaire doit nous échapper, il faut du moins qu'il nous laisse sa toison. Ne voyez-vous pas briller son casque et sa cuirasse ? Cela annonce de l'argent bien réel, quoiqu'il puisse être un peu mince. Voilà la mine d'argent dont je vous parlais, et qui est prête à enrichir les mains habiles qui sauront l'exploiter. »

« Mais, dit avec timidité un jeune Grec enrôlé depuis peu de temps dans ce corps, et étranger à leurs mœurs et à leurs coutumes, ce barbare, comme vous l'appelez, n'en est pas moins un soldat de l'empereur, et si nous sommes convaincus de l'avoir dépouillé de son armure, nous serons punis avec raison de ce délit militaire. »

« Écoutez ce nouveau Lycurgue arrivé tout exprès pour nous enseigner nos devoirs, dit le centurion. Apprenez d'abord, jeune homme, que la cohorte métropolitaine ne peut jamais être convaincue d'un délit. Supposez que nous trouvions un barbare, un Varangien en défaut comme ce dormeur ; ou bien un Franc ou quelque autre de ces étrangers dont on ne peut prononcer les noms, et qui nous déshonorent en portant les armes et le costume du vrai soldat romain ; supposez, dis-je, que nous le trouvions rôdant à une heure inopportune, devons-nous, chargés comme nous le sommes de la défense d'un poste important, laisser passer par la poterne un homme aussi suspect, surtout quand il s'agit d'une chose qui peut être une trahison envers la Porte-d'Or et les cœurs d'or qui la gardent, et au risque de voir les uns arrêtés, les autres condamnés à avoir la gorge coupée ?»

« En ce cas, laissez-le donc en dehors de la porte, répondit le soldat novice, si vous le croyez si dangereux ; quant à moi, je ne le craindrais pas s'il était dépouillé de cette énorme hache à deux tranchans qui brille sous son manteau d'un éclat plus funeste que la comète dont les astrologues prédisent tant de choses étranges.»

« Nous sommes donc tous d'accord, reprit Harpax, et vous parlez comme un jeune homme modeste et de bon sens ; et je vous garantis qu'en dépouillant de nos mains ce barbare, l'Etat ne perdra rien. Chacun de ces sauvages a un double assortiment d'armes et d'armures, les unes damasquinées et incrustées d'or, d'argent ou d'ivoire, selon que l'exigent les devoirs qu'ils ont à remplir dans la maison du prince ; les autres, garnies d'un triple acier, sont fortes, massives et irrésistibles. Ainsi donc, en enlevant à ce drôle suspect son casque et sa cuirasse d'argent, vous le réduisez à ses armes ordinaires, et il les aura toujours pour courir à son devoir.»

« Fort bien, dit le novice ; mais je ne vois pas que ce raisonnement nous autorise à autre chose de plus qu'à dépouiller le Varangien de son armure pour la lui rendre ensuite demain au matin scrupuleusement, s'il arrive qu'on n'ait rien à lui reprocher. Cependant j'avais l'idée, je ne sais trop comment, que cette armure devait être confisquée à notre profit.»

« C'est sans contredit, répondit Harpax ; et telle a toujours été la règle établie parmi nous depuis le temps de l'excellent centurion Sisyphe, sous lequel il fut décidé que toute marchandise de contrebande, toute arme suspecte, etc., que l'on introduirait dans la ville pendant la nuit, seraient confisquées au profit des soldats du poste ; et en supposant que l'empereur juge que les marchandises ou les armes ont été prises injustement, j'espère qu'il est assez riche pour indemniser celui qui les a perdues.»

« Mais cependant... cependant, dit Sebastes de Mitylène, le jeune Grec nouvellement enrôlé, si l'empereur découvrait...»

CHAPITRE II. 41

« Ane ! s'écria Harpax, il ne saurait le découvrir, à moins qu'il n'ait tous les yeux d'Argus. Nous sommes douze ici engagés par le serment exigé par les règles de notre code, à soutenir tous la même histoire. Voilà un barbare qui, s'il conserve quelque souvenir de cette affaire, ce dont je doute fort, d'après le logement dont il a fait choix pour la nuit, et qui prouve une familiarité plus qu'ordinaire avec la bouteille, ne pourra guère raconter que quelque sottise sur la perte de son armure; sottise que nous autres, camarades, nous nierons fortement; et j'espère, ajouta-t-il, en jetant un coup-d'œil à la ronde sur ceux qui l'entouraient, que nous avons assez de courage pour cela? Et qui croira-t-on? les gardes de la ville, certainement. »

« Tout au contraire, reprit Sebastes : je suis né bien loin d'ici, et cependant, même dans l'île de Mitylène, j'ai entendu dire que les soldats de la garde de Constantinople étaient de si grands menteurs, que le serment d'un seul barbare avait plus de poids que celui de tout ce corps chrétien, si toutefois il s'y trouve des chrétiens : par exemple, cet homme à teint basané, qui n'a qu'une touffe de cheveux sur la tête. »

« Et quand cela serait, répondit le centurion d'un air sombre et sinistre, il y a un autre moyen pour que l'affaire ne nous expose à aucun danger. »

Le regard de Sebastes était fixé sur son commandant. Il porta la main sur un poignard oriental caché dans sa ceinture; et ce regard sembla lui demander s'il avait bien compris la signification de ses paroles. Le centurion fit un signe de tête affirmatif.

« Quoique jeune, dit Sebastes, j'ai déjà été pirate pendant cinq années; j'en ai passé trois dans les montagnes comme voleur; et c'est la première fois que je vois et que j'entends un homme hésiter, en pareil cas, à prendre le seul parti qui convienne à un brave. »

Harpax tendit la main au jeune soldat et lui serra la sienne vivement, comme pour lui faire comprendre qu'il partageait ses sentimens; mais lorsqu'il parla sa voix était tremblante.

« Comment nous y prendre? demanda-t-il à Sebastes qui, du dernier rang de soldat, venait tout à coup de s'élever au plus haut degré dans son estime. »

« N'importe comment, répondit l'insulaire; je vois ici des arcs et des flèches, et si nul autre ne sait s'en servir..... »

« Ce ne sont pas, dit le centurion, les armes régulières de notre corps. »

« Vous n'en êtes que plus propres à garder les portes d'une ville, dit le jeune soldat avec un éclat de rire qui avait quelque chose d'insultant. Eh bien! soit, je sais tirer, moi, comme un Scythe; faites-moi seulement un signe de tête, et une flèche lui fera sauter la cervelle en éclats, tandis que la seconde ira lui frapper droit au cœur. »

«Bravo! mon noble camarade, dit Harpax d'un ton d'enthousiasme affecté, mais toujours à voix basse comme s'il avait craint de réveiller le Varangien. Tels étaient, continua-t-il, les bandits de l'antiquité, les Diomède, les Corynète, les Sginus, les Scyron, les Procruste. Il fallut des demi-dieux pour en faire ce qu'on appelait mal à propos, justice; et ceux qui leur ont succédé resteront maîtres du continent et des îles de la Grèce jusqu'à ce qu'Hercule et Thésée reparaissent de nouveau sur la terre. Cependant, ne tirez pas, mon vaillant Sebastes; ne bandez pas cet arc, mon inappréciable Mitylénien, vous pourriez blesser seulement sans tuer. »

« C'est ce que je suis peu habitué à faire, dit Sebastes en riant de nouveau de ce rire discordant et choquant qui avait déjà frappé désagréablement l'oreille du centurion, bien qu'il lui eût été difficile de dire pourquoi ce rire lui déplaisait autant. »

« Si je ne prends garde à moi, pensa Harpax, nous finirons par avoir deux centurions au lieu d'un. Ce drôle, qu'il soit Mitylénien ou qu'il soit le diable s'il veut, a un arc dont la portée va au delà de moi, veillons de près. Puis reprenant un ton d'autorité: Voyons donc, jeune homme; il est dur, je le sais, de décourager un débutant; mais si vous avez vécu sur mer et dans les bois, comme vous le dites, vous devez savoir jouer le rôle de sicaire: regardez, voilà votre but. Cet homme est ivre ou endormi, nous ne savons lequel; mais que ce soit un cas ou que ce soit l'autre, vous savez ce que vous avez à faire, agissez donc. »

« Mais quel prix me donnerez-vous pour poignarder un homme dans cet état, noble centurion? demanda le Grec;

peut-être, reprit-il d'un ton tant soit peu ironique, ne seriez-vous pas fâché de vous charger vous-même de cette affaire?»

«Faites ce qui vous est ordonné, l'ami,» dit Harpax en montrant du doigt l'escalier de la tourelle qui conduisait des murailles à l'entrée cintrée qui était sous le porche.

«Il marche aussi furtivement que le chat, murmura le centurion, tandis que la sentinelle descendait pour commettre un crime qu'il était, au contraire, de son devoir d'empêcher. Il faut couper la crête de ce jeune coq, se dit-il, ou il deviendra le roi du perchoir; mais voyons s'il a la main aussi résolue que la langue : alors nous réfléchirons sur la tournure à donner à cette affaire.»

Tandis qu'Harpax s'adressait ainsi à lui-même, le Mitylénien sortit de dessous la porte en arcade, marchant fort vite, mais sur la pointe du pied et sans faire le moindre bruit. Son poignard, qu'il avait tiré de sa ceinture, brillait dans sa main qu'il tenait un peu en arrière du corps comme pour cacher l'arme fatale. L'assassin se pencha sur le dormeur pour avoir une idée aussi exacte que possible de l'intervalle qui existait entre la cuirasse d'argent et le corps qu'elle ne protégeait qu'imparfaitement. Cet examen ne dura que quelques secondes : le bras levé tout à coup, retombait pour frapper, lorsque le Varangien, d'un mouvement subit, détourna le poignard de l'assassin avec le manche de sa hache, et tout en parant ainsi le coup qui lui était destiné, il en porta au Grec un si pesant et si terrible que Sebastes crut n'avoir jamais appris au Pancration à en asséner un semblable. A peine lui laissa-t-il la force d'appeler à son secours ses camarades qui étaient sur les murailles. Ceux-ci, cependant, n'avaient rien perdu de ce qui s'était passé. Ils virent le barbare appuyer le pied sur leur camarade renversé, et brandir en l'air sa hache formidable dont le sifflement sinistre retentit sous l'antique voûte; le barbare, le bras levé, s'arrêta un instant avant de porter le dernier coup à son ennemi. Les autres gardes firent alors un mouvement comme pour voler au secours de Sebastes; mais Harpax leur ordonna à voix basse de rester immobiles.

«Que chacun de vous reste à sa place, dit-il, et arrive ce que pourra. Je vois venir là-bas un capitaine de la garde. Le secret n'est connu que de nous, si le sauvage a tué le Mitylénien, comme je le crois fort, car il ne remue ni pied ni main; mais s'il vit encore, camarades, faites-vous des fronts aussi durs que l'airain : il est seul et nous sommes douze. Souvenez-vous que nous ne savons rien de son dessein, si ce n'est qu'il voulait voir pourquoi le barbare dormait si près des portes. »

Tandis que le centurion se hâtait de faire connaître ses intentions à ses camarades, on aperçut distinctement la taille haute et majestueuse d'un militaire richement armé et la tête couverte d'un casque dont le haut cimier brillait à la clarté de la lune, qu'il quitta bientôt pour entrer dans l'ombre de la voûte. Un chuchotement passa de bouche en bouche parmi les gardes qui étaient sur les murailles au dessus de la porte.

« Tirez le verrou, fermez la porte, et que le Mitylénien devienne ce qu'il voudra, dit le centurion ; nous sommes perdus si nous le reconnaissons pour un des nôtres. Voici le chef des Varangiens lui-même. »

« Eh bien ! Hereward, dit l'officier qui arrivait en ce moment, et qui parlait une sorte de langue franque généralement adoptée par les barbares de la garde, as-tu pris un faucon de nuit ? »

« Oui, par saint George ! répondit le soldat; et pourtant dans mon pays nous ne l'appellerions qu'un épervier. »

« Qui est-il ? » demanda le chef.

« Il vous le dira lui-même quand je lui aurai rendu la faculté de respirer. »

« Laisse-le donc, dit l'officier. »

L'Anglais obéit; mais à peine le Mitylénien se retrouva-t-il en liberté, que s'échappant avec une rapidité difficile à prévenir, il s'élança de dessous le porche, et profitant des ornemens compliqués qui avaient décoré dans l'origine l'extérieur de la porte, il prit sa course autour des arcs-boutans et des saillies, poursuivi de près par le Varangien, qui, embarrassé par son armure, était un mauvais champion à la course, pour le Grec au pied léger qui profitait habilement de tous ses avantages. L'officier riait de tout son cœur à l'aspect de ces deux figures qui, semblables à des ombres paraissaient et disparaissaient en fuyant autour de l'arc de triomphe de Théodose.

« Par Hercule! s'écria-t-il, c'est Hector poursuivi par Achille autour des murs d'Ilion ; mais mon Pélides aura peine à atteindre le fils de Priam. Hé! hé! fils de déesse! fils de Thétis aux pieds blancs! mais cette allusion est perdue pour ce pauvre sauvage. Holà! Hereward! arrête donc, m'entends-tu? entends-tu au moins ton nom barbare? Ces derniers mots cependant furent prononcés à demi-voix; puis il ajouta plus haut: Ne t'essouffle pas, bon Hereward, tu peux avoir besoin de ton haleine plus d'une fois cette nuit, peut-être. »

« Si c'eût été la volonté de mon chef, répondit le Varangien revenant sur ses pas d'un air de mauvaise humeur, et respirant précipitamment comme un homme fatigué de sa course, je l'aurais poursuivi d'aussi près que jamais lévrier poursuivit un lièvre avant de renoncer à la chasse ; sans cette folle armure qui embarrasse un homme sans le défendre, en deux bonds je l'aurais pris à la gorge.»

« C'est assez comme cela, dit l'officier qui était réellement l'*acouloutos* ou *suivant*, appelé ainsi parce que le devoir du chef des Varangiens exigeait qu'il suivît constamment la personne de l'empereur. Mais voyons par quel moyen nous rentrerons dans la ville; car si, comme je le soupçonne, c'est un des gardes de la porte qui a voulu te jouer un tour, ses compagnons seront probablement peu disposés à nous laisser rentrer.»

« Dans ce cas, répondit le Varangien, n'est-ce pas le devoir de votre valeur de punir ce manque de discipline? »

« Tais-toi, mon sauvage à l'esprit simple! je t'ai souvent dit, très ignorant Hereward, que les crânes qui viennent de votre froide et humide Béotie du Nord sont plus propres à recevoir vingt coups de marteau d'enclume qu'à produire une idée spirituelle ou ingénieuse. Mais suis-moi, et bien que je sache que montrer les fils déliés de la politique grecque à l'œil stupide d'un barbare incivilisé comme toi, ce soit jeter des perles devant un pourceau, chose défendue par le saint Évangile, cependant tu as un cœur si bon, si fidèle, qu'il serait difficile peut-être d'en trouver un semblable même parmi mes Varangiens: or, je regarderai peu, tandis que tu me suis, à t'endoctriner sur quelques points de cette politique. Je m'efforcerai donc de t'instruire, moi, le chef des Varangiens, moi, élevé par conséquent par leurs haches au rang du plus brave des braves, moi qui daigne me laisser guider, quoique je possède les qualités propres à me diriger seul à travers les courans capricieux de la cour et à voguer avec succès, à force de voiles et de rames. Ainsi tu vois que c'est une condescendance à moi de recourir à la politique, pour faire ce que nul autre de cette cour impériale, qui est la sphère des esprits supérieurs, ne ferait aussi bien par la force ouverte. Que penses-tu de cela, bon sauvage? »

«Je pense, répondit le Varangien, qui marchait à environ, un pas et demi derrière son chef, comme un soldat d'ordonnance marche, de nos jours, derrière l'épaule de son officier, je pense que je serais fâché de me troubler la tête de ce que mon bras pourrait faire tout à coup.»

«N'est-ce pas ce que j'ai voulu dire? dit l'acouloutos, qui, s'étant éloigné de la Porte-d'Or, marchait au clair de la lune le long des murailles, comme s'il eût voulu chercher une autre entrée : telle est l'étoffe dont est faite ce que vous appelez votre tête! vos mains et vos bras sont des achitophels parfaits en comparaison. Écoute-moi, toi, le plus ignorant de tous les animaux, et, par cette même raison, le plus sûr des confidens et le plus brave des soldats, je t'expliquerai l'énigme de cette affaire nocturne; et cependant, même alors, je doute que tu puisses me comprendre.»

« Mon devoir, pour le moment, répondit le Varangien, est de tâcher de comprendre votre valeur, ou plutôt votre politique, puisque vous voulez bien condescendre jusqu'à me l'expliquer. Quant à votre valeur, ajouta-t-il, je serais bien malheureux si je ne croyais pas en comprendre déjà la longueur et la largeur.»

Le général grec rougit un peu, mais il répondit d'une voix assurée: « C'est vrai, mon bon Hereward, nous nous sommes vus sur le champ de bataille.»

Hereward, à ces mots, ne put retenir une toux légère, que les grammairiens du temps, habiles dans l'art d'employer les accens, auraient interprétée d'une manière peu flatteuse pour la bravoure de cet officier. Il est certain que, pendant tout le cours de cet entretien, la conversation du général, en dépit de ce ton de supériorité et d'importance qu'il affectait, annonçait évidemment pour l'officier inférieur un respect semblable à celui que l'on a pour un homme qui, mis à l'épreuve, pouvait dans une action se montrer, sous beaucoup de rapports, meilleur soldat que lui. D'un autre côté, lorsque le vigoureux guerrier du Nord répliquait, bien que ce fût toujours sans s'écarter des règles du devoir et de la discipline, la discussion ressemblait quelquefois à celle qui aurait pu avoir lieu avant la réforme introduite dans l'armée britannique par le duc d'York, entre un de ces officiers, ignorans damoiseaux, et un sergent instruit et expérimenté. Il y avait, sous les apparences de respect, un sentiment intime de supériorité que le général ne pouvait s'empêcher de reconnaître à demi.

« D'abord, mon simple ami, continua le chef sur le même ton qu'auparavant, afin de te conduire par le plus court chemin au principe le plus profond de la politique qui règne à la cour de Constantinople, il faut que tu saches que la faveur de l'empereur (ici l'officier leva son casque, et le soldat fit semblant d'en faire autant) de l'empereur, dis-je, (et que tout lieu où il pose le pied soit sacré), est le principe vivifiant de la sphère dans laquelle nous vivons, de même que le soleil est le principe vivifiant de l'humanité. »

« J'ai entendu nos tribuns dire quelque chose de semblable à ceci, » dit le Varangien.

« C'est leur devoir de vous instruire, répondit le chef; et j'espère que les préteurs aussi, dans tout ce qui concerne leurs fonctions, n'oublient pas d'apprendre à mes Varangiens le service constant qu'ils doivent à l'empereur. »

« Ils n'y manquent pas, répondit le soldat, quoique nous autres exilés nous connaissions nos devoirs. »

« A Dieu ne plaise que j'en doute, dit le commandant des haches-d'armes. Tout ce que je veux, c'est de te faire comprendre, mon cher Hereward, c'est qu'il existe ici, ce qu'on ne trouve peut-être pas dans ton climat sombre et humide, une race d'insectes qui naissent aux premiers rayons de l'astre du jour, et qui expirent avec ceux du soleil couchant. De là ce nom d'*éphémères*, qui signifie qu'ils ne durent qu'un seul jour. Tel est le sort d'un favori à la cour, tant qu'il jouit des gracieux sourires de sa majesté très sacrée. Heureux celui dont la faveur, croissant à mesure que la personne s'élève elle-même au dessus du niveau qui environne le trône, se développe aux premières lueurs de la gloire impériale, et se soutenant pendant l'éclat que répand à son midi la puissance souveraine, ne disparaît et ne meurt qu'avec les derniers rayons du soleil impérial!»

«Votre valeur, dit l'insulaire, parle un langage plus élevé que mon intelligence septentrionale n'est capable de le comprendre : il me semble seulement que, plutôt que de mourir au soleil couchant, je voudrais, puisqu'il faut que je sois insecte, devenir mite pendant deux ou trois heures de nuit.»

«Tel est le sordide désir du vulgaire, répondit le chef des Varangiens en affectant un ton de supériorité; il se contente de jouir de la vie sans obtenir de distinction, tandis que nous autres, gens d'une trempe plus supérieure, qui formons le cercle le plus intime et le plus rapproché du trône impérial dont Alexis est le point central, nous surveillons avec la jalousie d'une femme la distribution de ses faveurs, et, nous liguant avec les uns et contre les autres, nous ne laissons échapper aucune occasion de nous placer personnellement devant les yeux du souverain sous le jour le plus favorable.»

«Je crois comprendre ce que vous voulez dire, interrompit le Varangien, quoique pourtant une telle vie d'intrigue... mais peu importe.»

«Peu importe, en effet, mon bon Hereward, reprit l'officier; et tu es heureux de n'avoir aucun goût pour la vie que je viens de décrire. Cependant, j'ai vu des barbares s'élever à un très haut degré dans l'empire; et s'ils n'ont pas positivement cette flexibilité, cette souplesse, cette docilité qui sait se plier aux circonstances, j'ai connu des individus sortis de tribus barbares qui, surtout s'ils avaient été élevés à la cour, joignaient à une certaine flexibilité de caractère une fermeté, une constance de résolution assez fortes, sinon pour savoir profiter des occasions, au moins pour en faire naître, ce qui n'est nullement à dédaigner. Mais, sans s'arrêter à des comparaisons inutiles, il résulte de l'émulation de gloire, c'est-à-dire de faveur impériale, qui règne parmi les serviteurs de la cour sacrée, que chacun est désireux de se distinguer en prouvant à l'empereur non seulement qu'il comprend parfaitement les devoirs qui lui sont imposés, mais qu'il est même capable, en cas de nécessité, de s'acquitter de ceux des autres.»

«J'entends, dit le Saxon, et de là il arrive que les sous-ministres, les soldats, les sous-officiers, chargés de seconder les grands-officiers de la couronne, sont perpétuellement occupés non à s'entr'aider les uns les autres, mais à espionner mutuellement leurs actions.»

«C'est cela même: j'en eus, il y a peu de jours, une preuve assez désagréable. Chacun, quelque médiocre que soit son intelligence, a pu comprendre clairement que le grand protospathaire dont le titre, comme tu sais, signifie le général en chef des forces de l'empire, me hait mortellement parce que je suis le chef de ces redoutables Varangiens qui jouissent comme ils le méritent de priviléges qui les dispensent de se soumettre à l'autorité absolue qu'il possède sur tous les autres corps de l'armée; autorité qui convient à Nicanor, malgré l'éclat belliqueux de son nom, à peu près aussi bien que la selle d'un cheval de bataille conviendrait à un bœuf.»

«Comment? s'écria le Varangien, le protospathaire prétend-il à quelque autorité sur les nobles exilés? Par le dragon rouge, sous lequel nous vivons et mourrons, nous n'obéirons à nul homme vivant, si ce n'est à Alexis Comnène lui-même et à nos officiers!»

«C'est juste! Voilà qui est bravement résolu, dit le chef; mais, mon valeureux Hereward, que votre juste indignation ne vous emporte pas jusqu'à prononcer le nom sacré de l'empereur sans élever la main à votre casque et sans y ajouter les épithètes qui sont dues à son rang suprême.»

«Je leverai ma main assez souvent et assez haut quand le service de l'empereur l'exigera,» répondit l'homme du Nord.

«J'oserais en répondre,» reprit Achille Tatius, commandant de la garde varangienne impériale, qui jugea que le moment n'était pas favorable pour se distinguer en insistant sur la stricte observance des lois de l'étiquette, exactitude dont il ne s'écartait jamais, et qui était un de ses plus grands titres au nom de soldat. «Cependant, continua-t-il, sans la vigilance constante de votre chef, mon enfant, les nobles Varangiens seraient confondus dans la masse générale de l'armée avec les cohortes païennes des Huns, des Scythes et de ces infidèles à turbans, de ces renégats turcs. C'est même pour cette raison que votre commandant court ici beaucoup de dangers, et c'est parce qu'il maintient la supériorité de ces haches-d'armes sur les misérables traits des tribus orientales et sur les javelots des Maures, qui ne sont bons qu'à servir de jouets aux enfans.»

«Vous n'êtes exposé à aucun danger dont ces haches ne puissent vous préserver,» répondit le soldat en s'approchant d'Achille avec un air et un maintien plein de confiance et d'audace.

«Ne le sais-je pas? reprit Achille; mais c'est à ton bras que l'acoulouthos de sa majesté très sacrée confie maintenant sa sûreté.»

«Calculez vous-même tout ce que comprend le devoir d'un soldat, répondit Hereward, et comptez ce seul bras comme en valant deux contre tout sujet de l'empereur qui ne fait point partie de notre corps.»

«Écoute-moi, mon brave ami, continua Achille : ce Nicanor a été assez audacieux pour insulter notre corps en l'accusant, dieux et déesses! de pillages sur le champ de bataille, et, ce qui est plus sacrilége encore, d'avoir bu le vin précieux qui était destiné à sa majesté très sacrée. Et comme cette accusation fut faite en présence de la personne très sacrée de l'empereur, tu peux croire que...»

«Vous avez dit à l'accusateur qu'il en avait menti par la gorge! s'écria le Varangien, que vous lui avez assigné un rendez-vous quelque part dans ces environs, et que vous avez choisi pour vous accompagner votre pauvre Hereward d'Hampton, qu'un tel honneur rend votre esclave pour sa vie entière! J'aurais seulement desiré que vous m'eussiez ordonné de prendre mes armes ordinaires; mais n'importe, j'ai ma hache-d'armes, et...»

Ici l'officier se hâta de l'interrompre, se sentant quelque peu confus et embarrassé de l'impétuosité et du feu avec lequel le jeune soldat avait prononcé ces mots.

«Paix! mon fils, dit Achille Tatius; parle plus bas, mon

excellent Hereward : tu te méprends sur cette affaire. Avec toi à mon côté, je n'hésiterais certainement pas à défier cinq champions comme Nicanor; mais il ne s'agit pas ici de la loi de ce très saint empire, ni des sentimens du prince trois fois illustre qui le gouverne. Tu t'es laissé pervertir, mon brave soldat, par les fanfaronnades des Francs dont nous entendons parler chaque jour davantage.»

«Je serais fort peu disposé à emprunter quelque chose à ceux que vous appelez Francs, et que nous appelons Normands,» répondit le Varangien d'un air d'humeur et de mécontentement.

«Écoute-moi, reprit l'officier tandis qu'ils continuaient à longer les murs de la ville, écoute les motifs de toute cette affaire, et tu jugeras ensuite si une coutume comme celle du duel peut exister dans un pays civilisé et gouverné par les lois du bon sens, et sans parler du nôtre, qui est assez favorisé pour être sous la domination du très rare et très éminent Alexis Comnène. Deux grands seigneurs ou deux principaux officiers ont, je suppose, une querelle en présence de la personne révérée de l'empereur. La dispute roule sur un point de fait. Maintenant admettons qu'au lieu de soutenir chacun son opinion par des argumens ou des preuves, ils adoptent la coutume de ces Francs barbares. Tu mens par ta gorge! dit l'un; tu mens par tes poumons! dit l'autre, et ils vont se mesurer dans la prairie voisine. Chacun jure de la justice de sa cause, bien que probablement ni l'un ni l'autre ne sache bien précisément le motif de la querelle. L'un des deux, peut-être le plus brave, le plus franc, le meilleur enfin, l'acoulouthos de l'empereur, le père des Varangiens, car la mort n'épargne personne, mon fidèle soldat, reste sur la place, et l'autre revient exercer son ascendant à la cour; tandis que, si l'affaire eût été jugée selon les règles du bon sens et de la justice, le vainqueur, comme on l'appelle, le vainqueur eût été condamné à la potence. Eh bien, ami Hereward, telle est pourtant cette coutume que votre imagination se plait à admirer, et que vous nommez loi des armes, loi de l'honneur.»

«N'en déplaise à votre valeur, répondit le Barbare; il y a quelque apparence de bons sens dans ce que vous venez de dire; mais vous me convaincriez plutôt que ce céleste clair de lune est aussi noir que la gueule d'un loup que de me persuader que je dois m'entendre appeler accusateur, sans repousser l'épithète insultante dans la gorge de l'offenseur avec la pique de ma hache. Un démenti vaut un soufflet pour un homme, et le soufflet le dégrade et l'abaisse au rang de l'esclave et de la bête de somme, s'il le reçoit sans en tirer vengeance.»

«Oui, voilà bien ce que c'est, dit Achille. Si je pouvais vous engager à renoncer à cette barbarie innée qui vous égare, vous, les soldats les plus disciplinés de l'empereur sacré, et qui vous entraîne dans des querelles, dans des combats à mort qui...»

«Sir capitaine, dit le Varangien d'un ton grave, suivez mon avis, et prenez les Varangiens tels qu'ils sont; car, croyez-en ma parole, si vous parveniez jamais à leur apprendre à souffrir les reproches, les démentis, les insultes, vous trouveriez, après les avoir disciplinés ainsi, qu'ils vaudraient à peine la ration de sel qu'ils coûtent chaque jour à sa sainteté, si tel est son titre. Je dois vous dire de plus, valeureux capitaine, que les Varangiens seraient peu disposés à remercier leur chef, s'il souffrait qu'on les appelât en sa présence maraudeurs, ivrognes, etc., sans repousser l'injure et en tirer vengeance sur le terrain.»

«Si je ne connaissais pas l'humeur de mes Barbares, pensa Tatius, je me ferais une querelle avec ces insulaires farouches que l'empereur croit si faciles à dompter et à soumettre au joug de la discipline. Il faut arranger cette affaire.» Et le chef reprit la parole avec le même ton de douceur.

«Mon fidèle soldat, dit-il, nous autres Romains, selon la coutume de nos ancêtres, nous mettons autant de gloire à dire la vérité que vous en mettez à vous venger d'une imputation de mensonge : d'ailleurs je ne pouvais avec honneur rendre cette accusation de fausseté à Nicanor, puisque ce qu'il disait était vrai en substance.»

«Quoi! que voulez-vous dire? que nous autres Varangiens nous sommes des pillards, des ivrognes?» dit Hereward avec encore plus d'impétuosité.

«Non pas dans un sens aussi étendu, bien certainement,

CHAPITRE II.

répondit Achille ; mais il est pourtant vrai que cette histoire n'avait que trop de fondement. »

« Quand et où ? » demanda l'Anglo-Saxon.

« Vous vous rappelez, répondit le chef, la longue marche près de Laodicée, où les Varangiens défirent une nuée de Turcs, et reprirent un convoi du bagage impérial ? Vous savez ce qui eut lieu ce jour-là, c'est-à-dire comment vous apaisâtes votre soif ? »

« J'ai quelque raison pour m'en souvenir, dit Hereward d'Hampton, car nous étions à demi étouffés de poussière et à demi morts de fatigue ; et ce qui était pire que tout, combattant constamment la tête tournée à l'arrière-garde, lorsque tout à coup nous aperçumes certaines bariques de vin sur des chariots qui étaient rompus ; et ce vin passa par notre gosier comme si c'eût été la meilleure ale du Southampton. »

« Eh, malheureux ! s'écria le chef, ne vîtes-vous pas que ces bariques étaient empreintes du sceau inviolable du trois fois excellent grand sommelier, et que ce vin était réservé pour l'usage particulier des lèvres très sacrées de sa majesté impériale ? »

« Par le bon saint George de la joyeuse Angleterre, qui vaut une douzaine de vos saints Georges de Cappadoce, je n'ai nullement songé à cela, répondit Hereward ; et je sais que votre valeur en a bu elle-même un grand coup dans mon casque, non pas ce jouet d'argent, mais mon casque d'acier, qui est deux fois plus grand. Et par le même serment, je me souviens aussi que, lorsque vous eûtes balayé la poussière de votre gosier, vous fûtes un tout autre homme ; et, au lieu de nous donner, comme auparavant, l'ordre de battre en retraite, vous vous mîtes à crier : Allons, mes braves de la Grande-Bretagne, encore une charge ! »

— « Il est vrai que je ne suis que trop porté à la témérité pendant l'action ; mais vous vous trompez, mon bon Hereward ; le vin dont j'ai goûté pendant la chaleur et la fatigue du combat n'était pas celui qui avait été mis à part pour la bouche sacrée de sa majesté : c'était un vin de seconde qualité destiné au grand sommelier ; et, comme grand-officier de la maison impériale, j'avais droit d'en prendre ma part,

Le hasard malheureusement voulut que tout cela tournât mal, et fût considéré comme une offense. »

« Sur ma vie ! je ne vois pas, répondit Hereward, que ce soit un grand malheur de boire quand on a soif. »

« Mais, rassurez-vous, mon noble camarade, dit Achille après s'être disculpé à la hâte, et sans faire attention au peu d'importance que le Varangien attachait à cette faute ; sa majesté impériale, dans son ineffable bonté, ne fait un crime à aucun de ceux qui ont bu ce coup mal avisé. Il a reproché au protospathaire d'avoir créé ce motif d'accusation, et il a dit, en se rappelant le tumulte et la confusion de cette journée laborieuse : « Je me suis trouvé heureux moi-même, au milieu de cette fournaise sept fois ardente, de pouvoir obtenir un coup de ce vin d'orge que boivent mes pauvres Varangiens, et j'ai bu à leur santé comme je le devais ; car, sans leurs fidèles services, j'aurais bu mon dernier coup, et puissent-ils prospérer, quoiqu'ils aient bu mon vin à longs traits. » Après avoir parlé ainsi, il se retourna d'un autre côté comme s'il eût voulu dire : « En voilà bien assez sur tout cela ; ce ne sont vraiment que de sottes et vaines accusations contre Achille Tatius et ses braves Varangiens. »

« Eh bien ! que Dieu bénisse son noble cœur pour avoir parlé ainsi, dit Hereward avec plus de franchise et d'émotion que de formalité respectueuse. Je boirai à sa santé la première fois que je porterai à mes lèvres ce qui étanche la soif, soit de l'ale, soit du vin, soit même de l'eau d'un fossé. »

— « C'est fort bien dit ; mais ne parle pas si haut, et souviens-toi de porter la main à ton front toutes les fois que tu nommes l'empereur, et même que tu penses à lui. Eh bien ! tu sais maintenant, Hereward, qu'ayant ainsi obtenu l'avantage, je n'ignorais pas que le moment où l'on vient de repousser une attaque est toujours favorable pour en faire une : aussi ai-je donc accusé le protospathaire des brigandages qui ont été commis à la Porte-d'Or et à d'autres entrées de la ville, à l'une desquelles un marchand, porteur de joyaux appartenant au patriarche, a été dernièrement arrêté et assassiné. »

« Vraiment ! dit avec surprise le Varangien, et que dit Alex... je veux dire l'empereur très sacré, quand il a entendu accuser de semblables faits les gardiens de la ville? Bien que lui-même il ait donné, comme nous disons dans notre pays, les oies à garder au renard.»

—«Cela se peut; mais Alexis est un souverain dont la politique est profonde, et il a résolu de ne pas procéder contre ces traîtres de gardes et leur général le protospathaire sans avoir des preuves positives. Sa majesté très sacrée m'a chargé en conséquence d'en obtenir de spéciales par ton moyen.»

—«Et j'y serais parvenu en deux minutes si vous ne m'aviez pas rappelé quand je poursuivais ce vagabond de coupe-jarret. Mais sa majesté connaît la parole d'un Varangien; et je puis l'assurer que l'envie de s'emparer de mon pourpoint d'argent qu'ils nomment cuirasse, ou bien la haine qu'ils portent à mon corps suffirait pour exciter quelqu'un de ces scélérats à couper la gorge à un Varangien qui paraîtrait endormi. Ainsi donc, capitaine, je suppose que nous allons rendre compte à l'empereur de la besogne de cette nuit?»

—«Non, mon actif soldat, et quand même tu eusses arrêté ce fuyard, ce coquin, je lui aurais sur-le-champ rendu la liberté; et mon devoir actuel est de t'engager à oublier cette aventure.»

«Ah! dit le Varangien, il y a là un changement de politique, j'imagine.»

—«Oui, vraiment, brave Hereward; avant de sortir du palais ce soir, le patriarche m'a fait des ouvertures de réconciliation entre moi et le protospathaire; et comme il est dans l'intérêt de l'État que nous vivions en bonne intelligence, je ne pouvais guère les rejeter ni comme bon soldat ni comme bon chrétien. Toutes les offenses faites à mon honneur seront pleinement réparées, et le patriarche m'en a donné sa garantie. L'empereur, qui aime mieux fermer les yeux que de voir la discorde, veut que l'affaire se termine de cette manière.»

« Et les reproches faits aux Varangiens? » demanda vivement Hereward.

« Seront pleinement rétractés, répondit Achille, et comme indemnité il sera fait une donation en or au corps des haches anglo-danoises. Toi, mon Hereward, tu peux en être le distributeur; et si tu t'en acquittes avec habileté, tu peux couvrir ta hache de feuilles d'or.»

« Je l'aime mieux comme elle est, dit le Varangien. Mon père la portait à la bataille d'Hastings contre les brigands normands. Du fer au lieu d'or, voilà ma monnaie. »

— « Tu peux choisir à ton gré, Hereward ; seulement, si tu es pauvre, n'en accuse que toi-même. »

Tout en parlant ainsi et en suivant les murs de Constantinople, l'officier et le soldat s'arrêtèrent devant un très petit guichet ou porte de sortie qui donnait dans l'intérieur d'un grand et massif ouvrage avancé, qui se terminait à une entrée de la ville. Là l'officier fit halte, et donna les mêmes marques de respect qu'un dévot qui est sur le point d'entrer dans une chapelle célèbre par sa sainteté.

CHAPITRE III

Anne Comnène.

> Qu'ici, jeune homme, ton pied soit nu, ton front découvert, que chaque tribut respectueux soit payé à ce sol sacré. Marche avec précaution, et de ce pas furtif que la nature enseigne au daim lorsque l'écho fait retentir à son oreille le cor du chasseur.
> *La Cour.*

Avant d'entrer, Achille Tatius fit différens gestes que le Varangien sans usage imita de son mieux, mais avec gaucherie. Continuellement de service avec son corps, il avait presque toujours été à l'armée ; et ce n'était que depuis fort peu de temps qu'il avait été appelé à faire partie de la garnison de Constantinople. Il n'avait, par conséquent, aucune connaissance du cérémonial minutieux que les Grecs, qui étaient les soldats et les courtisans les plus formalistes et les plus cérémonieux du monde, observaient non seulement à l'égard de l'empereur, mais encore dans toute la sphère sur laquelle s'étendait son influence.

Achille, après avoir gesticulé plusieurs fois à sa manière, frappa à la porte un coup distinct et modéré ; il le répéta trois fois et dit tout bas à celui qui le suivait : « L'intérieur ! sur ta vie, fais exactement ce que tu me verras faire. » Au même

CHAPITRE III.

instant il recula, baissa la tête sur sa poitrine, se couvrit les yeux de ses deux mains, comme s'il eût craint d'être ébloui par l'éclat trop subit de quelque lumière, et il attendit qu'on lui répondît.

L'Anglo-Danois, désireux d'obéir à son chef, s'efforça de l'imiter le mieux qu'il put et se plaça à son côté dans une attitude d'humilité orientale. La petite porte s'ouvrit à l'intérieur, mais on ne vit aucune lumière. Quatre Varangiens parurent à l'entrée, chacun d'eux tenant sa hache levée comme prêt à en frapper ceux qui osaient troubler le silence de ces lieux.

« Acolouthos, » dit l'officier, par forme de mot d'ordre.

« Tatius et acolouthos » prononcèrent à demi-voix les gardes, en réponse au mot d'ordre, et chacun d'eux baissa son arme.

Achille alors releva la tête avec l'air de fierté et de dignité d'un homme qui est bien aise de déployer aux yeux de ses soldats l'influence dont il jouit à la cour. Hereward conservait une gravité imperturbable, à l'extrême surprise de son chef qui ne pouvait comprendre que son soldat fût assez barbare pour contempler avec indifférence une scène qui, selon lui, devait lui inspirer la terreur et le respect. Il attribua cette indifférence apathique à l'insensibilité stupide de son compagnon. Ils passèrent entre les sentinelles qui se rangèrent de chaque côté de la porte, et laissèrent les étrangers libres de passer sur une planche longue et étroite, jetée sur le fossé de la ville, et que l'on retirait dans l'enceinte d'un rempart extérieur qui s'avançait au delà du principal mur de la cité.

« Voilà ce qu'on appelle le pont du péril, murmura tout bas Tatius à Hereward, et l'on dit que plus d'une fois on y a répandu de l'huile ou des pois secs, et que le corps de certaines personnes connues pour avoir approché de très près l'empereur très sacré ont été retirées de la Corne-d'Or[1] dans laquelle va se jeter l'eau du fossé. »

« Je n'aurais pas cru, dit l'insulaire, parlant comme à l'ordinaire de sa voix rude et sonore, qu'Alexis Comnène... »

« Silence, téméraire ! si tu fais quelque cas de la vie, s'é-

[1] Le port de Constantinople. A. M.

cria Achille Tatius. Éveiller la Fille de l'Arche impériale[1], c'est s'exposer dans tous les cas possibles au châtiment le plus terrible; mais quand un audacieux coupable trouble son repos par des réflexions sur son altesse très sacrée, l'empereur, la mort elle-même est une punition trop légère pour l'insolent qui a osé interrompre le repos sacré de la Fille de l'Arche! C'est pour mon malheur, sans doute, que j'ai reçu l'ordre positif qui m'enjoint d'introduire dans l'enceinte sacrée un être qui n'a en lui du sel de la civilisation, que ce qu'il en faut pour préserver de la corruption son corps fragile, un être complétement incapable d'aucune culture mentale! Jette un regard sur toi, Hereward, et songe à ce que tu es. Pauvre Barbare par ta nature, tu n'as d'autre motif de te glorifier que d'avoir tué quelques Musulmans pour la querelle de ton maître très sacré; et pourtant te voilà admis dans l'enceinte inviolable du Blaquernal, et à portée d'être entendu non seulement de la Fille royale de l'Arche impériale, ce qui signifie l'écho des voûtes sublimes, mais, le ciel nous protége! à portée même, autant que je puis le savoir, d'être entendu de l'oreille sacrée de sa majesté! »

« Eh bien, capitaine, répliqua le Varangien, ne pouvant me permettre de dire librement ma façon de penser sur tout ceci, je présume que je suis peu propre à converser en présence de la cour; par conséquent j'ai l'intention de ne pas proférer un seul mot, à moins qu'on ne m'y force, et sauf cependant les momens où nous n'aurons pas de meilleure compagnie que nous-mêmes. Pour parler clairement, je trouve très difficile de donner à ma voix un diapason plus doux que celui qu'elle a reçu de la nature. Ainsi, mon brave capitaine, je suis muet dès ce moment, à moins que vous ne me fassiez signe de parler. »

« Et vous agirez sagement, répondit Tatius. Il y a ici certaines personnes de haut rang, et quelques unes même nées dans la pourpre, qui voudront (Hereward, prends garde à toi!) avec leur esprit de cour et leurs manières insinuantes, sonder les profondeurs de ton intelligence barbare. Quand tu verras le sourire gracieux sur leurs lèvres, garde-toi bien

---

[1] La Fille de l'Arche était le nom qu'à la cour on donnait à l'écho. (*Note anglaise.*)

d'y joindre tes éclats de rire sauvages et immodérés, qui retentissent comme le bruit du tonnerre quand tu fais chorus avec tes camarades. »

« Je vous dis que je garderai le silence, répéta le Varangien avec un peu plus d'émotion cependant qu'à l'ordinaire. Si vous vous fiez à ma parole, à la bonne heure; si vous me prenez pour une corneille qui doit parler bien ou mal à propos, je suis tout prêt à m'en retourner, et nous en resterons là quant à cette affaire. »

Achille s'avouant probablement que le parti le plus prudent était de ne pas pousser à bout le soldat, baissa tant soit peu le ton, en répondant à un langage qui n'avait guère d'analogie avec celui de la cour; et il lui parla avec une sorte de douceur qui semblait annoncer l'intention de montrer quelque indulgence pour les manières grossières d'un homme dont l'égal lui paraissait fort difficile à trouver, pour la force et la valeur, même parmi les Varangiens. Ces qualités étaient si remarquables chez lui, qu'Achille ne pouvait s'empêcher de s'avouer intérieurement qu'en dépit de sa rudesse elles seraient appréciées beaucoup mieux que toutes les graces insignifiantes que peut posséder un guerrier-courtisan.

L'habitué des nombreux détours de la résidence impériale conduisit le jeune Varangien à travers plusieurs cours dépendantes du vaste palais de Blaquernal, et ils entrèrent dans cet édifice par une porte latérale, gardée aussi par une sentinelle de la garde varangienne, qui les laissa passer après qu'ils se furent fait reconnaître. Dans la pièce voisine qui servait de salle des gardes, plusieurs soldats du même corps s'amusaient à différens jeux ressemblant assez aux jeux modernes des dames et des dés, ajoutant à ce passetemps de fréquentes libations d'ale qu'on leur fournissait pour charmer leurs heures de faction. Quelques coups-d'œil furent échangés entre Hereward et ses camarades; et il ne les vit pas sans éprouver le secret désir de se joindre à eux ou au moins de leur parler, car depuis le commencement de cette soirée, et son aventure avec le Mitylénien, Hereward s'était trouvé beaucoup plus ennuyé qu'honoré de sa promenade au clair de lune avec son commandant, à l'exception du seul moment bien court où il avait cru qu'ils étaient tous deux en chemin pour aller se battre en duel. Mais quoique négligens à observer le strict cérémonial du palais, les Varangiens avaient à leur manière des idées rigides sur les devoirs militaires : c'est ce qui fit qu'Hereward, passant devant ses camarades sans leur parler, suivit son chef qui traversa la salle des gardes et plusieurs autres salles dont le luxe de l'ameublement le convainquit qu'il ne pouvait être que dans la résidence sacrée de son maître l'empereur.

Enfin, après avoir traversé un nombre infini de passages et d'appartemens auxquels le capitaine paraissait fort habitué, et qu'il parcourait d'un pas léger et furtif, comme s'il eût craint, pour me servir de son langage ampoulé, d'éveiller les échos de ces voûtes monumentales, ils aperçurent une autre espèce d'habitans. A plusieurs portes et dans divers appartemens le soldat du Nord vit ces infortunés esclaves, la plupart d'origine africaine, qui, quelquefois sous les empereurs grecs, parvinrent au pouvoir et aux honneurs, ce qui était en cela une imitation de l'un des traits les plus barbares du despotisme oriental. Ces esclaves étaient diversement occupés : les uns se tenaient debout près des portes ou dans les galeries, le sabre à la main, comme s'ils eussent été chargés de les garder; les autres, assis à la manière de l'Orient sur des tapis, se reposaient ou jouaient à différens jeux, et tous gardaient le plus profond silence. Pas un mot ne fut échangé entre le guide d'Hereward et les êtres flétris et avilis qu'ils rencontrèrent ainsi : un regard de l'acolouthos lui suffisait pour s'assurer partout le passage.

Ils traversèrent encore plusieurs appartemens vides ou occupés de la même manière, et ils entrèrent enfin dans une salle pavée en marbre noir ou en quelque autre pierre de couleur sombre, et beaucoup plus élevées et plus longues que toutes les autres. Diverses portes percées dans la muraille communiquaient, autant que l'insulaire put le présumer, à autant de passages latéraux. Mais comme l'huile et la gomme alimentaient les lampes destinées à éclairer ces passages, et qu'elles répandaient une vapeur épaisse, il était difficile, à cette clarté imparfaite, de distinguer la forme de la salle et le style de son architecture. Les deux extrémités étaient beaucoup mieux éclairées. Lorsqu'ils furent au milieu de cette longue et

CHAPITRE III.   61

énorme pièce, Achille dit au Varangien d'une voix basse et mystérieuse qui, depuis qu'ils avaient passé le pont du péril, avait remplacé la voix qui lui était naturelle :

« Reste ici jusqu'à ce que je revienne, et ne sors de cette salle sous aucun motif, quel qu'il soit. »

« Entendre c'est obéir, répondit le Varangien, expression d'obéissance que l'empire, qui affectait encore de prendre le nom de Romain, avait empruntée des barbares de l'Orient ainsi que beaucoup d'autres phrases et de coutumes. Achille Tatius monta alors à la hâte des degrés qui le conduisirent à l'une des portes latérales de la salle, et, l'ayant poussée légèrement, elle tourna sans bruit sur ses gonds pour le laisser passer.

Resté seul, le jeune Varangien, pour aider le temps à s'écouler dans cette vaste enceinte dont il ne lui était pas permis de s'éloigner, examina successivement les deux extrémités de la salle où les objets étaient plus visibles que dans les autres parties. Au centre de l'extrémité supérieure était une petite porte de fer cintrée et très basse. On voyait au dessus le crucifix grec en bronze, et tout autour des chaînes, des fers et d'autres objets semblables exécutés également en bronze et disposés comme ornemens. La porte de ce passage sombre et voûté était à moitié ouverte : Hereward naturellement y jeta un regard, les ordres de son chef ne lui défendant pas de satisfaire sa curiosité à cet égard. Une lueur rougeâtre et terne, qui semblait provenir plutôt d'une espèce de foyer que d'une lampe fixée à la muraille d'un escalier tournant et très étroit, ressemblant assez à un puits pour la forme et la grandeur, et dont l'ouverture se trouvait sur le palier même que la porte de fer, lui donna l'idée d'une descente qui semblait conduire aux régions infernales. L'intelligence du Varangien, quelque médiocre qu'elle pût paraître à l'esprit plus fin et plus délié des Grecs, n'eut pas de peine à comprendre qu'un escalier d'un aspect aussi sombre, et auquel on arrivait par une porte décorée d'une manière aussi lugubre, ne pouvait conduire qu'aux cachots du palais impérial, cachots qui, par leur forme et leur nombre, n'étaient pas la partie la moins remarquable et la moins imposante de l'édifice sacré. Il écouta avec attention, et il crut même entendre des accens tels que ceux qui sortent de ces tombeaux vivans, et il lui sembla que l'écho de ce profond abîme venait apporter à son oreille le faible bruit de soupirs et de gémissemens. Mais peut-être aussi toutes ces impressions ne furent-elles que l'effet d'une imagination qui le porta à tirer ces tristes conjectures.

«Je n'ai rien fait, pensa-t-il, pour mériter d'être renfermé dans un de ces antres souterrains. Certainement, quoique mon capitaine Achille Tatius ne vaille guère mieux qu'un âne, malgré le respect que je lui dois, il ne peut être assez perfide pour me traîner en prison sous un faux prétexte : si tel devait être le divertissement de sa soirée, je jure qu'il verrait pour la dernière fois comment je joue de la hache anglaise. Mais allons explorer l'autre extrémité de cette énorme salle : peut-être y verrai-je quelques objets de meilleur augure.»

Tout en rêvant ainsi, et sans trop songer à mesurer ses pas selon le respect dû à la majesté du lieu et au cérémonial tant recommandé, l'athlétique Saxon s'avança à grands pas vers l'extrémité supérieure de la salle dont le pavé était en marbre noir dans cette partie. On y voyait, comme ornement du fond, un petit autel semblable à ceux des temples des divinités païennes qui, s'avançait au dessus du centre de la voûte. Sur cet autel brûlait un encens dont la fumée, s'élevant en spirale, formait en l'air un léger nuage qui s'étendait au loin et enveloppait une image symbolique à laquelle le Varangien ne put rien comprendre. C'était la représentation de deux mains et de deux bras qui paraissaient sortir de la muraille; les mains étaient ouvertes et étendues comme pour accorder quelque faveur à ceux qui approchaient de l'autel. Ces bras faits de bronze et étant placés plus en arrière que l'autel sur lequel fumait l'encens : on les apercevait à travers le nuage transparent qui s'élevait à la clarté de deux lampes disposées de manière à éclairer tout le dessous de la voûte. «J'expliquerais bien ce que cela signifie, pensa le Barbare dans sa simplicité; si ces poings étaient fermés, et si cette salle était consacrée au pancration, ce qui veut dire boxer parmi nous; mais comme ces Grecs sans défense ne se servent point de leurs mains sans fermer leurs doigts, par saint George! je ne puis deviner ce que cela signifie.»

CHAPITRE III.

Dans ce moment, Achille rentra dans la salle de marbre noir, et s'avança vers son néophyte, car on pourrait nommer ainsi le Varangien.

«Suis-moi maintenant, Hereward, voici le moment le plus chaud de l'attaque; songe à déployer tout le courage que tu possèdes, car, crois-moi, ton honneur et ta réputation en dépendent.»

«Ne craignez ici ni pour l'un ni pour l'autre, répondit Hereward, si le cœur et le bras d'un homme peuvent le soutenir à l'aide d'un joujou comme celui-ci.»

«Parle à voix basse et d'un ton plus soumis : je te l'ai dit vingt fois; et baisse ta hache que tu ferais peut-être bien de laisser dans l'appartement extérieur.»

«Avec votre permission, noble capitaine, je suis peu disposé à me séparer de mon gagnepain. Je suis un de ces rustres maladroits qui ne sauraient se comporter convenablement s'ils n'ont quelque chose entre les mains pour les occuper, et ma hache fidèle est ce qui me va le plus naturellement.»

«Garde-la donc, mais souviens-toi de ne pas gesticuler avec selon ta coutume, et de ne crier, ni beugler, ni hurler comme si tu étais sur le champ de bataille : songe au caractère sacré de ce lieu, où le moindre bruit y devient un blasphème, et n'oublie pas que, parmi les personnes qu'il peut t'arriver de voir, il en est quelques unes pour lesquelles la plus légère offense égale le crime de blasphème contre le ciel.»

Pendant cette exhortation, le maître et le disciple gagnèrent une des portes latérales qui ouvrait sur une espèce d'antichambre, à l'extrémité de laquelle était une porte à deux battans qui communiquait à un des principaux appartemens du palais, et qui en s'ouvrant découvrit tout à coup aux regards de l'homme du Nord, à peine ébauché, un spectacle aussi nouveau qu'intéressant.

C'était un appartement du palais de Blaquernal, consacré spécialement à la fille chérie de l'empereur Alexis, la princesse Anne Comnène, connue de notre temps par ses talens littéraires, auxquels nous devons l'histoire du règne de son père. Elle était assise, présidant comme reine et souveraine un cercle littéraire, tel que pouvait l'avoir alors une princesse impériale porphyrogénite, c'est-à-dire née dans la chambre pourpre et sacrée. Un coup-d'œil à la ronde nous donnera une idée suffisante de ceux qui étaient réunis autour de la princesse.

La savante et célèbre Anne avait les yeux brillans, les traits réguliers, une expression douce et des manières agréables que chacun eût été disposé à accorder à la fille de l'empereur, quand bien même elle aurait possédé ces avantages d'une manière beaucoup moins réelle. Elle était assise sur une espèce de sopha, car à Constantinople il n'était pas permis au beau sexe de se coucher comme c'était l'usage parmi les femmes romaines. Une table placée devant elle était couverte de livres, de plantes, d'herbes et de dessins. Elle était assise sur une estrade peu élevée, et ceux qui étaient admis dans l'intimité de la princesse, et avec lesquels elle aimait particulièrement à s'entretenir, avaient le privilége, pendant ces sublimes entretiens, d'appuyer leurs genoux sur le bords de l'estrade, et de se tenir moitié debout, moitié agenouillés en écoutant la princesse. Trois autres siéges de différentes hauteurs étaient placés sur la même estrade et sous le dais d'apparat qui surmontait le siége de la princesse Anne.

Celui qui était placé à côté du sien, et qui lui ressemblait exactement pour la forme et la commodité, était destiné à son époux, Nicéphore Brienne. Ce prince professait, disait-on, le plus grand respect pour l'érudition de sa femme, bien que les courtisans prétendissent qu'il s'absentait plus souvent de ces soirées que ne l'auraient souhaité la princesse et ses augustes parens. On pouvait croire, d'après les caquets de la cour, que la princesse Anne était plus belle, plus séduisante quand elle songeait moins à paraître savante, et que, bien qu'elle fût encore une très belle femme, elle n'avait pas enrichi son esprit sans perdre quelques uns de ses charmes. Mais ces sortes de propos ne se tenaient que dans le secret.

Les chambellans avaient eu soin de placer le siége de Nicéphore Brienne aussi près que possible de celui de la princesse, de manière qu'elle pût ne pas perdre un regard de son bel époux; et que lui, à son tour, ne perdît pas le moindre mot de la sagesse qui pourrait découler des lèvres de sa savante épouse.

Deux autres sièges d'honneur, ou, pour mieux dire, deux trônes (car chacun d'eux avait un marchepied, des bras pour soutenir les coudes et des coussins brodés pour s'appuyer, sans parler de la magnificence du dais qui les surmontait) étaient destinés à l'empereur et à l'impératrice. Tous deux se plaisaient à assister fréquemment aux études de leur fille, études auxquelles elle se livrait en public. Dans ces réunions, l'impératrice Irène jouissait avec orgueil du triomphe qui appartient à si juste titre à la mère d'une fille accomplie, tandis qu'Alexis, suivant les diverses émotions qu'il éprouvait, tantôt écoutait avec complaisance le récit de ses propres exploits, conçu dans le style ampoulé de la princesse, et tantôt faisait des signes de satisfaction au patriarche Zozime et aux autres sages, quand sa fille récitait des dialogues sur les mystères de la philosophie.

Ces quatre sièges d'honneur, destinés aux membres de la famille impériale, étaient occupés au moment dont nous venons de parler, à l'exception de celui de Nicéphore Brienne. C'était peut-être à sa négligence et à son absence qu'était dû le nuage sombre qui obscurcissait le front de sa belle épouse. Derrière elle, sur l'estrade, étaient deux femmes de sa suite, vêtues de robes blanches ; deux esclaves, en un mot, placées sur des coussins quand leur maîtresse n'avait pas besoin d'elles pour lui servir de pupitres vivans, et pour dérouler les rouleaux de parchemin sur lesquels la princesse consignait les trésors de sa science ou de celle des autres. L'une de ces jeunes filles, nommée Astarté, était si renommée par la beauté de son écriture en diverses langues, qu'elle faillit être envoyée comme présent au calife, qui ne savait ni lire ni écrire, dans un moment où il était nécessaire de le séduire pour le déterminer à un traité de paix. L'autre suivante de la princesse se nommait Violanta : on l'appelait communément *la Muse.* Habile dans l'art de la musique vocale et instrumentale, elle avait été réellement envoyée en présent à Robert Guiscard, archiduc d'Apulie ; mais comme ce prince était vieux et sourd, et que la jeune fille avait à peine dix ans à cette époque, il envoya ce présent à l'empereur, et avec cet égoïsme qui était un des signes caractéristiques de ce rusé Normand, il l'engagea à lui envoyer quelqu'un qui pût contribuer à ses plaisirs, et non pas un enfant bruyant et criard.

Au dessous de ces siéges d'honneur étaient assis ou étendus sur le parquet de la salle les favoris admis à ces réunions. Le patriarche Zozime et quelques autres vieillards avaient seuls le droit de s'asseoir sur des tabourets fort bas, qui étaient les seuls siéges préparés pour les savans qui assistaient à ces réunions. Quant aux magistrats plus jeunes, l'honneur qu'on leur faisait, en leur permettant de jouir de la conversation impériale, était regardé comme devant leur suffire et les dispenser du tabouret. Cinq ou six courtisans, d'âge et de costumes différens, composaient le reste de l'assemblée destinée à se tenir debout ou à s'agenouiller pour se délasser sur le bord d'une fontaine dont les jets d'eau répandaient une pluie fine et douce qui allait rafraîchir les fleurs et les arbustes dont cette fontaine était ornée, et qui répandaient leurs parfums embaumés dans toute la salle. Un vieillard, nommé Agelastès, gros, replet et vêtu comme les anciens philosophes cyniques, se faisait remarquer, tant par son costume déguenillé et son orgueil de stoïcien, que par le soin qu'il mettait à observer strictement le cérémonial insignifiant exigé par l'étiquette de la cour impériale. Il s'était fait connaître par son affectation à adopter les principes et le langage des cyniques et des philosophes républicains, ce qui était une contradiction étrange avec sa déférence pour les grands, et sa soumission aux formalités puériles de cour. Il était étonnant de voir cet homme, âgé alors de plus de soixante ans, dédaigner le privilége qui lui était accordé de s'asseoir ou de s'appuyer, et rester constamment debout ou à genoux. La première attitude lui était tellement habituelle que ses amis de cour lui avaient donné le surnom *d'elephantos*, ou l'éléphant, d'après la croyance que les anciens avaient que cet animal, à demi raisonnant, a les jointures hors d'état de plier.

«Cependant, j'en ai vu s'agenouiller quand j'étais dans le pays des Gymnosophistes,» dit une personne qui assistait ce soir là à l'assemblée de la princesse.

CHAPITRE III.

« Oui, pour prendre son maître sur ses épaules ; le nôtre finira par en faire autant, » dit le patriarche Zozime avec une expression et un sourire qui approchaient du sarcasme, autant que l'étiquette de la cour grecque le permettait ; car ordinairement on n'aurait pu offenser la majesté impériale plus grièvement en tirant un poignard, qu'en se permettant une repartie piquante dans le cercle auguste. Ce sarcasme, quelque léger qu'il fût, n'aurait donc pas manqué d'être sévèrement blâmé par cette cour cérémonieuse, s'il était sorti d'une autre bouche que de celle du patriarche, au rang duquel on accordait quelque licence.

Au moment où il venait de blesser ainsi le décorum, Achille Tatius et Hereward entrèrent dans l'appartement. Le premier s'avança en se donnant le mieux qu'il put les manières d'un courtisan, comme s'il eût voulu offrir par son bel air et son savoir-vivre un contraste avec la simplicité et le manque d'usage de son compagnon. Cependant il éprouvait un secret orgueil d'avoir à présenter, comme étant sous ses ordres immédiats, un homme qu'il considérait comme l'un des soldats les plus distingués de l'armée d'Alexis, tant pour l'extérieur que pour les qualités plus réelles.

L'entrée subite de ces nouveaux venus produisit quelque surprise. Achille s'introduisit dans cette brillante assemblée avec ce maintien de profond respect et cette aisance qui annoncent l'habitude que l'on a de fréquenter une haute sphère. Pour Hereward, il tressaillit en entrant, mais s'apercevant qu'il était en présence de la cour, il s'efforça à la hâte de remédier à son désordre. Son chef, après avoir jeté autour de lui un regard rapide dont l'expression semblait réclamer l'indulgence pour celui qu'il présentait, fit un signe à Hereward, comme pour lui indiquer la conduite qu'il avait à tenir. Il voulait lui faire entendre d'ôter son casque et de se prosterner le front à terre. Mais l'Anglo-Saxon, peu accoutumé à interpréter des ordres aussi douteux et aussi inintelligibles, pensa naturellement aux devoirs de sa profession, et s'avança hardiment en face de l'empereur pour lui rendre les hommages militaires. Il le salua en pliant le genou, porta la main à son casque, puis se relevant et appuyant sa hache sur son épaule, il se tint immobile devant le trône impérial, comme une sentinelle à son poste.

Un léger sourire de surprise parcourut le cercle à l'aspect de l'air mâle et martial, quoique dépourvu de cérémonie, du soldat du Nord. Les divers spectateurs de cette scène consultaient la physionomie de l'empereur, ne sachant s'ils devaient regarder la brusque arrivée du Varangien comme un résultat de manque de savoir vivre, et en manifester leur horreur, ou considérer les manières du jeune soldat comme le signe d'un zèle mâle et franc, et y donner des applaudissemens.

Il se passa quelques minutes avant que l'empereur, qui depuis un moment était plongé dans une espèce de sommeil, ou au moins de rêverie, eût recouvré assez de présence d'esprit pour donner le ton à ses courtisans, ainsi que c'était l'usage en pareilles occasions. En revenant à lui, il tressaillit à l'aspect du Varangien ; car, bien qu'il eût la coutume de confier la garde extérieure du palais à ce corps privilégié, le service de l'intérieur était toujours fait par ces noirs difformes dont on a déjà parlé, et qui, malgré l'état de servitude et de dégradation auquel ils étaient réduits, parvenaient cependant quelquefois jusqu'au rang de ministre d'état et de commandant des armées. Le style militaire de sa fille retentissait encore à son oreille, et son esprit était encore confusément occupé de la description qu'elle venait de lui lire, et qui faisait partie de son grand ouvrage historique sur les batailles et les exploits de son père, lorsqu'il ouvrit les yeux et qu'il aperçut le soldat de sa garde saxonne, dont le souvenir ne se présentait jamais à son esprit qu'accompagné d'idées de combats, de dangers et de mort.

Après avoir regardé vaguement autour de lui, ses yeux se dirigèrent vers Achille Tatius : « Pourquoi es-tu ici, fidèle acolouthos ? demanda-t-il ; pourquoi ce soldat à cette heure de la nuit ? » C'était alors pour tous les visages de la cour le moment de se modeler *regis ad exemplar* [1]. Mais avant que le patriarche eût eu le temps de donner à sa contenance une expression de respectueuse crainte, Achille Tatius avait

[1] À l'exemple du roi. A. M.

prononcé quelques mots qui avaient rappelé à la mémoire d'Alexis que le soldat avait été amené en sa présence par son ordre spécial. « C'est vrai, dit-il, et le nuage qui avait obscurci son front disparut à l'instant. Les soins de l'état, continua-t-il, nous avaient fait oublier cet ordre. » Il parla alors au Varangien avec un air plus ouvert et un accent plus cordial qu'il n'en avait ordinairement au milieu de ses courtisans; car, pour un souverain despote, un fidèle garde du corps est un homme de confiance, tandis qu'un officier de haut rang est toujours, jusqu'à un certain point, un sujet de méfiance. « Hé bien ! notre digne Anglo-Danois, comment cela va-t-il ? » Cette espèce de salut amical, et tout-à-fait étranger au cérémonial ordinaire, surprit chacun, à l'exception de celui auquel il s'adressait. Hereward y répondit en joignant à ses paroles un salut militaire, qui tenait beaucoup plus de la franche cordialité que du respect; et d'une voix ferme et élevée, qui fit tressaillir l'auditoire d'autant plus qu'il parlait en saxon, langue habituelle dont se servaient ces étrangers, il dit: *Waes hael kaisar mirrig und machtigh !* ce qui veut dire : « Porte-toi bien, fort et puissant empereur ! »

Alexis avec un sourire significatif qui prouvait qu'il pouvait parler à ses gardes dans leur propre langue, répondit par ces mots bien connus : *Drink hael !*

A l'instant même un page apporta une coupe d'argent pleine de vin. L'empereur y porta ses lèvres, goûta à peine la liqueur, et ordonna qu'on la remît à Hereward, en l'invitant lui-même à boire. Le Saxon ne se fit pas répéter cet ordre, et il vida la coupe sans hésiter. Un léger sourire, toujours conforme au décorum, effleura les lèvres des assistans, à la vue d'une action qui, bien que n'ayant rien d'étonnant pour un hyperboréen, parut prodigieuse aux Grecs habitués à une extrême sobriété. Alexis lui-même se prit à rire beaucoup plus haut que ses courtisans ne crurent devoir se le permettre, et rappelant dans sa mémoire le peu de mots varangiens qu'il connaissait, et qu'il mêlait avec du grec, il demanda à Hereward : « Hé bien, mon hardi Breton ou Édouard, comme on t'appelle, reconnais-tu ce vin ? »

« Oui, répondit le Varangien sans se déconcerter, j'en ai déjà goûté à Laodicée. »

Ici l'officier Achille Tatius sentit que le jeune soldat approchait d'un terrain glissant, et il s'efforça, mais en vain, d'attirer son attention, voulant lui faire entendre par signe de garder le silence, ou de prendre garde du moins à ce qu'il allait dire en présence d'une si auguste assemblée. Mais le soldat qui, observant avec exactitude la discipline militaire, avait les regards constamment fixés sur l'empereur, comme sur celui auquel seul il devait répondre et obéir, ne vit aucun des signes que lui faisait Achille, et qui devinrent enfin si clairs que Zozime et le protospathaire échangèrent tous deux des regards d'intelligence, comme pour fixer réciproquement leur attention sur le jeu muet du chef des Varangiens.

Pendant ce temps, le dialogue entre l'empereur et son soldat continuait : « Comment as-tu trouvé ce vin, comparé à l'autre ? » lui demanda-t-il.

« Monseigneur et maître, répondit Hereward, en saluant à la ronde avec une sorte de grace naturelle, il y a ici une meilleure compagnie que celle des archers arabes; mais il y manque, selon moi, quelque belle qu'elle soit, la chaleur du soleil, la poussière du combat et la noble fatigue d'un tel fardeau porté pendant huit heures, ajouta-t-il en présentant sa hache : tout cela donne de la saveur à une coupe de bon vin. »

« Il manque peut-être encore autre chose, dit Agelastès, surnommé l'Éléphant; et si toutefois il m'est pardonné d'oser le dire, ajouta-t-il, en portant un regard d'humilité vers le trône, je pense que cette coupe peut paraître bien petite aux yeux de ce soldat, comparée avec celle de Laodicée. »

« Par Taranis! vous dites vrai, s'écria le Varangien, car à Laodicée, en effet, ce fut mon casque qui me servit de coupe. »

« Comparons les deux coupes ensemble, l'ami, dit Agelastès toujours sur le même ton de raillerie, afin de nous assurer que tu n'as pas avalé la dernière; car, à la manière dont je t'ai vu boire, j'ai craint un moment qu'elle ne passât par ton gosier avec le contenu. »

« Il y a des choses que je n'avale pas aisément, répondit le Varangien d'un ton calme et indifférent; mais il faut qu'elles viennent de quelqu'un plus jeune et plus actif que vous. »

Le sourire effleura de nouveau les lèvres de tous les assistans, et ils semblèrent se dire en se regardant, que le philosophe, bien qu'il fût de profession une espèce de bel-esprit, avait trouvé son maître dans cette circonstance. L'empereur intervint alors :

« Et je ne t'ai pas fait venir ici, mon brave, pour y être en butte à de sottes railleries. »

Agelastès se retira derrière le cercle comme un limier que le chasseur vient de châtier pour avoir aboyé mal à propos; et la princesse, dont la belle figure avait exprimé un certain degré d'impatience, prit enfin la parole : « Vous plaira-t-il donc, mon souverain, et mon père bien-aimé, d'apprendre à ceux qui ont le bonheur d'être admis dans le temple des Muses, pourquoi vous avez ordonné que ce soldat fût introduit ce soir dans un lieu si fort au dessus de son rang dans le monde? Permettez-moi de dire que nous ne devons pas prodiguer en plaisanteries vaines et frivoles le temps précieux consacré au bien de l'empire, comme chaque instant de votre vie doit l'être. »

« Notre fille parle sagement, » dit l'impératrice Irène, qui, semblable à la plupart des mères dépourvues de talent et peu capables de les apprécier dans les autres, était néanmoins grande admiratrice du mérite de sa fille favorite, et toujours prête à le faire ressortir dans toutes les occasions. « Permettez-moi de faire observer que dans ce palais divin et favorisé des Muses, dans ce palais consacré aux études de notre fille chérie et si hautement douée, dont la plume conservera la renommée de notre impérial époux jusqu'à la destruction de l'univers, et qui est l'ame et les délices de cette société, la fleur de l'esprit et du génie de notre sublime cour; permettez-moi, dis-je, de faire observer qu'en admettant ici un simple soldat des gardes du corps, nous avons donné à notre conversation le caractère qui distingue celle d'une caserne. »

L'empereur Alexis éprouva alors ce que ressent plus d'un honnête homme dans les rangs ordinaires de la vie, quand sa femme commence une longue dissertation; et il éprouva cet effet avec d'autant plus de raison, que l'impératrice Irène ne se renfermait pas toujours dans l'observance rigoureuse du cérémonial imposant prescrit par la suprématie de son impérial époux, bien que pourtant elle mît la plus grande sévérité à exiger des autres cette observance à son égard. Ainsi donc, quoiqu'il n'eût pas été fâché d'obtenir quelque répit à la lecture tant soit peu monotone de l'histoire de la belle princesse, il se vit dans la nécessité inévitable de la reprendre ou d'écouter l'éloquence matrimoniale de l'impératrice.

« Je vous demande pardon, dit-il en soupirant, à vous notre bonne et impériale épouse, et à vous aussi notre fille née dans la chambre pourpre. Je me rappelle, notre fille très aimable et très accomplie, qu'hier au soir vous témoignâtes le désir de connaître les particularités de la bataille de Laodicée contre les Arabes païens que le ciel confonde! Et d'après certaines considérations qui nous déterminent à ajouter d'autres conquêtes propre à notre souvenir, Achille Tatius, notre fidèle acolouthos, reçut ordre d'amener ici un des Varangiens qui sont sous son commandement, celui que son courage et sa présence d'esprit avaient rendu le plus capable d'observer ce qui s'était passé autour de lui dans cette journée sanglante et mémorable. Et cet homme est, je le suppose, celui qu'il amène d'après l'ordre qu'il a reçu de nous.

« S'il m'est permis de parler et de vivre, dit l'acolouthos, votre majesté impériale et ces divines princesses, dont le nom est pour nous comme celui de ces bienheureux saints, ont en leur présence en ce moment la fleur de mes Anglo-Danois, ou comme on voudra les appeler de tout autre nom païen, quel qu'il soit. C'est, je puis le dire, le Barbare des Barbares; mais quoique par sa naissance et son éducation il soit indigne de fouler de ses pieds le tapis de ce temple sacré des talens et de l'éloquence, il est si brave, si fidèle, si dévoué, si prêt à entreprendre sans hésiter... »

« Assez, assez, bon acolouthos, interrompit l'empereur; assurez-nous seulement qu'il a du sang-froid et qu'il est observateur; qu'il n'est pas susceptible de se laisser agiter et troubler pendant le combat, défaut que nous avons quelquefois remarqué en vous et en d'autres commandans, ainsi qu'en nous-même dans certaines occasions extraordinaires, il faut le dire avec vérité. Disons cependant que cette différence dans la constitution des hommes ne provient point d'une infériorité de courage, mais bien d'un certain sentiment intime de l'importance de notre salut personnel pour le bien de tous, et des devoirs qui nous sont imposés. Parle donc, et parle en peu de mots, Tatius, car je m'aperçois que notre très chère épouse et notre fille trois fois heureuse et née dans la chambre pourpre paraissent agitées de tant soit peu d'impatience. »

« Hereward, répondit Achille Tatius, est aussi calme et aussi bon observateur, dans une bataille, qu'un autre le serait dans une danse joyeuse. La poussière des combats est le souffle de ses narines, et il prouvera sa valeur en combattant contre quatre, qui, les Varangiens exceptés, se diront les plus braves sujets de votre majesté impériale. »

« Acolouthos, dit Alexis, avec un regard et un ton de mécontentement, au lieu de donner à ces pauvres ignorans Barbares des leçons de civilisation, et de les initier à la connaissance des lois de cet empire éclairé, vous alimentez, par ces vaines paroles et cette jactance, l'orgueil et l'emportement naturels qui les poussent à avoir des querelles continuelles avec les autres légions étrangères, et qui en suscitent même entre eux. »

« Si ma bouche ose s'ouvrir pour faire entendre la plus humble excuse, dit Achille Tatius, je prendrai la liberté de répondre qu'il y a à peine une heure, je parlais à ce pauvre ignorant Anglo-Danois de la sollicitude paternelle avec laquelle votre majesté impériale veille à la conservation de cette concorde qui unit ceux qui suivent votre étendard; et je lui disais combien vous êtes désireux d'encourager cette harmonie, et plus particulièrement encore entre les diverses nations qui ont le bonheur de vous servir, en dépit des querelles sanglantes des Francs et des autres habitans du Nord, qui ne peuvent vivre sans guerres intestines. Je crois que l'intelligence du pauvre jeune homme suffit pour rendre témoignage de mes propres paroles. » A ces mots, il jeta un regard sur Hereward, qui baissa gravement la tête, comme pour confirmer ce que son capitaine venait de dire. Achille, soutenu ainsi par ce témoignage muet, continua d'un ton plus ferme : « Quant à ce que j'ai dit tout à l'heure relativement à son courage, j'ai parlé sans réflexion, car au lieu de prétendre qu'Hereward ferait face à quatre des sujets de votre majesté impériale, j'aurais dû dire plutôt qu'il était disposé à défier six des plus mortels ennemis de votre majesté, en leur laissant de plus le choix du temps, du lieu et des armes. »

« Ceci résonne mieux, dit l'empereur, et vraiment je dirai pour l'instruction de ma très chère fille, qui a pieusement entrepris d'écrire l'histoire de ce que le ciel m'a permis de faire pour le salut de l'empire, que je désire ardemment qu'elle se souvienne que bien que l'épée d'Alexis ne se soit pas rouillée dans le fourreau, cependant il n'a jamais cherché à accroître sa renommée au prix du sang de ses sujets. »

« Je me flatte, répondit Anne Comnène, que, dans mon humble esquisse de la vie du noble et illustre prince auquel je dois l'existence, je n'ai pas oublié son amour pour la paix, ses égards pour la vie du soldat et son horreur pour les coutumes sanguinaires de ces hérétiques qu'on nomme Francs. J'ai représenté ces précieuses qualités, je l'espère, comme l'un des traits les plus marquans de son caractère. »

Prenant alors une attitude imposante comme une personne qui veut réclamer l'attention de l'assemblée qui l'environne, elle fit une légère inclination de tête à tout son auditoire ; et prenant un rouleau de parchemin des mains de la belle esclave qui lui servait de secrétaire, et qui avait écrit sous la dictée de sa maîtresse en caractères de la plus grande beauté, Anne Comnène se prépara à lire.

En ce moment les regards de la princesse se fixèrent un instant sur le jeune Barbare, et elle daigna lui adresser ces paroles :

« Vaillant Barbare, que mon imagination se rappelle confusément comme on se souvient d'un songe, tu vas entendre la lecture d'un ouvrage qui, si l'on met l'auteur en comparaison avec le sujet, peut être assimilé au portrait d'Alexandre, pour l'exécution duquel quelque barbouilleur aurait emprunté le pinceau d'Apelles ; mais cet essai cependant, quelque indigne qu'il puisse être du sujet aux yeux d'un grand nombre de gens, doit pourtant exciter quelque envie dans l'esprit de ceux qui examinent avec candeur et bonne foi la difficulté de bien représenter le grand personnage dont il est question. Je te prie donc de donner toute ton attention à ce que je vais lire, car ce récit de la bataille de Laodicée, dont les détails m'ont été principalement transmis par sa majesté impériale, mon excellent père, par son invincible général le vaillant protospathaire, et par Achille Tatius, le fidèle acolouthos de notre victorieux empereur, peut néanmoins être inexact dans quelques circonstances; car on doit penser que les hautes fonctions de ces grands commandans les retinrent à une certaine distance du lieu où l'on combattait avec le plus d'ardeur, afin de conserver tout le sang-froid nécessaire pour juger avec exactitude de tout l'ensemble de l'action, et transmettre leurs ordres sans trouble, sans préoccupation pour leur sûreté personnelle. Il en est de même, brave Barbare, de l'art de la broderie; et ne t'étonne pas que nous nous occupions de cet art mécanique, car il est protégé par Minerve, dont nous suivons avec orgueil toutes les études. Seulement nous nous réservons la surintendance de l'ouvrage, et nous confions à nos femmes, ou à d'autres soumis à notre autorité, l'exécution de tout ce qui est relatif aux détails. Ainsi, de la même manière, vaillant Varangien, toi qui as combattu dans le plus fort de la mêlée, tu peux nous indiquer à nous, indigne historienne d'une guerre si renommée, les incidens survenus tandis que les hommes combattaient corps à corps, et au moment où le tranchant du glaive décida du destin de cette bataille. Ne crains donc pas, toi le plus brave de ceux qui portent la hache d'armes, toi le plus intrépide de ceux auxquels nous devons cette victoire et tant d'autres, de relever les erreurs que nous avons pu commettre relativement aux détails de ce glorieux événement.»

«Madame, répondit le Varangien, j'écouterai avec empressement et respect ce qu'il plaira à votre altesse de me lire. Quant à me permettre de critiquer l'histoire écrite par une princesse née dans la pourpre, loin de moi une telle présomption. Il conviendrait encore moins à un Varangien, à un Barbare, de se permettre de juger la conduite militaire de l'empereur qui le paie libéralement, ou du commandant par lequel il est bien traité. Si avant une action on nous demande notre avis, nous le donnons toujours avec franchise et loyauté ; mais selon mon intelligence rude et sauvage, notre critique, après le combat, serait plus perfide qu'utile. Pour ce qui concerne le protospathaire, si c'est le devoir d'un général de se tenir loin du lieu le plus chaud de l'action, je puis dire et même jurer, si cela est nécessaire, que jamais je n'ai vu l'invincible commandant à la portée d'une javeline de tout endroit où il paraissait y avoir quelque danger. »

Ces mots, prononcés avec une franchise hardie, produisirent une vive impression sur toute l'assemblée. L'empereur lui-même et Achille Tatius ressemblaient à deux hommes qui venaient de se tirer d'un danger mieux qu'ils ne s'y étaient attendus. Le protospathaire s'efforça de tout son pouvoir de cacher le ressentiment qu'il éprouvait ; et Agelastès, placé près du patriarche, lui dit à l'oreille : « La hache du Nord ne manque ni de pointe ni de tranchant. »

« Silence ! dit Zozime, voyons comment tout ceci finira : la princesse va parler.

CHAPITRE IV.

Épisode.

> « Nous entendîmes le techir : c'est ainsi que les Arabes nomment leur cri de guerre, lorsqu'à haute voix ils en appellent au ciel comme pour demander la victoire. Les combattans en vinrent aux mains ; et alors, du milieu des hordes barbares, on n'entendit plus que les cris de *combat ! combat !* et *paradis*. »
>
> *Le Siège de Damas.*

LA voix du soldat, quoique modérée par un sentiment de respect pour l'empereur et d'attachement pour son capitaine, avait ce ton de brusque franchise qui ne résonnait pas habituellement sous les voûtes sacrées du palais impérial ; et la princesse Anne, tout en commençant à soupçonner qu'elle avait réclamé l'opinion d'un juge sévère, sentait en même temps que son respect avait quelque chose de plus réel que

CHAPITRE IV. 77

celui de beaucoup d'autres, et que son approbation, si elle l'obtenait, serait plus véritablement flatteuse que les complimens fades et dorés de toute la cour de son père. Elle regarda avec surprise et attention Hereward, dont nous avons déja parlé comme d'un très beau jeune homme; et elle sentit ce désir naturel de plaire qu'excite si facilement l'aspect de la beauté dans un sexe différent. L'attitude du jeune Varangien était pleine d'aisance et de fierté, sans être pourtant ni grossière ni incivile. Son titre de Barbare l'affranchissait des formes ordinaires de la vie civilisée et des règles d'une politesse artificielle et guindée; et sa réputation de valeur, son air de noble confiance en lui-même excitaient pour lui un intérêt plus profond qu'il n'en aurait obtenu par un langage plus étudié, plus cérémonieux, ou par des démonstrations exagérées de crainte et de respect.

En un mot, la princesse Anne Comnène, quelque élevé que fût son rang, et bien que née dans la pourpre impériale, ce qu'elle considérait comme le premier de tous les avantages, se sentit, en se préparant à reprendre le récit de son histoire, plus jalouse d'obtenir l'approbation de ce rude soldat que celle de tous les courtisans qui l'environnaient. Il est vrai qu'elle les connaissait trop bien pour mettre un grand prix à des éloges que la fille de l'empereur était assurée d'avance de recevoir à pleines mains des flatteurs de la cour grecque auxquels elle voulait bien communiquer les productions de son génie impérial. Mais elle avait maintenant devant elle un juge d'un nouveau caractère dont les éloges, s'il les donnait, devaient provenir d'un sentiment réel de satisfaction, satisfaction qu'elle ne pouvait produire qu'en touchant son imagination ou son cœur.

Ce fut peut-être l'influence de ces réflexions qui fut cause que la princesse fut plus long-temps que de coutume à trouver dans le rouleau de son histoire le passage où elle en était restée. On remarqua aussi qu'elle commença sa lecture avec embarras et timidité, ce qui surprit les nobles auditeurs qui l'avaient vue si souvent conserver toute sa présence d'esprit devant un auditoire bien autrement distingué dans leur opinion, et ayant bien plus de droits à être sévère.

Les circonstances dans lesquelles se trouvait le Varangien

de son côté n'étaient pas de nature non plus à ce que cette scène fût indifférente pour lui. Anne Comnène, il est vrai, avait atteint son cinquième lustre, époque après laquelle la beauté des femmes grecques commence à décliner. Depuis combien de temps avait-elle passé cette époque critique? C'était un secret pour tout le monde, excepté pour les femmes de confiance initiées dans les mystères de la chambre pourpre. Tout ce que l'on sait c'est que la voix publique disait qu'elle avait un an ou deux de plus que son cinquième lustre, ce que semblait confirmer assez ce penchant à la philosophie et à la littérature, penchant qui s'accorde rarement avec la beauté à son printemps. Bref, elle pouvait avoir vingt-sept ans.

Cependant Anne Comnène était encore belle; et très peu de temps auparavant elle avait été une beauté du premier ordre. On peut donc supposer qu'elle possédait encore assez de charmes pour captiver l'imagination d'un Barbare du Nord, si heureusement pour lui il n'avait eu soin de bien se rappeler l'immense distance qui le séparait d'elle. Ce souvenir même aurait peut-être été insuffisant pour sauver Hereward de l'influence de l'enchanteresse, hardi, libre et intrépide comme il était; car dans ces temps de révolutions étranges, on vit plus d'un général heureux partager la couche d'une princesse du sang impérial, et la rendre veuve par suite de leurs prétentions ambitieuses. Mais, outre l'influence d'autres souvenirs, comme on le verra plus tard, Hereward, quoique flatté du degré extraordinaire d'attention que la princesse lui accordait, ne voyait en elle que la fille de son empereur, du seigneur suzerain qu'il avait adopté, et l'épouse d'un noble prince, à laquelle la raison et le devoir lui défendaient de penser sous aucun autre rapport.

Ce fut après quelques efforts préliminaires que la princesse Anne commença enfin sa lecture, et ce fut d'une voix émue, et presque tremblante, mais qui reprit de l'assurance et de l'énergie à mesure qu'elle avança dans la relation suivante tirée d'une partie de l'histoire bien connue d'Alexis Comnène, mais qui malheureusement n'a pas été comprise dans l'édition des historiens byzantins. Ce morceau ne peut donc qu'être agréable aux antiquaires; et l'auteur espère recevoir du monde savant des remercîmens pour avoir recouvré un fragment curieux, qui, sans ses recherches, serait probablement tombé dans le gouffre de l'oubli.

LA RETRAITE DE LAODICÉE.

Traduite pour la première fois du grec, et faisant partie de l'histoire d'Alexis Comnène, écrite par la princesse sa fille.

« Le soleil venait de se coucher dans l'océan, et l'on aurait dit qu'il disparaissait comme honteux de voir l'armée immortelle de notre empereur très sacré entourée de hordes sauvages de Barbares infidèles, qui, comme nous l'avons dit dans notre chapitre précédent, avaient occupé les divers défilés en avant et en arrière des Romains [1], les rusés Barbares s'en étant emparés la nuit précédente. Ainsi, quoiqu'une marche triomphante nous eût conduits jusqu'à ce point, ce fut alors une question grave et douteuse de savoir si nos aigles victorieuses pourraient pénétrer plus avant dans le pays de l'ennemi, ou se retirer avec sûreté dans le leur.

« La science vaste et profonde de l'empereur dans l'art militaire, science dans laquelle il surpasse la plupart des princes vivans, l'avait déterminé le soir précédent à faire reconnaître avec une exactitude et une prévoyance merveilleuse la position précise de l'ennemi. Il avait employé dans cette circonstance importante certains Barbares légèrement armés qui avaient puisé leurs habitudes et leur discipline dans les déserts de la Syrie; et, s'il m'est imposé d'écrire ce que me dicte la vérité qui doit toujours guider la plume d'un historien, je dois dire qu'ils étaient infidèles comme leurs ennemis, fidèlement attachés cependant au service des Romains, et, comme je le crois, esclaves dévoués de l'empereur auquel ils communiquèrent les renseignemens qu'ils avaient demandés relativement à la position de son adversaire redoutable, Jezdegerd. Ces soldats n'apportèrent ces renseignemens que long-temps après l'heure à laquelle l'empereur avait coutume de se livrer au repos.

« Malgré ce dérangement à ces habitudes très sacrées, l'empereur notre père qui avait retardé la cérémonie de son déshabillement, tant était grande l'importance du moment, con-

[1] *Les Grecs* serait le mot convenable, mais nous traduisons l'expression de la belle historienne. (*Note anglaise.*)

tinua jusque bien avant dans la nuit à tenir conseil avec ses chefs les plus sages. C'étaient tous des hommes dont le jugement profond aurait été capable de soutenir un monde près de s'écrouler, et qui délibérèrent alors sur ce qu'il convenait de faire dans la conjoncture difficile où ils se trouvaient. L'urgence était telle qu'elle fit oublier tout le cérémonial ordinaire de la maison impériale, car j'ai appris de ceux qui furent témoins du fait que le lit impérial fut placé dans le lieu même où le conseil était assemblé, et que la lampe sacrée, appelée la lumière du conseil, et qui est toujours allumée quand l'empereur préside en personne les délibérations de ses serviteurs, fut alimentée cette nuit, chose inouïe dans nos annales! avec de l'huile sans parfum!»

Ici la belle lectrice donna à sa contenance l'expression d'une sainte horreur; et ses auditeurs témoignèrent leur sympathie de sentimens par divers signes d'intérêt. Le soupir que poussa Achille Tatius fut le plus pathétique, et le gémissement d'Agelastès, l'Éléphant, fut profond et terrible comme celui d'un animal des forêts. Hereward, fort peu ému, ne paraissait s'étonner que de la surprise des autres. La princesse ayant laissé à ses auditeurs le temps d'exprimer leurs sentimens sympathiques, reprit sa lecture.

«Dans cette situation alarmante, et lorsque même les réglemens les mieux établis et les plus sacrés de la maison impériale cédaient à la nécessité d'adopter à la hâte des mesures pour le lendemain matin, les opinions des membres du conseil furent différentes selon leurs caractères et leurs habitudes, chose qui arrive, on peut le dire en passant, aux plus habiles et aux plus sages dans de semblables occasions d'incertitude et de danger.

«Je n'inscrirai pas ici les noms de ceux dont les avis furent tour à tour proposés et rejetés devant ce témoignage de respect à la liberté des débats qui règne à juste droit dans le conseil impérial, et au secret qui ne doit jamais être violé. Il me suffira de dire que quelques uns furent d'avis d'attaquer promptement l'ennemi en continuant d'avancer. D'autres pensèrent qu'il était plus sûr et peut-être plus facile de nous frayer un passage à l'arrière-garde, et de nous retirer par le même chemin qui nous avait amenés. Je ne dissimulerai

CHAPITRE IV.

même pas qu'il se trouva des personnes d'une fidélité incontestable qui proposèrent un troisième moyen plus certain que les autres, il est vrai, mais tout-à-fait opposé à l'esprit magnanime de l'empereur notre père. On proposait d'envoyer un esclave de confiance accompagné d'un ministre de l'intérieur de notre palais impérial à la tente de Jezdegerd pour demander à quelles conditions le Barbare permettrait à notre victorieux père de se retirer en sûreté à la tête de son armée triomphante. A cette proposition, l'empereur notre père s'écria : *Sancta Sophia!* la seule expression qui approchât le plus d'un jurement, et celui-là est l'unique qu'il se soit jamais permis. Il paraissait sur le point de dire quelque chose de violent contre une proposition si honteuse et la lâcheté de ceux qui osaient la faire, quand, se rappelant tout à coup l'instabilité des choses humaines et l'infortune de plusieurs des prédécesseurs de sa gracieuse majesté dont quelques uns avaient été forcés, dans ce même pays, de rendre leurs personnes sacrées aux infidèles, l'empereur notre père retint l'expression de ses sentimens généreux, et ne les fit connaître à ses conseillers que par un discours dans lequel il déclara qu'un parti si déshonorant et si désespéré serait le dernier qu'il adopterait même à la dernière extrémité. Ainsi le jugement supérieur de ce puissant monarque rejeta sur-le-champ un conseil qui semblait honteux pour ses armes; et par là il encouragea le zèle de ses troupes tout en gardant secrètement cette porte de réserve, qui, dans la nécessité absolue, pouvait toujours lui servir pour effectuer sûrement sa retraite, ce qu'il ne pouvait faire ainsi d'une manière honorable que dans le cas d'un extrême danger.

« Au moment où la discussion était arrivée à ce point décisif, l'illustre Achille Tatius arriva avec la nouvelle pleine d'espérance, que lui et quelques soldats de son corps avaient découvert une ouverture sur le flanc gauche de notre camp, ouverture par laquelle, en faisant, il est vrai, un circuit considérable, nous pouvions, par une marche forcée, atteindre la ville de Laodicée, et nous mettre, en nous repliant sur nos réserves, à l'abri, jusqu'à un certain point, de l'ennemi. »

« Ce rayon d'espérance n'eut pas plus tôt brillé sur l'esprit troublé de notre gracieux souverain, qu'il prit toutes les mesures nécessaires pour pouvoir profiter de la chance favorable qui se présentait. Sa majesté impériale ne voulut pas permettre aux braves Varangiens, qu'il regardait comme la fleur de son armée, de se placer en cette circonstance au premier rang. Il réprima cette ardeur belliqueuse qui de tout temps a distingué ces généreux étrangers, et il ordonna que les troupes syriennes dont il a déja été question s'assemblassent avec le moins de bruit possible dans le voisinage du défilé que l'ennemi avait abandonné, et qu'elles fissent tous leurs efforts pour s'en emparer. Le génie protecteur de l'empire lui suggéra que, comme ces Syriens ressemblaient à l'ennemi par le langage, les armes et tout l'extérieur, on laisserait sans opposition ces troupes légèrement armées prendre position dans ce défilé, et y assurer ainsi le passage du reste de l'armée, dont il proposa que les Varangiens, spécialement attachés à sa personne sacrée, formassent l'avant-garde. Les bataillons célèbres surnommés *les immortels* marchaient ensuite, comprenant le gros de l'armée, et formant le centre et l'arrière-garde. Achille Tatius, le fidèle acolouthos de son maître impérial, bien que mortifié de ce qu'il ne lui était pas permis de commander l'arrière-garde, où il avait demandé d'être placé avec ses valeureuses troupes, comme étant alors le poste le plus dangereux de l'armée, se soumit de bonne grace, néanmoins, à la décision de l'empereur comme étant la plus propre à assurer le salut impérial et celui de l'armée.

« Les ordres de sa majesté furent donnés sur-le-champ et exécutés de même, avec une ponctualité d'autant plus rigoureuse, qu'ils tendaient à la réussite d'un plan de retraite, dont les soldats même les plus expérimentés avaient presque désespéré. Dans ces temps de léthargie pendant lesquels, comme dit le divin Homère, les dieux et les hommes paraissent également endormis, il se trouva que la vigilance et la prudence d'un seul individu pourvut à la sûreté de toute l'armée romaine. Les premiers rayons de l'aurore éclairaient à peine le sommet des montagnes qui bordent le défilé, qu'on les vit se réfléchir dans les casques d'acier et les piques des Syriens commandés par un capitaine nommé Monastras, qui, ainsi que sa tribu, s'était attaché à l'empire. L'empereur, à la tête de ses fidèles Varangiens, traversa le défilé afin de prendre sur la route de Laodicée assez d'avance pour éviter toute rencontre avec les Barbares.

« C'était un beau spectacle que celui de cette masse sévère de guerriers du Nord qui formaient l'avant-garde de l'armée, marchant d'un pas grave et ferme à travers les défilés des montagnes, serpenter autour des rochers isolés et des précipices, et gravir les hauteurs moins escarpées, semblables dans leur marche à un fleuve grand et majestueux qui suit un cours sinueux. Pendant ce temps, des troupes détachées d'archers armés d'arcs et de javelines à la manière de l'Orient se dispersaient sur le penchant des défilés, et pouvaient se comparer à l'écume légère qui se montre sur le bord d'un torrent. Au milieu des escadrons de la garde impériale on voyait le fier cheval de guerre de l'empereur, trépignant et foulant du pied la terre, comme s'il eût été impatient et indigné qu'on différât le moment désiré où il se sentirait chargé de son auguste fardeau. L'empereur Alexis voyageait dans une litière portée par huit Africains vigoureux, afin qu'il pût sortir de là frais et reposé si l'armée venait à être surprise par l'ennemi. Le vaillant Achille Tatius était à cheval à côté de la litière de son maître, pour qu'aucune de ces idées lumineuses, auxquelles si souvent nous avons dû le succès des batailles, ne fût perdue faute d'avoir pu la communiquer à ceux dont le devoir est de les exécuter.

« Je ne dois pas oublier de dire que près de la litière de l'empereur il y en avait trois ou quatre autres : l'une préparée pour l'astre ou disque d'argent, comme on peut l'appeler, qui éclaire l'univers, la gracieuse impératrice Irène. Parmi celles que l'on pourrait encore mentionner était celle qui contenait l'auteur de cette histoire, quelque indigne de distinction qu'elle puisse être, si ce n'est comme fille des personnes éminentes et sacrées que concerne principalement cette narration. L'armée impériale traversa ainsi rapidement les dangereux défilés où elle se trouvait exposée dans sa marche aux insultes des Barbares. On les passa heureusement sans opposition. Lorsque nous arrivâmes à l'entrée du passage qui descend à la ville de Laodicée, la sagacité de l'empereur lui suggéra d'ordonner à l'avant-garde qui, quoique les soldats qui la composaient fussent pesamment armés, avait jusqu'alors avancé avec une extrême rapidité, de faire halte; autant pour prendre elle-même quelque repos et se rafraîchir, que pour donner aux troupes qui suivaient le temps de rejoindre et de fermer différens vides que le mouvement rapide de ceux qui marchaient en tête avait occasioné dans la colonne.

«Le lieu choisi à cet effet offrait un coup d'œil d'une rare beauté par le sillonnement peu élevé, et en quelque sorte presque imperceptible, des monticules dont la pente irrégulière allait se perdre dans la plaine qui s'étendait entre le passage que nous occupions et Laodicée. La ville était éloignée d'environ cent stades, et quelques uns de nos guerriers les plus confians prétendaient pouvoir déja en distinguer les tours et le sommet des édifices, brillant aux rayons naissans du soleil, qui n'était pas encore très élevé au dessus de l'horizon. Un torrent, prenant sa source sur les montagnes au pied d'un énorme rocher qui s'entr'ouvrait pour lui donner naissance, comme s'il eût été frappé par la baguette du prophète Moïse, versait ses trésors liquides dans les campagnes inférieures, fertilisant dans son cours incliné de gras pâturages et même de grands arbres, jusqu'à une distance de quatre ou cinq milles, où ses eaux, du moins pendant les temps de sécheresse, se perdaient parmi des monceaux de sable et de pierres, qui dans la saison des pluies attestaient la force et la fureur des flots les entraînait dans leur course.

«Il y avait plaisir à voir l'attention qu'apportait l'empereur au bien-être de ses compagnons et des défenseurs de sa marche. Les trompettes sonnaient de temps en temps pour annoncer à diverses bandes de Varangiens la permission de déposer leurs armes, de prendre la nourriture qui leur était distribuée, et d'étancher leur soif au cours limpide du ruisseau, qui roulait ses ondes bienfaisantes au pied de la colline, où on les voyait étendre leurs formes athlétiques sur le gazon qui les environnait. On servit aussi un déjeûner à l'empereur, à sa sérénissime épouse, aux princesses et aux dames, près de la fontaine même où le ruisseau prenait naissance, et que les soldats, dont les sentimens respectueux n'avaient pas permis qu'elle fût souillée par des mains vulgaires, avaient réservée pour l'usage de la famille, que l'on dit par

CHAPITRE IV.

emphase être née dans la pourpre. Notre époux bien-aimé était aussi présent dans cette occasion, et fut des premiers à s'apercevoir de l'un des désastres de cette journée; car, quoique tout le reste du repas eût été, par la dextérité des officiers de la bouche, ordonné de manière à présenter, même dans une circonstance si terrible, très peu de différence avec le service ordinaire du palais, néanmoins, lorsque sa hautesse impériale demanda du vin, ne voilà-t-il pas que non seulement la liqueur sacrée destinée à l'usage particulier de ses lèvres impériales se trouva entièrement épuisée ou restée en arrière, et que, pour employer le langage d'Horace, on ne put même se procurer le plus vil vin de Sabine; de sorte que sa hautesse impériale se trouva heureuse d'accepter l'offre d'un rustique Varangien, qui lui présenta sa modique portion de décoction d'orge que ces barbares préfèrent au jus de la treille. L'empereur toutefois accepta ce grossier tribut.»

« Insérez, dit l'empereur, qui jusqu'alors avait été plongé dans des réflexions profondes, ou dans un commencement d'assoupissement, insérez, dis-je, ces propres mots : et par suite de la chaleur de la matinée, de l'anxiété d'une marche si rapide, avec un ennemi nombreux sur ses derrières, l'empereur était si altéré, qu'il lui sembla n'avoir jamais bu dans sa vie un breuvage plus délicieux. »

Pour se conformer aux ordres de son illustre père, la princesse remit le manuscrit à la belle esclave qui l'avait écrit, répétant à la jolie secrétaire l'addition qui venait d'être ordonnée, lui prescrivant de mentionner qu'elle avait été faite par ordre exprès de la bouche sacrée de l'empereur, et continua ensuite en ces termes : « J'avais ajouté ici quelques phrases sur la liqueur favorite des fidèles Varangiens de votre hautesse impériale; mais votre hautesse l'ayant une fois rendue recommandable par un mot d'approbation, cette *ale*, comme ils l'appellent, sans doute parce qu'elle guérit toutes les maladies qu'ils nomment *ailments*, devient un sujet trop élevé pour être discuté par aucune personne d'un rang inférieur. Qu'il suffise de dire que nous étions ainsi tous agréablement occupés : les dames et les esclaves cherchant à amuser les oreilles de l'empereur; les soldats se montrant à l'œil dans diverses postures sur une longue ligne jusqu'au fond du ravin, les uns se dirigeant isolés vers le ruisseau, les autres montant la garde près des armes de leurs camarades, service dans lequel ils se relevaient les uns les autres, tandis que les divers corps des troupes restées en arrière sous les ordres du protospathaire, et particulièrement ceux qui étaient sous le nom d'*immortels*, rejoignaient l'armée principale à mesure qu'ils arrivaient. Ces soldats, qui étaient déjà épuisés de fatigue, avaient la permission de prendre un court intervalle de repos, après quoi on les envoyait en avant avec ordre de marcher en bon ordre sur la route de Laodicée, tandis que les instructions de leur chef leur prescrivaient, aussitôt qu'ils auraient ouvert une libre communication avec cette ville, d'y envoyer demander des renforts et des rafraîchissemens, sans oublier une provision convenable du vin sacré destiné à la bouche impériale. En conséquence, les légions romaines des immortels et des autres troupes s'étaient remises en marche, et avaient fait quelque chemin, le bon plaisir de l'empereur étant que les Varangiens, auparavant à l'avant-garde, formassent maintenant l'arrière-garde de toute l'armée, pour retirer en sûreté les troupes légères des Syriens, qui occupaient encore le passage bordé de montagnes, lorsque nous entendîmes de l'autre côté de ce défilé, que nous avions traversé si heureusement, le bruit terrible des *lélies*, comme les Arabes nomment leur cri d'attaque, quoiqu'il serait difficile de dire à quelle langue il appartient. Peut-être quelqu'un dans cette assemblée peut éclairer mon ignorance. »

« Puis-je parler et vivre? dit l'acolouthos Achille, fier de sa science littéraire; les paroles sont: *Alla illa alla Mohamet resoul alla*. Cette phrase ou quelques mots approchans contiennent la profession de foi des Arabes, qu'ils proclament toujours lorsqu'ils commencent la bataille; je les ai souvent entendus. »

« Et moi aussi, dit l'empereur; et, comme toi, je suis sûr, j'ai quelquefois désiré me voir tout autre part qu'à portée de les entendre. »

Tout le cercle devint attentif pour entendre la réponse d'Achille Tatius; il était trop bon courtisan néanmoins pour

CHAPITRE IV.

faire aucune réplique imprudente. « Il était de mon devoir, répondit-il, de désirer être aussi près de votre hautesse impériale, que le devait votre fidèle suivant, quelque part que vous désirassiez être alors. »

Agelastès et Zozime échangèrent un coup-d'œil, et la princesse Anne Comnène continua son récit.

« La cause de ces sinistres sons, qui retentissaient dans une horrible confusion le long des rochers qui bordaient le passage, nous fut bientôt expliquée par une douzaine de cavaliers qui avaient été chargés de nous en donner connaissance.

« Ils nous informèrent que les Barbares, dont l'armée avait été dispersée autour de la position où nous avions campé le jour précédent, n'avaient pu parvenir à réunir leurs forces jusqu'au moment où nos troupes légères évacuaient le point qu'elles avaient occupé pour assurer la retraite de notre armée. Elles commençaient à se retirer du sommet des collines dans le passage même, lorsque, malgré le terrain entrecoupé de rochers, elles furent chargées avec fureur par Jezdegerd, à la tête d'un corps considérable de ses troupes, qu'avec beaucoup de peine il avait enfin réussi à faire agir sur les derrières des Syriens. Quoique le défilé fût défavorable à la cavalerie, les efforts personnels du chef infidèle amenèrent les Barbares qu'il commandait à s'avancer avec un degré de résolution inconnu aux Syriens de l'armée romaine, qui, se trouvant éloignés de leurs camarades, conçurent l'injuste idée qu'on les avait laissés là pour les sacrifier, et pensèrent plutôt à fuir dans diverses directions qu'à faire une résistance combinée et déterminée. Conséquemment, l'état des affaires, de l'autre côté du défilé, était moins favorable que nous eussions pu le désirer, et ceux dont la curiosité les portait à souhaiter voir ce que l'on pouvait appeler la déroute de l'arrière-garde d'une armée, aperçurent les Syriens poursuivis du sommet des collines, accablés, tués ou faits prisonniers, l'un après l'autre, par les bandes barbares des Musulmans.

« Son altesse impériale considéra l'aspect du combat pendant quelques minutes, et, très émue de ce qu'elle voyait, fut un peu prompte à donner ordre aux Varangiens de reprendre leurs armes, et de précipiter leur marche vers Laodicée; sur quoi l'un de ces soldats du Nord dit hardiment, quoique en opposition aux ordres de l'empereur : « Si nous entreprenons de descendre à la hâte cette colline, la confusion se mettra dans notre arrière-garde, non seulement par notre précipitation, mais par ces chiens de fuyards de Syriens, qui, dans leur fuite à toutes jambes, ne manqueront pas de se mêler dans nos rangs. Que deux cents Varangiens, prêts à vivre et à mourir pour l'honneur de l'Angleterre, demeurent avec moi dans la gorge même de ce défilé, tandis que le reste escortera l'empereur jusqu'à cette ville que vous appelez Laodicée, ou je ne sais quoi, peu importe. Nous pouvons succomber en nous défendant, mais nous mourrons en faisant notre devoir; et je ne doute guère que nous n'offrions à ces limiers glapissans un déjeûner qui détournera leur estomac de rechercher aucun autre festin pour le reste de la journée.

« Mon illustre père découvrit au premier coup-d'œil l'importance de cet avis, quoiqu'il pleurât presque de voir avec quelle intrépide fidélité ces pauvres Barbares se pressaient pour compléter le nombre de ceux qui devaient entreprendre ce service désespéré... Avec quelle bonté d'ame ils prirent congé de leurs camarades, et avec quels cris de joie ils suivaient leur souverain des yeux, tandis qu'il poursuivait sa marche vers le bas de la colline, les laissant derrière lui pour résister et périr ! Les yeux de l'empereur étaient remplis de larmes; et je ne rougis point d'avouer que, dans la terreur du moment, l'impératrice et moi-même nous oubliâmes nos rangs, en accordant un semblable tribut de regrets à ces hommes courageux et dévoués.

« Nous laissâmes leur chef disposant avec soin cette poignée de ses camarades pour la défense du défilé; leur centre occupait le milieu du passage, tandis que leurs ailes étaient rangées de chaque côté, de manière à agir sur les flancs de l'ennemi s'il avait l'audace de se précipiter sur ceux qui se présentaient pour lui barrer le passage. Nous n'étions pas à moitié chemin de la plaine, que nous entendîmes des houras terribles, où les hurlemens des Arabes se mêlaient aux cris soutenus et plus réguliers que ces étrangers répètent trois

CHAPITRE IV.

fois, soit pour saluer leurs chefs et leurs princes, soit sur le point d'engager le combat. Plus d'un regard fut jeté en arrière par leurs camarades, et plus d'une contenance fut aperçue dans les rangs qui aurait appelé le ciseau du sculpteur, tandis que le soldat hésitait pour savoir s'il suivrait la ligne de son devoir, qui lui prescrivait d'avancer avec l'empereur, ou l'impulsion de son courage, qui le portait à revenir sur ses pas et à courir se joindre à ses compagnons. La discipline l'emporta cependant, et le corps principal continua sa route.

«Il s'était écoulé une heure, pendant laquelle nous avions entendu de temps à autre le bruit du combat, lorsqu'un Varangien à cheval se présenta au côté de la litière de l'empereur. Le coursier était couvert d'écume, et avait évidemment, d'après ses harnais, la finesse de ses jambes et la délicatesse de ses articulations, appartenu à quelque chef du désert, et paraissait être tombé par le sort des combats entre les mains du guerrier du Nord. La large hache que portait le Varangien était aussi teinte de sang, et la pâleur même de la mort était répandue sur son visage. Ces indications d'un combat récent furent jugées suffisantes pour excuser l'irrégularité de sa manière de se présenter, lorsqu'il s'écria : « Noble prince, les Arabes sont défaits, et vous pouvez continuer votre marche plus à loisir. »

«Où est Jezdegerd? » dit l'empereur, qui avait plusieurs raisons de redouter ce célèbre chef.

«Jezdegerd! continua le Varangien, est dans le lieu où vont les braves qui tombent en faisant leur devoir.

«Et ce lieu est..., » dit l'empereur, impatient de connaître positivement le sort d'un si formidable adversaire.

«Celui où je vais de ce pas, » répondit le fidèle soldat, qui glissa de son cheval en prononçant ces mots, et expira aux pieds des porteurs de la litière.

«L'empereur ordonna aux gens de sa suite de veiller à ce que le corps de ce fidèle serviteur, à qui il destinait un honorable tombeau, ne fût point abandonné aux jackals ou aux vautours; et quelques uns de ses compatriotes, les Anglo-Saxons, chez lesquels il jouissait d'une grande réputation, prirent le corps sur leurs épaules, et continuèrent leur marche avec ce surcroît d'embarras, préparés à combattre pour leur précieux fardeau, comme le vaillant Ménélas pour défendre le corps de Patrocle. »

La princesse Anne Comnène s'arrêta naturellement à cet endroit; car, ayant atteint ce qu'elle considérait probablement comme la chute qui arrondissait une période, elle désirait avoir une idée des sentimens de son auditoire. A dire le vrai, si elle n'eût eu les yeux fixés sur son manuscrit, l'émotion du soldat étranger eût attiré plutôt son attention. Au commencement de son récit, il avait conservé la même attitude qu'il avait d'abord prise, raide et sévère comme celle d'une sentinelle sous les armes, et ne se rappelant en apparence aucune circonstance, si ce n'est qu'il remplissait cette fonction en présence de la cour impériale. A mesure cependant que la relation avançait, il parut prendre plus d'intérêt à ce qu'on lisait. Il écouta avec le sourire du dédain, qu'il dissimulait, les craintes et les inquiétudes des divers chefs dans le conseil tenu pendant la nuit, et il éclata presque de rire en entendant les louanges prodiguées au chef de son propre corps, Achille Tatius. Le nom même de l'empereur, quoique écouté avec respect, n'attira pas non plus l'admiration que sa fille se donnait tant de mal à exciter, en se servant d'un langage si exagéré.

Jusque là, la figure du Varangien n'indiquait guère aucune émotion intérieure; mais son ame y parut beaucoup plus accessible lorsqu'elle arriva à la description de la halte, lorsque le corps principal eut passé le défilé, à l'approche inattendue des Arabes, à la retraite de la colonne qui escortait l'empereur, et au récit de l'engagement qui avait lieu dans l'éloignement. Il quitta, en entendant la relation de ces événemens, le regard sévère et contraint d'un soldat qui écoutait l'histoire de son empereur, du sang-froid avec lequel il eût monté la garde dans son palais. Son visage commença à rougir ou pâlir alternativement, ses yeux à se mouiller ou à briller, ses membres à s'agiter involontairement, et tout son air se trouva changé en celui d'un auditeur fortement intéressé par le récit qu'il entend, et négligeant ou oubliant tout le reste de ce qui se passe devant lui, de même que le rang de ceux qui sont présens.

A mesure que la princesse poursuivait son histoire, Hereward se trouva moins en état de cacher son agitation ; et au moment où la princesse jeta les yeux autour d'elle, son émotion devint si vive, qu'oubliant le lieu où il se trouvait, il laissa tomber sa lourde hache sur le plancher, et joignant les mains, s'écria : « Mon malheureux frère ! »

Tous tressaillirent au bruit que fit l'arme en tombant, et plusieurs personnes à la fois entreprirent de prendre la parole, comme si elles eussent été appelées à expliquer une circonstance si inaccoutumée. Achille Tatius prononça quelques mots d'un discours destiné à excuser la manière rude d'exprimer sa douleur à laquelle s'était abandonné Hereward, en assurant aux éminens personnages présens que le pauvre Barbare, privé d'éducation, était réellement le frère cadet de celui qui avait commandé et était mort au mémorable défilé. La princesse ne disait rien, mais était évidemment affectée et émue, et peut-être n'était-elle pas fâchée d'avoir fait naître un sentiment d'intérêt si flatteur pour elle, en sa qualité d'auteur. Les autres, chacun dans leur rôle, prononcèrent quelques mots sans suite, adressés comme paroles de consolation ; car l'affliction qui prend sa source dans une cause naturelle attire généralement la sympathie même des caractères les plus artificiels. La voix d'Alexis mit fin à tous ces discours inachevés. « Ah ! mon brave Édouard, dit l'empereur, il fallait que je fusse aveugle pour ne pas te reconnaître plus tôt, car je pense qu'il y a cinq cents pièces d'or inscrites sur nos registres comme dues à Édouard le Varangien : elles s'y trouvent marquées parmi les autres libéralités secrètes de ce genre auxquelles nos serviteurs ont des droits, et le paiement n'en sera pas plus long-temps différé. »

« Non pas à moi, si vous le trouvez bon, mon souverain, dit l'Anglo-Danois, redonnant promptement à ses traits la rude gravité qui les caractérisait d'habitude, de peur qu'il ne profite à une personne qui ne puisse faire valoir aucun droit à votre munificence impériale. Mon nom est Hereward : celui d'Édouard est porté par trois de mes camarades, qui tous peuvent aussi bien que moi avoir mérité cette récompense de votre hautesse pour s'être fidèlement acquittés de leur devoir. »

Tatius fit plusieurs signes à son subordonné pour le détourner de la folie de refuser la libéralité de l'empereur.

Agelastès parla plus clairement : « Jeune homme, dit-il, réjouis-toi d'un honneur si inattendu, et ne réponds dorénavant à d'autre nom qu'à celui d'Édouard, par lequel il a plu à la lumière du monde, en laissant tomber sur toi un de ses rayons, de te distinguer des autres Barbares. Que t'importent les fonts baptismaux et le prêtre qui y a officié, quand bien même l'un ou les autres t'eussent conféré tout autre prénom que celui par lequel il vient de plaire à l'empereur de te distinguer de la masse commune des mortels? Glorieuse distinction, par laquelle tu acquiers à jamais le droit d'être connu dans la suite ! »

« Hereward était le nom de mon père, dit le soldat, qui avait tout-à-fait repris son sang-froid ; je ne puis l'abandonner tant que j'honorerai sa mémoire dans la tombe. Édouard est le nom de mon camarade : je ne dois pas courir risque d'usurper ses droits. »

« Paix, tout le monde ! interrompit l'empereur. Si nous avons commis une erreur, nous sommes assez riche pour la réparer, et Hereward n'en sera pas plus pauvre, quand même il se trouverait un Édouard qui méritât cette gratification. »

« Votre hautesse peut s'en remettre de ce soin sur votre compagne affectionnée, répondit l'impératrice Irène. »

« Sa hautesse très sacrée, dit la princesse Anne Comnène, est si avare dans son désir d'accaparer toutes les bonnes et gracieuses actions, qu'elle ne laisse aucunement la faculté, même à ceux qui l'approchent de plus près, de montrer leur générosité ou leur munificence. Cependant je témoignerai moi, à ma manière, ma gratitude à ce brave soldat; car à l'endroit où ses exploits sont mentionnés dans cette histoire, je ferai insérer : « Ce haut fait a été accompli par Hereward l'Anglo-Danois, qu'il a plu à sa majesté impériale d'appeler Édouard. Gardez ceci, bon jeune homme, continua-t-elle, lui donnant en même temps une bague de prix, comme gage que nous n'oublierons pas notre engagement. »

Hereward accepta le gage en saluant profondément, et avec un trouble que le rang qu'il occupait ne rendait point inconvenant. Il était évident pour la plupart des personnes présentes que la gratitude de la belle princesse était exprimée d'une manière plus agréable au jeune garde-du-corps que celle d'Alexis Comnène. Il prit la bague avec de grandes démonstrations de reconnaissance. « Précieuse relique ! dit-il, en pressant ce gage d'estime contre ses lèvres, nous ne demeurerons peut-être pas long-temps ensemble ; mais sois assurée (il s'inclina respectueusement vers la princesse) que la mort seule nous séparera. »

« Continuez, princesse notre fille, dit l'impératrice Irène ; vous en avez assez fait pour montrer que la valeur est précieuse à celle qui peut conférer la renommée, soit qu'elle se trouve dans un Romain ou dans un Barbare. »

La princesse reprit son histoire avec une légère apparence d'embarras.

« Nous continuâmes alors notre mouvement sur Laodicée, les troupes qui se trouvaient en marche manifestant la plus tranquille assurance. Cependant nous ne pouvions nous empêcher de jeter les yeux vers notre arrière-garde, qui avait été si long-temps le point par où nous craignions d'être attaqués. A la fin, à notre grande surprise, un épais nuage de poussière s'offrit aux regards, à moitié chemin du lieu où nous avions fait halte et de celui où nous nous trouvions. Quelques unes des troupes qui composaient notre armée en retraite, particulièremen tcelles de l'arrière-garde, commencèrent à crier : « Les Arabes ! les Arabes ! » et leur marche prit un caractère de précipitation plus prononcée du moment où elles se crurent poursuivies par l'ennemi. Mais les gardes varangiennes affirmèrent d'une commune voix que cette poussière était soulevée par le reste de ceux de leurs camarades qui, laissés pour défendre le passage, l'avaient abandonné après avoir si vaillamment défendu la position qui leur avait été confiée. Ils appuyèrent leurs opinions de l'observation militaire que le nuage de poussière était plus concentré que s'il eût été soulevé par la cavalerie arabe, et ils crurent même pouvoir affirmer, en raison du coup-d'œil exercé qu'ils devaient à leur expérience dans des cas semblables, que le nombre de leurs camarades avait été fort diminué dans l'action. Quelques cavaliers syriens envoyés pour reconnaître le corps qui approchait nous rapportèrent des informations de tout point conformes à l'opinion des Varangiens. Le parti de gardes-du-corps avait battu et repoussé les Arabes, et son brave commandant avait tué leur chef Jezdegerd, recevant lui-même, en nous rendant ce service, une blessure mortelle, ainsi que cette histoire en a déjà fait mention. Ceux qui survivaient de ce détachement, diminué de moitié, étaient en ce moment en marche pour rejoindre l'empereur, avançant aussi vite que l'embarras de transporter leurs blessés en lieu de sûreté pouvait le leur permettre.

« L'empereur Alexis, dans une de ces brillantes et bienveillantes idées qui caractérisent sa bonté paternelle envers ses soldats, ordonna que toutes les litières, même celle qui était destinée à l'usage de sa personne sacrée, rétrogradassent à l'instant pour débarrasser les intrépides Varangiens de la tâche de porter les blessés. Les acclamations de reconnaissance des Varangiens se conçoivent mieux qu'il n'est aisé de les décrire, lorsqu'ils virent l'empereur lui-même descendre de sa litière comme un simple cavalier, et monter son cheval de bataille au même moment où la personne très sacrée de l'impératrice, de même que l'auteur de cette histoire, et d'autres princesses nées dans la pourpre, montaient sur des mules, afin de suivre la marche, tandis qu'elles abandonnaient sans hésiter leurs litières pour transporter les blessés. C'était, à vrai dire, une marque de sagacité militaire autant que d'humanité; car le soulagement procuré par là aux porteurs des blessés mit ceux qui survivaient des Varangiens qui avaient défendu le défilé près de la fontaine en état de nous rejoindre plus tôt qu'ils ne l'eussent pu autrement.

« C'était une chose désastreuse que de voir ces hommes, qui nous avaient quittés dans toute la splendeur que le costume militaire donne à la jeunesse et à la force, reparaissant devant nous diminués en nombre, avec leurs armures endommagées, leurs boucliers pleins de flèches, leurs armes offensives teintes de sang, et portant eux-mêmes toutes les marques d'un combat récent et désespéré. Il n'était pas non plus moins intéressant de considérer la rencontre des soldats qui s'étaient trouvés engagés, avec les camarades qu'ils avaient rejoints. L'empereur, d'après l'idée que lui en suggéra le fidèle acolouthos, leur permit de quitter quelques

CHAPITRE IV.

momens leurs rangs, et de s'apprendre les uns aux autres le sort de la bataille.

« Au moment où les deux bandes se joignirent, la joie et la douleur parurent se disputer leurs pensées. Le plus farouche de ces Barbares, et moi qui l'ai vu, je puis attester le fait, en tendant pour le féliciter sa main vigoureuse à quelque camarade qu'il avait cru mort, avait ses grands yeux bleus remplis de larmes en apprenant la perte de quelque autre qu'il espérait avoir survécu. Des vétérans examinaient les étendards qui s'étaient trouvés dans la mêlée, s'assuraient qu'ils avaient tous été sauvés avec honneur, et comptaient les nouvelles traces des flèches dont ils avaient été percés, en addition aux marques du même genre qu'ils avaient rapportées d'anciens combats. Tous racontaient hautement les louanges du brave chef qu'ils avaient perdu dans la fleur de son âge, et les acclamations n'étaient pas moins générales en faveur de celui qui lui avait succédé dans le commandement et avait ramené le détachement de son frère mort, et que (dit la princesse en quelques mots qui semblaient en apparence intercalés pour la circonstance) j'assure ici du grand cas et de l'estime que fait de lui l'auteur de cette histoire... qu'en font, voulais-je dire, tous les membres de la famille impériale... pour sa bravoure et les services qu'il a rendus dans une crise si importante. »

S'étant ainsi empressée de payer à son ami le Varangien son tribut d'admiration, auquel se mêlèrent des émotions que l'on ne manifeste pas volontiers devant tant de témoins, Anne Comnène continua avec calme la partie de son histoire qui était moins personnelle.

« Nous n'eûmes guère le temps de faire d'autres observations sur ce qui se passa entre ces braves soldats; car après quelques minutes accordées à l'expansion de leurs sentimens, les trompettes sonnèrent la marche sur Laodicée, et nous aperçûmes bientôt la ville, qui se trouvait alors à environ quatre milles de nous, au milieu d'une plaine couverte principalement d'arbres. La garnison, d'après ce qu'il paraissait, était déja informée de notre approche, car on voyait sortir des portes, à notre rencontre, des charrettes et des fourgons chargés de rafraîchissemens, que la chaleur de la journée, la longueur de la marche, et les colonnes de poussière, ainsi que le manque d'eau nous avaient rendus de la dernière nécessité. Les soldats doublèrent joyeusement le pas pour rencontrer plus tôt les provisions dont ils avaient un si grand besoin. Mais comme la coupe ne porte pas dans tous les cas le trésor liquide aux lèvres auxquelles il était destiné, quelque impatiemment qu'on puisse le désirer, quelle fut notre mortification de voir une nuée d'Arabes sortir au grand galop de la plaine boisée, entre l'armée romaine et la ville, et se jeter sur les fourgons, massacrant ceux qui les conduisaient, et détruisant et pillant ce qu'ils contenaient! C'était, nous l'apprîmes après, un corps ennemi commandé par Varanes, jouissant, parmi ces infidèles, d'une réputation militaire égale à celle de son frère Jezdegerd, qui venait d'être tué. Lorsque ce chef s'était aperçu qu'il était probable que les Varangiens, dans leur résistance désespérée, réussiraient à défendre le passage, il s'était mis à la tête d'un corps considérable de cavalerie; et, comme ces infidèles sont montés sur des chevaux qui n'ont point d'égaux pour la vitesse et pour la longueur de leur haleine, il avait fait un long détour, traversé la chaîne pierreuse de ces montagnes à un défilé plus au Nord, et s'était placé en embuscade dans la plaine boisée dont j'ai parlé, dans l'espoir d'assaillir à l'improviste l'empereur et son armée, au moment même où l'on pourrait supposer qu'ils regarderaient leur retraite comme à l'abri de toute attaque. Cette surprise eût certainement eu lieu, et il est difficile de dire quelles en eussent été les conséquences, si l'apparition inattendue du convoi de vivres n'eût éveillé la rapacité insurmontable des Arabes, malgré la prudence de leur commandant et les tentatives qu'il fit pour les contenir. Ainsi fut découverte l'embuscade projetée.

« Mais Varanes, voulant encore remporter quelque avantage par la rapidité de ses mouvemens, assembla autant de cavaliers qu'il put en arracher au pillage, et poussa en avant du côté des Romains, qui s'étaient arrêtés court dans leur marche à cette apparition si inattendue. Il régnait dans nos premiers rangs une incertitude et une irrésolution qui rendaient leur hésitation évidente, même pour un aussi pauvre juge que moi en fait de contenance militaire. Au contraire, les Varangiens, d'une voix unanime, crièrent : « *Bills* (c'est-à-dire les haches d'armes) *en tête !* » Et la volonté très gracieuse de l'empereur, accédant à leur valeureux désir, ils s'avancèrent rapidement de l'arrière-garde à la tête de la colonne. J'aurais peine à dire comment cette manœuvre fut exécutée, mais elle le fut sans aucun doute par les sages instructions de mon sérénissime père, distingué pour sa présence d'esprit dans des circonstances si difficiles. Elle fut sans doute grandement facilitée par la bonne volonté des troupes elles-mêmes; les cohortes romaines, appelées les *Immortels*, montrant à ce qu'il me paraissait non moins de désir de reculer à l'arrière-garde que les Varangiens n'en manifestaient d'occuper la place que les Immortels laissaient vacante en tête de la colonne. Cette manœuvre s'exécuta si heureusement, qu'avant que Varanes et ses Arabes eussent joint l'avant-garde de nos troupes, ils y trouvèrent la garde inébranlable, composée des soldats du Nord. J'eusse pu voir de mes propres yeux, et y avoir recours comme à de sûrs témoins de ce qui arriva dans l'occasion. Mais, pour confesser la vérité, mes yeux étaient peu habitués à considérer de pareils spectacles; car je n'aperçus de la charge de Varanes, que comme un épais nuage de poussière poussé rapidement en avant, à travers lequel on voyait briller les pointes des lances, et flotter les aigrettes de cavaliers coiffés de turbans à peine visibles. Les cris du tecbir retentirent avec une telle violence, que je m'aperçus à peine que les tymbales et les cymbales d'airain l'accompagnaient. Mais cette violente et furieuse attaque fut soutenue aussi efficacement que si elle fût venue se briser contre un roc.

« Les Varangiens, sans être ébranlés par la charge impétueuse des Arabes, reçurent chevaux et cavaliers en faisant pleuvoir sur eux les coups de leurs lourdes haches d'armes, auxquels les plus braves et les plus vigoureux de nos ennemis ne pouvaient ni faire face ni résister. Les gardes renforcèrent aussi leurs rangs en serrant les derniers sur ceux qui les précédaient, à la manière des anciens Macédoniens, de telle sorte que les chevaux légers et élégans de ces Iduméens ne purent s'ouvrir le plus petit jour à travers la phalange du Nord. Les hommes les plus braves, les chevaux les plus vifs, tombèrent au premier rang. Les javelines de cavalerie lourdes, quoique courtes, lancées par les derniers rangs des braves Varangiens, avec un coup d'œil sûr et d'un bras vigoureux, achevèrent de mettre la confusion parmi les assaillans, qui tournèrent bride épouvantés, et s'enfuirent du champ de bataille dans un désordre complet.

« L'ennemi ayant été ainsi repoussé, nous poursuivîmes notre marche, et ne fîmes halte que lorsque nous eûmes joint nos fourgons à moitié pillés. Là quelques remarques curieuses furent aussi faites par certains officiers de l'intérieur de la maison de l'empereur, qui, se trouvant de service près des provisions, et ayant abandonné leur poste au moment de l'attaque des infidèles, n'étaient retournés que lorsqu'ils avaient été repoussés. Ces hommes, toujours prompts en fait de malice, quoique très lents lorsqu'il s'agissait de s'acquitter d'un service périlleux, rapportèrent qu'en cette occasion les Varangiens oublièrent leurs devoirs jusqu'à consommer une partie du vin sacré réservé pour les lèvres impériales seules. Ce serait un crime de nier que ce fut une grande et coupable infraction ; néanmoins notre héros impérial passa par dessus comme sur une offense pardonnable, observant en plaisantant que, puisqu'il avait bu l'*ale*, comme ils appellent leur boisson, de ses fidèles gardes, les Varangiens avaient acquis le droit d'étancher la soif et de se rétablir des fatigues qu'ils avaient eues à souffrir dans cette journée pour sa défense, quoiqu'ils eussent employé à cet effet les provenances de la cave impériale.

« Sur ces entrefaites, la cavalerie de l'armée fut dépêchée à la poursuite des Arabes fugitifs ; et ayant réussi à les rejeter de l'autre côté de la chaîne de montagnes qui les avaient séparés peu de temps auparavant des Romains, on put justement considérer les armes impériales comme ayant remporté une victoire complète et glorieuse.

« Nous avons maintenant à faire mention des réjouissances des citoyens de Laodicée, qui, ayant aperçu du haut de leurs remparts, dans des alternatives de crainte et d'espérance, les fluctuations de la bataille, descendirent alors pour complimenter le vainqueur impérial. »

Ici la belle historienne fut interrompue. La grande porte

de l'appartement s'ouvrit toute grande, sans bruit à dire le vrai, mais à deux battans, non comme pour donner entrée à un courtisan ordinaire, s'étudiant à causer aussi peu de trouble que possible, mais comme si elle se fût ouverte pour une personne d'un rang assez élevé pour qu'il s'embarrassât peu de détourner l'attention par ses mouvemens. Ce ne pouvait être qu'un personnage né dans la pourpre, ou qui lui fût allié de près, à qui une pareille liberté fût permise; et plusieurs des assistans sachant ceux qu'il était probable de voir paraître dans le temple des Muses, présumèrent, au bruit qu'elle occasionait, l'arrivée de Nicéphore Briennius, gendre d'Alexis Comnène, mari de la belle historienne, et jouissant du titre de César, qui n'impliquait néanmoins pas à cette époque, comme dans les siècles précédens, la dignité de seconde personne de l'empire. La politique d'Alexis avait interposé plus d'une personne de condition entre le César et le rang et les droits dont il jouissait autrefois, et qui ne le cédaient alors qu'à ceux de l'empereur lui-même.

CHAPITRE V.

Entretiens au Palais.

> L'orage augmente... ce n'est point une averse suivie d'un rayon de soleil, et alimentée de l'humide sein de mars et d'avril, ou telle que celle dont l'été rafraîchit ses lèvres brûlantes. Les panneaux des cieux sont tout grands ouverts, leurs profondeurs les plus reculées s'abouchent entre elles d'une voix rauque et retentissante ; les flots écumans s'avancent menaçans d'horreur, et où est la digue qui les arrêtera?
>
> *Le Déluge*, poème

LE personnage distingué qui entra était un noble grec, d'une prestance imposante, dont le costume était orné des marques de toutes les dignités, excepté celles qu'Alexis avait déclarées consacrées exclusivement à la personne même de l'empereur, et à celle du sebastocrator, qu'il avait constitué le premier par le rang après le chef de l'empire. Nicéphore Briennius [1],

---

[1] Ou Brienne. A. M.

qui était dans la fleur de la jeunesse, conservait toutes les traces de cette mâle beauté qui avait rendu son alliance agréable à Anne Comnène; tandis que des considérations politiques et le désir de s'attacher les membres d'une famille puissante comme adhérens dévoués du trône recommandaient cette union à l'empereur.

Nous avons déja donné à entendre que la royale fiancée avait sur lui, quoiqu'à un faible degré, l'avantage très douteux des années. Nous avons eu un échantillon de ses talens littéraires. Néanmoins les mieux informés ne pensaient pas qu'avec l'aide de ces droits à son respect Anne Comnène eût réussi à s'assurer l'attachement illimité de son bel époux. La traiter avec une négligence apparente, c'est ce que sa proximité du trône rendait impossible; tandis que d'un autre côté la famille de Nicéphore était trop puissante pour permettre que personne, pas même l'empereur, lui dictât des lois. Il était doué, pensait-on, de talens propres à la paix et à la guerre : on écoutait donc ses avis, et l'on avait recours à son assistance, de sorte qu'il prétendait à une liberté complète en ce qui concernait sa manière d'employer son temps, qu'il passait quelquefois avec un peu moins d'assiduité au temple des Muses, que la déesse du lieu ne croyait avoir droit d'en attendre, ou que l'impératrice Irène n'était disposée à en exiger au nom de sa fille. L'humeur facile d'Alexis observait une espèce de neutralité dans ces mésintelligences, et cherchait autant que possible à empêcher qu'elles ne parussent aux yeux du public, sentant qu'il lui fallait toute la force réunie de sa famille pour se maintenir dans un empire si agité.

Il pressa la main de son gendre au moment ou Nicéphore, passant devant le siége de son beau-père, fléchit le genou en signe d'hommage. L'air contraint de l'impératrice indiqua plus de froideur dans la réception de son gendre, tandis que la belle Muse elle-même daigna à peine paraître s'apercevoir de son arrivée, lorsque son bel époux prit à ses côtés le siége vacant dont nous avons déja fait mention.

Il y eut une pause désagréable pendant laquelle le gendre de l'empereur, reçu froidement, lorsqu'il s'attendait à se voir bien accueilli, essaya d'entamer quelque conversation

CHAPITRE V.

futile avec la belle esclave Astarte, qui était à genoux derrière sa maîtresse. Cet entretien fut interrompu par la princesse, qui ordonna à sa suivante de renfermer le manuscrit dans la petite cassette qui était destinée à cet usage, et de le porter de ses propres mains dans le cabinet d'Apollon, théâtre habituel des études de la princesse, comme le temple des Muses était ordinairement consacré à ses lectures.

L'empereur lui-même fut le premier à rompre ce silence désagréable. « Beau gendre, dit-il, quoiqu'il se fasse un peu tard, vous perdrez beaucoup si vous permettez à notre Anne de renvoyer ce volume, dont cette société a été tellement amusée, qu'elle peut très bien dire que le désert a produit des roses, et que le roc nu a fourni du lait et du miel[1], tant est agréable le récit d'une campagne fatigante et dangereuse, dans le langage de notre fille. »

« Le César, dit l'impératrice, paraît avoir peu de goût pour les choses exquises que produit cette famille. Il s'est depuis quelque temps absenté à plusieurs reprises de ce temple des Muses, et a sans doute trouvé une société et des plaisirs plus agréables ailleurs. »

« Je pense, madame, dit Nicéphore, que mon bon goût doit me mettre à l'abri d'une telle accusation. Mais il est naturel que notre père très sacré soit le plus satisfait du lait et du miel que l'on produit pour son usage particulier. »

La princesse prit la parole du ton d'une jolie femme offensée par son amant, et ressentant l'offense sans être éloignée d'une réconciliation. « Si, dit-elle, les hauts faits de Nicéphore Briennius sont moins fréquemment célébrés dans cet insignifiant rouleau de parchemin que ceux de mon illustre père, il doit me rendre la justice de se rappeler que telle a été l'invitation spéciale qu'il m'en a faite, et provenant ou de cette modestie qui lui est échue à juste titre, comme servant à adoucir et orner ses autres qualités, ou de ce qu'avec raison il se méfie du talent de sa femme pour en faire l'éloge. »

« Nous allons donc faire rappeler Astarte, dit l'impératrice;

---

[1] The desert has produced roses, and the barren rocks have poured forth milk and honey. A. M.

elle ne peut encore avoir porté son offrande au cabinet d'Apollon.»

«Sous le bon plaisir de votre majesté impériale, dit Nicéphore, le dieu pithien pourrait s'irriter si l'on reprenait un dépôt dont lui seul peut convenablement estimer la valeur. Je suis venu ici pour causer avec l'empereur sur des affaires d'État pressantes, et non pas pour tenir une conversation littéraire avec une compagnie qui, je suis forcé de le dire, est d'une nature un peu mélangée, puisque j'aperçois un simple garde-du-corps dans le cercle impérial.»

«Par la croix, mon gendre! dit Alexis, vous faites tort à ce brave jeune homme : c'est le frère de ce brave Anglo-Danois qui nous assura la victoire à Laodicée, par sa valeureuse conduite et sa mort; lui-même est cet Edmond... ou Édouard... ou Hereward, auquel nous sommes à jamais redevables d'avoir assuré le succès de cette victorieuse journée. Il a été appelé en notre présence, mon gendre, puisqu'il importe que vous le sachiez, pour rafraîchir la mémoire de mon acolyte Achille Tatius, ainsi que la mienne, au sujet de quelques événemens de la journée que nous avions un peu oubliés.»

«En vérité, sire, répondit Briennius, je suis au désespoir, dans la crainte qu'étant venu vous interrompre dans d'aussi importantes recherches, je n'aie en quelque sorte intercepté une portion de cette lumière qui doit éclairer les siècles futurs. Il me semble que, dans le récit d'une bataille livrée sous les ordres de votre majesté impériale et ceux de vos grands capitaines, votre témoignage pourrait fort bien rendre superflu celui d'un homme comme celui-ci..... Dis-moi, ajouta-t-il, se retournant avec hauteur du côté du Varangien, quelle particularité tu peux ajouter dont il ne soit pas fait mention dans la relation de la princesse.»

Le Varangien répliqua à l'instant : «Une seule, qui est que, lorsque nous fîmes halte à la fontaine, la musique que faisaient les dames de la maison de l'empereur, et particulièrement les deux que j'aperçois maintenant, était la plus délicieuse qui ait jamais frappé mes oreilles.»

«Quoi! oses-tu émettre une opinion si audacieuse? s'écria Nicéphore. Appartient-il à un homme comme toi de supposer un moment que la musique que la femme et la fille de l'empereur pouvaient avoir la condescendance de faire était destinée à fournir matière à l'admiration ou à la critique de chaque barbare plébéien qui pourrait les entendre? Sors d'ici! et n'ose jamais sous aucun prétexte reparaître à mes yeux... sous la réserve toujours du bon plaisir de l'empereur notre père.»

Le Varangien fixa les yeux sur Achille Tatius, comme étant la personne de qui il devait recevoir l'ordre de rester ou de se retirer. Mais l'empereur lui-même prit le sujet en considération avec beaucoup de dignité.

«Mon fils, dit-il, nous ne pouvons permettre cela. En raison de quelque querelle d'amour, comme il paraît entre vous et notre fille, vous oubliez étrangement notre rang impérial, et vous ordonnez de sortir de notre présence à ceux qu'il nous a plu de faire venir près de nous. Ceci n'est ni juste ni convenable, et notre bon plaisir n'est point que ce même Hereward... ou Édouard... peu importe son nom, ou nous laisse en ce moment, ou qu'il se dirige à l'avenir par aucun autre ordre que les nôtres ou ceux de notre suivant, Achille Tatius. Et maintenant, en laissant cette folle affaire, qu'un coup de vent a, je crois, soufflée parmi nous, passer comme elle est venue, sans nous en occuper davantage, nous vous prions de nous faire connaître les graves affaires d'État qui vous ont amené en notre présence à une heure si avancée... Vous regardez de nouveau ce Varangien... ne vous gênez pas de parler, je vous prie, en raison de sa présence, car il est aussi avant dans notre confiance, et, nous en sommes convaincus, à aussi juste titre qu'aucun conseiller qui nous ait prêté serment comme serviteur attaché à notre personne.»

«Entendre, c'est obéir,» répondit le gendre de l'empereur, qui s'aperçut qu'Alexis étoit un peu ému, et qui savait qu'en pareil cas il n'était ni prudent ni avantageux de le pousser à bout. «Ce que j'ai à dire, continua-t-il, deviendra dans si peu de temps une nouvelle publique, que peu importe qui l'entende; et néanmoins l'Occident, si rempli d'étranges changemens, n'a jamais envoyé à la partie orientale du globe des nouvelles si alarmantes que celles que je viens maintenant annoncer à votre hautesse impériale. L'Europe, pour emprunter une expression de celle qui m'honore en me donnant le titre d'époux, semble ébranlée et détachée de ses fondemens et prête à se précipiter sur l'Asie. »

« C'est ainsi que je m'exprimais, dit la princesse Anne Comnène, et, comme je l'espère, non sans quelque force, lorsque nous apprîmes pour la première fois que l'entraînement désordonné de ces barbares turbulens d'Europe avait amené comme une tempête de mille nations sur nos frontières de l'Ouest, dans le dessein extravagant, selon qu'ils le prétendaient, de se rendre maîtres de la Syrie et des lieux saints, qu'on y indique comme les sépulcres des prophètes ou comme étant ceux où souffrirent les saints martyrs et où se passèrent les grands événemens détaillés dans le saint Évangile. Mais cet orage, à n'en point douter, avait éclaté et s'était dissipé, et nous espérions bien que le danger avait disparu avec lui. Ce serait avec une religieuse douleur que nous apprendrions le contraire. »

« Et c'est cependant ce à quoi il faut nous attendre, dit son mari. Il est certain, comme on nous l'a rapporté, qu'une masse d'hommes de basse condition et d'une intelligence bornée avaient pris les armes à l'instigation d'un ermite forcené et se dirigeaient sur la route d'Allemagne en Hongrie, s'attendant à voir opérer des miracles en leur faveur, comme lorsqu'Israël était guidé dans le désert par une colonne de feu et un nuage. Mais aucune pluie de manne ou de cailles ne vint pourvoir à leurs besoins et les proclamer le peuple choisi de Dieu. Les eaux ne s'élancèrent point du rocher pour les rafraîchir. Ils étaient furieux des souffrances qu'ils enduraient et entreprirent de se procurer des provisions en pillant le pays. Les Hongrois, et d'autres nations sur nos frontières de l'Ouest chrétiennes, comme eux, n'hésitèrent point à tomber sur cette canaille désordonnée; et des tas immenses d'ossemens, dans des défilés d'un aspect sauvage et dans des déserts abandonnés, attestent les rudes défaites qui extirpèrent ces profanes pèlerins. »

« Nous savions tout cela d'avance, dit l'empereur; mais quel nouveau fléau nous menace, depuis que nous en avons évité un si terrible? »

« Nous le savions d'avance, dit le prince Nicéphore. Nous ne connaissions rien de notre danger réel auparavant, si ce n'est qu'un troupeau sauvage d'animaux, aussi brutes et aussi furieux que des taureaux indomptés, menaçaient de se diriger vers des pâturages qu'ils s'étaient mis en tête d'aller visiter, et inondaient l'empire grec et son voisinage dans leur marche, comptant que la Palestine avec ses ruisseaux de miel et de lait les attendait de nouveau, comme le peuple prédestiné de Dieu. Mais une invasion si violente et si désordonnée ne pouvait inspirer de craintes à une nation civilisée comme les Romains. Ce troupeau de brutes a été épouvanté par notre feu grégeois; il est tombé dans les piéges et sous les flèches de ces nations sauvages qui, en prétendant à l'indépendance, couvrent notre frontière comme d'une ceinture de fortification. Cette vile multitude a été anéantie même par la qualité des propres provisions qui furent placées sur son passage: sages moyens de résistance, suggérés tout d'abord par les soins paternels de l'empereur, et par sa politique infaillible. Ainsi la sagesse a rempli sa tâche, et la barque sur laquelle l'orage avait précipité sa foudre a échappé au danger malgré toute la violence de la tempête. Mais le second ouragan, qui suit de si près le premier, nous apporte une nouvelle irruption de ces nations occidentales, plus formidable qu'aucune de celles que nous ou nos pères ayons jamais vue. Elle n'est point faite par les ignorans et les fanatiques.... ni par les classes basses, nécessiteuses et imprévoyantes. Aujourd'hui... tout ce que la vaste Europe renferme de sage et d'estimable, de brave et de noble, est lié par les vœux les plus sacrés à l'exécution du même dessein. »

« Et quel est ce dessein? parlez clairement, dit Alexis. La destruction de tout notre empire romain, et la disparition du nom même de son chef de la liste des princes de la terre, sur lesquels il a long-temps dominé, peut seule offrir un motif suffisant pour la formation d'une ligue telle que tes discours la font supposer. »

« On ne fait point l'aveu d'un tel projet, dit Nicéphore; et tous ces princes, ces sages et ces grands hommes d'État n'ont en vue, prétend-on, autre chose que l'extravagant dessein annoncé par la multitude grossière qui a paru la première dans ces contrées. Voici, très gracieux empereur, un rouleau de parchemin sur lequel vous trouverez couchée la liste des diverses armées qui, par différentes routes, approchent du voisinage de l'empire. Voyez, Hugues de Vermandois, appelé pour son mérite Hugues-le-Grand, a fait voile des côtes d'Italie. Vingt chevaliers ont déjà annoncé leur arrivée, couverts d'une armure d'acier, incrustée d'or, apportant cet orgueilleux message : Que l'empereur des Grecs et ses lieutenans aient pour entendu que Hugues, comte de Vermandois, approche de ses territoires. Il est frère du roi des rois, c'est-à-dire le roi de France, et est accompagné de la fleur de la noblesse française. Il porte la bannière sacrée de saint Pierre, confiée à ses mains victorieuses par le vénérable successeur de l'apôtre, et te prévient de tout cela, afin que tu lui prépares une réception digne de son rang. »

« Voilà des phrases ronflantes, dit l'empereur ; mais le vent qui siffle le plus fort n'est pas toujours le plus dangereux pour le navire. Nous connaissons quelque chose de cette nation française et avons entendu davantage. Ils sont au moins aussi fanfarons qu'ils sont vaillans ; nous flatterons leur vanité jusqu'à ce que nous trouvions le temps et l'opportunité d'une défense plus efficace. Certes, si les paroles peuvent payer les dettes, il n'y a point à craindre que notre échiquier devienne insolvable. Qu'est-ce qui vient après, Nicéphore ? une liste, je suppose, des guerriers de cet illustre comte ? »

« Non, mon souverain, répondit Nicéphore Briennius ; autant votre hautesse impériale voit de chefs indépendans sur cette liste, autant d'armées européennes distinctes s'avancent par différentes routes vers l'Est, et annoncent la conquête de la Palestine sur les infidèles comme leur but commun. »

« Une terrible énumération, dit l'empereur en parcourant l'écrit, et cependant fort heureuse dans ce sens que sa longueur même nous assure de l'impossibilité que tant de princes puissent être sérieusement et fermement unis pour un si odieux projet. Ainsi, mes yeux tombent d'abord sur le nom bien connu d'un ancien ami, maintenant notre ennemi... car telles sont les chances alternatives de la paix et de la guerre... Bohémond d'Antioche. N'est-il pas fils du célèbre Robert d'Apulie, si renommé parmi ses compatriotes, qui l'élevèrent au rang de grand duc, de simple cavalier qu'il était, et qui devint souverain de cette nation belliqueuse en Sicile et en Italie? Est-ce que les étendards de l'empereur d'Allemagne, du pontife romain, et même nos bannières impériales ne reculèrent pas devant lui, jusqu'à ce qu'aussi adroit comme homme d'État que brave guerrier, il devint la terreur de l'Europe, après n'avoir été qu'un simple chevalier dont le château normand eût à peine contenu une garnison de six archers et d'autant de lances? C'est une redoutable famille, une race rusée autant que puissante. Mais Bohémond, le fils du vieux Robert, suivra la politique de son père. Il peut bien parler de la Palestine et des intérêts de la chrétienté, mais si je puis faire que ses intérêts soient les mêmes que les miens, il n'est pas probable qu'il se laisse guider par aucun autre objet. De sorte qu'avec la connaissance que je possède déja de ses désirs et de ses projets, il peut se faire que le ciel nous envoie un allié sous la forme d'un ennemi. Qui avons-nous ensuite? Godefroy, duc de Bouillon, amenant, je vois, une bande très formidable des bords d'une grande rivière appelée le Rhin. Quel est le caractère de ce personnage? »

«D'après ce que nous apprenons, répliqua Nicéphore, ce Godefroy est un des plus sages, des plus nobles et des plus braves chefs qui se sont aussi singulièrement mis en mouvement, et sur une liste de princes indépendans, aussi nombreux que ceux qui s'assemblèrent pour le siége de Troie, et suivis quelques uns par des sujets dix fois plus nombreux, ce Godefroy peut être regardé comme l'Agamemnon. Les princes et les comtes l'estiment, parce qu'il se trouve en tête des rangs de ceux auxquels ils donnent le nom fantasque de chevaliers, et en raison aussi de la bonne foi et de la générosité qui dirigent toutes ses actions. Le clergé chante ses louanges par suite de son zèle extraordinaire pour les doctrines religieuses et un respect correspondant pour l'Église et ses dignitaires. Sa justice, sa libéralité et sa franchise ont également attaché à ce Godefroy les classes inférieures. Son exactitude à remplir généralement toutes ses obligations morales leur est un gage que sa conduite religieuse est sincère; et, doué de tant d'excellentes qualités, il est déja, quoique inférieur par le rang, par la naissance et par le pouvoir à plusieurs chefs de la Croisade, justement regardé comme l'un de ses principaux soutiens. »

« Quelle pitié, dit l'empereur, qu'un homme tel que vous décrivez ce prince soit sous l'empire d'un fanatisme à peine digne de Pierre l'Ermite, ou de la multitude grossière qui le suivait, ou même de l'âne qu'il montait, que je suis assez disposé à regarder comme le plus sage des premières bandes que nous avons déja vues, attendu qu'il s'enfuit à toutes jambes vers l'Europe, aussitôt qu'il s'aperçut que l'eau et l'orge devenaient rares ! »

« S'il m'était ici permis de parler, et néanmoins de vivre, dit Agelastès, je ferais observer que le patriarche lui-même fit une semblable retraite dès que les coups devinrent abondans et la nourriture rare. »

« Tu as mis le doigt dessus, Agelastès, dit l'empereur; mais la question maintenant est de savoir si l'on ne pourrait pas former d'une partie de l'Asie mineure dévastée maintenant par les Turcs une principauté honorable et importante. Cette principauté, avec ses divers avantages du sol, du climat, de l'industrie des habitans et de la salubrité de l'atmosphère, vaudrait bien, ce me semble, les marais de Bouillon. Elle pourrait être tenue comme une dépendance du saint empire romain, et défendue par Godefroy et ses Francs victorieux; elle servirait sur ce point de boulevard à notre personne juste et sacrée. Hein! très saint patriarche, une telle perspective n'ébranlerait-elle pas l'amour du plus pieux Croisé pour les sables brûlans de la Palestine? »

« Surtout, répondit le patriarche, si le prince, pour qui un si riche thême[1] serait changé en un apanage feudataire, était d'abord converti à la seule vraie foi comme l'entend probablement votre hautesse impériale. »

« Certainement... sans aucun doute... » répondit l'empereur avec une affectation convenable de gravité, quoiqu'il sût intérieurement combien de fois il avait été forcé, par des nécessités d'État, d'admettre au nombre de ses sujets non seulement des chrétiens latins, mais même des manichéens et autres hérétiques, voire des Barbares mahométans, et cela sans éprouver d'opposition des scrupules du patriarche.

[1] Ces provinces se nommaient *Thêmes*. A. M.

CHAPITRE V.   109

«Je trouve ici, continua l'empereur, une si nombreuse liste de princes et de principautés en marche vers nos frontières, qu'elle pourrait rivaliser avec les anciennes armées que l'on disait avoir bu des rivières jusqu'à la dernière goutte, épuisé des royaumes et foulé aux pieds des forêts dans leur marche dévastatrice.» Comme il prononçait ces mots, une teinte de pâleur obscurcit le front impérial, semblable à celle qui avait déja attristé le visage de plusieurs de ses conseillers.

«Cette guerre de nation, dit Nicéphore, a aussi des circonstances particulières qui la distingue de toutes les autres, excepté celle que sa hautesse impériale fit anciennement à ceux que nous sommes accoutumés à appeler Francs. Nous allons avoir affaire à un peuple à qui le bruit des combats est aussi nécessaire que l'air qu'il respire, à des hommes qui, plutôt que de vivre sans la guerre, la feraient à leurs plus proches voisins, et s'appelleraient en combat singulier d'un ton aussi dégagé que nous défierions un camarade à une course de chars. Ils sont couverts d'une armure d'acier impénétrable qui les protége contre la lance et l'épée, et que la force extraordinaire de leurs chevaux leur permet de supporter, quoique les nôtres seraient aussi incapables de le faire que de porter le mont Olympe sur leurs reins. Leurs fantassins portent une arme propre à lancer des flèches qu'ils appellent une arbalète. On ne les bande point avec la main droite comme les arcs des autres nations, mais en plaçant le pied sur l'arbalète même, et tirant la corde de toute la force du corps; et elles lancent des flèches appelées carreaux, faites de bois dur avec une pointe de fer, auxquelles la force de de l'arc peut faire traverser les plus forts plastrons, et même des murailles de pierre lorsqu'elles n'ont que l'épaisseur ordinaire.»

«Assez, dit l'empereur; nous avons vu de nos propres yeux les lances des chevaliers francs et les arbalètes de leur infanterie. Si le ciel leur a accordé un degré de bravoure qui paraît presque surnaturel aux autres nations, la divine Providence a donné au conseil des Grecs la sagesse qu'il a refusée aux Barbares... l'art de faire des conquêtes par l'habileté plutôt que par la force brute... l'adresse d'obtenir dans les traités des avantages que la victoire elle-même n'eût pu donner. Si nous ne connaissons pas l'usage de cette arme terrible que notre gendre appelle l'arbalète, le ciel, dans sa bonté, a soustrait à la connaissance de ces Barbares la composition et l'emploi du feu grégeois... parfaitement nommé, puisqu'il n'est préparé que par des mains grecques, et que ces dernières seules peuvent en lancer les éclairs sur l'ennemi étonné.» L'empereur fit une pause, et regarda autour de lui; et quoique les visages de ses conseillers parussent encore décontenancés, il continua avec fermeté. «Mais pour en revenir encore à cet écrit contenant les noms des nations qui approchent de notre frontière, il s'en présente plus d'un que notre vieille mémoire devrait, ce me semble, nous rendre familiers, quoique nos souvenirs soient éloignés et confus. Il nous convient de savoir quels sont ces hommes pour pouvoir profiter des dissensions et des querelles qui, étant alimentées et excitées parmi eux, peuvent les détourner heureusement de la poursuite de cette entreprise extraordinaire pour laquelle ils se trouvent maintenant unis. Voici, par exemple, un Robert à qui l'on donne le titre de duc de Normandie, qui commande une brave troupe de comtes, qualifications que nous ne connaissons que trop; de *earls*[1], mot qui nous est totalement inconnu, mais qui est probablement quelque titre d'honneur chez les Barbares... et de *knights*, dont les noms sont tirés, nous pensons, principalement de la langue française, mais aussi d'un autre jargon que nous ne sommes pas nous-même en état de comprendre. C'est à vous, très révérend et très savant patriarche, que nous pouvons le plus convenablement nous adresser pour avoir des renseignemens à ce sujet.»

«Les devoirs de mon ministère, répliqua le patriarche Zozime, m'ont empêché de me livrer dans l'âge mûr à l'étude de l'histoire des royaumes éloignés; mais le sage Agelastès, qui a lu autant de volumes qu'il en faudrait pour remplir les rayons de la fameuse bibliothèque d'Alexandrie, est sans aucun doute à même de répondre aux questions de votre majesté impériale.»

---

[1] Mot anglais, signifiant *comte*, comme, plus loin, *knight* veut dire *chevalier*.

A. M.

CHAPITRE V.   111

Agelastès se dressa sur les jambes complaisantes qui lui avaient valu le surnom d'Éléphant, et commença une réponse aux demandes de l'empereur, plus remarquable par la facilité d'élocution que par l'exactitude. «J'ai lu, dit-il, dans ce brillant miroir qui réfléchit l'époque où vécurent nos pères, l'ouvrage du savant Procope, que les peuples qui portent séparément le nom de Normands et d'Angles sont au fond la même race, et que le pays que l'on appelle quelquefois Normandie est en réalité une partie d'un district de la Gaule. Au delà, et presque en face, mais séparé par un bras de mer, est situé un affreux pays, sur lequel planent toujours les nuages sombres et les tempêtes, et qui est bien connu de ses voisins du continent pour être le séjour où les ames des morts sont envoyées après cette vie. Sur un côté du détroit demeurent quelques pêcheurs, hommes qui possèdent une étrange charte et jouissent de singuliers priviléges, en considération de ce que ce sont les bateliers vivans qui remplissent les fonctions du païen Caron, transportent les ames des morts dans l'île où elles font leur résidence après la mort. A la nuit close, ces pêcheurs sont à tour de rôle appelés à remplir le devoir qui paraît leur valoir la permission d'habiter cette étrange côte. On entend à la porte de la cabane de celui qui est de tour pour ce singulier service un coup qui n'est point frappé par une main mortelle. Un chuchottement, semblable au léger bruit de la brise mourante, appelle le batelier à son devoir. Il se hâte de gagner le point du rivage où se trouve sa barque, et ne l'a pas plus tôt lancée, qu'il la voit s'enfoncer sensiblement dans l'eau, de manière à indiquer le poids des morts dont elle est remplie. On n'aperçoit aucune forme, et quoiqu'on entende des voix, les accens en sont aussi confus que ceux d'une personne qui parle dans le sommeil. Il traverse ainsi le détroit entre le continent et l'île, saisi de la terreur mystérieuse qui s'empare des vivans lorsqu'ils ont le sentiment intérieur de la présence des morts. Ils arrivent sur la côte opposée où les roches de craie blanche forment un étrange contraste avec l'éternelle obscurité de l'atmosphère. Ils s'arrêtent à un lieu de désembarquement indiqué, mais ne descendent point, car cette terre n'est jamais foulée par les pieds des vivans. Là le bateau se trouve allégé par degrés du poids des ombres qui ont fait la traversée, et qui suivent dans l'île la route qui leur a été marquée, tandis que les mariniers retournent vers le côté du détroit qui leur est assigné, ayant achevé pour cette fois ce singulier service, en échange duquel ils jouissent de leurs cabanes de pêcheurs et de leurs autres possessions sur cette étrange côte.» Ici il s'arrêta, et l'empereur répliqua.

«Si cette légende est réellement rapportée par Procope, très savant Agelastès, elle montre que ce célèbre historien se rapprochait plus des croyances païennes que de celles des chrétiens sur la vie future. A vrai dire, ce n'est guère là que la vieille fable du Styx des enfers. Procope, nous pensons, vivait avant la décadence du paganisme, et comme nous serions très disposés à ne point ajouter foi à beaucoup de circonstances qu'il nous rapporte touchant notre aïeul et prédécesseur Justinien, de même nous n'aurons pas grande confiance en lui à l'avenir en fait de connaissances géographiques. En attendant, qu'est-ce qui te prend, Achille Tatius, et pourquoi chuchottes-tu avec ce soldat?»

«Ma tête, répondit Achille Tatius, est à la disposition de votre hautesse impériale, prête à expier l'inconvenante offense qu'a commise ma langue. Je demandais seulement à cet Hereward, ici présent, ce qu'il savait à ce sujet; car j'ai entendu plusieurs fois mes Varangiens s'appeler Anglo-Danois, Normands, Bretons, ou s'assigner quelques autres épithètes barbares semblables, et je suis sûr que quelques uns de ces sons barbares, et peut-être tous, servent, en divers cas, à désigner le lieu natal de ces exilés, trop heureux d'être bannis des ténèbres de la barbarie dans le voisinage lumineux de votre présence impériale.»

«Parle donc, Varangien, au nom du ciel, dit l'empereur, et apprends-nous si nous devons voir des amis ou des ennemis dans ces hommes de Normandie qui approchent maintenant de nos frontières. Parle avec courage; et si tu crains quelque danger, rappelle-toi que tu sers un prince très à même de te protéger.»

«Puisque j'ai la liberté de parler, répondit le garde-du-corps, et quoique je ne connaisse que peu la langue grecque, que vous appelez la romaine, je pense qu'il doit me suffire de demander à sa hautesse impériale, en place de toute solde, don ou gratification quelconque, puisque son bon plaisir a été de m'en destiner, la faveur d'être placé au premier rang dans la bataille qui sera livrée à ces mêmes Normands et à leur duc Robert; et si l'empereur veut bien m'accorder l'appui des Varangiens qui, pour l'amour de moi, ou par haine pour leurs anciens tyrans, pourront être disposés à joindre leurs bras au mien, je ne doute guère que je ne termine les longs comptes que nous avons à régler avec ces hommes, de telle sorte que les aigles et les loups de la Grèce leur rendront les derniers devoirs en leur arrachant la chair de dessus les os. »

« Quelle est donc la haine terrible, mon brave soldat, dit l'empereur, qui, après tant d'années, te met dans une telle fureur au nom seul de la Normandie ? »

« Votre hautesse impériale en sera juge, dit le Varangien. Mes ancêtres, et ceux de la plupart, quoiqu'on ne puisse pas dire de tous ceux du corps auquel j'appartiens, sont descendus d'une race valeureuse appelée les Anglo-Saxons, qui habitaient le nord de la Germanie. Personne, si ce n'est un prêtre versé dans l'art de consulter les anciennes chroniques, ne peut même deviner combien il y a qu'ils se rendirent dans l'île de la Grande-Bretagne, alors ravagée par la guerre civile. Ils y passèrent néanmoins à la demande des natifs de l'île, car les habitans du sud avaient imploré le secours des Angles. Des provinces leur furent accordées en récompense de l'assistance qu'ils avaient ainsi libéralement fournie, et la plus grande partie de l'île devint par degrés la propriété des Anglo-Saxons, qui l'occupèrent d'abord divisée en plusieurs principautés et en dernier lieu comme un seul royaume parlant la langue, et observant les usages de la plupart de ceux qui forment aujourd'hui votre garde-du-corps de Varangiens ou exilés. Avec le temps, les hommes du Nord se firent connaître des peuples des climats plus méridionaux. On les appelait ainsi de ce qu'ils venaient des régions éloignées de la mer Baltique... immense océan, quelquefois couvert entièrement de glaces aussi dures que les rochers du mont Caucase. Ils allaient chercher des climats plus doux que celui que la nature leur avait assigné chez eux; et celui de la France étant délicieux et les hommes qui l'habitaient peu belliqueux, ils leur arrachèrent la concession d'une grande province, qui fut, du nom de ceux qui venaient s'y établir, appelée Normandie, quoique j'aie entendu dire à mon père que ce n'était point son vrai nom. Ils s'y établirent sous l'autorité d'un duc qui reconnaissait la puissance supérieure du roi de France, c'est-à-dire qui lui obéissait quand il lui convenait de le faire.

«Il arriva il y a plusieurs années, tandis que ces deux nations de Normands et d'Anglo-Saxons résidaient tranquillement sur les bords opposés du bras de mer qui sépare la France de l'Angleterre, que Guillaume, duc de Normandie, leva subitement une armée considérable, débarqua dans le pays de Kent, qui est de l'autre côté du canal, et y défit dans une grande bataille Harold, qui était alors roi des Anglo-Saxons. Le récit de ce qui s'ensuivit n'offre qu'une source de douleur. Il s'est livré anciennement des batailles qui ont eu de terribles résultats, que le temps néanmoins pouvait effacer; mais à Hastings... o comble de la douleur!... la bannière de mon pays tomba pour ne jamais se relever. Le char de l'oppression a fait passer sa roue sur nous. Tout ce qu'il y avait de braves parmi nous a quitté le pays; et de tous les Anglais... car telle est la désignation qui nous convient... nul n'est resté en Angleterre, si ce n'est comme esclave des conquérans. Plusieurs individus descendant des Danois, qui étaient venus s'établir en différentes occasions sur le sol de l'Angleterre, furent enveloppés dans le malheur commun. Tout fut dévasté par ordre des vainqueurs. La maison de mon père n'est plus aujourd'hui qu'une ruine inaperçue au milieu d'une vaste forêt, qui s'est étendue sur l'emplacement qui offrait autrefois à l'œil de superbes champs et de gras pâturages, au milieu desquels une race vigoureuse se nourrissait en cultivant un sol fertile. Les flammes ont détruit l'église où dorment les ancêtres de ma famille; et moi, le dernier de leurs descendans, j'erre en d'autres climats... versant mon sang pour les querelles des autres, servant un maître étranger, quoique bon; en un mot, l'un des bannis... un Varangien.»

«Plus heureux dans cette situation, dit Achille Tatius, que dans toute la simplicité barbare dont vos ancêtres faisaient un si grand cas, puisque vous vous trouvez maintenant sous la bienfaisante influence du sourire qui est la vie du monde. »

« Il est inutile de parler de cela, » dit le Varangien avec une contenance froide.

« Ces Normands, dit l'empereur, sont donc ceux par qui la célèbre île de la Grande-Bretagne est aujourd'hui conquise et gouvernée ? »

« Il n'est que trop vrai, » répondit le Varangien.

« C'est donc un peuple brave et belliqueux ? » dit Alexis.

« Il serait bas et déloyal de parler autrement d'un ennemi, dit Hereward. Ils m'ont fait du tort, et un tort irréparable ; mais dire des faussetés sur leur compte ne serait que la vengeance d'une femme. Quoiqu'ils soient mes ennemis mortels, et qu'ils ne m'offrent que des souvenirs de haine et d'exécration, je ne puis m'empêcher de dire que, si les troupes de l'Europe étaient rangées en ligne comme il paraît qu'elles le seront probablement, aucune nation ou peuplade n'oserait, pour la bravoure, réclamer le pas sur les fiers Normands. »

— « Et ce duc Robert, quel est-il ? »

« C'est, répondit le Varangien, ce que je ne puis aussi bien expliquer. Il est fils, le fils aîné, dit-on, du tyran Guillaume, qui subjugua l'Angleterre, lorsque j'existais à peine, ou n'étais encore qu'au berceau. Ce Guillaume, le vainqueur d'Hastings, est aujourd'hui mort, nous assure-t-on de toutes parts ; mais tandis que son fils aîné, le duc Robert, a hérité de lui le duché de Normandie, il semble que quelque autre de ses enfans a été assez heureux pour acquérir le trône d'Angleterre... à moins, à dire le vrai, que, comme la médiocre ferme de quelque paysan obscur, ce beau royaume n'ait été divisé entre tous les enfans du tyran. »

« Nous avons appris à ce sujet, dit l'empereur, quelque chose que nous essaierons de concilier à loisir avec le récit de ce brave soldat ; regardons les paroles de cet honnête Varangien comme des témoignages positifs dans tout ce qu'il affirme, d'après ce qu'il sait par lui-même. Et maintenant, mes graves et dignes conseillers, nous pouvons clore le service du soir dans le temple des Muses, ces nouvelles affligeantes, apportées par notre très cher gendre le César, nous ayant porté à prolonger la cérémonie de notre culte envers ces savantes déesses plus avant dans la nuit que ne le comporte la santé de notre épouse et de notre fille bien-aimées; tandis que cette communication nous offre à nous-mêmes un sujet de grave délibération. »

Les courtisans épuisèrent leur savoirfaire à adresser au ciel les prières les plus ingénieuses, pour qu'il détournât toutes les conséquences funestes que pourrait entraîner cette vigilance excessive.

Nicéphore et sa belle épouse causèrent ensemble comme un couple également désireux de mettre un terme à la mésintelligence accidentelle qui avait eu lieu entre eux. « Tu as dit des choses, mon César, observa la princesse, en donnant les détails de cette effrayante nouvelle, aussi élégamment tournées que si les neuf déesses auxquelles ce temple est dédié t'avaient chacune prêté leurs secours pour les pensées et l'expression. »

« Je n'ai nullement besoin de leur assistance, répondit Nicéphore, puisque je possède en propre une muse, dont le génie embrasse tous les attributs que les païens ont vainement assignés aux neuf déités du Parnasse ! »

« Très bien, dit la belle historienne, s'appuyant en sortant sur le bras de son mari; mais si vous chargez votre femme de louanges bien au delà de ses mérites, il faut que vous lui prêtiez votre bras pour la soutenir sous le lourd fardeau qu'il vous a plu de lui imposer. » Les conseillers se séparèrent lorsque la famille impériale se fut retirée, et plusieurs d'entre eux cherchèrent à se dédommager, dans des cercles où l'on trouvait moins d'honneur mais plus de liberté, de la contrainte qu'ils s'étaient imposée dans le temple des Muses.

CHAPITRE VI.

L'Aveu.

> Homme vain ! tu peux trouver celle qui a ton amour aussi belle que les hyperboles que te dicte ton aveugle tendresse te permettront de la faire. Elle peut être incomparable dans sa personne, être douée d'une ame toute divine pour répondre à la beauté de son corps; mais écoute bien ce que je te dis... Jamais tu ne pourras la dire supérieure à son sexe, tant qu'il en vivra une, et celle-ci.. je suis son adorateur sincère.
>
> *Vieille Comédie.*

Achille Tatius, suivi de son fidèle Varangien, attaché à ses côtés, s'écoula, au milieu de l'assemblée qui se dispersait, en silence et presque sans être aperçu, de même que la neige se fond sur le sommet des Alpes, à mesure que les jours deviennent plus doux. Un pas retentissant ou le bruit de leur armure n'annonçait point le passage des deux guerriers dans leur retraite. L'idée même de la nécessité des gardes ne se manifestait point d'une manière trop ostensible, parce que, aussi près de la présence de l'empereur, l'émanation que l'on supposait se répandre autour de cette divinité des souverains d'ici-bas avait le pouvoir de la mettre à l'abri de l'injure et de la rendre inattaquable. Ainsi les plus vieux et les plus adroits courtisans, parmi lesquels il ne fallait point oublier notre ami Agelastès, étaient d'opinion que, quoique l'empereur employât le ministère des Varangiens et d'autres gardes, c'était plutôt pour la forme qu'en raison d'aucun danger de voir commettre un crime d'un genre si odieux, qu'il était de mode de le regarder presque comme impossible; et cette doctrine sur la rare occurrence d'un tel crime se répétait de bouche en bouche dans ces mêmes appartemens où il avait été plus d'une fois commis, et quelquefois par les personnes mêmes qui dressaient journellement des plans pour mettre à exécution quelque sombre conspiration contre l'empereur régnant.

A la fin le capitaine des gardes-du-corps et son fidèle compagnon se trouvèrent hors des murs du palais Blaquernal.

Le passage que prit Achille pour leur sortie était terminé par une poterne qu'un seul Varangien ferma derrière eux, tirant en même temps les verroux et les barres qui produisaient un son sinistre et discordant. Se retournant pour regarder la masse de tourelles, de créneaux et de flèches d'où ils étaient enfin sortis, Hereward ne put que sentir son cœur soulagé de se trouver de nouveau sous la voûte azurée d'un ciel grec où les planètes jetaient un éclat inaccoutumé. Il poussa un long soupir et se frotta les mains de plaisir, comme un homme qu'on vient de rendre à la liberté. Il parla même à son chef, ce qu'il n'avait pas coutume de faire, à moins que celui-ci ne lui adressât le premier la parole. — « Il me semble que l'air de ces appartemens, valeureux capitaine, porte avec lui un parfum qui, quoiqu'on puisse le dire doux, est si étouffant, qu'il conviendrait mieux à des chambres sépulcrales qu'à l'habitation des hommes. Je suis fort heureux de me trouver libre, comme je l'espère, de son influence. »

« Sois donc heureux, dit Achille Tatius, puisque ton esprit commun et lourd se sent suffoqué plutôt que rafraîchi par cette brise qui, au lieu de donner la mort, pourrait rappeler les morts eux-mêmes à la vie. Cependant je dirai en ta faveur, Hereward, que, né dans la barbarie et dans le cercle étroit des désirs et des plaisirs d'un sauvage, et n'ayant aucune idée de la vie que celles que tu as pu tirer de rapports aussi grossiers et aussi bas, tu es cependant destiné par la nature à de plus grandes choses, et as soutenu aujourd'hui une épreuve dans laquelle, je le crains, pas un seul de mon noble corps, qui ne sont que des masses inertes glacées par la barbarie, n'eût pu égaler la manière dont tu as soutenu ton rôle. Et, parle moi franchement, n'en as tu pas été récompensé ? »

« C'est ce que je ne nierai jamais, dit le Varangien. Le plaisir de savoir, vingt-quatre heures peut être avant mes camarades, que les Normands arrivent ici pour nous fournir l'occasion d'une vengeance pleine et entière de la journée d'Hastings, est une belle récompense pour la tâche de passer quelques heures à entendre le long babil d'une dame qui a écrit elle ne sait sur quoi, et les commentaires flagorneurs des assistans, qui prétendaient lui rendre compte de ce qu'ils ne s'étaient pas eux-mêmes arrêtés à considérer. »

« Hereward, mon brave jeune homme, dit Achille Tatius, tu délires, et je pense que je ferais bien de te placer entre les mains de quelque médecin habile. Trop de hardiesse, mon valeureux soldat, ressemble, lorsqu'on est de sang-froid, à de la témérité. Il n'était que naturel que tu ressentisses un juste orgueil dans la situation où tu te trouvais tout à l'heure ; cependant si tu en conçois de la vanité, il ne pourra guère en résulter que de la folie. Comment? Mais tu as regardé hardiment en face une princesse née dans la pourpre, en présence de qui mes propres yeux, quoique bien habitués à un semblable spectacle, ne se sont jamais élevés au delà du bas de son voile. »

« Soit, au nom du ciel! répondit Hereward. Cependant les belles figures ont été faites pour être regardées, et les yeux des jeunes personnes pour les voir. »

« Si c'est là leur destination, dit Achille, les tiens, je le suppose hardiment, n'ont jamais trouvé une plus belle apologie pour la licence un peu trop hardie que tu as prise en regardant ce soir la princesse. »

« Brave chef ou suivant, quel que soit le titre que vous préférez, dit l'Anglo-Breton, ne poussez pas à bout un homme franc, qui désire remplir son devoir en tout honneur pour la famille impériale. La princesse, femme du César, et née, me dites-vous, couleur de pourpre, n'en est pas moins douée aujourd'hui des traits d'une très jolie femme. Elle a composé une histoire sur laquelle je n'ai pas la prétention de former un jugement, puisque je ne puis pas la comprendre; elle chante comme un ange; et pour conclure à la manière des chevaliers d'aujourd'hui, quoique je ne me serve pas habituellement de leur langage... je dirai de grand cœur que je suis prêt à entrer en lice contre quiconque osera mal parler de la beauté de la personne impériale d'Anne Comnène et des vertus de son ame. Ceci une fois déclaré, mon noble capitaine, nous avons dit tout ce qu'il vous appartient à vous de demander, et à moi de répondre. Qu'il y ait des femmes plus belles que la princesse, c'est ce qui ne souffre pas de doute, et j'en forme d'autant moins à cet égard que j'ai même vu une personne que je lui trouve très supérieure ; et sur ce, terminons notre dialogue. »

« Ta beauté à toi, fou sans pareil, dit Achille, doit être, je gage, la fille du rustaud du Nord, à larges épaules, demeurant porte à porte avec celui sur la ferme duquel a été élevée la personne d'un âne, affligé d'un si impardonnable manque de jugement. »

« Vous pouvez dire ce qui vous plaira, capitaine, répliqua Hereward, parce que le plus sûr pour nous deux est que vous ne puissiez, sur un semblable sujet, ou m'offenser, moi qui fais aussi peu de cas de votre jugement que vous pouvez en faire du mien, ou dire aucun mal d'une personne que vous n'avez jamais vue, mais sur laquelle, si vous l'aviez vue, je n'aurais peut-être pas supporté aussi patiemment aucune réflexion, même de la part d'un supérieur militaire. »

Achille avait une bonne provision de la pénétration nécessaire à un homme dans sa situation. Il ne poussait jamais à bout les esprits fougueux qu'il commandait, et ne se permettait jamais aucune liberté avec eux au delà de ce qu'il savait que leur patience pourrait endurer. Hereward était un militaire favori, et avait du moins sous ce rapport une amitié et des égards sincères pour son commandant. Lors donc que le suivant, au lieu de se fâcher de son audace, s'excusa d'un ton amical d'avoir heurté ses sentimens, le mécontentement passager qui avait régné entre eux disparut aussitôt. L'officier regagna sur-le-champ son autorité, et le soldat reprit, en poussant un profond soupir donné à quelque époque passée depuis long-temps, sa réserve et son silence accoutumés. Au fait, l'acolyte[1] avait sur Hereward d'autres projets ultérieurs, dont il ne voulait, pour le moment, lui donner qu'une insinuation éloignée.

Après une longue pause durant laquelle ils approchaient des casernes, bâtiment sombre et fortifié, construit pour y loger leur corps, le capitaine dit à son subordonné de se rapprocher tout près de lui, et se mit à lui demander d'un ton confidentiel : — « Hereward, mon ami, quoiqu'il ne soit guère à supposer qu'en présence de la famille impériale tu aies remarqué personne qui ne fût pas de son sang, ou plutôt,

[1] Du grec ακολυτος, compagnon. A. M.

comme le dit Homère, qui ne participât pas du divin *ichor* [1] qui, dans leurs personnes sacrées, remplace ce fluide vulgaire, néanmoins, durant une audience si longue, tu pourrais sans doute, en raison de sa personne et de ses vêtemens assez étranges à la cour, avoir distingué Agelastès, que nous autres courtisans nous appelons l'Éléphant, en raison de la rigueur avec laquelle il observe la règle qui défend à qui que ce soit de s'asseoir ou de s'appuyer en présence de l'empereur. »

« Je crois, répliqua le soldat, que j'ai remarqué l'homme dont vous voulez parler. Son âge était d'environ soixante-dix ans ou au delà... un homme gros et replet... et sa tête, entièrement chauve, était largement contrebalancée par une énorme barbe blanche, qui descendait en boucles ondoyantes sur sa poitrine, et se prolongeait jusqu'à la serviette qui lui ceignait les reins, au lieu de la ceinture de soie que portent les autres personnes de rang. »

« Très exactement observé, mon Varangien, dit l'officier. Qu'as-tu encore remarqué sur cette personne? »

« Son manteau était d'une étoffe aussi grossière que ceux des gens de la plus basse condition ; mais il était d'une exacte propreté, comme si l'intention de celui qui le portait eût été de montrer sa pauvreté ou de l'indifférence et du mépris pour la toilette, évitant en même temps tout ce qui aurait pu offrir quelque chose de négligé, de sale ou de repoussant. »

« Par sainte Sophie, dit l'officier, tu me confonds! Le prophète Balaam ne fut pas plus surpris lorsque son âne retourna la tête et lui parla... Et qu'as-tu encore remarqué concernant cet homme? Je vois que ceux avec qui tu te trouves ont besoin de prendre garde à tes observations tout autant qu'à ta hache-d'arme. »

« S'il plaît à votre valeur, répondit le soldat, nous autres Anglais nous avons des yeux aussi bien que des mains ; mais ce n'est que pour nous acquitter de notre devoir que nous permettons à notre langue de s'exercer sur ce que nous avons observé. J'ai remarqué peu de chose dans la conversation de cet homme; mais, d'après ce que j'ai entendu, il me sem-

---

[1] Espèce de sang qu'Homère attribue aux dieux: οὐ γάρ σῖτον ἔδουσ', οὐ πίνουσ' αἴθοπος οἶνον, etc., *Iliade*, liv. V, v. 341. A. M.

blait ne pas être éloigné de vouloir faire ce que nous appelons le bouffon ou le paillasse dans la conversation, rôle qui, vu l'âge et la physionomie de cet homme, n'est pas, je serais tenté de le dire, naturel, mais joué dans quelque intention plus profondément calculée. »

« Hereward, répondit son commandant, tu viens de parler comme un ange envoyé ici-bas pour examiner le cœur des hommes. Cet Agelastès est une contradiction telle que la terre en a rarement eu de semblable. Possédant toute la pénétration qui anciennement faisait confondre les sages de cette nation avec les dieux eux-mêmes, Agelastès a toute la ruse du premier Brutus, qui déguisait ses qualités sous l'extérieur d'un vain bouffon. Il paraît ne rechercher aucune charge: il ne prétend à aucune considération; il ne paraît à la cour que lorsqu'il en est positivement requis: néanmoins, que dirai-je, mon brave soldat, d'une influence obtenue sans aucun effort apparent, et s'étendant presque jusqu'à l'intérieur des pensées des hommes, qui paraissent agir selon ses désirs, sans qu'il les en sollicite? On rapporte d'étranges choses sur l'étendue de ses communications avec d'autres êtres que nos pères honoraient par des prières et des sacrifices. Je suis résolu cependant de connaître la route par laquelle il gravit si haut et si aisément vers le point où tout le monde aspire à la cour, et il y aura bien du malheur s'il ne partage pas son échelle avec moi, ou si je ne la lui arrache pas de dessous les pieds. C'est toi, Hereward, que j'ai choisi pour m'aider dans cette affaire, comme les chevaliers, parmi ces Francs infidèles, choisissent, lorsqu'ils partent pour chercher aventure, un écuyer vigoureux, ou un compagnon d'un rang inférieur, pour partager les dangers et la récompense; et j'y suis porté autant pour la finesse que tu as montrée ce soir et pour le courage dans lequel tu égales ou plutôt tu surpasses tes camarades. »

« Je suis obligé à votre valeur et je la remercie, répliqua le Varangien plus froidement peut-être que son officier ne s'y attendait; je suis prêt, comme il est de mon devoir, à vous servir en tout ce qui s'accordera avec ce que Dieu et l'empereur attendent de mes services. Je dirai seulement qu'en qualité de soldat inférieur, ayant prêté serment, je ne ferai rien de contraire aux lois de l'empire, et que, comme chrétien sincère quoique ignorant, je ne veux nullement avoir à faire avec les dieux des païens, si ce n'est pour les défier au nom et avec la protection des saints. »

«Imbécille! dit Achille Tatius, penses-tu que moi, qui possède déja une des premières dignités de l'empire, je puisse rien méditer de contraire à Alexis Comnène ; ou, ce qui serait à peine plus atroce, que moi, l'ami de cœur et l'allié du révérend patriarche Zozime, je voulusse me mêler de rien qui eût un rapport, quelque éloigné qu'il fût, avec l'hérésie ou l'idolâtrie? »

« Certainement, répondit le Varangien, personne n'en serait plus surpris ou peiné que je le serais ; mais lorsque nous marchons dans un labyrinthe, nous devons prétendre et annoncer que nous avançons vers le but d'un pas ferme et décidé, ce qui est un moyen au moins de suivre le droit chemin. Les gens de ce pays ont tant de manières de dire la même chose, qu'on a peine à savoir au bout du compte quelle est leur intention réelle. Nous Anglais au contraire, nous ne pouvons exprimer notre pensée que par un seul assemblage de mots ; mais il est tel que tout l'esprit du monde pourrait en tirer un double sens. »

« Cela suffit, dit l'officier ; demain nous causerons plus de cela, et dans ce but tu te rendras à mon quartier après le coucher du soleil. Et écoute, la journée de demain, tant que le soleil brillera dans les cieux, t'appartiendra pour t'amuser ou pour te reposer. Emploie ton temps de cette dernière manière, si tu m'en crois, car la soirée de demain comme celle d'aujourd'hui pourrait nous voir tard sur pied. »

En parlant ainsi ils entrèrent dans la caserne, où ils se séparèrent... le commandant des gardes-du-corps se dirigeant vers des appartemens splendides qui lui étaient assignés en cette qualité, et l'Anglo-Saxon regagnant son plus humble logement, comme officier subalterne du même corps.

CHAPITRE VII.

Le Conseil.

> On ne vit point réunies des forces si imposantes, ni un si vaste camp, lorsque Agrican, avec toutes les puissances du Nord, assiégea Albraca, comme nous le voyons dans les romans, la ville de Gallaplune, pour en ramener la plus belle de son sexe, Angélique, sa fille, recherchée par plusieurs preux chevaliers païens ou pairs de Charlemagne.
>
> *Le Paradis regagné.*

DE grand matin, le jour qui suivit celui dont nous avons rappelé le souvenir, *s'assembla le conseil impérial*, dans lequel le grand nombre d'officiers généraux, revêtus de titres ambitieux, déguisait, sous un voile bien mince, la faiblesse de l'empire grec. Les chefs étaient nombreux, et les distinctions de leur rang minutieuses, mais les militaires étaient rares en comparaison.

Les charges, d'abord remplies par des préfets, des préteurs et des questeurs, étaient alors occupées par des personnes qui s'étaient élevées par degrés au poste de ces officiers, et qui, quoique choisies pour les services domestiques rendus à l'empereur, cependant et en raison de cette même circonstance, étaient en possession de ce qui était dans cette cour despotique, la source la plus assurée de crédit. Une longue file d'officiers entrèrent dans la grande salle du château de Blaquernal, et continuèrent à marcher ensemble aussi loin que leurs différens grades le comportaient, tandis que, dans chaque chambre qu'ils traversaient l'une après l'autre, un certain nombre de la suite dont le rang ne leur permettait pas d'avancer plus loin restaient en arrière des autres. De cette sorte, quand ils atteignirent le cabinet d'audience (ce qu'ils ne firent qu'après avoir traversé dix antichambres), ils ne se trouvèrent plus que cinq en présence de l'empereur, dans cette profonde et très sacrée retraite de la royauté, décorée avec toute la splendeur de l'époque.

L'empereur Alexis était assis sur un trône splendide, enrichi d'or et de pierres précieuses dues aux Barbares, et flanqué des deux côtés, en imitation de la magnificence de Salomon, d'un lion couché de ce même métal précieux. Sans nous arrêter à d'autres marques de splendeur, un arbre, dont le tronc paraissait aussi d'or, s'élevait derrière le trône, qu'il ombrageait de ses branches. Parmi le feuillage étaient des oiseaux de diverses espèces soigneusement travaillés et émaillés, et des fruits composés de pierres précieuses paraissaient briller entre les feuilles. Cinq officiers seuls, tenant le premier rang dans l'état, jouissaient du privilége de pénétrer dans cette retraite sacrée lorsque l'empereur tenait conseil. C'était le *grand domestique*, que l'on pourrait comparer pour le rang avec un premier ministre de nos jours, le *logothète* ou chancelier, le *protospathaire*, ou commandant des gardes dont nous avons déjà parlé; l'*acolyte* ou suivant, en même temps chef des Varangiens... et le *patriarche*.

Les portes de cet appartement retiré et l'antichambre adjacente étaient gardées par six esclaves nubiens difformes, dont les figures laides et flétries formaient un hideux contraste avec leurs vêtemens blancs comme la neige, et leur costume splendide. C'étaient des muets, espèce de misérables empruntés du despotisme de l'Orient, afin qu'ils fussent dans l'impossibilité de divulguer les actes de la tyrannie dont ils étaient les agens dépourvus de scrupule. On les regardait généralement plutôt avec horreur qu'avec compassion; car tout le monde pensait que de tels esclaves éprouvaient un malin plaisir à venger sur les autres les torts irréparables qu'avait la nature envers eux et qui les séparait de l'humanité.

C'était la coutume générale, quoique, de même que plusieurs autres usages des Grecs, elle serait jugée puérile de nos jours, que, par un effet de mécanique dont on se rend aisément compte, les lions, à l'entrée d'un étranger, paraissaient se lever et rugir, après quoi le vent semblait siffler dans le feuillage de l'arbre; les oiseaux sautaient de branche en branche, béquetaient les fruits et paraissaient remplir l'appartement du bruit de leurs chants. Cet appareil avait presque alarmé plus d'un ignorant ambassadeur étranger, et il était d'usage que les conseillers grecs eux-mêmes témoignassent les mêmes sensations de crainte, suivies de surprise, lorsqu'ils entendaient le rugissement des lions, auquel succédait le concert des oiseaux, quoique ce fût peut-être pour la cinquantième fois. En cette occasion, pour preuve de l'urgence de la présente réunion du conseil, ces cérémonies furent entièrement omises.

Le discours de l'empereur lui-même sembla suppléer, dans sa première partie, au rugissement des lions, tandis qu'il se termina sur un ton qui ressemblait davantage au gazouillement des oiseaux.

Dans ses premières phrases, il parla de l'audace et de l'insolence inouïe des millions de Francs, qui, sous le prétexte d'arracher la Palestine aux mains des infidèles, avaient osé envahir le territoire sacré de l'Empire. Il les menaça de châtimens que ses troupes innombrables et ses officiers leur infligeraient, prétendit-il, fort aisément. Les auditeurs, et particulièrement les militaires, répondirent à tout cela par des symptômes d'un assentiment complet.

Alexis cependant ne persista pas long-temps dans les intentions belliqueuses qu'il avait d'abord manifestées. Les Francs, comme il parut à la fin en faire la réflexion, professaient le christianisme. Peut-être étaient-ils sérieux dans leur prétexte d'une croisade, dans lequel cas leurs motifs réclamaient un certain degré d'indulgence et, quoique erronés, du respect jusqu'à un certain point. Leur nombre aussi était grand, et leur valeur ne pouvait être méprisée de ceux qui les avaient vus combattre à Durazzo et ailleurs. Ils pouvaient aussi devenir à la longue, par la permission de la suprême Providence, la cause de grands avantages pour l'Empire très sacré, quoiqu'ils s'en approchassent avec si peu de cérémonie. Il avait en conséquence, unissant les vertus de la prudence, de l'humanité et de la générosité, à cette valeur qui doit toujours enflammer le cœur d'un empereur, formé un plan qu'il allait soumettre à leur considération, afin de le mettre à exécution; et d'abord il demandait au grand domestique de lui faire connaître sur quelles forces il pouvait compter dans la partie occidentale du Bosphore.

«Les forces de l'Empire sont innombrables comme les étoiles du ciel et le sable du rivage de la mer,» répondit le grand domestique.

« Voilà une belle réponse, dit l'empereur, pourvu qu'il y eût des étrangers présens à cette conférence; mais puisque nous tenons conseil en particulier, il est nécessaire que je sache exactement à quel nombre d'hommes se monte l'armée sur laquelle je dois compter. Réservez votre éloquence pour une occasion plus convenable, et faites-moi connaître ce que vous entendez dans le moment actuel par le mot *innombrable*. »

Le grand domestique fit une pause et hésita quelque temps; mais comme il sentit que c'était un moment dans lequel il ne serait pas bon de plaisanter avec l'empereur (car Alexis Comnène était quelquefois à redouter), il répondit en ces mots, mais non sans hésitation : « Mon maître et seigneur impérial, personne ne sait mieux que vous qu'une telle réponse ne peut être faite à la hâte, si on veut en même temps qu'elle soit correcte dans ses résultats. Le nombre d'hommes de l'armée impériale entre cette capitale et la frontière occidentale de l'Empire, en en déduisant les absens par congé, ne peut compter pour plus de vingt-cinq mille ou trente mille au plus. »

Alexis se frappa le front avec la main; et les conseillers le voyant s'abandonner à d'aussi violentes expressions de douleur et de surprise, commencèrent à entrer dans des discussions qu'ils auraient autrement réservées pour un lieu et une occasion plus convenables.

« Par la confiance que votre hautesse repose en moi, dit le logothète, il a été tiré des coffres de votre hautesse, dans le cours de l'année dernière, assez d'or pour payer le double des guerriers armés dont le grand domestique fait maintenant mention. »

« Votre hautesse impériale, répliqua le ministre accusé, avec une assez forte dose de chaleur, se rappellera aisément les garnisons sédentaires qui doivent être ajoutées aux troupes mobiles, et desquelles ce griffonneur de chiffres ne tient aucun compte. »

« Paix, tous les deux! dit Alexis, se remettant à l'instant; le nombre réel de nos troupes est, à dire le vrai, moindre que nous ne comptions; mais n'allons pas, en nous querellant, augmenter les difficultés de notre position. Dispersez entre cette ville et la frontière occidentale de l'Empire ces troupes dans les vallées, dans les défilés, derrière des chaînes de montagnes, et dans des terrains difficiles, où un peu d'art employé dans la position peut faire que peu d'hommes offrent l'apparence d'une grande quantité. Pendant qu'on fera ces dispositions, nous continuerons à traiter avec ces croisés, comme ils s'appellent, des termes auxquels nous consentirons à les laisser passer à travers nos états; et nous ne sommes pas sans espoir de négocier avec eux, de manière à gagner de grands avantages pour notre royaume. Nous insisterons pour qu'ils ne traversent nos provinces que par armées de peut-être cinquante mille hommes à la fois, que nous transporterons successivement en Asie, de sorte qu'un plus grand nombre ne mettra jamais en danger, en s'assemblant sous nos murs, la sûreté de la métropole du monde.

« Dans leur marche vers les rives du Bosphore, nous leur fournirons des provisions, s'ils s'avancent paisiblement et avec ordre; et si quelques uns s'écartent de leurs étendards, ou insultent le pays par leur maraudage, nous supposons que nos valeureux paysans n'hésiteront pas à réprimer leurs excès, et cela, sans que nous donnions à cet effet d'ordres positifs, puisque nous ne nous mettrions pas volontiers dans le cas d'être accusé de manquer à nos engagemens. Nous supposons aussi que les Scythes, les Arabes, les Syriens, et les autres troupes mercenaires à notre service ne souffriront pas que nos sujets succombent dans leur juste défense, attendu que, outre qu'il n'y a pas de justice à affamer notre propre pays de provisions pour nourrir des étrangers, nous ne serons pas surpris ni irrité jamais d'apprendre que, dans la quantité ostensible de farine, il se trouvât quelques sacs remplis de craie ou de chaux, ou autre substance semblable. Il est en effet impossible de se figurer sans étonnement ce que l'estomac d'un Franc peut digérer sans inconvénient. Leurs guides aussi, que vous choisirez en conséquence pour un semblable service, auront soin de conduire les croisés par des routes détournées et difficiles: ce qui sera leur rendre un service réel, en les accoutumant aux fatigues du pays et aux rigueurs du climat, qu'ils seraient autrement obligés de supporter sans y être préparés.

« En attendant, dans vos entrevues avec leurs chefs, qu'ils

appellent comtes, et dont chacun se croit aussi grand qu'un empereur, vous aurez soin de ne point offenser leur présomption naturelle, et de n'omettre aucune occasion de les informer de la richesse et de la magnificence de notre gouvernement. On pourra même donner des sommes d'argent à des personnages de marque, et faire des largesses moins importantes à ceux d'un rang inférieur. Vous, notre logothète, vous prendrez des mesures en conséquence, et vous, notre grand domestique, vous aurez soin que les soldats qui couperont les partis détachés de Francs se présentent, s'il se peut, dans le costume sauvage et sous l'apparence d'infidèles. En vous recommandant ces injonctions, j'ai l'intention de faire que les croisés, ayant senti le prix de notre amitié et aussi en quelque sorte le danger de notre inimitié, ceux que nous transporterons en sûreté en Asie soient réduits, quelque peu maniables qu'ils soient, à un corps plus petit et plus compacte, dont nous puissions faire ce que nous voudrons dans notre prudence chrétienne. Ainsi, en employant de belles paroles avec l'un, des menaces avec l'autre; en offrant de l'or aux avares, du pouvoir aux ambitieux et des raisons à ceux qui sont en état de les entendre, nous ne doutons point que nous n'amenions ces Francs, rassemblés comme ils sont de mille points divers, à nous reconnaître comme leur supérieur commun, plutôt que de choisir un chef parmi eux, lorsqu'ils viendront à apercevoir ce fait important, que chaque village de la Palestine, depuis Dan jusqu'à Beersheba, est par droit d'origine la propriété du sacré empire romain, et que tout chrétien qui va faire la guerre pour recouvrer ce pays doit y aller comme notre sujet, et tenir en fief, comme notre vassal, toute conquête qu'il pourrait y faire. Le vice et la vertu, le bon sens et la folie, l'ambition et la religion désintéressée recommanderont également à ceux *de ces hommes singuliers qui survivront*, de devenir les feudataires de l'empire, non ses ennemis, et le bouclier, non les assaillans de votre paternel empereur.»

Il y eut une inclination de tête générale parmi les courtisans, accompagnée de l'exclamation orientale... «Vive l'empereur!»

Lorsque le bruit de ce cri approbatif eut cessé, Alexis continua: «Je répète de nouveau que mon fidèle grand domestique et ceux qui agissent sous ses ordres auront soin de confier l'exécution de la partie de ces ordres, qui pourraient avoir l'air d'une agression, à des troupes d'un extérieur et d'un langage étrangers, qui, je le dis avec douleur, sont plus nombreux dans notre armée impériale que nos sujets naturels et orthodoxes. »

Le patriarche interposa ici son opinion... «Il y a une consolation, dit-il, dans la pensée que les naturels romains sont peu nombreux dans l'armée, puisque un métier aussi sanglant que la guerre est plus convenablement rempli par ceux dont les doctrines, aussi bien que leurs actes sur la terre méritent la condamnation éternelle dans l'autre monde. »

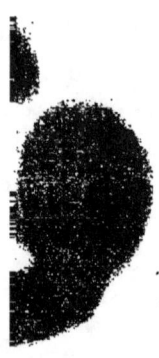

«Révérend patriarche, dit l'empereur, nous ne soutiendrions pas volontiers, avec les Barbares infidèles, que le paradis doit se gagner par le sabre, néanmoins, nous espèrerions qu'un Romain mourant en combattant pour sa religion et son empereur peut avoir tout aussi bonne chance d'être admis dans le ciel, lorsque ses angoisses mortelles sont terminées, qu'un homme qui meurt en paix et les mains pures de sang. »

«Il me suffira de dire, reprit le patriarche, que les doctrines de l'Église sont moins indulgentes. Elle est elle-même pacifique, et la promesse de ses grâces est pour ceux qui ont été des hommes de paix. Cependant ne croyez pas que je ferme les portes du ciel à un soldat, en cette qualité, s'il croit à toutes les doctrines de notre Église, et se conforme à toutes nos observances ; encore moins condamnerais-je les sages précautions de votre majesté pour diminuer le pouvoir et éclaircir les rangs de ces hérétiques latins, qui viennent ici nous dépouiller, et piller peut-être et l'Église et les temples, sous le vain prétexte que le ciel leur permettrait, à eux qui sont souillés de tant d'hérésies, de reconquérir la Terre-Sainte, que de vrais chrétiens orthodoxes, les prédécesseurs sacrés de votre majesté n'ont pas pu défendre contre les infidèles. Et j'espère bien que votre majesté ne permettra aucun établissement des Latins, dans lequel ne planerait pas la croix avec des bras d'égale longueur, au lieu de cette irrégulière et très damnable erreur qui prolonge, dans les églises d'Occident, la partie inférieure de ce très saint emblème. »

«Révérend patriarche, répondit l'empereur, ne croyez pas que nous pensions légèrement de vos importans scrupules ; mais la question maintenant n'est pas de savoir de quelle manière nous pourrons convertir ces hérétiques latins à la vraie foi, mais comment nous pourrons éviter d'être envahis par leurs myriades qui ressemblent à celles des sauterelles qui précédèrent et annoncèrent leur approche.»

«Votre majesté, dit le patriarche, agira avec sa prudence ordinaire; pour ma part j'ai seulement exposé mes doutes, afin de sauver mon ame.»

«Je n'interprète point en mal vos sentimens, très révérend patriarche, dit l'empereur; et vous (s'adressant aux autres conseillers) vous suivrez ces instructions séparées, délivrées pour diriger l'exécution des ordres que je vous ai donnés d'une manière générale. Elles sont écrites avec l'encre sacrée, et notre signature sacrée est convenablement marquée des teintes exigées de vert et de pourpre : qu'on les suive donc à la lettre. Nous-même nous prendrons le commandement des bandes d'Immortels qui restent dans la ville, et nous y joindrons les cohortes de nos fidèles Varangiens. A la tête de ces troupes, nous attendrons l'arrivée de ces étrangers sous les murs de la ville; et évitant le combat aussi long-temps que notre politique pourra le différer, nous nous tiendrons prêt, en cas que les choses tournent mal, à embrasser toutes les chances qu'il plaira à la Divinité de nous envoyer.»

Le conseil se sépara alors, et les différens chefs commencèrent à se mettre en mouvement pour l'exécution de leurs diverses instructions civiles et militaires, secrètes ou publiques, favorables ou hostiles aux croisés. Le caractère particulier du peuple grec se montra à découvert en cette occasion : leurs discours bruyans et fanfarons étaient en harmonie avec les idées que l'empereur désirait inculquer aux croisés sur l'étendue de son pouvoir et de ses ressources; et l'on ne doit pas chercher à dissimuler que l'astucieux égoïsme de plusieurs de ceux qui se trouvaient au service d'Alexis n'ait cherché à trouver quelque voie indirecte de mettre à exécution les instructions de l'empereur de la manière la plus convenable à leurs desseins particuliers.

Sur ces entrefaites, la nouvelle de l'arrivée de cette immense armée mélangée de l'Occident sur les limites de l'empire grec et de son projet de passer en Palestine s'était répandue dans Constantinople. Mille rapports divers grossissaient, s'il était possible, un événement si étonnant. Les uns disaient que le but où ils tendaient était la conquête de l'Arabie, la destruction du tombeau du prophète, et la conversion de sa bannière verte en une housse de cheval pour le frère du roi de France; d'autres supposaient que la ruine et le sac de Constantinople était l'objet réel de la guerre. Une troisième classe pensait que c'était pour forcer le patriarche à se soumettre au pape, à adopter la forme latine de la croix, et mettre fin au schisme.

Les Varangiens se donnaient la jouissance d'un supplément à ces étranges nouvelles, assaisonné, comme il l'était chez toutes les classes, de quelques particularités appropriées aux préjugés des auditeurs. Il s'était formé, dans le principe, de ce que notre ami Hereward, qui était l'un de leurs officiers subalternes appelés sergens ou constables, avait laissé transpirer des choses qu'il avait entendues la nuit précédente. Considérant que le fait serait bientôt de notoriété publique, il n'avait pas hésité à donner à entendre à ses camarades qu'une armée normande s'approchait sous les ordres du duc Robert, fils du fameux Guillaume-le-Conquérant, et avec des intentions hostiles, concluait-il, contre eux en particulier, comme le font d'ordinaire les hommes placés dans des circonstances particulières. Les Varangiens adoptèrent une explication qui s'appliquait à leur position. Ces Normands, qui haïssaient les Saxons et qui avaient tout fait pour les déshonorer et les opprimer, les poursuivaient maintenant, pensaient-ils, jusque dans la capitale étrangère où ils avaient trouvé un refuge, dans le dessein de faire la guerre au prince généreux qui protégeait leurs tristes restes. Dans cette croyance, plus d'un terrible serment fut prononcé en norse et en anglo-saxon, « que leurs haches d'armes affilées vengeraient le carnage d'Hastings; » et plus d'un toast fut porté avec le vin et avec l'ale à celui « qui ressentirait le plus profondément et vengerait le plus efficacement les mauvais traitemens que les Anglo-Saxons d'Angleterre avaient reçus de la mains de leurs oppresseurs. »

CHAPITRE VII.

Hereward, l'auteur de cette nouvelle, commença bientôt à être fâché d'avoir pu se laisser aller à la divulguer, tant il était poursuivi par les questions multipliées au sujet de son authenticité que lui faisaient ses camarades auxquels il se croyait obligé de cacher les aventures de la nuit précédente, et le lieu où il avait été informé de ce fait.

Vers midi, au moment où il commençait à être on ne peut plus fatigué de faire les mêmes réponses aux mêmes questions, et d'en éluder d'autres semblables qu'on lui renouvelait à chaque instant, le son des trompettes annonça la présence de l'acolyte Achille Tatius qui arrivait à l'instant, répétait-on tout bas de bouche en bouche, de l'intérieur sacré, avec la nouvelle de l'approche immédiate de la guerre.

Les Varangiens et les cohortes romaines appelées les Immortels, disait-on, devaient former un camp sous la ville afin d'être prêts à la défendre au premier signal. Cette nouvelle mit toutes les casernes en mouvement, chacun faisant les préparatifs nécessaires pour la campagne prochaine. Le contentement et la joie dominaient dans tout ce tumulte et ces cris; et le fracas était si général qu'Hereward, à qui son grade permettait de confier à un page ou écuyer le soin de préparer son équipement, saisit l'occasion de quitter la caserne pour chercher quelque lieu éloigné où il pût, séparé de ses camarades, réfléchir seul sur la singulière conjoncture dans laquelle il avait été placé, et son entrevue avec la famille impériale.

Traversant les rues étroites en ce moment désertes en raison de la chaleur du soleil, il atteignit enfin une de ces vastes terrasses qui, formant comme les larges degrés d'une rampe, descendaient sur le rivage du Bosphore, offrant une des plus magnifiques promenades de l'univers, et conservées, croit-on encore de nos jours, comme promenade publique pour servir de distraction aux Turcs, comme elles en servaient autrefois aux Chrétiens. Ces terrasses en gradins étaient couvertes d'arbres parmi lesquels les cyprès comme de coutume se distinguaient plus généralement. On y remarquait des réunions d'habitans : les uns allant et venant avec un visage affairé et soucieux, les autres s'arrêtant en groupes, comme s'ils eussent discuté l'étrange et importante nouvelle du jour; d'autres enfin avec l'indolente insouciance d'un climat oriental, prénant à l'ombre leurs rafraîchissemens du milieu du jour, et passant le temps comme si leur seul objet eût été de profiter de la journée qui leur était offerte, et d'abandonner les soucis du lendemain à eux-mêmes.

Tandis que le Varangien, craignant de rencontrer dans ce concours de monde quelques personnes qui eussent contrarié le désir de solitude qui l'avait amené en ce lieu, descendait ou passait d'une terrasse à l'autre, chacun le considérait avec un œil de curiosité et d'enquête, le regardant comme un homme qui, par sa profession et ses relations avec la cour, devait nécessairement en savoir plus long que les autres au sujet de la singulière invasion par de nombreux ennemis venus de divers points, qui faisait la nouvelle du jour. Nul cependant n'eut le courage de s'adresser au soldat des gardes, quoique tous le regardassent avec un intérêt extraordinaire. Il passa des allées les moins fournies dans les plus sombres, des terrasses les plus ombragées dans les plus découvertes sans être dérangé par personne, et non pas cependant sans éprouver qu'il ne devait pas se considérer comme seul.

Le désir qu'il avait de se trouver isolé le rendit à la fin un peu attentif à ce qui ce passait autour de lui, de sorte qu'il s'aperçut qu'il était suivi par un esclave noir, personnage que l'on rencontrait assez fréquemment dans les rues de Constantinople, pour qu'il n'y fît pas grande sensation. Son attention cependant se portant à la fin sur cet individu, il commença à désirer échapper à ses observations; et il employa le soin qu'il avait d'abord eu de changer de lieu pour éviter la compagnie en général, à se débarrasser de ce témoin qui, quoique à distance, épiait en apparence ses démarches. Néanmoins quoique en gagnant un autre point il eût pendant quelques minutes perdu le nègre de vue, il ne tarda pas à l'apercevoir de nouveau à une distance trop grande pour un compagnon de promenade, mais assez rapprochée pour remplir toutes les vues d'un espion. Irrité de cette obstination, le Varangien se retourna subitement dans sa promenade, et choisissant un lieu où l'on n'apercevait personne que l'objet de son ressentiment, il marcha tout à coup droit à lui et lui demanda pourquoi et par l'ordre de qui il avait

CHAPITRE VII.

l'audace de suivre ses pas. Le nègre répondit dans un aussi mauvais jargon que celui dans lequel on lui adressait la parole, quoique d'une espèce différente, « qu'il avait l'ordre de remarquer où il irait. »

« L'ordre de qui? » dit le Varangien.

« De mon maître et du vôtre », répondit hardiment le nègre.

« Que dis-tu, misérable infidèle! s'écria le soldat courroucé; depuis quand sommes-nous camarades de servitude, et quel est celui que tu oses appeler mon maître? »

« Un homme qui est maître du monde, dit l'esclave, puisqu'il commande à ses passions. »

« J'aurai peine à commander aux miennes, dit le Varangien; si tu réponds à mes pressantes questions par des subtilités philosophiques. Encore un coup, que me veux-tu, et pourquoi as-tu la hardiesse d'épier mes pas? »

« Je t'ai déja dit, répondit l'esclave, que je suis les ordres de mon maître. »

« Mais je veux savoir quel est ton maître, » dit Hereward.

« Il te le dira lui-même; répondit le nègre; il ne confie point à un pauvre esclave comme moi le but des commissions qu'il me donne. »

« Il t'a laissé une langue cependant, dit le Varangien, que quelques uns de tes compatriotes seraient, je pense, ravis de posséder. Ne me pousse pas à te la rogner en me refusant les éclaircissemens que j'ai droit d'exiger. »

Le nègre méditait, comme on le voyait par les contorsions de sa figure, quelque nouvelle tournure évasive, lorsque Hereward y coupa court en levant le manche de sa hache d'armes. « Ne me mets pas dans la nécessité, dit-il, de me déshonorer en te frappant avec cette arme, destinée à un usage beaucoup plus noble. » — « Cela m'est impossible, valeureux guerrier, » dit le nègre, mettant de côté le ton impudent et à moitié goguenard qu'il avait pris jusqu'alors, et montrant dans son air quelque crainte personnelle. « Si vous faites mourir le pauvre esclave sous les coups, vous ne pourrez savoir ce que son maître lui a défendu de dire. Une courte marche épargnera cette tache à votre honneur, à vous-même la peine de battre ce qui ne peut résister, et à moi la douleur d'endurer ce que je ne puis ni rendre ni éviter. »

«Guide-moi donc, dit le Varangien; sois certain que tu ne te joueras pas de moi par tes belles paroles, et qu'il faut que je connaisse la personne qui a l'impudence de se donner le droit d'épier mes démarches.»

Le nègre marcha devant en lançant un coup-d'œil particulier à sa physionomie, que l'on pouvait attribuer ou à de la malice, ou simplement à un mouvement de bonne humeur. Le Varangien le suivit, en concevant quelques soupçons, car il se trouvait qu'il avait eu peu de rapports avec la race infortunée des Africains, et n'avait pas entièrement surmonté le sentiment de surprise avec lequel il les avait d'abord considérés, lorsqu'il était arrivé du Nord étranger à ce pays. Cet homme se retournait si souvent pour le regarder pendant leur marche, et d'un air si pénétrant et si scrutateur, que Hereward sentit renaître irrésistiblement en lui les préjugés qui attribuaient aux démons la couleur noire et les traits contrefaits de son conducteur. Le lieu vers lequel on le dirigeait fortifiait une connexité qu'il n'était pas étonnant de voir s'offrir à l'esprit de l'ignorant et belliqueux insulaire.

Le nègre le conduisit, des magnifiques promenades en forme de terrasses que nous avons décrites, à un sentier qui descendait sur le rivage de la mer, lorsque à leurs yeux s'offrit un emplacement qui, loin d'être orné comme les autres parties de la côte de quais ou de promenades, paraissait au contraire négligé et abandonné, et était couvert des ruines délabrées de l'antiquité dans les lieux où elles n'avaient pas été recouvertes par la riche végétation du climat. Ces fragmens d'édifices, occupant une espèce de renfoncement de la baie, étaient cachés des deux côtés par l'escarpement du rivage, et quoique en réalité ils fissent partie de la ville, cependant on ne pouvait les apercevoir d'aucun point de celle-ci; et renfoncés de la manière dont nous les avons déjà dépeints, ils ne commandaient à leur tour aucune vue des églises, des palais, des tours et des fortifications, au milieu desquels ils étaient enfouis. Ce site solitaire, et en apparence désert, encombré de ruines et couvert de cyprès et d'autres arbres, placé comme il l'était au milieu d'une cité populeuse, avait en lui quelque chose d'imposant et de sinistre pour l'imagination. Ces ruines étaient d'une date ancienne, et rappelaient le style d'un peuple étranger. Les restes gigantesques d'un portique, les fragmens mutilés de statues colossales, mais exécutées dans des attitudes et dans un goût si étroits et si barbares, qu'ils formaient un contraste parfait avec la manière des Grecs, et les hiéroglyphes à moitié effacés que l'on pouvait reconnaître sur une partie des sculptures dévastées, fortifiaient les croyances populaires sur leur origine, dont nous rapporterons les détails en peu de mots.

D'après la tradition, cet édifice avait été un temple consacré à la déesse égyptienne Cybèle, au temps où l'empire romain était encore païen, et lorsque Constantinople portait encore le nom de Byzance. Tout le monde sait que les superstitions des Égyptiens, vulgairement grossières dans leur sens littéral comme dans leur interprétation mystique, et servant particulièrement de fondement à une foule de doctrines extravagantes, furent désavouées par les principes de tolérance générale et le système de polythéisme, adoptés par les Romains, et furent exclues par des lois multipliées du respect accordé par l'empire à presque toutes les autres religions, quelque extravagantes ou absurdes qu'elles fussent. Toutefois ces rites égyptiens avaient des charmes pour les curieux et les superstitieux, et s'étaient, après une longue opposition, établis dans l'empire.

Pourtant, quoique tolérés, les prêtres égyptiens étaient plutôt considérés comme sorciers que comme pontifes, et tout leur rituel avait plus de rapport avec la magie dans l'esprit du peuple qu'avec aucun système régulier de dévotion.

Décrié par ces accusations, même chez les païens, le culte des Égyptiens était plus mortellement abhorré des chrétiens que les autres systèmes plus rationnels de dévotion païenne, si toutefois aucun d'eux avait des droits à être appelé de ce nom. Le culte abrutissant d'Apis et de Cybèle était regardé non seulement comme un prétexte pour se livrer à des plaisirs obscènes et à d'infames débauches, mais comme ayant une tendance directe à ouvrir et encourager un commerce dangereux avec des esprits malins, que l'on supposait prendre sur ces autels profanes le nom et le rôle de ces divinités impures. Non seulement donc le temple de Cybèle avec son portique gigantesque, ses statues colossales sans élégance et ses hiéroglyphes bizarres, fut abattu et détruit lorsque l'empire fut converti à la foi chrétienne, mais l'emplacement même qu'il occupait fut considéré comme souillé et profane; et, aucun empereur n'ayant encore élevé en ce lieu une église chrétienne, il demeurait toujours négligé et abandonné comme nous l'avons dépeint.

Le Varangien Hereward avait parfaitement connaissance de la mauvaise réputation du lieu; et lorsque le nègre parut se disposer à avancer dans l'intérieur des ruines, il hésita et s'adressa en ces termes à son guide : « Écoute-moi, l'ami à la noire figure, ces grandes idoles fantasques, celles-ci avec des têtes de chiens, celles-là avec des têtes de vaches, les autres sans aucune tête, ne sont pas en grande vénération dans l'estime du peuple. Ta propre couleur aussi, mon camarade, approche beaucoup trop de celle de Satan lui-même pour faire de toi un compagnon auquel on puisse se fier au milieu des ruines où l'esprit malin fait, dit-on, chaque jour sa ronde. Minuit et midi sont, à ce qu'on prétend, les heures où il fait son apparition. Je n'irai pas plus loin avec toi, à moins que tu ne me donnes une bonne raison de le faire. »

« En me faisant une proposition si puérile, dit le nègre, vous m'ôtez en effet tout désir de vous guider près de mon maître. Je croyais parler à un homme d'un courage indomptable, et de ce bon sens sur lequel le courage est le mieux fondé; mais votre valeur vous enhardit seulement à battre un esclave noir qui n'a ni la force ni le droit de vous résister, et votre courage n'est pas assez grand pour vous donner la force de regarder sans trembler le côté sombre d'une muraille, même lorsque le soleil est au dessus de l'horizon. »

« Tu es insolent, » dit Hereward levant sa hache d'armes.

« Et toi tu es fou, dit le nègre, de vouloir prouver ta bravoure et ton bon sens par le procédé même qui donne un motif de douter de tous les deux. J'ai déja dit qu'il y a peu de courage à battre un malheureux comme moi, et assurément aucun homme, désirant trouver son chemin, ne commencerait par chasser son guide. »

« Je te suis, dit Hereward, piqué au vif de cette insinuation de lâcheté; mais si tu me conduis dans un piége, tes discours hardis ne sauveront pas tes os, quand même un millier d'in-

CHAPITRE VII.

dividus de ta couleur, venus de la terre ou de l'enfer, se présenteraient pour te défendre. »

« Tu me reproches durement la couleur de mon teint, dit le nègre ; comment sais-tu si c'est en effet une chose que l'on puisse considérer et traiter comme une réalité ? Tes yeux t'apprennent tous les jours que la couleur des cieux passe pendant la nuit d'une teinte brillante à l'obscurité du noir, cependant tu sais que cela ne tient nullement à aucune couleur habituelle des cieux en eux-mêmes. Le même changement qui a lieu dans la teinte des cieux se manifeste aussi dans celle de la mer profonde. Comment peux-tu dire si la différence de ma couleur avec la tienne n'est peut-être pas due à quelque métamorphose trompeuse de la même nature... n'étant point réelle en elle-même, mais créant une réalité apparente ? »

« Tu peux t'être peint sans aucun doute, répondit le Varangien après un moment de réflexion, et la noirceur de ton teint peut en conséquence n'être qu'apparente ; mais je pense que ton ami Satan lui-même aurait eu de la peine à présenter ces lèvres qui font la moue avec ces dents blanches et ce nez plat, avec une ressemblance aussi frappante, à moins que cette particularité d'une physionomie nubienne, comme ils l'appellent, n'eût réellement existé ; et pour t'épargner quelque peine, mon noir ami, je te dirai que, quoique tu parles à un Varangien sans éducation, je ne suis pas tout-à-fait ignorant dans l'art des Grecs, de faire passer auprès des auditeurs des paroles subtiles pour des raisons. »

« Oui ? dit le nègre d'un air de doute et un peu surpris ; et est-ce que l'esclave Diogène (car c'est ainsi que mon maître m'a baptisé) pourrait se permettre de vous demander les moyens par lesquels vous avez acquis une connaissance si étrange ? »

« Ce sera bientôt dit, répliqua Hereward. Mon compatriote, Witikind, qui était constable dans notre corps, se retira du service actif, et passa le reste d'une longue vie dans cette ville de Constantinople. Ne pouvant plus se livrer aux fatigues de l'art militaire, soit à celles de la réalité, d'après votre manière de vous exprimer, soit à la pompe et au tracas des exercices, le pauvre vieillard, ne sachant à quoi passer son temps, suivit les leçons des philosophes.»

«Et qu'y apprit-il? dit le nègre; car un barbare blanchi sous le casque ne devait pas faire, je pense, un étudiant qui promit beaucoup dans nos écoles.»

«Autant cependant, je pense, qu'un vil esclave, ce qui, me paraît être ta condition, répliqua le soldat. Mais j'ai appris de lui que les maîtres de cette science futile font métier de substituer dans l'argumentation des mots à la place des idées, et que, comme ils ne s'entendent jamais sur le sens précis des premiers, leurs disputes ne peuvent jamais arriver à une conclusion satisfaisante et définitive, puisqu'ils ne s'accordent pas sur le langage qu'ils emploient. Leurs théories, comme ils les appellent, sont bâties sur le sable, et le vent et la marée doivent les renverser.»

«Dis-le à mon maître,» répondit le noir d'un ton sérieux.

«C'est ce que je ferai, dit le Varangien, et il verra que je suis un soldat ignorant, n'ayant que peu d'idées, lesquelles ne roulent que sur ma religion et mes devoirs militaires. Mais on ne me débusquera pas de ces opinions par une batterie de sophismes, ni on ne me portera à y renoncer par *les terreurs* ou *les artifices* mis en œuvre par les amis du paganisme, soit en ce monde, soit dans l'autre.»

«Vous pouvez donc lui dire vous-même ce que vous pensez,» dit Diogène. Il se rangea de côté comme pour faire place au Varangien, auquel il fit signe d'avancer.

Hereward suivit en conséquence un sentier à moitié effacé et presque imperceptible, à travers de longues herbes sauvages, et, tournant autour d'un autel à moitié démoli, qui offrait les restes du bœuf Apis, divinité des Égyptiens, il se trouva tout à coup en face du philosophe Agelastès qui, assis au milieu des ruines, reposait ses membres sur l'herbe.

CHAPITRE VIII.

Le Sophiste.

> A travers le vain tissu de difficultés qui embarrassent la science du sophiste, le simple bon sens et les pensées droites se fraient un passage : ainsi disparaissent sur le sommet des montagnes les nuages inconstans, lorsque la lumière pure de l'aurore vient annoncer l'éclat du jour.
>
> DOCTEUR WATTS.

LE vieillard se leva vivement de terre, à l'approche d'Hereward. « Mon intrépide Varangien, dit-il, toi qui estimes les hommes et les choses, non d'après la fausse appréciation qu'on en fait dans ce monde, mais par leur importance réelle et leur valeur positive, sois le bienvenu, quel que soit le dessein qui t'amène, sois le bienvenu dans un lieu où l'on considère comme le plus bel attribut de la philosophie, de dépouiller l'homme de ses ornemens empruntés et de le réduire à la juste valeur de ses qualités propres, physiques et morales considérées isolément. »

« Vous êtes courtisan, monsieur, dit le Saxon, et comme admis à vous présenter chez sa hautesse impériale, vous devez savoir qu'il y a vingt fois plus de cérémonie qu'un homme tel que moi ne peut en connaître pour régler les différens rangs dans la société; tandis qu'un homme simple comme moi est très excusable de s'introduire dans la compagnie de ceux qui sont au dessus de lui, et où il n'est pas au fait de la manière exacte dont il doit se comporter. »

« C'est vrai, dit le philosophe, mais un homme comme vous, noble Hereward, mérite plus de considération aux yeux d'un vrai philosophe, qu'un millier de ces véritables insectes, que le sourire d'une cour appelle à la vie, et qu'une disgrace anéantit. »

« Vous êtes vous-même, grave philosophe, un habitué de la cour, » dit Hereward.

« Et un habitué très fort sur le cérémonial, dit Agelastès. Il n'y a point, je suis sûr, un sujet dans l'empire qui connaisse mieux les dix mille cérémonies vétilleuses qu'on exige des individus de différens rangs, et pratiquées à l'égard des différentes autorités. Il est encore à naitre l'homme qui m'ait jamais vu choisir une posture plus commode que celle de me tenir debout en présence de la famille royale. Mais, quoique je me serve de ces fausses balances dans la société, et me conforme autant à ses erreurs, mon jugement réel est d'un caractère plus grave et plus digne de l'homme, tel qu'on le dit formé à l'image de son créateur. »

« Il n'est guère besoin, dit le Varangien, d'exercer votre jugement sur moi sous aucun rapport, et je ne désire guère que personne puisse penser de moi autre chose que ce que je suis, c'est-à-dire un pauvre exilé, qui essaie de fixer sa foi dans le ciel, et de s'acquitter de ses devoirs envers le monde dans lequel il vit, et le prince au service duquel il est engagé. Et maintenant, grave philosophe, permettez-moi de vous demander si cette entrevue a lieu d'après votre désir, et dans quel but. Un esclave africain, que j'ai trouvé sur la promenade publique et qui se nomme Diogène, me dit que vous désirez me parler : il a un peu l'humeur goguenarde de Satan, et il pourrait bien avoir menti. S'il en est ainsi, je l'exempterai même de la volée de coups que je lui dois pour son insolence, et je vous ferai mes excuses en même temps d'être venu vous interrompre dans votre retraite, que je ne suis nullement propre à partager. »

« Diogène ne vous en a point imposé, répondit Agelastès ; il a ses momens de gaîté comme vous le remarquiez à l'instant même, et il y joint aussi quelques qualités qui le font marcher de pair avec ceux qui ont un plus beau teint et des traits plus réguliers. »

« Et dans quel but, dit le Varangien, l'avez-vous chargé d'une pareille commission ? est-il possible que votre sagesse entretienne le désir de converser avec moi ? »

« Je suis observateur de la nature et de l'humanité, répondit le philosophe ; n'est-il pas naturel que je sois fatigué de ces êtres qui sont pétris d'artifice, et qu'il me tarde de voir quelque chose sorti plus fraîchement des mains de la nature ? »

« Vous ne voyez point cela en moi, dit le Varangien ; la rigueur de la discipline militaire, le camp, l'armure façonnent à leur guise les sentimens et les membres d'un homme, comme le cancre de mer se trouve façonné par son écaille. Voyez l'un de nous, et vous nous voyez tous. »

« Permettez-moi d'en douter, dit Agelastès, et de supposer que dans Hereward fils de Waltheoff je vois un homme extraordinaire, quoiqu'il puisse ignorer lui-même, en raison de sa modestie, la rareté de ses bonnes qualités. »

« Le fils de Waltheoff! répondit le Varangien, frappé d'étonnement... Est-ce que vous savez le nom de mon père? »

« Ne soyez point surpris, répondit le philosophe, de ce que je possède un renseignement aussi simple. Il ne m'en a coûté que peu de peine pour l'acquérir. Cependant, je verrais avec plaisir qu'il me fût permis d'espérer que l'embarras que je me suis donné à ce sujet puisse vous convaincre de mon désir sincère de pouvoir vous donner le nom d'ami. »

« Il est en effet aussi flatteur qu'extraordinaire pour moi, dit Hereward, qu'un homme de votre savoir et de votre rang se soit donné la peine de prendre des informations auprès des cohortes varangiennes, pour connaître la famille de l'un de leurs constables. J'ai peine à croire que mon commandant l'acolyte lui-même pût penser qu'un tel renseignement vaille la peine d'être pris ou conservé. »

« De plus grands hommes que lui, dit Agelastès, certainement ne voudraient pas... Vous connaissez un homme dans un poste élevé, qui regarde les noms de ses plus fidèles soldats comme moins importans que ceux de ses chiens de chasse et de ses faucons, et s'épargnerait volontiers la peine de les appeler autrement qu'en sifflant. »

« Je ne puis entendre cela, » dit le Varangien.

« Je ne voudrais pas vous offenser, dit le philosophe, je ne voudrais même pas ébranler la bonne opinion que vous avez de la personne à laquelle je fais allusion; cependant je vois avec peine que cette opinion puisse être entretenue par un homme qui possède d'aussi éminentes qualités que vous. »

« Trêve à ces discours, grave philosophe, qui sont en effet frivoles dans une personne de votre caractère et de votre apparence, répondit l'Anglo-Saxon; je suis comme les rochers de mon pays: les vents furieux ne peuvent m'ébranler, une pluie douce ne peut me ramollir ; la flatterie et les paroles menaçantes sont peine perdue avec moi. »

« Et c'est justement pour cette inflexibilité d'ame, répliqua Agelastès, ce mépris indomptable de tout ce qui t'approche, excepté quand tu es influencé par le devoir, que je te demande comme un mendiant de faire ta connaissance, ce que tu me refuses brusquement. »

« Pardonnez-moi, dit Hereward, si j'en doute. Quelques anecdotes que vous puissiez avoir recueillies sur mon compte, où il règne probablement un peu d'exagération, puisque les Grecs ne se sont pas si exclusivement approprié le privilége de se vanter eux-mêmes que les Varangiens n'en aient un peu appris l'usage... On ne peut vous avoir rien appris sur mon compte qui vous autorise à tenir de pareils discours, si ce n'est en plaisantant. »

« Vous êtes dans l'erreur, mon fils, dit Agelastès ; croyez que je ne suis pas homme à me mêler aux vains propos que peuvent tenir sur vous vos camarades en vidant un verre de bière. Tel que je suis, je puis frapper cette statue mutilée d'Anubis (ici il toucha un fragment gigantesque de statue qui était à ses côtés)... et ordonner à l'esprit qui a long-temps inspiré l'oracle de descendre, et de ranimer de nouveau cette masse vacillante. Nous autres qui sommes initiés, nous jouissons de grands priviléges... Nous frappons du pied sur ces voûtes en ruines, et l'écho qui y séjourne répond à notre demande. Ne pense pas, quoique je te demande en grace ton amitié, que j'aie besoin pour cela de te supplier pour te demander des renseignemens soit sur toi soit sur les autres. »

« Tes discours m'étonnent, dit l'Anglo-Saxon ; mais j'ai appris que plusieurs ames ont été détournées du sentier du ciel par de belles paroles semblables. Mon grand-père Kenelm avait coutume de dire que les belles paroles de la philosophie des païens nuisaient plus à la foi chrétienne que les menaces des tyrans païens. »

« Je le connaissais, dit Agelastès : qu'importe que ce fût en corps ou en esprit ? Il fut converti de la foi de Woden au christianisme par un noble moine, et mourut prêtre à l'autel de Saint-Augustin. »

« C'est vrai... dit Hereward : tout cela est très certain..... et je n'en suis que plus tenu à me rappeler ses paroles, maintenant qu'il est mort et dans un autre monde. Lorsque je comprenais encore à peine ce qu'il voulait dire, il me recommanda de me méfier de la doctrine qui nous jette dans l'erreur, et qu'enseignent de faux prophètes qui l'accréditent par de faux miracles.»

«Ceci, dit Agelastès, n'est que de la superstition. Ton grand-père était un bon et excellent homme, mais il avait l'esprit étroit comme les autres prêtres; et, trompé par leur exemple, il ne voulait ouvrir qu'un petit guichet dans la grande porte de la vérité, et n'y admettre le monde que sur cette base rétrécie. Vois-tu, Hereward, ton grand-père et plusieurs ecclésiastiques auraient voulu rapetisser notre intelligence à la considération seule des parties du monde immatériel, essentielles pour notre direction morale ici-bas et notre salut à venir; mais il n'en est pas moins vrai que l'homme a la liberté, pourvu qu'il ait de la sagesse et du courage, d'entrer en relation avec des êtres plus puissans que lui, qui peuvent défier les bornes de l'espace dans lesquelles il est circonscrit, et surmonter par leur puissance métaphysique des difficultés que les timides et les ignorans peuvent regarder comme extravagant et impossible de chercher à vaincre.»

«Vous parlez d'une folie, dit Hereward, que l'enfance écoute bouche béante et l'âge mûr en souriant de pitié.»

«Au contraire, dit le sage, je parle d'un désir ardent que chaque homme ressent au fond de son cœur, d'entrer en communication avec des êtres plus puissans que lui, et qui ne sont pas naturellement accessibles à nos organes. Crois-moi, Hereward, nous ne porterions pas en nos seins un besoin si vif et si universel s'il n'y eût pas existé un moyen qui, cherché avec constance et avec sagesse, nous permît de le satisfaire. J'en appellerai à ton propre cœur, et je te prouverai, même par un seul mot, que ce que je te dis est la vérité. Tes pensées sont même en ce moment fixées sur un être mort ou absent depuis long-temps, et dont le nom est BERTHA; mille émotions viennent assaillir ton cœur, que dans ton ignorance tu avais cru fermé et replié sur lui-même comme les dépouilles des morts suspendues au dessus d'une tombe!... Tu tressailles et changes de couleur... Je me réjouis de voir à ces signes que la fermeté et le courage indomptable que les hommes s'attribuent ont laissé les avenues du cœur aussi ouvertes que jamais aux affections douces et généreuses, et les ont prémunis contre la crainte, l'incertitude et toute la vile tribu des basses sensations. J'ai offert de t'estimer, et je n'hésite pas à le prouver. Je vais te dire, si tu désires le connaître, le destin de cette Bertha dont tu as conservé le souvenir au fond de ton cœur, en dépit de toi-même, au milieu des fatigues du jour et du repos de la nuit, dans les combats et pendant la trêve, lorsque tu te livrais avec tes compagnons à de nobles amusemens, ou que tu cherchais à t'initier aux beautés de la littérature grecque; et, si tu veux y faire de nouveaux progrès, je puis t'en faciliter aisément les moyens.»

Pendant qu'Agelastès parlait ainsi, le Varangien recouvra jusqu'à un certain point son sang-froid, et répondit, quoique sa voix tremblât un peu :

«Qui tu es, je ne sais... ce que tu me veux, je ne puis le dire... par quels moyens tu es parvenu à savoir des choses qui m'intéressent tant moi, et qui intéressent si peu les autres, je ne le conçois pas; mais ce que je sais, c'est qu'avec intention ou par hasard tu as prononcé un nom qui remue mon cœur dans ses plus profondes retraites : cependant je suis chrétien et Varangien, et jamais je ne manquerai volontairement de fidélité ni à mon Dieu ni à mon prince adoptif. Ce qui doit être fait par des idoles ou de fausses déités doit être une trahison contre la Divinité véritable; et il n'est pas moins certain que tu as laissé briller quelques flèches aux yeux de l'empereur lui-même, quoique les règles de ton engagement te le défendent rigoureusement. Désormais donc, je refuse toute communication avec toi, tant pour le bien que pour le mal. Je suis soldat aux gages de l'empereur; et, quoique je n'affecte pas ce bel étalage de respect et d'obéissance qui sont exigés en tant de cas différens, et par tant de règles différentes, cependant je suis sa défense, et ma hache-d'arme est son garde-du-corps.»

«Personne n'en doute, dit le philosophe; mais n'es-tu pas aussi tenu à une soumission plus grande envers l'acolyte Achille Tatius?»

—«Non : il est mon général d'après l'organisation du service; il s'est toujours montré bon et bienveillant à mon égard et, sauf les priviléges que lui donne son rang, il s'est toujours conduit plutôt en ami qu'en commandant : néanmoins il est serviteur de mon maître tout aussi bien que moi, et je ne regarde pas comme très importante une différence qu'un mot d'un homme peut établir et détruire à son gré. »

— « C'est parler noblement ; et vous-même vous avez à coup sûr droit de passer devant un individu que vous surpassez en courage et en talent militaire. »

— « Excusez-moi si je refuse le compliment que vous m'adressez comme ne me convenant sous aucun rapport. L'empereur choisit ses officiers suivant qu'il leur reconnaît les moyens de le servir comme il désire être servi. Il est probable que je n'y réussirais pas, moi. Je vous ai déjà dit que je dois à mon empereur mon obéissance, mon respect, mes services, et il ne me semble pas nécessaire d'entrer d'en d'autres explications. »

— « Homme singulier ! n'y a-t-il donc rien qui puisse t'émouvoir que les choses qui te sont étrangères ? Le nom de ton empereur et de ton commandant n'ont aucun pouvoir sur toi, et celui même de la femme que tu as aimée... »

Ici le Varangien l'interrompit.

« Je crois, dit-il, d'après les mots que tu viens de prononcer, que tu as trouvé moyen de faire vibrer les cordes de mon cœur, mais non d'ébranler mes principes. Je ne veux pas causer avec toi sur un sujet qui ne peut t'intéresser. Les nécromanciens, dit-on, exécutent leurs sortiléges au moyen des épithètes que nous donnons au Très-Haut : il ne faut donc pas s'étonner qu'ils emploient les noms des plus pures créatures de la Divinité pour atteindre leur but coupable. Je ne veux pas de pareilles liaisons, aussi honteuses pour les morts peut-être que pour les vivans. Quelle qu'ait été ton intention, vieillard... car ne pense pas que tes paroles aient passé sans que je les remarquasse... sois assuré que j'ai dans le cœur de quoi défier également la séduction des hommes et des démons. »

A ces mots, le soldat se détournant, quitta les ruines du temple après une légère inclination de tête au philosophe.

Agelastès, après le départ du soldat, resta seul, et parut

plongé dans ses réflexions jusqu'à ce qu'il fût tout à coup troublé par l'arrivée, au milieu des ruines, d'Achille Tatius. Le chef des Varangiens ne prit la parole qu'après avoir cherché à lire sur les traits du philosophe quel avait été le résultat de l'entrevue. Il dit alors : «Tu approuves toujours, sage Agelastès, le projet dont nous avons naguère causé ensemble?»

«Oui,» dit Agelastès d'un ton grave et ferme.

«Mais, répliqua Achille Tatius, tu n'as point gagné à notre parti ce soldat dont le sang-froid et le courage nous serviraient mieux, à l'heure du danger, que les bras de mille lâches esclaves?»

—«Je n'ai pas réussi.»

—«Et tu ne rougis pas de l'avouer, toi le plus sage de ceux qui encore prétendent à la sagesse grecque, le plus habile de ceux qui assurent encore que la puissance qu'ils doivent à des mots, à des signes, à des noms, à des amulettes et à des charmes excèdent la sphère à laquelle ils appartiennent par leur qualité d'hommes, tu as échoué dans ton art de la persuasion, comme un enfant qui dans une dispute se laisse battre par son précepteur? Honte, honte à toi, qui ne peux soutenir par des argumens la réputation dont tu voudrais te parer!»

—«Silence! je n'ai encore rien obtenu, il est vrai, sur cet homme obstiné et inflexible; mais, Achille Tatius, je n'ai rien perdu. Nous en sommes tous deux où nous en étions hier, avec cet avantage pour ma part, que je suis parvenu à l'intéresser relativement à un objet dont il ne pourra jamais bannir la pensée de son esprit, et il sera forcé de recourir à moi pour en apprendre davantage à ce sujet... Mais laissons pour un instant ce singulier personnage de côté; sois cependant convaincu que, quoique la flatterie, l'argent et l'ambition puissent ne pas réussir à le gagner, il nous reste encore à employer un appât qui le forcera à se dévouer aussi complétement à nous qu'aucun de ceux qui sont liés par notre contrat mystique et inviolable. Dis-moi donc comment vont les affaires de l'empire. Est-ce que cette marée de soldats latins, qui a si étrangement surgi au milieu des flots, bat encore les rivages du Bosphore? Est-ce qu'Alexis conserve encore l'espoir de diminuer leur nombre et de diviser leurs forces, qu'il ne peut espérer qu'en vain de braver?»

— «Nous avons obtenu quelques nouveaux renseignemens il n'y a encore que peu d'heures. Bohémond est venu en ville avec six ou huit chevau-légers, et sous une espèce de déguisement. Si l'on considère combien il avait été souvent l'ennemi de l'empereur, cette démarche était périlleuse. Mais quand est-ce que ces Francs reculent à cause du péril? L'empereur s'est aperçu tout d'abord que le comte était venu voir ce qu'il pourrait obtenir en se présentant comme le premier objet de sa libéralité, et en offrant ses services comme médiateur entre Godefroy de Bouillon et les autres princes de la croisade.»

— «C'est une espèce de politique par laquelle il voudrait se concilier les bonnes graces de l'empereur.»

Achille Tatius continua: «Le comte Bohémond fut découvert à la cour impériale comme par accident, et accueilli avec des preuves d'estime des marques de faveur qu'on n'avait pas encore crues dignes d'un personnage quelconque de race française. On ne parla ni des vieilles inimitiés ni des anciennes guerres; on ne vit pas en Bohémond l'ancien usurpateur d'Antioche, le guerrier qui empiétait sur l'empire; mais des actions de grace furent de toutes parts rendues au ciel, qui avait envoyé un fidèle allié au secours de l'empereur dans un moment de danger si imminent.»

— «Et que dit Bohémond?»

— «Peu de chose, ou rien plutôt, avant qu'une somme considérable d'or, comme je l'ai appris par l'esclave du palais Naries, ne lui eût été abandonnée. On convint ensuite de lui céder d'immenses provinces et de lui accorder d'autres avantages, à condition qu'il agirait en cette occasion comme l'ami dévoué de l'empire et du souverain. Telle fut la munificence de l'empereur à l'égard du Barbare avide, qu'on le fit entrer, comme par hasard, dans une chambre du palais où l'on avait eu soin d'étaler en grande quantité des étoffes de soie, des bijoux d'or et d'argent, et d'autres objets de grande valeur. Comme le Franc rapace ne pouvait retenir ses cris d'admiration, on lui assura que tous les trésors contenus dans la chambre lui appartiendraient, pourvu qu'il consentît à y voir une preuve de l'affection et de la sincérité de son allié impérial envers ses amis... En conséquence, toutes ces richesses furent envoyées à la tente du chef normand. Par de telles façons d'agir, l'empereur se rendra maître de Bohémond, corps et âme; car les Francs eux-mêmes disent qu'il est étrange de voir un homme d'un courage intrépide et d'une haute ambition si infecté néanmoins de cupidité, vice qu'ils appellent bas et contre nature.

— «Bohémond est donc à l'empereur à la vie et à la mort... toujours, du moins, jusqu'à ce que le souvenir de la munificence impériale soit effacé par une plus grande générosité. Alexis, fier comme il l'est naturellement d'avoir su se concilier un chef de tant d'importance, ne manquera point d'espérer que ses conseils décideront la plupart des autres croisés, et même Godefroy de Bouillon, à prêter à l'empereur un serment de fidélité et de soumission auquel le dernier noble d'entre eux, sans le but sacré de la guerre qu'ils ont entreprise, ne se soumettrait pas, fût-ce pour devenir possesseur d'une province. Restons-en donc ici: quelque jour, nous apprendrons ce que nous avons à faire. Sitôt découverts, notre ruine serait certaine.»

— «Ne nous reverrons-nous donc pas ce soir?»

— «Non, à moins que nous ne soyons invités à cette sotte comédie, à ces lectures que vous savez; et alors nous nous verrons comme des joujoux dans la main d'une femme ridicule, fille dépouillée d'un père faible.»

Tatius prit alors congé du philosophe; et, comme s'ils eussent craint d'être vus dans la compagnie l'un de l'autre, ils quittèrent le lieu solitaire de leur rendez-vous par des chemins différens. Le Varangien Hereward reçut bientôt après, de son supérieur même, avis qu'il n'aurait pas à l'accompagner le soir, comme d'abord il en avait reçu l'ordre.

Achille s'interrompit alors un moment, puis ajouta: «Tu as sur les lèvres quelque chose que tu voudrais me dire, et que néanmoins tu hésites à exprimer.»

«Voici seulement ce que c'est, répondit le soldat: J'ai eu une entrevue avec l'homme qu'on appelle Agelastès; et il me semble si différent de ce qu'il paraissait être la dernière fois que nous causions de lui, que je ne puis m'empêcher de vous redire ce que j'ai vu. Ce n'est pas un plaisant insignifiant, dont le seul but est de faire rire à ses dépens ou à ceux des autres ; c'est un homme à profondes pensées et à grands projets, qui, pour telle ou telle raison, cherche à se concilier des amis et à se faire un parti. Votre propre sagesse vous apprendra à vous garder de lui.»

«Tu es un honnête garçon, mon pauvre Hereward, dit Achille Tatius avec une affectation de bonne humeur et de dédain. Les gens tels qu'Algelastès lancent souvent leurs plus rudes plaisanteries sous les formes les plus graves et les plus sévères : ils prétendront à une puissance illimitée sur les élémens et sur les esprits élémentaires; ils auront soin de se procurer des noms et des anecdotes bien connues de ceux qu'ils veulent plaisanter ; et les personnes qui les écouteront ne feront, suivant l'expression du divin Homère, que s'exposer à un torrent de rire inextinguible. Je l'ai souvent vu choisir la plus sotte et la plus ignorante des personnes de la compagnie, et lui soutenir, pour amuser les autres, qu'il peut faire paraître les absens, rapprocher les gens éloignés, et donner aux morts eux-mêmes la faculté de briser les entraves de la tombe. Prends garde, Hereward, que ses artifices ne fassent tache à la réputation d'un de mes braves Varangiens.

— «Il n'y a pas de danger. On ne me trouvera pas souvent en société avec cet homme. S'il plaisante sur un sujet dont il m'a lâché quelques mots, il n'est que trop vraisemblable que je lui apprendrai d'une rude manière à parler sérieusement. Et si ce n'est pas pour rire qu'il prétend à la puissance mystique, nous, en l'écoutant, nous ferions, comme le croyait mon grand-père Kenelm, insulte aux morts dont le nom sort de la bouche d'un devin ou d'un enchanteur impie. Je n'approche donc plus de cet Agelastès, qu'il soit sorcier ou imposteur.»

— «Vous ne m'entendez pas ; le sens de mes paroles vous échappe : Agelastès est un homme qui peut vous apprendre bien des choses, s'il lui plaît de causer avec vous.... toujours en vous tenant hors de la portée de ces prétendus arts secrets qu'il n'emploiera que pour vous tourner en ridicule.» Sur ces mots, qu'il aurait été peut-être difficile de concilier, l'officier et le soldat se quittèrent.

CHAPITRE IX

L'Hommage.

> Entre la gorge écumante du torrent blanchissant,
> l'artiste habile élève soudain un mont. A l'aide de
> niveaux, subdivisant leur force, il dérobe les eaux
> à leur lit rocailleux, pour diminuer celles qu'il veut
> dompter; puis il ouvre au reste une route facile à
> suivre, et pénible à quitter, conduisant vers le but
> auquel il voulait arriver.
>
> *L'Ingénieur.*

Il aurait été facile à Alexis, en avouant tout haut ses soupçons, ou en ne réfléchissant pas avec soin à la manière dont il devait prendre cette invasion tumultueuse des nations européennes dans son empire, de réveiller soudain le souvenir des griefs nombreux, mais oubliés, dont elles avaient à se plaindre; et une semblable catastrophe n'aurait pas été moins certaine, s'il avait tout d'abord renoncé à toute idée de résistance, et mis toutes ses espérances de salut dans sa résignation à livrer aux multitudes venues d'Occident tout ce qu'elles jugeraient convenable de prendre. L'empereur prit un juste milieu; et indubitablement, vu la faiblesse de l'empire grec, c'était le seul parti qui pût à la fois le mettre hors de tout danger, et lui donner un grand degré d'importance aux yeux des Francs qui envahissaient ses états, et à ceux de ses propres sujets. Mais les moyens qu'il employa furent de différentes espèces, et, plutôt par politique que par inclination, entachés souvent de fausseté et de bassesse : d'où il suit que les mesures de l'empereur ressemblaient aux ruses du serpent qui se cache sous les herbes, afin de piquer insidieusement ceux qu'il craint d'approcher, comme le lion hardi et généreux. Cependant nous n'avons pas dessein d'écrire l'histoire des croisades, et ce que nous avons déjà dit des précautions prises par l'empereur dès la première apparition de Godefroy de Bouillon peut suffire pour l'éclaircissement de notre récit.

Quatre semaines environ s'étaient écoulées, marquées par

CHAPITRE IX.

des querelles et des réconciliations entre les croisés et les Grecs de l'Empire. Les croisés étaient, suivant la politique d'Alexis, reçus parfois et individuellement avec un extrême honneur, et leurs chefs étaient accablés d'égards et de faveurs, tandis que, de temps à autre, ceux de leurs détachemens qui cherchaient à gagner la capitale par des chemins de traverse et des routes détournées, étaient interceptés et taillés en pièces par des troupes armées à la légère qui passaient aisément, aux yeux de leurs adversaires ignorans, pour des Turcs, des Scythes, ou d'autres infidèles, et qui en étaient quelquefois réellement, mais au service de l'empereur grec. Souvent aussi il arrivait que, tandis que les plus puissans chefs de la croisade étaient régalés par l'empereur et ses ministres des plus somptueux festins; tandis qu'on apaisait leur soif avec des vins glacés, leurs soldats étaient retenus à certaine distance : on leur fournissait avec intention des farines corrompues, des provisions gâtées et de mauvaise eau. Aussi contractèrent-ils des maladies, et un grand nombre d'entre eux moururent sans avoir même mis le pied en Terre-Sainte, lorsque, pour la conquérir, ils avaient renoncé à la paix, au repos et aux champs de leur pays natal. Ces agressions ne manquèrent pas d'exciter des plaintes. La plupart des chefs croisés accusèrent leurs alliés de mauvaise foi, attribuèrent les pertes que souffraient leurs armées aux maux que leur infligeaient à dessein les Grecs, et, en plus d'une occasion, les deux nations se trouvèrent disposées de telle sorte l'une à l'égard de l'autre, qu'une guerre générale semblait inévitable.

Toutefois, Alexis, quoique obligé de recourir à toutes sortes de ruses, gardait sa position et faisait toujours la paix avec les plus puissans chefs, sous un prétexte ou sous un autre. Les pertes réelles que le glaive faisait éprouver aux croisés, il s'en excusait en disant qu'ils avaient attaqué les premiers ; si le guide les égarait, c'était l'effet du hasard ou de leur témérité; les maladies que leur causait la mauvaise qualité des provisions, il les attribuait à leur avidité des fruits verts et du vin nouveau : bref, il n'y avait pas de désastre, de quelque genre qu'il pût être, qui arrivât aux malheureux pèlerins, sans que l'empereur ne fût prêt à prouver que c'était la conséquence naturelle de leur caractère violent, de leur conduite téméraire, ou de leur précipitation hostile.

Les chefs, qui n'ignoraient pas leurs forces, n'auraient probablement pas souffert avec tant de résignation les insultes d'une puissance si inférieure à la leur, s'ils ne se fussent fait des idées extravagantes des richesses de l'empire d'Orient qu'Alexis semblait disposé à partager avec eux avec un excès de bonté aussi nouveau pour les chefs, que les riches productions de l'Orient étaient tentantes pour leurs soldats.

Les nobles français auraient peut-être été les plus difficiles à contenir lorsque des altercations s'élevèrent, mais un accident, que l'empereur aurait pu appeler une faveur de la Providence, réduisit le fier comte de Vermandois au rôle de suppliant, lorsqu'il s'attendait à n'avoir que des ordres à donner. Une tempête furieuse assaillit la flotte, comme il quittait les rivages italiens, et ses vaisseaux furent jetés sur les côtes de la Grèce. Il en perdit même plusieurs, et ceux de ses soldats qui parvinrent à gagner la terre étaient dans un tel état de détresse qu'ils furent obligés de se rendre aux lieutenans d'Alexis; de sorte que le comte de Vermandois, si hautain lorsqu'il s'embarquait pour la croisade, fut envoyé à la cour de Constantinople, non comme prince, mais comme prisonnier. Toutefois l'empereur le mit tout de suite en liberté, ainsi que ses soldats, et les combla tous de présens.

Aussi reconnaissant des attentions qu'Alexis ne cessait de lui prodiguer, le comte Hugues se trouvait, par gratitude autant que par intérêt, disposé à partager l'opinion de ceux qui, par d'autres motifs, désiraient le maintien de la paix entre les croisés et l'empire grec. Un principe plus honorable détermina le célèbre Godefroy, Raymond de Toulouse, et plusieurs autres chez qui la dévotion était quelque chose de plus qu'un simple élan de fanatisme. Ces princes considérèrent quel scandale rejaillirait sur toute leur expédition, si le premier de leurs exploits était une guerre contre l'empire grec, qu'on pouvait appeler à juste titre la barrière de la chrétienté. S'il était faible, et en même temps riche; si en même temps, il invitait à la rapine, et était incapable de s'en garantir, il était d'autant plus de leur intérêt et de leur devoir, comme soldats chrétiens, de protéger un état chrétien aussi, dont l'existence était de si grande importance pour la cause commune, lors même qu'il ne pourrait se défendre lui-même. Ces hommes loyaux désiraient donc recevoir les protestations d'amitié de l'empereur avec des preuves assez sincères de dévouement, et lui rendre assez sa bienveillance avec usure, pour le convaincre que leurs intentions à son égard étaient sous tous les rapports justes et honorables, et qu'il avait intérêt à s'abstenir de tout traitement injurieux qui pourrait les disposer ou les contraindre à changer de conduite envers lui.

Ce fut dans cet esprit d'accommodement à l'égard d'Alexis, qui, par une intimité de raisons différentes, avait jusqu'alors animé la plupart des croisés, que les chefs consentirent à une mesure qu'ils auraient probablement rejetée en d'autres circonstances, comme non exigible par les Grecs et comme déshonorante pour eux-mêmes. C'était la fameuse résolution qu'avant de traverser le Bosphore pour aller chercher cette Palestine qu'ils avaient fait vœu de reconquérir, chaque chef des croisés reconnaîtrait individuellement l'empereur grec, originairement maître de ces contrées, pour son seigneur et suzerain.

L'empereur Alexis, transporté de joie, vit les croisés arriver d'eux-mêmes à un but où il avait espéré les amener par intérêt plutôt que par raisonnement, quoiqu'on aurait pu dire bien des choses pour démontrer que les provinces reconquises sur les Turcs ou les Sarrasins, une fois arrachées aux infidèles, devaient être réunies à l'empire grec dont elles avaient été séparées sans autre prétexte que la violence.

Quoique craignant, quoique désespérant de ne pouvoir gouverner cette armée grossière et peu d'accord de chefs hautains, qui étaient tout-à-fait indépendans les uns des autres, Alexis ne manqua pas de s'emparer avec empressement et adresse de la déclaration de Godefroy et de ses compagnons, que l'empereur avait droit à l'allégeance de tous ceux qui combattraient en Palestine, et qu'il était seigneur et suzerain naturel de toutes les conquêtes qui seraient faites dans le cours de l'expédition. Il résolut de rendre cette cérémonie tellement publique, et de frapper les esprits par tant de pompe et de magnificence impériale, qu'elle ne pût ni manquer d'exciter l'attention ni être facilement oubliée.

Une grande terrasse, ou plutôt un des nombreux terrains vides qui s'étendent le long des côtes de la Propontide fut choisi pour le théâtre de cette magnifique cérémonie. On y éleva un trône superbe, destiné à la personne de l'empereur seul. Dans cette occasion, en ne laissant placer aucun autre siége dans l'enceinte, les Grecs s'efforcèrent de maintenir un point d'étiquette particulièrement cher à leur vanité, savoir, qu'aucun des assistans ne fût assis à l'exception de l'empereur. Autour du trône d'Alexis Comnène étaient rangés, mais debout, les différens dignitaires de cette cour splendide, suivant leurs différentes fonctions, depuis le protosébastos et le César, jusqu'au patriarche revêtu de ses ornemens pontificaux, et Agelastès qui, portant un simple costume, n'avait pu se dispenser d'y assister. Derrière, et autour de la cour brillante de l'empereur, se trouvaient, sur plusieurs lignes sombres, les exilés anglo-saxons. En ce jour mémorable, et à leur propre demande, ils ne portaient pas de cuirasses d'argent, mode d'une cour frivole, mais ils étaient couverts de mailles et d'acier. Ils désiraient, disaient-ils, se faire connaître comme guerriers à des guerriers. Cette permission leur fut d'autant plus aisément accordée, qu'on ne pouvait savoir si une bagatelle ne viendrait pas rompre la bonne intelligence entre des gens si irritables que ceux qui étaient alors assemblés.

Derrière les Varangiens, et en beaucoup plus grand nombre, étaient rangées les bandes grecques ou romaines, alors connues sous le titre d'*Immortels*, que les Romains avaient originairement tirées de l'empire de Perse. La taille majestueuse, les hauts cimiers et le splendide uniforme de ces gardes auraient donné aux princes étrangers présens une plus plus haute idée de leur courage, si l'on n'avait remarqué dans leurs rangs une grande propension à causer et à remuer, qui formait un contraste frappant avec l'immobilité parfaite et le silence de mort qu'observaient les Varangiens bien disciplinés qui se tenaient à la parade comme des statues de fer.

faut donc que le lecteur se représente le trône dans toute

la pompe de la grandeur orientale, entouré des troupes étrangères et romaines de l'empire, derrière lequel s'agitaient des masses de cavalerie qui changeaient sans cesse de place, de manière à donner idée de leur multitude, sans qu'on pût évaluer exactement leur nombre. Au milieu de la poussière qu'ils soulevaient par ces évolutions, on apercevait des bannières et des étendards, parmi lesquels on pouvait distinguer par intervalle le célèbre *labarum*, gage de victoire pour les troupes impériales, mais dont l'efficacité sacrée s'est trouvée un peu en défaut dans les derniers temps. Les grossiers soldats de l'Occident qui voyaient l'armée grecque prétendaient que les étendards déployés sur le front de leurs lignes auraient au moins suffi à dix fois autant de soldats.

Au loin, sur la droite, la vue d'un corps très considérable de cavalerie européenne, rangé le long de la mer, indiquait la présence des croisés. Si grand était le désir de suivre l'exemple des principaux princes, ducs et comtes, pour prêter l'hommage convenu, que le nombre des chevaliers et des nobles indépendans qui devaient accomplir cette cérémonie parut immense lorsqu'ils furent tous assemblés à cet effet; car tout croisé qui possédait une tour ou qui commandait à six lances, aurait cru qu'on aurait manqué à sa dignité si on ne l'eût pas appelé à reconnaître l'empereur grec, et à tenir de son trône les terres qu'il devait conquérir, tout aussi bien que Godefroy de Bouillon ou Hugues-le-Grand, comte de Vermandois; et pourtant, étrange inconséquence! quoiqu'ils s'empressassent de rendre cet hommage, parce qu'il était rendu par de plus grands personnages qu'eux-mêmes, ils semblaient désirer en même temps de trouver quelque moyen de faire sentir qu'ils regardaient comme une dégradation l'hommage qu'ils rendaient, et qu'en fait toute cette solennité ne leur paraissait qu'une futile parade.

L'ordre du cortége avait été ainsi réglé : les croisés, ou, comme les Grecs les appelaient, les comtes, attendu que ce titre était le plus commun parmi eux, devaient avancer par la gauche de leur corps, défiler devant l'empereur un à un, et prêter tous en passant, en aussi peu de mots que possible, l'hommage qui avait été convenu. Godefroy de Bouillon, son frère Baudouin, Bohémond d'Antioche, et plusieurs autres croisés de distinction, furent les premiers à accomplir le cérémonial, mettant pied à terre après avoir prononcé eux-mêmes la formule de serment, et restant près du trône de l'empereur, pour empêcher, par la crainte qu'inspirait leur présence, qu'aucun de leurs nombreux compagnons ne se rendît coupable d'insolence ou de présomption durant la solennité. D'autres croisés, de rang inférieur, conservèrent aussi leurs places près de l'empereur, quand ils les eurent occupées, soit par pure curiosité, soit pour montrer qu'ils étaient aussi libres d'agir que les supérieurs qui s'arrogeaient ce privilége.

Ainsi deux grands corps de troupes, grecques et européennes, étaient stationnés à quelque distance l'un de l'autre sur les rives du Bosphore, différant de langage, d'armes et de costumes. Les petites troupes de cavalerie qui de temps à autre se détachaient de ces corps ressemblaient aux sillonnemens des éclairs qui passent de l'un à l'autre de deux nuages chargés de tonnerre, se communiquant au moyen de ces émissaires les élémens de foudre dont ils sont surchargés. Après une courte halte sur les bords du Bosphore, les Francs qui avaient rendu hommage se dirigèrent à la débandade vers un quai sur le rivage, où d'innombrables galères et des bâtimens plus petits, disposés tout exprès, voiles au vent et rames à l'eau, attendaient les guerriers pèlerins pour les transporter de l'autre côté du détroit, et les déposer dans cette Asie qu'ils brûlaient si ardemment de visiter, et d'où un si petit nombre d'entre eux devait probablement revenir. L'extérieur splendide des vaisseaux qui allaient les recevoir, la promptitude qu'on mettait à leur servir des rafraîchissemens, le peu d'étendue du détroit qu'ils avaient à traverser, le commencement prochain de ce service actif qu'ils avaient fait vœu et qu'ils brûlaient de remplir, tout inspirait la gaîté à ces guerriers, et les chansons, les instrumens de musique se mêlaient au bruit des rames qui commençaient à frapper l'eau.

Tandis que telles étaient les dispositions des croisés, l'empereur grec faisait de son mieux durant toute la cérémonie pour imprimer à la multitude armée la plus haute idée de sa propre grandeur et de l'importance du motif qui les avait tous réunis. Les principaux chefs s'y prêtèrent aisément; les uns, parce que leur cupidité avait été satisfaite; les autres, parce que leur ambition avait été enflammée, et peu, très peu, parce que rester en paix avec Alexis était le moyen le plus probable d'amener à bonne fin leur expédition. En conséquence les grands seigneurs, par ces différens motifs, se soumirent à un acte d'humilité qui peut-être n'était guère de leur goût, et s'abstinrent soigneusement de tout ce qui aurait pu, dans cette fête solennelle, offenser les gens; mais il y en eut beaucoup dont les dispositions furent moins pacifiques.

Dans le grand nombre de comtes, de seigneurs et de chevaliers, sous les différentes bannières desquels les croisés avaient été conduits vers les murs de Constantinople, beaucoup étaient trop insignifians pour qu'on jugeât nécessaire d'acheter leur bonne volonté pour cet acte déshonorant de soumission; et ces derniers, quoique jugeant qu'il était dangereux de s'y refuser, mêlèrent aux termes de leur prestation d'hommage des bravades, des sarcasmes et de telles contraventions aux lois de la bienséance, qu'il était patent que la démarche qu'ils faisaient ne leur inspirait que ressentiment et mépris; ils pensaient que se déclarer vassaux d'un prince hérétique, limité dans l'exercice de son pouvoir si vanté, leur ennemi quand il osait l'être, et l'ami de ceux-là seulement qui parmi eux étaient capables de l'y contraindre, et qui, quoique allié obséquieux de ceux-ci, était pour les autres, quand l'occasion s'en présentait, un ennemi insidieux et cruel.

Les nobles, qui étaient Francs d'origine et de naissance, se faisaient principalement remarquer par leur dédain présomptueux pour toutes les autres nations qui avaient pris part à la croisade, aussi bien que pour leur valeur intrépide et pour le mépris qu'ils affectaient à l'égard de la puissance et de l'autorité de l'empire grec. On disait en proverbe parmi eux, que «si le ciel tombait, les croisés francs seraient seuls en état de le soutenir avec leurs lances.» La même propension à la fierté et à l'arrogance se manifestait de temps à autre par des querelles avec leurs hôtes involontaires; et les Grecs, malgré tous leurs artifices, se trouvaient souvent avoir le dessous: de sorte qu'Alexis était déterminé, quoiqu'il en coûtât, à se débarrasser de ces alliés hautains et intraitables, en leur faisant traverser le Bosphore avec autant de diligence que possible. Afin d'y mieux réussir, il profita de la présence du comte de Vermandois, de Godefroy de Bouillon et d'autres chefs qui jouissaient d'une grande influence pour maintenir l'ordre parmi les chevaliers francs de rang inférieur, qui étaient si nombreux et si indociles.

Luttant contre un sentiment d'orgueil offensé que comprimait une prudente appréhension, l'empereur s'efforça de recevoir avec un air de satisfaction l'hommage qu'on ne lui rendait qu'avec une espèce de moquerie. Il se passa peu de temps avant qu'un incident vînt caractériser d'une façon extraordinaire deux nations si singulièrement réunies, malgré la différence des opinions et des sentimens. Plusieurs troupes de Français avaient défilé, comme en parade, devant le trône de l'empereur, et prêté avec quelque apparence de gravité l'hommage ordinaire. Ils s'étaient tous agenouillés devant Alexis, avaient mis leurs mains dans les siennes, et accompli dans cette posture la cérémonie de soumission féodale; mais quand vint le tour de Bohémond d'Antioche, dont nous avons déjà parlé, l'empereur, voulant témoigner de plus grands égards à ce prince rusé, jadis son ennemi, et maintenant son allié apparent, s'avança de deux ou trois pas vers la mer, du côté où les vaisseaux semblaient attendre les croisés.

La distance que parcourut l'empereur était fort petite, et l'on regarda ce fait comme une marque de déférence qu'il donnait à Bohémond; mais ce fut le prétexte d'un affront sanglant pour Alexis, affront que ses gardes et ses sujets ressentirent vivement comme une insulte faite avec intention. Une dizaine de cavaliers, formant la suite du comte français qui devait rendre hommage après Bohémond, avec leur seigneur en tête, partirent au grand galop du flanc droit des escadrons francs, et, arrivant en face du trône, qui était encore vide, s'y arrêtèrent soudain. Le chef du petit détachement était un homme à taille d'Hercule, à figure sévère et décidée, quoique extrêmement belle, avec de longs cheveux noirs et épais : il portait sur la tête une barrette, tandis que ses mains, ses membres et ses pieds étaient recouverts de peau de chamois, et par dessus il avait ordinairement l'armure pesante et complète de son pays : cependant il l'avait quittée pour être plus à son aise, quoiqu'en le faisant, il

CHAPITRE IX.

violât complétement le cérémonial à observer dans une occasion si importante. Il n'attendit pas un moment le retour de l'empereur, ne s'inquiéta point de l'inconvenance qu'il y avait à obliger Alexis de revenir à pas précipités vers son trône, mais sauta en bas de son gigantesque coursier, et en lâcha les rênes, qui furent aussitôt saisies par un des pages qui le suivaient. Sans un moment d'hésitation, le Franc s'assit sur le trône vacant de l'empereur, et, étendant son corps robuste et à demi armé sur les coussins dorés destinés à Alexis, il se mit à caresser nonchalamment un grand chien-loup qui l'avait suivi, et qui, se sentant aussi peu gêné que son maître, se coucha sur les tapis de soie et les damas brochés d'or qui tapissaient l'estrade du trône impérial. Le chien lui-même s'y allongea d'un air d'insolence hardie et féroce, et parut n'avoir de respect pour personne au monde que pour le farouche chevalier qui s'appelait son maître.

L'empereur, revenant sur ses pas après la courte excursion qu'il avait faite pour accompagner Bohémond, comme marque spéciale de faveur, vit avec étonnement son siége occupé par l'insolent Français. Les bandes des Varangiens à demi-sauvages, qui étaient stationnées à l'entour, n'auraient pas hésité un instant à punir cette insulte, en renversant du trône de leur maître l'audacieux qui n'avait pas craint de s'y asseoir, s'ils n'eussent été retenus par Achille Tatius et par d'autres officiers qui ne savaient pas ce que l'empereur ferait, et qui n'osaient guère prendre eux-mêmes une résolution.

Cependant le chevalier peu cérémonieux parla à haute voix, et, malgré son accent provincial, ses paroles purent être comprises de tous ceux qui savaient la langue anglaise, tandis que ceux-mêmes qui ne l'entendaient pas purent en deviner le sens au ton et aux gestes dont il l'accompagnait. «Quel est le manant, dit-il, qui est resté paisiblement assis comme un bloc de bois ou un fragment de rocher, lorsque tant de nobles chevaliers, la fleur de la chevalerie et le modèle de la valeur, se tiennent découverts et debout au milieu des Varangiens trois fois vaincus?»

Une voix distincte et sonore, paraissant sortir du sein de la terre, tant ses accens semblaient appartenir à un être de l'autre monde, répliqua : «Si les Normands désirent combattre les Varangiens, ils peuvent les rencontrer dans la lice homme contre homme, sans la pauvre fanfaronnade d'insulter l'empereur de la Grèce, qui, comme on sait, ne se bat qu'au moyen des haches-d'armes de ses gardes.»

La surprise fut si grande lorsqu'on entendit cette réponse, qu'elle se communiqua jusqu'au chevalier qui l'avait provoquée par son insulte envers l'empereur; et, au milieu des efforts d'Achille Tatius pour retenir ses soldats dans les bornes de la subordination et du silence, de hauts murmures semblaient annoncer qu'ils n'y resteraient pas long-temps. Bohémond revint à travers la foule avec une rapidité qui ne convenait pas aussi bien à la dignité d'Alexis, et, prenant le croisé par le bras, il l'obligea, en recourant tout à la fois à la force et à la douceur, à quitter le trône de l'empereur, où il s'était placé si hardiment.

«Comment, noble comte de Paris! s'écria-t-il, y a-t-il quelqu'un dans cette grande assemblée qui puisse souffrir avec patience que votre nom, tant illustré par votre valeur, soit aujourd'hui cité dans une sotte querelle avec des mercenaires dont le plus grand mérite est de porter une hache à gages dans les rangs des gardes de l'empereur? Fi! fi donc!... ne permettez pas, pour l'honneur de la chevalerie normande, qu'il en soit ainsi.»

«Je n'en sais rien, répliqua le croisé en se levant avec répugnance... Je ne suis pas très exigeant sur le degré de noblesse de mon adversaire lorsqu'il se comporte dans le combat en homme courageux et déterminé. Je vous dis que je suis accommodant, comte Bohémond; et Turc, Tartare ou Anglo-Saxon errant, qui n'échappe aux chaînes des Normands que pour se faire esclave des Grecs, est également bien venu à aiguiser sa lance contre mon armure, s'il désire s'acquitter de cet emploi honorable.»

L'empereur avait entendu ce qui se passait, et l'avait entendu avec une indignation mêlée de crainte; car il s'imaginait que tous ses plans de politique allaient être soudain renversés par un complot prémédité pour lui faire un affront personnel, et sans doute pour attaquer sa personne. Il allait crier aux armes! lorsque, jetant les yeux sur le flanc droit des croisés, il vit que tout y demeurait tranquille depuis que le baron français en était parti. Il résolut donc aussitôt de ne pas faire attention à cette insulte, et de la regarder comme une des grosses plaisanteries des Francs, puisque aucune troupe n'indiquait en avançant qu'il y eût un véritable projet d'attaque.

Arrêtant, avec la rapidité de la pensée, la conduite qu'il avait à tenir, il rentra sous son dais, et se tint debout devant le trône, dont cependant il aima mieux ne pas reprendre tout de suite possession, dans la crainte de donner à l'insolent étranger un prétexte de venir encore le lui disputer.

« Quel est ce hardi ravisseur, dit-il au comte de Baudouin, que j'aurais dû, à ce qu'il semble d'après son air de dignité, recevoir assis sur mon trône, et qui juge bon de revendiquer ainsi les prérogatives de son rang? »

« Il passe pour un des plus braves de notre armée, répondit Baudouin, quoique les braves y soient aussi nombreux que les grains de sable au bord de la mer. Il vous dira lui-même son nom et son rang. »

Alexis regarda le ravisseur. Il ne vit rien dans ses traits imposans et fiers, enflammés par une teinte du vif enthousiasme qui brillait dans ses yeux, rien qui annonçât une insulte préméditée, et il fut tenté de croire que ce qui venait d'arriver si contrairement à l'étiquette et au cérémonial de la cour grecque n'était ni un affront fait avec intention, ni un prétexte pour occasioner une querelle. Il parla donc à l'étranger avec une espèce d'aisance, lorsqu'il lui adressa ainsi la parole : « Nous ne savons quel honorable nom vous donner; mais nous avons appris du comte Baudouin que nous avions l'honneur d'avoir en notre présence un des plus braves chevaliers que le sentiment des outrages faits à la Terre-Sainte a amenés ici pour passer ensuite en Palestine, afin de l'arracher à l'esclavage. »

« Si c'est mon nom que vous me demandez, répliqua le chevalier européen, le premier venu de tous ces pèlerins peut aisément vous satisfaire, et de meilleure grace que je ne le pourrais moi-même, puisque nous avons coutume de dire dans notre pays qu'en prononçant un nom hors de propos, on a empêché bien des querelles de se vider, parce que des hommes qui auraient combattu avec la crainte de Dieu devant ses yeux, sont forcés, quand leurs noms sont proclamés, de reconnaître entre eux une parenté spirituelle qui les unit comme parrains, filleuls et compères, ou quelque autre lien d'amitié également indissoluble; tandis que, s'ils s'étaient battus d'abord, et qu'ils eussent dit leurs noms ensuite, ils auraient pu avoir quelque assurance réciproque de leur valeur, et regarder l'espèce de parenté qui les unit comme un honneur pour l'un et pour l'autre. »

« Encore, dit l'empereur, faudrait-il que je susse, ce me semble, si vous qui, au milieu de cette multitude extraordinaire de chevaliers, paraissez réclamer un droit de préséance, devez être désigné par le titre de roi ou de prince? »

« Comment dites-vous cela? reprit le Franc, le front couvert d'une espèce de nuage; pensez-vous que je vous aie insulté en avançant ainsi vers vos escadrons? »

Alexis se hâta de répondre qu'il n'avait nul désir d'imputer au comte l'intention d'un affront ou d'une offense; observant que, dans la position critique de l'empire, ce n'était pas le moment pour celui qui tenait le gouvernail des affaires de s'engager sans nécessité dans de futiles querelles.

Le chevalier français l'écouta, et répondit sèchement : « Si tels sont vos sentimens, je m'étonne que vous ayez jamais résidé assez long-temps dans un pays où l'on parle la langue française pour avoir appris à la parler comme vous le faites. J'aurais cru que quelques uns des sentimens de chevalerie de cette nation, puisque vous n'êtes ni moine ni femme, se seraient gravés dans votre cœur, aussi bien que les mots de la langue dans votre mémoire. »

« Paix, sire comte! dit Bohémond, qui demeurait près de l'empereur pour détourner une querelle si imminente. Vous êtes tenu de répondre à l'empereur avec civilité; et ceux qui sont impatiens de se battre ne manqueront pas d'infidèles pour satisfaire leur impatience. Il vous a seulement demandé votre nom et votre lignage, et vous avez, moins que personne, motif de les cacher. »

— « J'ignore quel intérêt y peut prendre ce prince ou cet empereur, comme vous l'appelez; mais tout le compte que je puis rendre de moi-même, le voici : Au milieu d'une des vastes forêts qui occupent le centre de la France, mon pays

CHAPITRE IX.

natal, il est une chapelle tellement enfoncée dans la terre, qu'il semblerait qu'elle soit décrépite de vieillesse. L'image de la sainte Vierge, qui en décore l'autel, est appelée par tout le monde *Notre-Dame des Lances-rompues*, et les environs sont regardés dans tout le royaume comme très célèbres pour les aventures militaires. Quatre grandes routes, correspondant chacune à un des points cardinaux, se croisent devant la principale porte de la chapelle; et de temps à autre, lorsqu'un bon chevalier passe par cet endroit, il s'arrête dans la chapelle pour y faire ces dévotions, après avoir trois fois sonné du cor, de manière à ébranler et à faire retentir les frênes et les chênes de la forêt. Après s'être mis à genoux pour dire sa prière, il arrive rarement qu'il entende la messe de Notre-Dame des Lances-rompues, sans trouver ensuite quelque aventureux chevalier prêt à satisfaire son désir de combattre. J'ai tenu ce poste pendant un mois et plus contre tous venans, et chacun m'a remercié de la noble manière dont je me suis conduit à son égard, à l'exception d'un seul qui eut le malheur de tomber de cheval, et qui se cassa le cou, et d'un autre qui fut si bien pourfendu, que la lance lui sortait du dos de la longueur d'une aune, tout dégouttante de sang. Sauf les accidens qu'on ne peut pas toujours éviter, mes adversaires me quittaient toujours en reconnaissant la politesse dont j'avais usé à leur égard. »

« Je conçois, sire chevalier, dit l'empereur, qu'un guerrier de votre taille, animé du courage qui vous enflamme, doive trouver peu d'égaux, même parmi vos aventureux compatriotes, moins encore parmi des hommes qui ont appris que risquer sa vie dans des querelles déraisonnables, c'est se jouer comme un enfant du don de la Providence. »

« Libre à vous de penser ainsi, répliqua le Franc, d'un ton un peu méprisant; néanmoins je vous assure que, si vous doutez que nos combats se passassent sans le moindre mélange de mauvaise humeur et de colère, et que nous eussions le cœur plus joyeux à chasser le soir le cerf ou le sanglier, qu'à nous acquitter le matin de nos devoirs de chevalerie devant le portail de la vieille chapelle, vous nous faites une criante injustice. »

« Avec les Turcs vous ne jouirez pas de cet aimable

échange de courtoisie, répliqua l'empereur ; c'est pourquoi je vous conseillerai de ne pas aller trop en avant, de ne pas trop rester en arrière, mais de vous tenir près de l'étendard, qui est le but des efforts des plus vaillans infidèles, et où les meilleurs chevaliers sont appelés à les repousser. »

« Par Notre-Dame des Lances-rompues, je ne voudrais pas que les Turcs fussent plus courtois qu'ils ne sont chrétiens, et je suis charmé que les noms d'infidèle et de chien de païen soient ceux qui conviennent aux meilleurs d'entre eux, traîtres qu'ils sont à la fois à leur Dieu et aux lois de la chevalerie ; et j'ai bonne espérance de les rencontrer au premier rang de notre armée, à côté de notre étendard et partout ailleurs, et d'avoir le champ libre pour faire mon devoir contre eux, contre ces ennemis de Notre-Dame et des bienheureux saints, qui, par leurs mauvaises coutumes, sont encore plus particulièrement les miens... Cependant vous avez le temps de vous asseoir et de recevoir mon hommage, et je vous serai obligé d'expédier cette sotte cérémonie en aussi peu de temps qu'il vous sera possible. »

L'empereur se hâta de remonter sur son trône, et reçut dans les siennes les mains nerveuses du croisé, qui prononça la formule de soumission, et se dirigea ensuite vers les vaisseaux, accompagné de Baudouin, qui, paraissant fort charmé de le voir en chemin de se rendre à bord, revint se placer à côté de l'empereur.

« Quel est, dit l'empereur, le nom de cet homme singulier et arrogant ? »

« C'est Robert, comte de Paris, répliqua Baudouin, qui passe pour un des pairs les plus braves qui entourent le trône de France. »

Après un moment de réflexion, Alexis Comnène donna ordre d'interrompre la cérémonie de la journée, craignant peut-être que l'humeur fantasque et insouciante des étrangers n'occasionât quelque nouvelle dispute. Les croisés furent donc, sans en être beaucoup fâchés, reconduits dans les palais où ils avaient été déja accueillis avec hospitalité, et continuèrent, sans se faire prier, le festin qu'ils avaient interrompu, lorsqu'on les avait appelés à la prestation d'hommage. Les trompettes des différens chefs sonnèrent le rappel

CHAPITRE IX.

du peu de soldats qui composaient leur suite, ainsi que des chevaliers et des commandans qui, satisfaits de la manière dont ils étaient traités, et pressentant vaguement que le passage du Bosphore serait le commencement de leurs souffrances réelles, se réjouissaient de demeurer encore sur le rivage.

On n'avait probablement pas l'intention de les y retenir; mais le héros, comme on pourrait l'appeler, de cette journée tumultueuse, Robert, comte de Paris, qui était déjà en route pour s'aller embarquer sur le détroit, changea de résolution dès qu'il entendit l'air du rappel retentir de toutes parts; et, ni Bohémond, ni Godefroy, ni aucun de ceux qui voulurent lui expliquer ce signal, ne purent changer la détermination qu'il venait de prendre, celle de retourner à Constantinople. Il sourit dédaigneusement aux menaces qu'on lui faisait du mécontentement de l'empereur, et parut se promettre un plaisir tout particulier à braver Alexis à sa propre table, ou du moins à penser que rien ne pouvait lui être plus indifférent que d'offenser ou non l'empereur.

Même il fut loin d'avoir pour Godefroy de Bouillon la déférence et le respect qu'il lui montrait ordinairement; et ce prince sage, après avoir épuisé tous les argumens propres à le faire renoncer à sa résolution de revenir dans la ville impériale, au point de s'attirer avec lui une querelle personnelle, l'abandonna enfin à sa propre discrétion, et le désigna en passant au comte de Toulouse comme un chevalier errant des plus fantasques, incapable de se laisser influencer par autre chose que par les caprices de sa folle imagination.

«Il n'amène pas cinq cents hommes à la croisade, dit Godefroy, et j'ose jurer qu'en ce moment même où notre expédition commence réellement, il ne sait pas où sont ces cinq cents hommes, ni comment on a pourvu à leurs besoins. Il y a une éternelle trompette qui sonne la charge à son oreille, et jamais nulle part il ne peut entendre un signal plus pacifique, plus raisonnable. Voyez comme il marche là-bas : véritable emblème d'un franc écolier, quittant son école un jour de fête, et animé moitié par la curiosité, moitié par l'envie de jouer quelque tour!»

«Et cependant, dit Raymond comte de Toulouse, doué

d'une résolution suffisante pour soutenir, dans sa téméraire entreprise, toute l'armée des croisés, le comte Robert est un rodomont si fini, qu'il risquerait plutôt le succès de notre expédition que de manquer une occasion de rencontrer un digne antagoniste en champ clos, ou de perdre, comme il le dit, une chance de rendre hommage à Notre-Dame des Lances-rompues... Quelle est donc la personne qu'il vient de rencontrer, et qui a l'air de suivre la même route, ou plutôt d'errer avec lui, en retournant vers Constantinople?»

—«Un chevalier armé de pied en cap, brillamment équipé.»

«Mais d'une taille un peu moins que chevaleresque, répondit Godefroy. C'est, je suppose, la célèbre dame qui gagna le cœur de Robert dans la lice par une bravoure égale à la sienne; et la pèlerine en robe longue qui les suit peut être leur fille ou leur nièce.»

«Le singulier spectacle, digne chevalier, reprit le comte de Toulouse, que notre temps nous présente! Nous n'avons rien vu de pareil depuis Gaita, femme de Robert Guiscard, qui la première sut se distinguer par des prouesses de courage et rivaliser avec son mari, aussi bien au premier rang de la mêlée que dans la salle de bal ou de banquet.»

«Telle est la coutume de ce couple, très noble chevalier, ajouta un autre croisé qui les avait rejoints; et que le ciel prenne en pitié le pauvre homme qui n'a point le pouvoir de maintenir la paix domestique en usant de sa force!»

«Eh bien! répliqua Raymond, si c'est une réflexion un peu mortifiante de songer que la dame de nos pensées a perdu la fraîcheur de la jeunesse, c'est une consolation de se dire qu'elle sera trop vieille pour nous battre quand nous reviendrons avec le peu de jeunesse ou d'âge mûr qu'une longue croisade nous aura laissés. Mais voyons; suivons la route de Constantinople derrière ce très vaillant chevalier.»

CHAPITRE X.

Le Vieillard.

> C'était un temps bizarre... antipode du nôtre : il y avait des dames qui se voyaient plus souvent dans l'acier brillant du bouclier d'un ennemi que dans un miroir, et qui aimaient mieux se battre sur un champ de bataille que badiner avec un amant et résister à ses douces attaques... Mais quoique la nature fût ainsi outragée, elle savait prendre sa revanche.
>
> *Les Temps féodaux.*

Brenhilda, comtesse de Paris, était une de ces courageuses dames qui se hasardaient volontairement aux premiers rangs des combattans, entraînées par une folie aussi générale que pouvait l'être un usage absolument contre nature, et qui étaient de véritables exemples des Marphise et des Bradamante que les romanciers se plaisaient à dépeindre, en les armant quelquefois d'une cuirasse impénétrable ou d'une lance aux coups de laquelle rien ne pouvait résister, afin de diminuer l'invraisemblance des nombreuses victoires qu'ils accordaient au sexe le plus faible sur la partie masculine du genre humain.

Mais le charme de Brenhilda était d'une nature plus simple, et consistait principalement en sa grande beauté.

Encore jeune fille, elle dédaignait les occupations de son sexe; et ceux qui se hasardaient à rechercher la main de la jeune dame d'Aspremont, nom d'un fief militaire dont elle avait hérité, reçurent pour réponse qu'ils devaient d'abord la mériter en se conduisant avec honneur dans la lice. Le père de Brenhilda était mort; sa mère était d'un caractère facile et se laissait aisément mener par la jeune dame elle-même.

Les nombreux amans de Brenhilda se soumirent volontiers à des conditions qui étaient trop d'accord avec les mœurs des temps pour être refusées. Un tournoi eut lieu au château d'Aspremont, et la moitié des valeureux antagonistes mordirent la poussière sous les coups de leurs heureux rivaux, et quittèrent la lice honteux et désappointés. Les amans victorieux s'attendaient à recevoir l'ordre de joûter les uns contre les autres; mais ils furent bien surpris lorsqu'on les informa des volontés ultérieures de la jeune dame. Elle aspirait à porter elle-même une armure, à manier une lance, à monter un coursier, et pria les chevaliers de permettre à une dame qui leur inspirait de si honorables sentimens de se mêler à leurs jeux chevaleresques. Les jeunes chevaliers admirent courtoisement leur jeune maîtresse dans la lice, et sourirent à l'idée de la voir résister avec succès à tant de braves champions de leur sexe. Mais les vassaux et les vieux serviteurs du comte son père sourirent aussi en se regardant, et s'attendirent à un résultat bien différent de celui que les galans se promettaient. Les chevaliers qui allèrent à la rencontre de la belle Brenhilda furent l'un après l'autre couchés sur la poussière; et l'on ne peut nier que lutter ainsi contre une des plus jolies femmes de l'époque était une situation fort embarrassante. Chaque combattant craignait de charger avec toute l'impétuosité dont il était capable, et de donner pleine carrière à son cheval, et enfin ne voulait pas faire tout ce qui aurait été nécessaire pour remporter la victoire, de peur qu'en la remportant ainsi il ne causât quelque mal irréparable à la belle adversaire qu'il combattait. Mais la dame d'Aspremont n'était pas une femme qu'on pouvait vaincre sans recourir à toute sa force, à tous ses talens. Les amans battus quittèrent la lice d'autant plus mortifiés de leur déconfiture que Robert de Paris arriva dans la soirée, et qu'apprenant ce dont il s'agissait, il envoya son nom aux barrières, comme celui d'un chevalier qui se passerait bien du prix du tournoi si la fortune voulait qu'il le remportât, déclarant que les terres et les dames n'étaient pas ce qu'il venait chercher. Brenhilda, piquée et mortifiée, prit une nouvelle lance, monta son meilleur coursier, et s'avança dans la lice, comme déterminée à punir ce nouvel assaillant du peu de cas qu'il semblait faire de ses charmes. Mais, soit que son mécontentement la privât un peu de son adresse ordinaire, soit que, comme beaucoup d'autres femmes, elle se sentit prévenue pour un homme qui ne se montrait nullement jaloux de conquérir son cœur... soit enfin, comme on l'a dit souvent en pareille occasion, que son heure fatale fût arrivée, le comte

Robert lutta contre elle avec son habileté et son bonheur habituels. Brenhilda d'Aspremont fut désarçonnée, son casque tomba, elle-même roula sur l'arène, et sa belle figure, qui, rose naguère, devint sous les yeux du vainqueur d'une pâleur mortelle, produisit son effet naturel en rehaussant dans l'esprit de Robert le prix de la victoire. Il allait, conformément à sa résolution, quitter le château après avoir mortifié la vanité de la dame ; mais la mère de Brenhilda intervint à propos ; et quand elle se fut assurée qu'aucun mal sérieux n'avait été fait à la jeune héritière, elle remercia le chevalier inconnu d'avoir donné à sa fille une leçon qu'elle espérait ne pas lui voir oublier de si tôt. Ainsi, engagé à faire ce qu'il désirait secrètement, le comte Robert prêta l'oreille aux sentimens qui l'engageaient tout bas à ne point se retirer trop vite.

Il était du sang de Charlemagne, et ce qui était encore de plus grande importance aux yeux de la jeune dame, un des chevaliers normands les plus renommés dans cette époque belliqueuse. Après une résidence de dix jours au château d'Aspremont, les jeunes fiancés partirent, car telle fut la volonté de Robert, avec une suite convenable, pour se rendre à Notre-Dame des Lances-rompues, où il lui plaisait d'être marié. Deux chevaliers qui, suivant la coutume du lieu, y attendaient des adversaires, furent un peu désappointés en voyant venir une cavalcade qui ne semblait pas propre à satisfaire leurs désirs. Mais ils furent grandement surpris lorsqu'ils reçurent un cartel des futurs époux, offrant de leur servir d'adversaires, et se félicitant de commencer leur vie matrimoniale d'une manière si conforme à celle qu'ils avaient jusqu'alors menée. Ils furent victorieux suivant leur usage, et les seules personnes qui eurent à se repentir de la complaisance du comte et de la fiancée furent les deux étrangers, dont l'un eut un bras cassé dans la rencontre, et l'autre la clavicule disloquée.

La vie de chevalier errant que menait le comte Robert ne parut pas être interrompue par un mariage : au contraire, quand il était appelé à soutenir sa réputation, sa femme ne se faisait pas remarquer par des exploits moins nombreux, et brûlait d'une soif de renommée égale à celle de son mari.

Tous deux prirent en même temps la croix, car c'était alors la folie dominante en Europe.

La comtesse Brenhilda avait alors plus de vingt-six ans, et était aussi belle que peut l'être une amazone. Comme femme, sa taille était des plus grandes, et sa noble figure, malgré le grand nombre de ses exploits guerriers, n'était que légèrement hâlée par le soleil, et cette teinte brune faisait ressortir la blancheur éblouissante des parties de son visage qui n'étaient pas ordinairement découvertes.

En donnant les ordres pour que sa suite revînt à Constantinople, Alexis parla en particulier à l'acolyte, Achille Tatius. Le satrape, pour toute réponse, inclina la tête avec soumission, et se sépara avec quelques hommes du corps principal qui formait le cortége de l'empereur. La principale route qui conduisait à la ville était, comme de juste, remplie de troupes et d'une immense multitude de spectateurs, qui tous souffraient à un certain degré de la poussière et de la chaleur.

Le comte Robert de Paris avait embarqué ses chevaux et toute sa suite, à l'exception d'un vieil écuyer son valet, et d'une suivante de sa femme. Il se trouva plus gêné dans la foule qu'il ne l'aurait voulu, d'autant plus que son épouse en souffrait autant que lui, et il commença à regarder parmi les arbres épars qui bordaient les côtes presque jusqu'à l'endroit où montait la marée, pour voir s'il ne découvrirait pas un sentier qui les conduisît moins directement, mais d'une manière plus agréable à la ville, et leur offrît en même temps, ce qui était le principal motif de leur expédition dans l'Orient, des spectacles étranges ou des aventures chevaleresques. Un chemin large et battu sembla leur promettre toutes les jouissances que l'ombrage peut procurer dans un climat chaud. Le terrain au milieu duquel il serpentait était agréablement varié par des temples, des églises, des kiosques; et çà et là une fontaine distribuait son produit argentin, comme un individu bienveillant qui, se refusant tout à lui-même, est libéral envers les autres qui sont dans le besoin. Le son lointain de la musique guerrière égayait encore leur chemin, et, en retenant la populace sur la grande route, empêchait que les étrangers fussent incommodés par des compagnons de voyage.

Se réjouissant d'échapper ainsi à la chaleur du jour, admirant les divers genres d'architecture, les détails du paysage, nouveaux à leurs yeux, et les tableaux de mœurs que leur offraient de temps à autre les gens du pays qu'ils rencontraient, ils cheminaient tranquillement et à leur aise. Un homme attira particulièrement l'attention de la comtesse Brenhilda. C'était un vieillard d'une grande taille, et qui paraissait si profondément occupé du rouleau de parchemin qu'il tenait à la main, qu'il ne faisait aucune attention aux objets dont il était entouré. De profondes pensées semblaient régner sur son front, et dans son œil brillait ce regard perçant qui semble destiné à rechercher et à découvrir, dans les discussions humaines, le côté frivole et le côté sérieux pour ne s'occuper ensuite que du premier. Levant lentement les yeux de dessus le parchemin sur lequel il les tenait fixés, le regard d'Agelastès... car c'était le sage lui-même... rencontra ceux du comte Robert et de son épouse; et leur adressant la parole avec la formule amicale de *mes enfans*, il leur demanda s'ils avaient perdu leur route, et s'il y avait quelque chose en quoi il pût leur faire plaisir.

«Nous sommes étrangers, mon père, répondirent-ils, venus d'un pays lointain et faisant partie de l'armée qui a passé ici en pèlerinage; le motif qui nous a amenés est, nous aimons à le croire, commun à toute l'armée. Nous désirons nous acquitter de nos dévotions là où la grande rançon a été payée pour nous, et affranchir par nos bonnes épées la Palestine esclave de l'usurpation et de la tyrannie des infidèles. Quand nous vous parlons ainsi, nous vous disons le plus haut motif humain de notre entreprise : cependant Robert de Paris et son épouse ne mettraient pas volontiers le pied sur une terre qui ne devrait pas retentir du bruit de leur renommée; ils n'ont pas été habitués à marcher en silence sur la face de la terre, et ils achèteraient une vie éternelle de renommée, fût-ce au prix de leur existence mortelle.»

«Vous brûlez donc d'acquérir de la gloire au péril même de vos jours, dit Agelastès, sans songer que peut-être vous rencontrerez la mort en gravissant l'échelle par laquelle vous espérez l'atteindre?»

«Assurément, répondit le comte Robert; et il n'y a personne qui porte une ceinture comme celle-ci sans éprouver ce désir. »

— « Et si je ne me trompe, votre épouse partage ces braves résolutions avec son honorable époux... n'est-ce pas ? »

« Vous pouvez faire peu de cas de mon courage de femme, si telle est votre volonté, mon père, dit la comtesse ; mais je parle en présence d'un témoin qui peut attester que je ne mens pas lorsque je dis qu'un homme de moitié moins âgé que vous n'aurait pas exprimé ce doute avec impunité. »

« Oh! que le ciel me protége des éclairs que lancent vos yeux, répliqua Agelastès, par colère ou par mépris ; je porte sur moi une égide qui me garantit de ce que j'aurais craint sans cela ; mais l'âge, avec ses infirmités, a aussi ses avantages. Peut-être d'ailleurs désirez-vous trouver un homme comme moi, et en ce cas je m'estimerais heureux de vous rendre les services qu'il est de mon devoir d'offrir à tous les dignes chevaliers. »

« Je vous ai déja dit qu'après l'accomplissement de mon vœu, répondit le comte Robert en levant les yeux au ciel et en se signant, il n'y a rien au monde que j'aie plus à cœur que de rendre mon nom célèbre par les prouesses qui conviennent à un vaillant chevalier. Quand on meurt obscurément, on meurt pour toujours. Si mon aïeul, Charles, n'avait jamais quitté les misérables rives de la Saale, il ne serait pas aujourd'hui beaucoup plus connu qu'un vigneron taillant sa vigne sur le même territoire ; mais il se comporta en brave, et son nom est immortel dans la mémoire des chevaliers. »

« Jeune homme, dit le vieux Grec, quoiqu'il n'arrive que rarement à ce pays d'être visité par des gens tels que vous, que je suis prêt à servir et à apprécier, il n'en est pas moins vrai que je suis fort à même de vous être utile dans l'affaire que vous avez tant à cœur. Mes relations avec la nature ont été si intimes et si longues que, pendant leur durée, elle a disparu à mes yeux pour être remplacée par un monde avec lequel elle n'a que peu à faire. Les trésors curieux que j'ai ainsi amassés sont inaccessibles aux recherches des autres hommes, et ne peuvent être exposés aux yeux de ceux dont

CHAPITRE X. 175

les exploits doivent être resserrés dans les probabilités ordinaires de la simple nature. Aucun romancier de votre romantique pays n'a tiré de son imagination des aventures si extraordinaires et si propres à exciter l'étonnement hébété de ceux qui les écoutent assis en cercle que celles que je sais; et ce ne sont pas de frivoles inventions : elles sont fondées sur la réalité seule, outre que j'ai la puissance d'exécuter et de conduire à fin chacune de ces aventures.»

«Si telle est votre véritable profession, dit le comte français, vous avez trouvé un des hommes que vous cherchez; et mon épouse et moi nous n'avancerons point d'un pas sur cette route avant que vous ne m'indiquiez quelqu'une de ces aventures que le devoir des chevaliers errans est de chercher en aussi grand nombre que possible.»

A ces mots il s'assit à côté du vieillard; et son épouse, avec un degré de respect qui avait en soi quelque chose de burlesque, suivit son exemple.

«Voilà une bonne trouvaille, Brenhilda, dit le comte Robert; notre ange gardien a soigneusement veillé sur nous. Nous étions venus ici parmi un tas de sots pédans, babillant dans une langue absurde, et attachant plus d'importance au moindre regard que peut accorder un empereur poltron qu'au meilleur coup que peut frapper un brave chevalier. Vrai, j'étais tenté de croire que nous avions mal fait de prendre la croix... Dieu me pardonne cette pensée impie! Voilà cependant qu'au moment où nous désespérions de trouver un chemin qui nous conduisît à la renommée, nous avons rencontré un de ces excellens hommes que les chevaliers d'autrefois avaient coutume de trouver assis auprès des fontaines, des croix et des autels, toujours disposés à envoyer le chevalier errant là où il y avait de la gloire à gagner. Ne le trouble pas, ma Brenhilda; laisse-le se rappeler ses histoires des anciens temps, et tu vas voir qu'il nous enrichera du trésor de ses connaissances.»

«Si j'ai attendu, dit Agelastès après quelques instans de silence, au delà du terme que la plupart des hommes ont à passer en ce monde, j'en serai plus que récompensé en consacrant ce qui me reste d'existence au service d'un couple qui est si dévoué à la chevalerie. La première histoire qui me vient à l'esprit se passe dans notre Grèce, si fertile en aventures, et je vais vous la conter en peu de mots.

«Bien loin d'ici, dans notre fameux archipel grec, au milieu de tempêtes et d'ouragans, de rochers, qui, changeant pour ainsi dire de nature, semblent se précipiter les uns sur les autres, et de flots qui ne restent jamais en repos, se trouve l'île opulente de Zulichium, occupée seulement, malgré sa richesse, par un très petit nombre d'habitans qui ne demeurent que sur les bords de la mer. L'intérieur de l'île est une immense montagne, ou plutôt une pile de montagnes, au milieu desquelles ceux qui osent approcher assez près, peuvent, assure-t-on, découvrir les tours couvertes de mousse et les pinacles antiques d'un château superbe, mais en ruines, habitation de la souveraine de l'île dans laquelle un enchantement la retient depuis un grand nombre d'années.

«Un hardi chevalier qui allait en pèlerinage à Jérusalem fit vœu de délivrer cette malheureuse victime de la barbarie et du sortilége, se trouvant, avec raison, violemment offensé que les puissances des ténèbres osassent exercer leur autorité si près de la Terre-Sainte, qu'on pourrait appeler la vraie source de lumière. Deux des plus vieux habitans de l'île se chargèrent de le conduire aussi près qu'ils oseraient de la porte principale, et ils n'en approchèrent qu'à une portée de flèche. Là donc, abandonné à lui-même, le brave Franc continua sa route avec un cœur ferme, et le ciel seul pour ami. Le bâtiment dont il approchait annonçait, par sa hauteur gigantesque et par la splendeur de sa construction, la puissance et la richesse du potentat qui l'avait construit. Les portes d'airain s'ouvrirent d'elles-mêmes comme d'espoir et de plaisir; et des voix aériennes retentirent autour des clochers et des tours, félicitant peut-être le génie du lieu de l'arrivée prochaine d'un libérateur.

«Le chevalier entra non exempt de surprise, mais du moins libre de toute crainte; et les splendeurs gothiques qu'il vit partout étaient de nature à lui donner une haute idée des charmes de la dame dont la prison avait été si richement décorée. Des gardes portant le costume et les armes de l'Orient étaient sur les remparts et les créneaux, paraissant prêts à tendre leurs arcs; mais ces guerriers étaient immobiles et silencieux, et ne faisaient pas plus attention au chevalier qui arrivait armé de toutes pièces que si un moine ou un ermite se fût approché de leur poste. Ils étaient vivans, et néanmoins, quant aux facultés et aux sens, ils pouvaient être considérés comme morts. Si l'ancienne tradition était vraie, le soleil avait brillé, la pluie était tombée sur eux pendant plus de quatre cents changemens de saison sans qu'ils sentissent ou la chaleur vivifiante de l'un ou le froid de l'autre. Comme les Israélites dans le désert, leurs chaussures ne s'étaient pas usées, leurs vêtemens n'étaient pas devenus vieux. Comme le temps les avait laissés ainsi et sans aucun changement, il devait les retrouver.» Le philosophe commença alors à leur raconter ce qu'il avait appris de la cause de leur enchantement.

«Le sage à qui ce charme puissant est attribué était un des mages qui suivaient les préceptes de Zoroastre. Il était venu à la cour de cette jeune princesse, qui le reçut avec toutes les attentions que put lui inspirer la vanité satisfaite, de sorte qu'elle perdit bientôt la crainte respectueuse qu'elle ressentait d'abord pour ce grave personnage, en s'apercevant de l'ascendant que sa beauté lui donnait sur lui. Ce n'était pas une chose difficile... C'est un fait qui arrive tous les jours... Car une femme belle entraîne sans peine l'homme sage dans ce qu'on appelle très convenablement le paradis des fous. Le sage voulut tenter des prouesses de jeune homme que sa vieillesse rendait ridicules; il pouvait commander aux élémens, mais le cours ordinaire de la nature était hors de sa puissance. Lors donc qu'il exerçait son pouvoir magique, les montagnes s'abaissaient et les mers se retiraient; mais quand le philosophe voulait, en galant chevalier, danser avec la princesse de Zulichium, les jeunes gens et les jeunes filles détournaient la tête pour qu'on ne vît pas combien ils avaient envie de rire.

«Malheureusement si les vieillards, et même les plus sages d'entre eux, viennent à s'oublier, les jeunes gens s'unissent tout naturellement pour épier, ridiculiser et railler leurs faibles. La princesse jeta bien des regards sur les personnes de sa suite, pour indiquer la nature de l'amusement qu'elle trouvait dans les attentions de son formidable amant. A la longue, elle devint moins prudente, et le vieillard surprit un regard qui exprimait combien l'objet de ses affections l'avait toujours regardé avec dédain et pitié. Il n'est pas sur terre de passion plus barbare que l'amour changé en haine; et tout en regrettant amèrement ce qu'il avait fait, le sage conçut néanmoins un vif ressentiment de la conduite folle et légère de la princesse dont il avait été la dupe.

«Si cependant il était enflammé de courroux, il possédait l'art de le cacher. Pas un mot, pas un regard n'exprimait le cruel désappointement qui lui était arrivé. Une ombre de mélancolie, ou plutôt de chagrin, répandue sur son front, annonçait seule la tempête prochaine. La princesse commença à prendre l'alarme; elle était d'un naturel extrêmement bon, et si elle avait contribué pour sa part à rendre le vieillard ridicule, c'était moins par suite d'une préméditation malicieuse que par un pur effet du hasard. Elle vit la peine qu'il éprouvait, et crut l'apaiser en allant à lui, lorsqu'on fut sur le point de se retirer, et en lui souhaitant avec intérêt le bonsoir.»

«Vous dites bien, ma fille, reprit le sage, bonsoir... Mais de tous ceux qui m'entendent, qui dira bonjour?»

«Ces mots furent peu remarqués, mais deux ou trois personnes, qui connaissaient le sage de réputation, s'enfuirent de l'île la nuit même, et firent connaître par leur récit les circonstances qui accompagnèrent les premiers effets de ce charme extraordinaire sur ceux qui restèrent dans le château. Un sommeil, véritable sommeil de mort, s'empara d'eux pour ne plus les quitter. La plupart des habitans abandonnèrent l'île; le petit nombre de ceux qui demeurèrent n'eurent garde d'approcher du château, et attendirent que quelque hardi aventurier vînt occasioner cet heureux réveil que le discours du sorcier semblait jusqu'à un certain point annoncer.

«Jamais on n'eut plus de motifs d'espérer que ce réveil aurait lieu, que quand le pas hardi d'Artavan de Hautlieu retentit dans les cours du palais enchanté. A gauche, s'élevaient le palais et le donjon; mais la droite, plus attrayante, semblait inviter à entrer dans l'appartement des femmes. Près d'une porte latérale, et à demi couchés sur un sopha, deux gardes du harem, leurs sabres nus à la main, et leurs traits horriblement contournés, soit par le sommeil, soit par la mort, semblaient menacer les jours de quiconque oserait approcher. Cette menace n'effraya point Artavan de Hautlieu. Il se dirigea vers la porte, et les battans, comme ceux de la grande porte du château, s'ouvrirent d'eux-mêmes. Il pénétra dans un corps-de-garde rempli de soldats du même genre, et le plus strict examen ne put lui faire découvrir si c'était le sommeil ou la mort qui glaçait tous les yeux, dont l'expression disait pourtant qu'il ne fallait pas encore avancer. Ne s'inquiétant pas de la présence de ces lugubres sentinelles, Artavan entra dans un appartement intérieur où des esclaves de la plus exquise beauté étaient dans l'attitude de femmes qui avaient déja pris leur costume de nuit. Il y avait dans ce spectacle bien de quoi arrêter un aussi jeune pèlerin qu'Artavan de Hautlieu; mais il avait à cœur de parvenir à rendre la liberté à la belle princesse, et il ne se laissa détourner de ce dessein par aucune considération inférieure. Il passa donc, et se dirigea vers une petite porte d'ivoire qui, après un moment d'hésitation, comme avec une pudeur de jeune fille, s'ouvrit de même que les autres, et donna accès dans la chambre à coucher de la princesse elle-même. Une douce lumière, semblable à celle du soir, pénétrait dans une chambre où toute chose semblait contribuer à augmenter les délices du sommeil. Le monceau de coussins qui formaient un lit magnifique semblaient plutôt touchés que pressés par le corps d'une nymphe de quinze ans, la célèbre princesse de Zulichium.»

«Sans vous interrompre, bon père, dit la comtesse Brenhilda, il me semble que nous pouvons fort bien nous représenter une femme endormie, sans que vous entriez dans beaucoup de détails, et qu'un tel sujet ne convient guère ni à votre âge ni au nôtre.»

«Pardonnez-moi, noble dame, répliqua Agelastès; la partie la plus approuvée de mon histoire a toujours été ce passage, et si aujourd'hui je la supprime par obéissance à vos ordres, n'oubliez pas, je vous prie, que je vous sacrifie le plus beau de ma narration.»

«Brenhilda, dit le comte, je suis étonné que vous songiez à interrompre un récit qui, jusqu'à présent, a été si animé;

quelques mots en plus ou en moins sont peut-être plus nécessaires à l'intelligence de l'histoire qu'ils ne doivent être dangereux par les sentimens qu'ils pourraient nous inspirer. »

« Comme il vous plaira, répondit la comtesse en se rasseyant avec nonchalance; mais il me semble que le digne père prolonge sa narration au point de la rendre plus futile qu'intéressante. »

« Brenhilda, reprit le comte, c'est la première fois que je remarque en vous une faiblesse de femme. »

« Je puis aussi bien dire, comte Robert, que c'est la première fois, répliqua Brenhilda, que vous me montrez l'inconstance de votre sexe. »

« Dieu et déesse! dit le philosophe, a-t-on jamais vu querelle plus absurdement motivée! La comtesse est jalouse d'une femme que son mari ne verra probablement jamais, et il n'est guère vraisemblable que la princesse de Zulichium n'existera pas plus désormais pour le monde, que si la tombe s'était refermée sur elle. »

« Continuez, dit le comte Robert de Paris; si sir Artavan de Hautlieu n'a pas accompli l'affranchissement de la princesse de Zulichium, je fais vœu à Notre-Dame des Lances-rompues... »

« Souvenez-vous, lui dit son épouse en l'interrompant, que vous avez déjà fait vœu d'affranchir le saint sépulcre du Christ, et il me semble que c'est un engagement devant lequel doivent céder tous ceux d'une nature plus légère. »

« Bien, madame... bien, dit Robert, mais à demi satisfait de cette interruption. Je ne m'engagerai, vous pouvez en être sûre, dans aucune entreprise qui puisse me détourner de la conquête du saint sépulcre, que nous sommes tous d'abord tenus d'accomplir. »

« Hélas! dit Agelastès la distance de Zulichium, à la route la plus droite du saint sépulcre est si courte, que... »

« Digne père, interrompit encore la comtesse, nous allons d'abord, s'il vous plaît, écouter la fin de votre histoire, et ensuite nous verrons ce que nous aurons à faire. Nous autres dames normandes, descendant des anciens Germains, nous réclamons aussi bien que nos seigneurs voix délibérative au conseil qui précède la bataille, et notre assistance dans le combat n'a jamais été regardée comme inutile. »

Le ton qu'elle prit pour débiter ces mots fit indirectement comprendre au philosophe qu'il devait s'attendre à ne point exercer, aussi aisément qu'il l'avait supposé, de l'influence sur le chevalier normand, tant que sa compagne se trouverait à côté de lui. Il mit donc son ton oratoire sur une clé un peu plus basse qu'avant, et évita ces chaudes descriptions qui avaient blessé la comtesse Brenhilda.

« Sir Artavan de Hautlieu, dit l'histoire, considérait de quelle manière il accosterait la belle endormie, lorsque tout à coup il eut l'esprit frappé d'un moyen qui lui sembla extrêmement propre à rompre le charme qui la retenait. C'est à vous de juger, belle dame, s'il eut tort de croire qu'il n'avait rien de mieux à faire qu'à déposer un baiser sur ses lèvres. » Les joues de Brenhilda devinrent un peu plus rouges, mais elle ne jugea pas cette observation digne de réponse.

« Jamais une action aussi innocente, continua le philosophe, n'eut d'effet plus horrible : la délicieuse lumière d'un soir d'été se changea tout à coup en une lueur livide qui, imprégnée de soufre, semblait répandre un air suffoquant dans l'appartement. Les riches tentures, le splendide ameublement de la chambre, les murailles même, se transformèrent en pierres énormes entassées pêle-mêle, comme l'intérieur de l'antre d'une bête féroce, et cet antre n'était pas sans habitant. Les belles et innocentes lèvres, dont Artavan de Hautlieu avait approché les siennes prirent la forme hideuse et bizarre, l'aspect horrible d'un dragon lançant du feu. L'animal agita un moment ses ailes, et l'on dit que, si le sir d'Artavan avait eu le courage de répéter trois fois son salut, il serait alors demeuré maître de toutes les richesses et de la princesse arrachée à l'enchantement. Mais l'occasion était perdue, et le dragon, ou l'être qui en avait la forme, s'envola par une fenêtre de côté, au moyen de ses grandes ailes, en poussant de hauts cris de désappointement. »

Là finit l'histoire d'Agelastès. « On suppose, ajouta-t-il, que la princesse subit encore son destin dans l'île de Zulichium, et plusieurs chevaliers ont entrepris l'aventure ; mais je ne sais pas si ça été crainte de donner un baiser à la princesse endormie, ou d'approcher le dragon en quoi elle se transforme; mais, quoi qu'il en soit, le charme subsiste toujours. Je connais le chemin, et si vous dites un mot, vous pouvez être demain en route pour le château enchanté.»

La comtesse entendit cette proposition avec la plus vive inquiétude, car elle savait qu'en s'y opposant elle pouvait déterminer irrévocablement son mari à s'engager dans cette aventure. Elle demeura donc l'air timide et honteux, chose étrange dans une personne dont la conduite était généralement si intrépide, et laissa prudemment au comte Robert, sans vouloir l'influencer, le soin de prendre la résolution qu'il jugerait convenable.

«Brenhilda, dit-il en lui prenant la main, la réputation et l'honneur sont aussi chers à ton mari qu'ils le furent jamais à chevalier qui ceignit l'épée à son côté. Tu as peut-être fait pour moi, je puis le dire, ce que j'aurais vainement demandé à d'autres dames de ta condition, et, par conséquent, tu dois t'attendre à pouvoir émettre un avis dans de tels points de délibération... Pourquoi erres-tu sur les côtes d'une contrée étrangère et malsaine, et non sur les rives de la Seine?... Pourquoi portes-tu des vêtemens si peu ordinaires à ton sexe?... Pourquoi cherches-tu la mort, et la regardes-tu comme rien en comparaison de la honte?... Pourquoi, si ce n'est pour que le comte de Paris ait une épouse digne de lui? Crois-tu que cette affection soit vaine? Non, par les saints! ton chevalier y répond comme il le doit, et te sacrifie toute pensée que ton affection pourrait ne pas entièrement approuver!»

La pauvre Brenhilda, confuse qu'elle était par suite des diverses émotions dont elle était agitée, chercha vainement alors à conserver le maintien héroïque que son caractère d'amazone exigeait d'elle. Elle tâcha de prendre l'air fier et noble qui lui était particulier; mais ne pouvant y réussir, elle se jeta dans les bras du comte, lui passa les siens autour du cou, et pleura comme une jeune villageoise dont l'amant est contraint de partir pour la guerre. Son mari, un peu honteux, tandis qu'il était ému par cet élan d'affection dans une femme dont le caractère ne semblait guère en être capable, fut en même temps charmé et fier d'avoir éveillé une tendresse si vive et si douce dans une ame si grande et inflexible.

«Pas ainsi, ma Brenhilda, dit-il; je ne voudrais te voir ainsi ni pour toi ni pour moi. Ne laisse pas ce sage vieillard supposer que ton cœur est fait de ce métal malléable qui forme celui des autres femmes; et fais-lui tes excuses, aussi bien que ta dignité le comporte, de m'avoir empêché d'entreprendre l'aventure de Zulichium qu'il me conseillait.»

Il ne fut pas facile à Brenhilda de reprendre son calme ordinaire, après avoir donné un si notable exemple de la manière dont la nature revendique ses droits, quelle que soit la rigueur avec laquelle on la discipline et la tyrannise. Avec un regard d'affection ineffable, elle se détacha de son mari, qui lui tenait encore la main, et se tournant vers le vieillard avec un visage où les pleurs à demi essuyés avaient été remplacés par un sourire de modestie et de plaisir, elle adressa la parole à Agelastès comme à un homme qu'elle respectait, et envers qui elle avait quelque offense à réparer. «Mon père, lui dit-elle respectueusement, ne m'en veuillez pas si j'ai empêché un des plus braves chevaliers qui piquèrent jamais un coursier de tenter la délivrance de votre princesse enchantée; mais la vérité est que dans notre pays, où la chevalerie et l'honneur se réunissent pour ne permettre qu'une seule amante, qu'une seule épouse, nous ne voyons pas tout-à-fait si volontiers nos maris s'exposer aux dangers... surtout quand il s'agit d'aller au secours de dames solitaires... et... et que des baisers sont la rançon qu'elles leur paient. J'ai autant de confiance en la fidélité de mon Robert qu'une dame peut en avoir en celle d'un chevalier chéri; mais néanmoins...»

«Aimable dame, interrompit Agelastès, qui, malgré le caractère insensible qu'il s'était fait, ne put s'empêcher d'être ému par l'affection simple et sincère de ce jeune et beau couple, vous n'avez rien fait de mal. L'état de la princesse n'est pas pire qu'il était, et il n'est pas douteux que le chevalier qui la doit délivrer ne paraisse à l'époque qu'a marquée le destin.»

La comtesse sourit tristement et secoua la tête. «Vous ne savez pas, dit-elle, combien est puissante l'assistance dont j'ai malheureusement privé cette pauvre princesse, par une jalousie qui n'est pas moins injuste qu'indigne, comme je le sens à présent; et tel est mon regret, que je pourrais trouver dans mon cœur la force de lever l'opposition que j'ai mise à ce que Robert n'entreprît pas cette aventure. Elle regarda son mari avec quelque inquiétude, comme si elle eût fait une proposition qu'elle n'eût pas été contente de voir accepter, et ne recouvra son courage que lorsque le comte eut dit d'un ton décidé : « Brenhilda, je ne puis aller à Zulichium. »

« Alors, pourquoi Brenhilda ne tenterait-elle pas elle-même l'aventure, répliqua la comtesse, puisqu'elle ne peut craindre ni les charmes de la princesse, ni les terreurs du dragon ? »

« Madame, répondit Agelastès, la princesse doit être éveillée par le baiser... et non par celui d'amitié. »

« Raison suffisante, dit la comtesse en souriant, pour qu'une dame ne se soucie pas que son seigneur et maître coure une aventure qu'on ne peut accomplir qu'à de telles conditions. »

« Noble ménestrel, ou héraut, ou quelque nom qu'on vous donne en ce pays, dit le comte Robert, acceptez une légère récompense pour une heure agréablement passée, mais malheureusement passée en vain. Je devrais m'excuser de la modicité de mon offrande, mais les chevaliers français, comme vous pouvez avoir eu occasion de le remarquer, sont mieux munis de renommée que de richesses.

« Le motif, noble seigneur, répliqua Agelastès, ne me ferait pas refuser cette marque de votre munificence; un besan de votre digne main ou de celle de votre magnanime épouse serait à mes yeux centuplé en valeur par l'éminence des personnes dont il viendrait. Je le suspendrais à mon cou par un collier de perles, et quand je me trouverais devant des chevaliers et des dames, je proclamerais que cette addition aux nombreuses marques de distinction que je possédais déjà m'a été accordée par le célèbre comte Robert de Paris et son épouse sans égale. » Le chevalier et la comtesse se regardèrent l'un l'autre, et Brenhilda, ôtant de son doigt un anneau d'or pur, pria le vieillard de l'accepter, comme preuve de son estime et de celle de son mari. « Ce sera à une autre condition, dit le philosophe, et j'espère qu'elle ne vous sera pas tout-à-fait désagréable. J'ai sur une des plus jolies routes qui mènent à la ville, un petit kiosque ou ermitage où je reçois parfois mes amis, et j'ose dire qu'ils sont tous au nombre des personnes les plus respectables de cet empire. Deux ou trois d'entre eux honoreront probablement ma demeure aujourd'hui, et partageront les rafraîchissemens que j'ai pu y préparer. Si je pouvais y joindre la compagnie des nobles comte et comtesse de Paris, je regarderais ma pauvre habitation comme à jamais honorée.»

«Qu'en dis-tu, ma noble épouse? demanda le comte. La compagnie d'un ménestrel convient à la plus haute naissance, honore le plus haut rang et ajoute aux plus fameux exploits; puis cette invitation nous fait trop d'honneur pour être refusée.»

«Il se fait tard, dit la comtesse; mais nous ne sommes pas venus ici pour avoir peur d'un soleil couchant ou d'un ciel obscur; et je pense qu'il m'est imposé, par devoir non moins que par plaisir, d'accéder autant que possible à toutes les volontés du bon père, pour qu'il m'excuse d'avoir été cause que vous n'avez pas suivi son conseil.»

«Le chemin est si court, dit Agelastès, que nous ferions mieux de continuer à marcher à pied, si madame pouvait se passer de l'assistance d'un cheval.»

«Point de cheval pour moi! dit la dame Brenhilda. Ma suivante, Agathe, porte tout ce qui peut m'être nécessaire; et quant au reste, jamais chevalier ne voyagea si peu embarrassé de bagage que mon mari.»

Agelastès leur montra donc le chemin à travers le bois obscur, rafraîchi par la brise agréable du soir, et ses hôtes la suivirent.

CHAPITRE XI.

Le Kiosque.

> En dehors, des ruines, des débris, des décombres ;
> en dedans, c'était un petit paradis, où le goût avait
> établi sa demeure. La sculpture, le premier né des
> arts humains, avait répandu partout ses ouvrages,
> et forçait les hommes de regarder et d'adorer.
>
> *Anonyme.*

Le comte de Paris et son épouse accompagnèrent le vieillard, dont l'âge avancé, la perfection avec laquelle il parlait la langue française, surtout son talent à s'en servir pour traiter des sujets poétiques et romanesques, talent essentiel pour parler de ce qu'on appelait alors histoire et belles-lettres... lui attirèrent de la part de ses nobles auditeurs de grands applaudissemens, qu'Agelastès avait été rarement assez vain pour considérer comme lui étant dus, et qui ne lui avaient pas été souvent accordés par le chevalier de Paris et son épouse.

Ils avaient suivi quelque temps un sentier, qui tantôt semblait se cacher dans les bois qui descendaient jusqu'à la côte de la Propontide et tantôt abandonnait le couvert des arbres pour suivre les bords nus du détroit, tandis qu'à chaque détour il paraissait guidé par le désir de faire un choix et des contrastes de beautés. C'était une variété de scènes et de mœurs qui, par leur nouveauté, doublaient, pour les deux pèlerins, les charmes du paysage. Sur les rives de la mer, on voyait des nymphes danser, et des bergers jouer de la flûte ou battre du tambourin en cadence, comme on les représente dans quelques groupes d'ancienne sculpture. Les personnages même avaient une singulière ressemblance avec l'antique. Voyait-on des vieillards, leurs longues robes, leurs attitudes, leurs têtes magnifiques donnaient idée des prophètes et des saints, tandis que d'un autre côté les traits des jeunes gens rappelaient les physionomies expressives des héros de l'antiquité et des aimables femmes qui inspiraient leurs exploits.

CHAPITRE XI.

Mais on ne retrouvait plus la race des Grecs, même dans leur pays natal, sans mélange et dans toute sa pureté : au contraire, on rencontrait des groupes de personnes dont les visages trahissaient une origine différente.

Dans un enfoncement du rivage, que traversait le sentier, les rocs s'écartant du bord de la mer entouraient une grande plaine de sable et l'enfermaient pour ainsi dire. Une troupe de Scythes païens qu'aperçurent nos voyageurs présentaient tous les traits difformes des démons qu'ils adoraient, dit-on. c'étaient des nez plats avec de larges narines qui semblaient permettre aux yeux de voir jusque dans leur cerveau, des faces plus larges que longues avec des yeux singuliers et sans intelligence placés vers le haut; enfin, des tailles de nains, mais des jambes et des bras nerveux d'une force étonnante, disproportionnés à leurs corps. Lorsque les voyageurs passèrent, ces sauvages livraient une espèce de tournoi, suivant l'expression qu'employa le comte. Ils s'exerçaient à se lancer les uns aux autres de longs bâtons ou roseaux, qu'ils brandissaient long-temps, et qu'ils se jetaient ensuite avec tant de force, qu'il leur arrivait souvent, dans cet amusement grossier, de se renverser de cheval et de se faire des blessures graves. Quelques uns des combattans qui, pour le moment n'étaient pas de la partie, dévoraient des yeux la beauté de la comtesse, et la regardaient de telle sorte qu'elle dit au comte son mari : « Je n'ai jamais connu la crainte, mon cher époux, et je ne devrais pas convenir que j'en éprouve maintenant; mais si le dégoût est un ingrédient de la peur, ces brutes difformes sont bien faites pour l'inspirer. »

« Holà, ho ! sire chevalier ! s'écria un des infidèles, votre femme ou votre maîtresse a commis une infraction aux priviléges des Scythes impériaux, et le châtiment qu'elle a encouru ne sera point léger. Vous pouvez poursuivre votre chemin aussi vite que bon vous semblera hors de ce lieu qui est pour l'instant notre hippodrome, notre atmeidan, appelez-le comme il vous plaira, suivant que vous aimerez mieux la langue des Romains ou celle des Sarrasins ; mais quant à votre femme, si le sacrement vous a unis, recevez-en ma parole, elle ne s'éloignera ni si vite ni si aisément. »

« Infame païen, dit le chevalier chrétien, oses-tu tenir ce langage à un pair de France ? »

Agelastès intervint ici, et prenant le ton haut d'un courtisan grec, rappela aux Scythes, qui paraissaient être des soldats à la solde de l'empire, que toute violence contre les pèlerins d'Europe était, par ordre de l'empereur, rigoureusement défendue sous peine de mort.

« J'en sais plus long, répliqua le sauvage d'un air de triomphe en secouant deux ou trois javelines munies de larges pointes d'acier et de plumes d'aigle couvertes de sang. Demandez aux plumes de mes javelines, continua-t-il, de quel cœur vient le sang dont elles sont teintes. Elles vous répondront que, si Alexis Comnène est ami des pèlerins d'Europe, c'est uniquement lorsqu'ils sont devant lui ; et nous sommes, nous, des soldats trop dociles pour servir l'empereur autrement qu'il désire être servi. »

« Silence, Toxartis ! dit le philosophe, tu calomnies ton empereur. »

« Silence, toi-même ! répliqua Toxartis, ou sinon je ferai ce qu'il ne convient pas à un soldat de faire, et je débarrasserai le monde d'un vieux radoteur. »

A ces mots, il avança la main pour relever le voile de la comtesse. Avec la promptitude que l'usage fréquent des armes avait donnée à cette dame guerrière, elle s'arracha au bras du barbare, et lui appliqua un tel coup de son sabre bien affilé, que Toxartis tomba mort sur la place. Le comte s'élança sur le coursier du chef qui venait de tomber, et poussant son cri de guerre : « Fils de Charlemagne, au secours ! » il se précipita au milieu des cavaliers païens avec une hache d'armes qu'il trouva attachée au pommeau de la selle du chef ; et la maniant avec une dextérité peu scrupuleuse, il eut bientôt tué, blessé, ou forcé de fuir les objets de sa colère, et aucun d'eux ne resta un instant pour soutenir la bravade qu'ils avaient faite.

« Les méprisables manans ! dit la comtesse à Agelastès ; je suis peinée qu'une goutte d'un sang si lâche souille les mains d'un noble chevalier. Ils appellent leur exercice un tournoi, bien que dans toutes leurs évolutions ils ne portent de coups que par derrière, et qu'aucun d'eux n'ait le courage de lancer un brin de paille quand il aperçoit celui d'un autre dirigé contre lui.»

«Telle est leur coutume, répliqua Agelastès; et ce n'est peut-être pas tant par lâcheté que par l'habitude qu'ils ont de s'exercer ainsi devant sa majesté impériale. J'ai vu ce Toxartis tourner littéralement le dos au but, tendre son arc en s'enfuyant au galop, et lorsqu'il s'en était éloigné le plus possible, le percer en plein milieu avec une large flèche.»

«Une armée de pareils soldats, dit le comte Robert qui avait alors rejoint ses amis, ne serait pas, il me semble, très formidable. Il n'y avait pas seulement une once de vrai courage dans tous ces assaillans.»

«Néanmoins, dit Agelastès, avançons vers mon kiosque, de peur que les fuyards ne trouvent des amis qui leur inspirent des pensées de vengeance.»

«Des amis! répliqua le comte Robert, il me semble que ces insolens païens ne devraient en trouver dans aucun pays qui se dit chrétien; et si je survis à la conquête du saint sépulcre, mon premier soin sera de m'enquérir de quel droit l'empereur garde à son service une bande de païens et de coupe-gorges impertinens, qui osent insulter sur la grand'-route où rien ne doit troubler la paix de Dieu et du roi, de nobles dames et des pèlerins inoffensifs. Cette question est sur la liste de quelques autres que, mon vœu une fois accompli, je ne manquerai pas de lui faire; oui, et j'attendrai une réponse, comme on dit, prompte et catégorique.»

«En attendant, vous n'obtiendrez pas de réponse de moi, se dit Agelastès à lui-même. Vos questions, seigneur chevalier, sont trop péremptoires et faites à de trop rigides conditions pour qu'on y réponde quand on peut les éluder.»

Aussi changea-t-il de conversation avec autant d'aisance que d'adresse, et ils ne tardèrent pas à entrer dans un endroit dont les beautés naturelles excitèrent l'admiration des deux étrangers. Un large ruisseau sortant du bois, descendait vers la mer avec un grand fracas; et comme dédaignant un cours plus tranquille qu'il aurait pu obtenir par un petit détour vers la droite, il prenait le plus court chemin vers l'Océan, coulant sur la surface du rocher aride et escarpé suspendu au rivage, et jetant de là son faible tribut, avec autant de bruit que si c'eût été celui d'un grand fleuve, dans les eaux de l'Hellespont.

Le rocher, comme nous l'avons dit, était nu, si ce n'est qu'il était couvert par les eaux écumantes de la cataracte; mais les bords de chaque côté étaient garnis de platanes, de noyers, de cyprès, et d'autres espèces de grands arbres particuliers à l'Orient. La chute d'eau, toujours agréable dans un climat chaud, était ici naturelle, et avait été choisie, à peu près comme le temple de la Sibylle à Tivoli, pour le séjour d'une déesse à qui l'invention du polythéisme avait attribué la souveraineté de tous les alentours. Le pavillon était petit et circulaire, comme la plupart des temples de second ordre des divinités champêtres, et entouré par le mur d'une cour extérieure. Après avoir cessé d'être un lieu sacré, il avait été probablement converti en une voluptueuse habitation d'été par Agelastès ou quelque autre philosophe épicurien. Comme le bâtiment, d'une construction légère, aérienne et fantastique, ne se laissait qu'à peine apercevoir à travers les branches et le feuillage sur le penchant du rocher, on ne voyait pas d'abord, à cause du brouillard qu'occasionait la cascade, comment on pouvait y arriver. Un sentier, en grande partie caché par la végétation, y montait en pente douce, et prolongé par l'architecte, au moyen de quelques marches en marbre, larges et commodes, faisant partie de l'ancien escalier, conduisait le voyageur sur le retour d'une petite, mais charmante pelouse, en face de la tourelle où du temple que nous avons décrit, et dont le derrière dominait la cataracte.

CHAPITRE XII.

L'Esclave noir.

> Les partis sont en présence : le Grec astucieux et loquace, pesant chaque mot, et comptant chaque syllabe, éludant, raisonnant, biaisant ; et le Franc plus simple, venant avec son grand sabre, et cherchant à voir de quel côté penche la balance, pour le jeter dans un plateau et le faire ainsi baisser.
>
> *La Palestine.*

À un signal que fit Agelastès, la porte de cette romantique retraite fut ouverte par Diogène, l'esclave noir avec lequel nos lecteurs ont déjà fait connaissance ; et il n'échappa point au rusé vieillard que le comte et son épouse témoignèrent quelque surprise en voyant la couleur et les traits du nègre, car c'était peut-être le premier Africain qu'ils eussent jamais vu de si près. Le philosophe ne perdit pas cette occasion de faire impression sur leur esprit, en déployant la supériorité de ses connaissances.

«Cette pauvre créature, observa-t-il, est de la race de Cham, fils irrespectueux de Noé. Pour cette faute commise envers son père, il fut banni dans les sables d'Afrique, et condamné à devenir père d'une race destinée à servir en esclave la postérité de ses frères plus respectueux.»

Le chevalier et son épouse regardèrent avec surprise l'être qu'ils avaient sous leurs yeux, et ne songèrent pas, on peut le croire, à douter de l'explication qui venait de leur être donnée, et qui s'accordait si bien avec leurs préjugés, tandis que la haute opinion qu'ils avaient de leur hôte, s'augmenta encore de l'étendue supposée de ses connaissances.

«C'est un plaisir pour un ami de l'humanité, continua Agelastès, lorsque, dans la vieillesse ou dans les maladies, nous sommes forcés de recourir aux services des autres, ce qui, en toute autre circonstance, est à peine légitime, de choisir ses aides parmi une race d'êtres, scieurs de bois et porteurs d'eau... destinés à l'esclavage dès leur naissance, et à qui par conséquent nous ne faisons pas injustice en les employant comme esclaves, tandis qu'au contraire nous remplissons à un certain point les intentions du grand Être qui nous a tous faits. »

« Est-elle nombreuse, demanda la comtesse, cette race dont la destinée est si singulièrement malheureuse ? J'aurais cru jusqu'ici les histoires d'hommes noirs aussi peu fondées que celles de fées et d'esprits que racontent les ménestrels. »

« Ne le croyez pas, répondit le philosophe ; leur race est aussi nombreuse que les grains de sable de la mer, et ils ne sont pas tout-à-fait malheureux en s'acquittant des devoirs que le destin leur a imposés. Ceux qui sont d'une nature mauvaise souffrent même en cette vie le châtiment dû à leurs crimes. Ils deviennent les esclaves de gens cruels et tyrans ; ils sont battus, mal nourris et mutilés. Ceux dont le moral est meilleur trouvent de meilleurs maîtres, qui partagent avec leurs esclaves, comme avec leurs enfans, la nourriture, les vêtemens, et tous les biens dont ils jouissent eux-mêmes. A quelques uns le ciel accorde la faveur des rois et des conquérans ; à un plus petit nombre, mais ce sont les véritables favoris de l'espèce, il assigne une place dans les demeures de la philosophie, où, en profitant des lumières que leurs maîtres peuvent leur donner, ils parviennent à apercevoir ce monde qui est la résidence du vrai bonheur. »

« Je crois vous comprendre, reprit la comtesse, et, dans ce cas, je devrais plutôt porter envie à notre ami noir qu'avoir pitié de lui, puisqu'il lui a été accordé dans la répartition de sa race de trouver son maître actuel, de qui sans doute il a acquis les connaissances désirables dont vous parlez. »

« Il apprend du moins, répondit Agelastès avec modestie, ce que je puis enseigner, et surtout à être content de son sort... Diogène, mon cher enfant, dit-il en s'adressant à l'esclave, tu vois que j'ai compagnie. Que renferme le buffet du pauvre ermite, qu'il puisse offrir à ses honorables hôtes ? »

Ils n'avaient encore pénétré que dans une espèce d'antichambre ou salle d'entrée, dont l'ameublement n'offrait pas plus de recherche ni de goût que n'aurait voulu en mettre un simple particulier pour faire de cet ancien édifice une demeure simple et retirée. Les chaises et les sofas étaient couverts de nattes tressées en Orient, et de la forme la plus simple, la plus primitive. Mais, en touchant un ressort, le philosophe ouvrit un appartement intérieur qui avait de grandes prétentions à la splendeur et à la magnificence.

Les meubles et les tentures de cet appartement étaient de soie couleur de paille, fabriqués en Perse, et chargés de broderies qui produisaient un effet riche, mais simple. Le plafond était sculpté en arabesques, et, aux quatre coins de la pièce, se trouvaient des niches garnies de statues qui avaient été produites dans un temps où l'art était plus florissant qu'à l'époque de notre histoire. Dans l'une, un berger semblait se cacher, comme honteux de se montrer à demi vêtu, tandis qu'il semblait prêt à faire entendre les sons de la flûte champêtre qu'il tenait à la main; trois jeunes filles, ressemblant aux Graces par les belles proportions de leurs membres et les vêtemens plus que légers qu'elles portaient, se cachaient aussi, chacune dans une niche, et semblaient n'attendre que les premiers sons de la musique pour en sortir et commencer une danse joyeuse. Le sujet était beau, mais un peu futile, pour décorer la demeure d'un sage tel qu'Agelastès se donnait pour l'être.

Il parut sentir que cette réflexion pouvait venir à l'esprit des spectateurs : « Ces statues, dit-il, exécutées à l'époque de la plus grande perfection de l'art grec, étaient jadis considérées comme formant un chœur de nymphes assemblées pour adorer la déesse du lieu, et n'attendant que la musique pour commencer les cérémonies religieuses. Et, en vérité, les hommes les plus sages peuvent trouver de l'intérêt à voir jusqu'à quel point le génie de ces admirables artistes a su donner la vie au marbre inflexible. Oubliez seulement l'absence du souffle divin, du souffle de la vie, et un païen ignorant pourrait supposer que le miracle de Prométhée était sur le point de se réaliser. Mais nous, dit-il en levant les yeux au ciel, nous avons appris à former un jugement plus sain entre ce que l'homme peut faire et les productions de la divinité. »

Quelques sujets d'histoire naturelle étaient peints sur les murailles, et le philosophe attira l'attention de ses hôtes sur l'éléphant, animal à demi doué de raison, dont il leur conta différentes anecdotes qu'ils écoutèrent avec beaucoup d'intérêt.

On entendit alors les sons lointains d'une musique qui semblait partir du bois, et, dominant par intervalles le bruit sourd de la cascade qui tombait juste en face des fenêtres, remplissait l'appartement de sa voix rauque.

« Apparemment, dit Agelastès, les amis que j'attends approchent, et apportent avec eux les moyens d'enchanter un autre sens. Ils n'ont pas tort, car la sagesse nous apprend que c'est honorer le mieux possible la divinité que de jouir des dons qu'elle nous a faits. »

Ces mots attirèrent l'attention des deux hôtes francs du philosophe sur les préparatifs qui avaient été faits dans ce joli salon. Ils annonçaient un festin à la manière des anciens Romains, et des lits, rangés près d'une table déjà servie, indiquaient que les convives mâles du moins assisteraient au banquet, couchés sur le coude, c'est-à-dire dans la posture ordinaire des anciens; tandis que des siéges, placés entre les lits, semblaient annoncer qu'on attendait aussi des femmes qui se conformeraient aux usages grecs, en mangeant assises. Les apprêts du repas étaient tels que, si les plats qu'on voyait sur la table n'étaient pas nombreux, du moins ne le cédaient-ils qu'à peine en qualité aux mets splendides qui avaient autrefois décoré le banquet de Trimalcion, aux friandises plus délicates de la cuisine grecque, ou aux ragoûts succulens et épicés des nations orientales, quels que fussent ceux auxquels on donnât la préférence ; et ce fut avec un certain air de vanité qu'Agelastès pria ses hôtes de vouloir bien partager le repas du pauvre ermite.

« Nous ne nous soucions guère de friandises, dit le comte, et le genre de vie que nous menons actuellement comme pélerins liés par un vœu ne nous permet pas d'être fort difficiles sur l'article des vivres. La nourriture des simples soldats nous suffit, à la comtesse et à moi ; car notre volonté serait d'être à toute heure prêts au combat ; et, moins nous mettons de temps à nous y préparer, plus nous sommes contens. Asseyons-nous donc, Brenhilda, puisque ce brave homme le veut ainsi, et ne perdons pas notre temps à nous rafraîchir, de peur qu'il n'arrive que nous l'eussions pu employer autrement. »

« Pardon, mais attendez un instant, dit Agelastès, jusqu'à l'arrivée de mes autres amis, dont vous pouvez entendre la

musique se rapprocher, et qui ne tarderont pas long-temps,
je puis vous en répondre, à venir partager votre repas.»

«Quant à cela, répondit le comte, rien ne presse ; et puisque vous y voyez un acte de politesse, Brenhilda et moi nous pouvons aisément attendre, à moins que vous ne nous permettiez, ce qui nous serait plus agréable, je l'avoue, de prendre tout de suite une bouchée de pain et un verre d'eau, et, ainsi restaurés, de faire place à des hôtes qui sont plus friands et plus intimes avec vous.»

«Les saints vous gardent d'un pareil projet! dit Agelastès ; des hôtes si honorables que vous n'ont jamais pressé ces coussins, et ne les presseraient pas, quand même la famille très sacrée de l'empereur Alexis serait en ce moment à ma porte.»

Il avait à peine prononcé ces mots, que des fanfares de trompette, dix fois plus bruyantes que les sons de la musique qu'ils avaient déjà entendue, retentirent alors en face du temple, traversant le murmure de la cascade comme une lame de damas traverse une armure, et parvenant aux oreilles des auditeurs, comme le sabre fend la chair de celui qui porte la cuirasse.

«Vous semblez surpris ou alarmé, père, dit le comte ; redoutez-vous un danger ? ne vous fiez-vous pas à notre protection ?»

«Assurément, répliqua Agelastès, elle m'inspirerait de la confiance dans les périls ; mais ces sons inspirent le respect et non la crainte. Ils me disent que quelques membres de la famille impériale vont devenir mes hôtes. Cependant ne craignez rien, mes nobles amis... ceux dont le regard est la vie sont prêts à répandre avec profusion leurs faveurs sur des étrangers, aussi dignes d'honneur que ceux qu'ils trouveront ici. Néanmoins mon front doit toucher le seuil de ma porte pour les recevoir d'une manière convenable.» En parlant ainsi, il se rendit en toute hâte à la porte extérieure du bâtiment.

«Chaque pays a ses coutumes, dit le comte en suivant son hôte, avec son épouse au bras ; mais, Brenhilda, elles sont si différentes qu'il est plus étonnant que chaque peuple trouve bizarres les usages des autres. Ici, cependant, par déférence pour mon hôte, je baisse mon cimier de la manière qui semble être exigée. » A ces mots, il suivit Agelastès dans l'antichambre, où une nouvelle scène les attendait.

CHAPITRE XIII.

La comtesse Brenhilda.

Agelastès atteignit le seuil de sa porte avant le comte de Paris et son épouse. Il eut donc le temps de se prosterner devant un énorme animal alors inconnu aux régions occidentales, mais généralement connu aujourd'hui sous le nom d'éléphant. Sur son dos était un pavillon, ou palanquin, dans lequel étaient renfermées les augustes personnes de l'impératrice Irène et de sa fille Anne Comnène. Nicéphore Briennius accompagnait les princesses à la tête d'un beau détachement de cavalerie légère, dont les armures brillantes auraient causé plus de plaisir aux croisés si elles avaient moins eu l'air d'une richesse inutile et d'une magnificence efféminée. Mais l'effet qu'elles produisaient au premier coup d'œil était aussi beau qu'on pouvait se l'imaginer. Les officiers seuls de cette garde suivirent Nicéphore jusque sur la plate-forme, se prosternèrent tandis que les femmes de la maison impériale descendaient, et se relevèrent sous un nuage de panaches flottans et de lances étincelantes, lorsqu'elles furent à l'abri des regards sur la plate-forme en face du bâtiment. Là, la taille majestueuse de l'impératrice, quoique déjà avancée en âge, et les formes de la belle historienne, encore plus gracieuses de jeunesse, se montrèrent avec avantage. Sur le devant d'une profonde forêt de javelines et de plumes se tenait le musicien qui sonnait de la trompette sacrée, remarquable par sa haute stature et par la richesse de son costume. Il s'était posté sur un rocher au dessus de l'escalier de pierre, et, faisant retentir de temps à autre son instrument, il avertissait les escadrons placés au dessous d'arrêter leur marche, et de faire attention aux mouvemens de l'impératrice et de l'épouse du César.

Les belles formes de la comtesse Brenhilda, et la bizarrerie de son costume à demi masculin, attirèrent l'attention des dames de la famille d'Alexis, mais étaient trop extraordinaires pour commander leur admiration. Agelastès sentit qu'il lui fallait présenter ses hôtes les uns aux autres s'il voulait que la bonne intelligence régnât entre eux. « Puis-je parler, dit-il, et vivre? Les étrangers armés que vous trouvez en ce moment avec moi sont de dignes compagnons de ces myriades de guerriers que leur compassion pour les souffrances des habitans de la Palestine a amenés des extrémités occidentales de l'Europe pour jouir de la protection d'Alexis Comnène, pour l'aider en même temps, puisqu'il lui plaît d'accepter leur aide, à chasser les païens des limites du saint empire, et à occuper à leur place ces régions comme vassaux de sa majesté impériale. »

« Nous sommes charmés, digne Agelastès, répliqua l'impératrice, de vous voir traiter avec bonté ceux qui sont si disposés à respecter l'empereur. Et nous sommes plutôt portés à nous entretenir nous-mêmes avec eux, afin que notre fille, qu'Apollon a douée du rare talent d'écrire ce qu'elle voit, puisse faire connaissance d'une de ces guerrières de l'occident, dont la renommée a dit tant de choses, et que nous connaissons si peu. »

« Madame, dit le comte, je ne puis que vous exprimer simplement ce que je trouve à reprendre dans l'explication que ce vieillard vient de vous donner des motifs qui nous ont amenés en ce pays. Il est certain que nous ne devons pas soumission à Alexis, et que nous n'avions pas dessein de devenir ses sujets, lorsque nous avons fait le vœu qui nous a amenés en Asie. Nous y sommes venus parce que nous savions que la Terre-Sainte avait été arrachée à l'empereur grec par les païens, les Sarrasins, les Turcs et d'autres infidèles, sur qui nous sommes prêts à la reconquérir. Les plus sages et les plus prudens d'entre nous ont jugé nécessaire de reconnaître l'autorité de l'empereur, parce que le meilleur moyen d'accomplir notre vœu était de nous déclarer ses feudataires, afin d'éviter toute querelle entre les états chrétiens. Nous, quoique ne dépendant d'aucun roi sur terre, nous ne prétendons pas être plus grands qu'ils le sont; et en conséquence nous avons consenti à rendre le même hommage. ».

L'impératrice rougit plusieurs fois d'indignation pendant ce discours qui, dans plus d'un passage, était en opposition avec les maximes de la cour impériale, si fière et si hautaine, et dont le ton général tendait évidemment à déprécier la puissance de l'empereur. Mais l'impératrice Irène avait reçu de son impérial époux l'avis secret qu'elle eût à se garder de faire naître, et même de saisir des occasions de querelles avec les croisés, qui, quoique prenant l'air de sujets, étaient néanmoins trop pointilleux et trop prompts à se fâcher pour qu'on pût sans péril discuter avec eux sur les différences délicates d'opinions. Elle fit donc une gracieuse révérence, comme si elle avait à peine compris ce que le comte de Paris lui avait si brusquement expliqué.

En ce moment, l'attitude des principaux personnages de part et d'autre excitait, au delà de tout ce qu'on peut imaginer, leur attention mutuelle, et il semblait exister parmi eux un désir égal de faire plus ample connaissance, et en même temps une hésitation manifeste d'énoncer une telle envie.

Agelastès... pour commencer par le maître de la maison, s'était bien relevé de terre, mais sans oser tout-à-fait redresser sa taille. Il restait donc devant les princesses impériales le corps et la tête encore inclinés, une main placée entre ses yeux et leurs visages, comme un homme qui voudrait garantir sa vue de la lumière trop vive du soleil, et attendait en silence les ordres de celles à qui il semblait regarder comme un manque de respect de proposer le moindre mouvement, sinon pour témoigner en général que sa maison et ses esclaves étaient absolument à leur service. La comtesse de Paris, d'un autre côté, et son intrépide époux, étaient les objets d'une curiosité particulière pour Irène et pour sa docte fille Anne Comnène; et ces deux princesses pensaient qu'elles n'avaient jamais vu deux plus beaux échantillons de la force et de la beauté humaines ; mais, par un instinct naturel, elles préféraient le port mâle du mari à celui de la femme, qui, à ses pareilles, semblait trop fier et trop masculin pour être tout-à-fait agréable.

Le comte Robert et son épouse avaient aussi leur objet d'attention dans le groupe qui venait d'arriver; et, à vrai dire, ce n'était rien autre chose que la singularité du monstrueux animal qu'ils voyaient alors pour la première fois employé comme bête de somme au service de la belle Irène et de sa fille. La dignité et la splendeur de la plus âgée des princesses, la grace et la vivacité de la plus jeune disparurent également aux yeux de Brenhilda, avide qu'elle était de faire des questions sur l'histoire de l'éléphant et sur l'usage qu'il faisait de sa trompe, de ses défenses et de ses larges oreilles.

Une autre personne, qui saisit plus en cachette l'occasion de regarder Brenhilda avec un grand degré d'intérêt, fut le César Nicéphore. Ce prince tenait les yeux aussi constamment fixés sur la comtesse française, autant qu'il le pouvait faire, sans attirer l'attention, et peut-être sans exciter les soupçons de sa femme et de sa belle-mère. Il chercha donc à rompre le silence qui aurait rendu cette entrevue fort embarrassante.

« Il est possible, dit-il, belle comtesse, comme c'est la première fois que vous voyez la reine du monde, que vous n'ayez encore jamais vu l'animal singulier et curieux qui s'appelle éléphant.»

« Pardonnez-moi, dit la comtesse, ce savant vieillard a eu la complaisance de me montrer une figure de cette étonnante créature, et de me donner quelques détails à son sujet.»

Par tous ceux qui entendirent cette réponse, Brenhilda fut supposée décocher un trait de satire contre le philosophe lui-même, à qui l'on donnait ordinairement à la cour impériale le surnom d'éléphant.

« Personne ne pouvait décrire cet animal plus exactement qu'Agelastès», dit la princesse avec un sourire d'intelligence qui gagna tous les assistans.

« Il connaît sa docilité, sa sensibilité et sa fidélité,» dit le philosophe d'un air soumis.

« Et oui, bon Agelastès, dit la princesse ; nous ne devons pas critiquer l'animal qui s'agenouille pour nous prendre sur son dos... Venez, beauté étrangère, continua-t-elle en se tournant vers le noble couple, et vous, son vaillant époux !... venez ; et, de retour dans votre pays natal, vous direz que vous avez vu la famille impériale prendre son repas, et reconnaître que, sous ce rapport, ils sont de la même argile que les autres mortels, éprouvant leurs plus humbles besoins et les satisfaisant de la même manière. »

« C'est ce que je n'hésite pas à croire, gentille dame, dit le comte Robert ; mais je serais encore plus curieux de voir manger cet étrange animal. »

« Vous verrez l'éléphant plus à l'aise, pendant son repos, dans l'intérieur, » répondit la princesse, regardant Agelastès.

« Madame, dit Brenhilda, c'est avec peine que je refuse une invitation faite avec autant de grace ; mais le soleil a baissé considérablement sans que nous nous en aperçussions, et il faut que nous retournions à la ville. »

« N'ayez aucune crainte, dit la belle historienne ; vous aurez notre escorte impériale pour vous protéger pendant votre retour. »

« Crainte !... escorte !... protéger !... ce sont là des mots que je ne connais point. Sachez, madame, que mon époux, le noble comte de Paris, est l'escorte qui me suffit ; et quand même il ne serait pas avec moi, Brenhilda d'Aspremont ne craint rien et peut se défendre elle-même. »

« Ma noble fille, dit Agelastès, s'il m'est permis de parler, vous vous méprenez sur les gracieuses intentions de la princesse, qui s'exprime comme si elle parlait à une dame de son pays. Ce qu'elle désire, c'est d'apprendre de vous quelques unes des coutumes et des manières les plus remarquables des Francs, dont vous nous offrez un si charmant exemple; et en retour de ces renseignemens, l'illustre princesse serait charmée de vous introduire au milieu de ces vastes collections, où des animaux de tous les coins du monde habitable ont été réunis par les ordres de notre empereur Alexis, comme pour satisfaire la science de ces sages à qui toute la création est connue, depuis le daim, qui est d'une taille si petite qu'elle est surpassée par celle d'un rat ordinaire, jusqu'à cet énorme et singulier habitant de l'Afrique, qui peut brouter sur le sommet des arbres qui ont quarante pieds de haut, tandis que la longueur de ses jambes de derrière n'excède pas la moitié de cette étonnante hauteur. »

« En voilà assez, » dit la comtesse, avec quelque empressement. Mais Agelastès avait trouvé un point de discussion qui lui convenait.

« Il y a aussi, dit-il, cet énorme lézard qui, ressemblant par la forme aux habitans inoffensifs des marécages des autres pays, se trouve être en Égypte un monstre de trente pieds de long, revêtu d'écailles impénétrables, et poussant des gémissemens sur sa proie lorsqu'il la saisit, dans l'espoir et le but d'en attirer d'autres dans son dangereux voisinage en imitant les lamentations de l'humanité. »

« N'en dites pas davantage, mon père !... s'écria la dame. Mon Robert, nous irons dans le lieu où l'on voit de semblables objets, n'est-il pas vrai ? »

« Il y a aussi, dit Agelastès, qui vit qu'il atteindrait son but en s'adressant à la curiosité des étrangers, l'énorme animal qui porte sur son dos un vêtement invulnérable, et qui a sur le muffle une corne et quelquefois deux; dont les plis de la peau sont de la plus forte épaisseur, et que jamais chevalier n'a pu blesser. »

« Nous irons,... Robert, n'est-il pas vrai ? » répéta la comtesse.

« Oui, répliqua le comte, et nous apprendrons à ces Orientaux à juger de l'épée d'un chevalier par un seul coup de mon fidèle tranchefer. »

« Et qui sait, dit Brenhilda, puisque cette contrée est un pays d'enchantement, si quelque personne qui y languit sous une forme étrangère ne pourrait pas voir tout à coup rompre l'enchantement qui l'y retient, rompu par un coup de cette bonne lame ? »

« N'en dites pas davantage, mon père ! s'écria le comte. Nous accompagnerons cette princesse, puisque tel est son titre, quand même toute son escorte se mettrait en devoir de s'opposer à notre passage, au lieu de nous servir de garde par son ordre. Car apprenez tous, vous qui m'entendez, à connaître assez le naturel des Normands pour savoir que, lorsque vous nous parlez de dangers et de difficultés, vous nous donnez autant de désir de suivre la route où ils se trouvent que les autres hommes en éprouvent de chercher le plaisir et le profit dans les sentiers où on les rencontre. »

En prononçant ces mots, le comte frappa de la main sur son tranchefer, comme pour donner une idée de la manière dont il se proposait, dans l'occasion, de se frayer un passage.

Le cercle impérial tressaillit un peu au bruit de l'acier, et devant le regard de feu du chevaleresque comte Robert. L'impératrice, cédant à la terreur, se retira dans l'appartement intérieur du pavillon.

Avec une grace qu'elle daignait rarement employer avec tout autre qu'avec ceux qui se trouvaient étroitement alliés à la famille impériale, Anne Comnène prit le bras du noble comte. « Je vois, dit-elle, que notre mère impériale a honoré la maison du savant Agelastès, en montrant le chemin : en conséquence, c'est à moi qu'il est réservé de vous faire connaître la politesse grecque. » En parlant ainsi, elle le conduisit dans l'appartement intérieur.

« Ne craignez point pour votre épouse, dit-elle en s'apercevant que le Franc regardait autour de lui; notre époux, de même que nous, se fait un plaisir de montrer des égards aux étrangers, et conduira la comtesse à notre table. Il n'est point dans l'habitude de la famille impériale de manger en compagnie avec des étrangers; mais nous remercions le ciel de nous avoir enseigné cette politesse qui ne voit point de dérogation à s'affranchir de la règle ordinaire pour honorer des étrangers d'un mérite comme le vôtre. Je sais que la volonté de ma mère sera que vous preniez place sans cérémonie; et je suis sûre aussi, quoique la faveur soit un peu particulière, qu'elle aura l'approbation de l'empereur mon père. »

« Qu'il en soit comme votre seigneurie l'entendra, dit le comte Robert. Il y a peu d'hommes à qui je consentisse à céder la place à table, s'ils n'avaient pas passé devant moi sur le champ de bataille. Mais à une dame, surtout aussi belle, je cède volontiers ma place, et mets un genou à terre devant elle toutes les fois que j'ai la bonne fortune de la rencontrer. »

La princesse Anne, au lieu de se sentir embarrassée en s'acquittant de la tâche extraordinaire, et, comme elle eût pu le penser, dégradante, d'introduire un chef barbare au banquet, se trouva au contraire flattée d'avoir plié à sa volonté un cœur si obstiné que celui du comte Robert, et gonflée peut-être d'un certain degré de satisfaction orgueilleuse, tandis qu'elle se trouvait sous sa protection momentanée.

L'impératrice Irène avait déjà pris place au haut de la table.

CHAPITRE XIII. 203

Elle parut un peu étonnée lorsque sa fille et son gendre, prenant leurs siéges à sa droite et à sa gauche, invitèrent le comte et la comtesse de Paris, le premier à occuper un lit, la seconde un siége à leurs côtés. Mais elle avait reçu de son époux les ordres les plus positifs de montrer en tout point de la déférence aux étrangers, et ne jugea pas, en conséquence, convenable d'objecter aucun scrupule cérémonieux.

La comtesse prit le siége qui lui était indiqué près du César ; et le comte, au lieu de se coucher à moitié sur le côté à la manière des hommes grecs, s'assit aussi à la mode des Européens auprès de la princesse.

« Je ne me tiendrai point étendu, dit-il en riant, excepté en raison d'un coup assez pesamment appuyé pour me forcer à le faire, et encore faudrait-il que je ne fusse point en état de me relever et de le rendre. »

Le service de la table commença alors ; et, à dire le vrai, il parut être une partie importante des occupations de la journée. Les officiers de la bouche qui se tenaient présens pour remplir leurs diverses fonctions de maîtres-d'hôtel, d'écuyers tranchans, de desservans, de dégustateurs de la famille impériale, se pressaient dans la salle du banquet, et semblaient lutter de zèle à accabler Agelastès de demandes d'épices, d'assaisonnemens, de sauces et de vins de diverses espèces, la diversité et la multiplicité de leurs exigences ayant l'air d'être calculée tout exprès pour faire perdre patience au philosophe. Mais Agelastès, qui avait prévu la plupart de leurs demandes quelque extraordinaires qu'elles fussent, les satisfit complétement, ou à très peu de chose près, en mettant à contribution l'activité de son esclave Diogène sur lequel en même temps il trouva moyen de jeter tout le blâme de l'absence des articles qu'il lui fut impossible de procurer.

« Je prends à témoin Homère, Virgile, ce poète accompli, et la félicité d'Horace, que, quelque simple et indigne que soit ce banquet, les dispositions écrites que j'avais remises à cet esclave malheureux lui donnaient pour instruction de procurer tous les ingrédiens nécessaires pour communiquer à chaque plat sa saveur particulière... Vieille carcasse de mauvais augure que tu es, pourquoi as-tu placé les cornichons si loin de la tête de sanglier ? Et pourquoi ces superbes congrès ne sont-ils pas entourés d'une quantité convenable de fenouil? Le divorce qui existe entre les huîtres et le vin de Chio, dans une si auguste compagnie, en mériterait un autre entre ton ame et ton corps, ou, pour le moins, un séjour pour le reste de tes jours dans le *pistrinum*[1]. » Tandis que le philosophe se répandait ainsi en menaces et en malédictions contre son esclave, l'étranger était à même de comparer ce petit torrent d'éloquence domestique que les mœurs du temps ne considéraient point comme de mauvais ton, avec les témoignages encore plus vifs et plus prolongés d'adulation qu'il donnait à ses hôtes. Ils se mélangeaient comme l'huile avec le vinaigre et les fruits confits dans cet acide dont Diogène composait une sauce. Ainsi le comte et la comtesse eurent occasion de juger du bien-être et de la félicité réservés à ces esclaves, que le tout-puissant Jupiter, dans la plénitude de sa compassion pour leur état, et en récompense de leurs bonnes mœurs, avait destinés au service d'un philosophe. La part qu'il prirent eux-mêmes au banquet se termina avec un degré de rapidité qui surprit non seulement leur hôte, mais même les convives appartenant à la famille impériale.

Le comte se servit négligemment d'un plat qui se trouvait près de lui; et prenant une coupe de vin, sans s'informer s'il sortait du vignoble que les Grecs se faisaient un cas de conscience de prendre avec cette espèce de mets, il déclara avoir mangé suffisamment; et les prières obligeantes de sa voisine Anne Comnène ne purent le décider à toucher aux autres plats qu'on lui représentait comme rares ou délicats. Son épouse mangea encore plus modérément du mets qui paraissait le plus simplement préparé et se trouvait le plus près d'elle sur la table, et but une coupe d'eau limpide qu'elle rougit légèrement de vin sur les instances pressantes du César. Ils s'abstinrent alors de prendre part à la suite du banquet; et, s'appuyant en arrière sur leurs siéges, ils s'occupèrent à examiner l'honneur que faisaient au festin le reste des hôtes présens.

Un synode moderne de gourmands aurait à peine égalé la famille impériale de Grèce assise à un banquet philosophi-

[1] C'est-à-dire, de te faire condamner à la meule. A. M.

CHAPITRE XIII.

que. Soit dans les connaissances critiques déployées sur l'art de manger dans toutes ses branches, ou dans la peine et la patience pratiques avec lesquelles elle l'exerçaient, les dames, à la vérité, ne mangeaient pas beaucoup d'aucun des plats, mais elles goûtaient de presque tous ceux qui leur étaient présentés, et il y en avait une légion. Néanmoins, après un court espace de temps, la rage de la faim et de la soif, pour parler comme Homère, fut apaisée, ou plus probablement la princesse Anne Comnène se trouva fatiguée de n'attirer guère l'attention du convive qui était assis auprès d'elle, et qui, si l'on ajoute sa haute réputation militaire à un très bel extérieur, était un personnage par qui peu de dames eussent désiré se voir négliger. «Il n'y a point de nouvelle façon d'agir, dit notre père Chaucer, qui ne ressemble à une ancienne;» et les paroles d'Anne Comnène au comte franc ressembleraient assez à celles d'une de nos dames à la mode dans ses tentatives de lier conversation avec *l'incroyable* qui est à ses côtés, distrait en apparence par quelque accès de rêverie. «Nous vous avons joué de la flûte, dit la princesse, et vous n'avez pas dansé! Nous vous avons chanté le joyeux chorus d'*Evoé*, et vous ne voulez honorer le culte de Comus ni de Bacchus! Devons-nous donc vous croire un partisan des Muses au service desquelles, aussi bien qu'à celui de Phébus, nous avons nous-même la prétention d'être enrôlée?»

«Belle dame, répliqua le Franc, ne vous offensez pas si je vous dis une fois pour toutes, en termes clairs, que je suis chrétien et que je crache avec mépris pour défier Apollon, Bacchus, Comus et toutes les divinités païennes, quelles qu'elles soient.»

«Oh! cruelle interprétation de mes paroles sans conséquence! dit la princesse; je ne faisais que mentionner les dieux de la poésie, de l'éloquence et de la musique, honorés par nos divins philosophes, et dont les noms sont encore employés pour désigner les arts et les sciences auxquels ils présidaient... Et le comte interprète à la lettre mes paroles comme une infraction au second commandement! Sainte Vierge, préservez-moi! nous avons besoin de prendre garde à ce que nous disons, si nos paroles sont interprétées si sévèrement.»

Le comte rit en entendant parler ainsi la princesse. « Je n'avais nulle pensée injurieuse, madame, dit-il, et je ne voudrais interpréter vos paroles que comme innocentes et dignes d'éloges. Je supposerai que vos expressions ne contenaient rien que de bien et d'exempt de reproches. Vous êtes, d'après ce que j'ai compris, une de ces personnes qui, comme notre digne hôte, rapportent dans leurs compositions l'histoire et les prouesses des temps belliqueux dans lesquels vous vivez, et donnent à la postérité qui nous succédera la connaissance des hauts faits d'armes qui se sont passés de nos jours. Je respecte la tâche à laquelle vous vous êtes consacrée, et ne vois point comment une dame pourrait mériter, au même degré, l'admiration des siècles à venir, à moins que, comme ma femme Brenhilda, elle ne fût elle-même l'héroïne des hauts-faits qu'elle rapporterait. Et à propos d'elle, elle regarde maintenant du côté de son voisin, à table, comme si elle était sur le point de se lever et de le quitter. Ses désirs la portent vers Constantinople, et, avec la permission de votre seigneurie, je ne puis l'y laisser aller seule. »

« C'est ce qui ne vous arrivera ni à l'un ni à l'autre, dit Anne Comnène, puisque nous nous rendons tous à l'instant dans la capitale, et dans le dessein de voir ces merveilles de la nature, dont de nombreux modèles ont été rassemblés par la magnificence de l'empereur notre père... Si mon époux paraît avoir offensé la comtesse, ne vous imaginez pas que ce soit avec intention ; au contraire, vous vous apercevrez, lorsque vous le connaîtrez davantage, que l'excellent homme est une de ces personnes simples qui s'acquittent si malheureusement des politesses qu'elles ont l'intention de faire, que ceux à qui elles sont adressées les prennent souvent dans un autre sens. »

La comtesse de Paris, toutefois, refusa de nouveau de rester à la table d'où elle s'était levée, de sorte qu'Agelastès et ses hôtes impériaux se virent dans la nécessité, ou de permettre aux étrangers de les quitter, ce qu'ils paraissaient vouloir éviter, ou de les retenir par force, tentative qui n'eût peut-être été ni sûre ni agréable ; ou enfin, de mettre l'étiquette de côté et de partir avec eux, ménageant en même temps leur dignité, de manière à prendre l'initiative, quoique le départ eût lieu sur la motion de leurs hôtes obstinés. Il en résulta beaucoup de désordre, de tumulte, de disputes et de cris parmi les troupes et les officiers, qui étaient ainsi dérangés de leur repas au moins deux heures plus tôt qu'on ne l'avait jamais vu en de semblables occasions au souvenir des plus anciens d'entre eux. Un différent arrangement de la famille impériale parut aussi avoir lieu d'un consentement mutuel.

Nicéphore Briennius monta sur le siége porté par l'éléphant, et s'y plaça près de son auguste belle-mère. Agelastès, sur un palefroi, assez doux pour lui permettre de prolonger à volonté ses harangues philosophiques, s'avançait aux côtés de la comtesse Brenhilda, qu'il prenait pour principal objet de son éloquence. La belle historienne, quoiqu'elle voyageât d'ordinaire dans une litière, préféra en cette occasion un cheval vif, qui la mettait en état de suivre le comte Robert de Paris, sur l'imagination duquel, sinon sur ses sentimens, elle paraissait avoir en vue de faire une impression marquée. La conversation de l'impératrice avec son gendre n'a pas besoin d'être rapportée dans ses détails. C'était un tissu de critiques sur les manières et la conduite des Francs, et un désir bien prononcé qu'ils pussent être bientôt transportés hors des états de la Grèce pour n'y jamais retourner. Tel était du moins le ton de l'impératrice, et le César ne jugea pas à propos d'émettre une opinion plus tolérante au sujet des étrangers. D'un autre côté, Agelastès prit un long détour avant de se hasarder à aborder le sujet qu'il désirait mettre sur le tapis. Il parla de la ménagerie de l'empereur comme d'une magnifique collection d'histoire naturelle; il loua diverses personnes de la cour, pour avoir encouragé Alexis Comnène dans ce sage et philosophique amusement; mais finalement le philosophe abandonna l'éloge de tous les autres pour appuyer longuement sur celui de Nicéphore Briennius, à qui le cabinet ou la collection de Constantinople était, dit-il, redevable des principaux trésors qu'elle contenait.

«Je suis bien aise qu'il en soit ainsi, dit la fière comtesse, sans baisser le ton de sa voix ou affecter aucun changement dans ses manières; je suis bien aise qu'il sache faire quelque chose qui en vaille plus la peine que de parler à voix basse avec de jeunes femmes étrangères. Croyez-moi, s'il donne beaucoup de licence à sa langue au milieu des femmes de mon pays que ces temps de pèlerinage peuvent amener ici, l'une ou l'autre d'entre elles le jettera dans la cataracte qui se précipite là-bas. »

« Pardonnez-moi, belle dame, dit Agelastès ; aucun cœur de femme ne pourrait méditer une action si atroce contre un aussi bel homme que le César Nicéphore Briennius. »

« Ne vous imaginez pas cela, mon père, dit la comtesse offensée ; car, par ma sainte patronne, Notre-Dame des Lances-rompues, si ce n'eût été par égard pour ces deux dames, qui paraissaient vouloir montrer quelque respect à mon mari et à moi, ce même Nicéphore eût tout aussi bien été un seigneur aux os rompus qu'aucun César qui ait porté ce titre depuis le grand Jules-César! »

Le philosophe, à cette confidence explicite, commença à entretenir quelque crainte pour sa propre personne, et se hâta, en détournant la conversation (ce qu'il fit avec beaucoup de dextérité) d'entamer l'histoire d'Héro et Léandre, pour faire passer de la tête de cette amazone peu scrupuleuse l'affront qu'elle avait reçu.

Pendant ce temps le comte Robert de Paris était accaparé, comme on peut le dire, par la belle Anne Comnène. Elle parlait sur tous les sujets, mieux sur les uns sans aucun doute, plus mal sur les autres ; mais il n'en était aucun qu'elle ne se crût pas entièrement propre à traiter ; tandis que le bon comte désirait en lui-même de tout son cœur que sa partenaire eût été tranquillement au lit avec la princesse enchantée Zulichium. Elle joua à tort et à travers le rôle de panégyriste des Normands, jusqu'à ce qu'enfin le comte, fatigué de l'entendre babiller sur elle, ne sachant trop quoi, l'interrompit en ces mots :

« Madame, dit-il, quoique ceux que je commande et moi soyons ainsi nommés quelquefois, cependant nous ne sommes pas les Normands qui viennent ici comme un corps nombreux et séparé de pèlerins sous les ordres de leur duc Robert, homme vaillant quoique extravagant étourdi et faible. Je ne dis rien contre la réputation de ces Normands ; ils ont acquis, du temps de nos pères, un royaume beaucoup plus fort que le leur, et que l'on appelle Angleterre. Je vois que vous en-

CHAPITRE XIII.

tretenez à votre solde quelques uns des natifs de ce pays sous le nom de Varangiens. Quoique vaincus comme je l'ai dit par les Normands, c'est néanmoins une brave race; et nous ne nous croirions pas très déshonorés de nous rencontrer sur le champ de bataille avec eux. Néanmoins nous sommes les Francs valeureux qui habitaient les rives orientales du Rhin et de la Saale, qui furent convertis au christianisme par le célèbre Clovis, et qui sont en état, par leur nombre et leur courage, de reconquérir la Terre-Sainte, quand même le reste de l'Europe demeurerait neutre dans la lutte.»

Il y a peu de choses plus pénibles pour la vanité d'une personne comme la princesse que de se voir convaincue d'une erreur remarquable, au moment où elle veut se donner la réputation d'être parfaitement informée.

«Un esclave imposteur, qui ne savait pas ce qu'il disait, je suppose, répliqua la princesse, m'a faussement fait accroire que les Varangiens étaient les ennemis naturels des Normands... Je le vois marcher là-bas, à côté d'Achille Tatius, commandant de son corps... Faites-le venir ici, officiers.... je veux dire cet homme de haute taille, qui est là-bas avec une hache d'armes sur son épaule.»

Hereward, distingué par sa place à la tête de l'escadron, en fut mandé pour se rendre auprès de la princesse, où il fit son salut militaire avec une teinte de sévérité dans l'aspect, au moment où ses yeux rencontrèrent le regard fier du Français, qui se tenait aux côtés d'Anne Comnène.

«Ne m'as-tu pas dit, drôle! si je t'ai bien compris, dit Anne Comnène, il y a à peu près un mois, que les Normands et les Francs étaient le même peuple, et ennemis de la race dont tu descends?»

«Les Normands sont les mortels ennemis, princesse, répondit Hereward, par qui nous avons été chassés de notre terre natale. Les Francs sont sujets du même suzerain que les Normands, et par conséquent ils n'aiment point les Varangiens ni n'en sont aimés.»

«Brave homme, dit le comte français, vous faites tort aux Francs, et donnez aux Varangiens, quoique tout naturellement, un degré d'importance qu'ils ne méritent pas, lorsque vous supposez qu'un peuple qui a cessé d'exister comme nation indépendante depuis plus d'une génération, puisse être un objet d'intérêt ou de ressentiment pour des hommes comme nous. »

« L'orgueil de votre cœur, dit le Varangien, ou la préséance que vous vous attribuez sur ceux qui ont été moins heureux à la guerre que vous, ne m'est point étrangère ; c'est Dieu qui renverse et qui édifie, et il n'est pas au monde un espoir que les Varangiens embrassassent avec plus de plaisir que celui de voir cent des leurs se mesurer à armes égales, soit avec les tyranniques Normands, soit avec leurs modernes compatriotes, les présomptueux Français, et laisser Dieu juge de ceux qui seraient le plus dignes de la victoire. »

« Vous profitez avec insolence, dit le comte de Paris, du hasard qui vous fournit une opportunité inopinée de braver un noble. »

« Mon chagrin et ma honte, dit le Varangien, sont que cette opportunité ne soit pas complète, et qu'il y ait une chaîne autour de moi qui m'empêche de dire, tue-moi ou je te mettrai à mort avant que nous sortions de ce lieu ! »

« Comment, rustre insensé et écervelé, répliqua le comte, quel droit as-tu à l'honneur de mourir de ma main ? Tu es fou, ou tu as si souvent vidé la coupe d'ale que tu ne sais ce que tu penses ou ce que tu dis. »

« Tu mens ! dit le Varangien, quoiqu'un tel reproche soit le plus sanglant affront qu'on puisse faire à ta race. »

Le Français porta la main à son épée avec la rapidité de l'éclair, mais la retira aussitôt, et dit avec dignité : « Tu ne peux m'offenser. »

« Mais toi, dit l'exilé, tu m'as offensé sur un point qui ne peut attendre de réparation que de ta bravoure. »

« Où, et quand ? répondit le comte, quoiqu'il soit inutile de te poser une question à laquelle tu ne peux pas répondre raisonnablement. »

« Tu as aujourd'hui, répondit le Varangien, fait un affront mortel à un grand prince que ton maître appelle son allié, et par qui tu as été reçu avec toutes les marques de l'hospitalité. Tu l'as insulté comme un paysan dans un divertissement en déshonorerait un autre, et cet opprobre, tu le lui as imprimé

CHAPITRE XIII. 211

à la face même des chefs et des princes de son empire, et des nobles de toutes les cours de l'Europe.»

«C'était à ton maître à s'offenser de ma conduite, dit le Français, s'il l'a réellement à ce point considérée comme un affront.»

«Mais cela, dit Hereward, n'eût pas été consistant avec les mœurs de son pays; outre que nous, fidèles Varangiens, nous nous estimons liés par notre serment, tant que notre service dure, à défendre pied à pied l'honneur de notre empereur comme son territoire; je te dis donc, sire chevalier, sire comte, ou quel que soit ton titre, qu'il y a querelle à mort entre toi et la garde varangienne, à toujours, et jusqu'à ce que tu l'aies vidée en combat franc et loyal corps à corps, avec l'un desdits Varangiens impériaux lorsque le service et l'occasion le permettront.. et ainsi Dieu montre le droit!»

Comme cette conversation avait lieu en langue française, elle ne fut point comprise de ceux de la suite impériale qui se trouvaient en ce moment à portée de l'entendre; et la princesse, qui attendait avec quelque étonnement que le croisé et le Varangien eussent fini leur conférence, lui dit avec intérêt lorsqu'elle fut terminée : «Je pense que vous regardez la situation de ce pauvre homme comme trop éloignée de la vôtre pour songer à vous mesurer avec lui en ce qu'on appelle un combat chevaleresque?»

«Sur une telle question, dit le chevalier, je n'ai qu'une réponse à faire à toute dame qui ne se couvre pas comme ma Brenhilda d'un bouclier, et ne porte pas une épée au côté et un cœur de chevalier dans sa poitrine.»

«Et supposez pour un moment, dit la princesse Anne Comnène, que je possédasse de tels titres à votre confiance, qu'elle réponse me feriez-vous?»

«Je ne sais guère de raison de vous la cacher, dit le comte. Le Varangien est un homme brave et vigoureux; il est contraire à mon vœu de décliner son cartel, et peut-être dérogerai-je à mon rang en l'acceptant; mais le monde est grand, et il y est encore à naître celui qui a vu Robert de Paris éviter la face d'un mortel. Par le moyen de quelque brave officier parmi les gardes de l'empereur, ce pauvre homme qui entretient une si étrange ambition apprendra que son désir sera satisfait.»

«Et alors?» dit Anne Comnène.

«Hé bien! alors, dit le comte, dans le langage du pauvre homme, Dieu montre le droit.»

«Ce qui signifie, dit la princesse, que, si mon père a un officier de ses gardes assez honorable pour favoriser un dessein si pieux et si raisonnable, il faut que l'empereur perde un allié sur la foi duquel il se reposait, ou un dévoué et fidèle soldat de la garde de sa personne, qui s'est distingué en plusieurs occasions?»

«Je suis heureux d'apprendre, dit le comte, que cet homme a une telle réputation. En effet, son ambition devait avoir quelque fondement : plus j'y réfléchis, plus je suis d'opinion qu'il y a quelque chose de généreux plutôt que de dérogatoire, en accordant à ce pauvre exilé, dont les sentimens sont si élevés et si nobles, ces priviléges d'un homme de distinction, dont d'autres qui sont nés dans un rang si élevé sont trop lâches pour profiter. Cependant ne désespérez pas, noble princesse; le cartel n'est pas encore accepté, et s'il l'était, l'issue est entre les mains de Dieu. Quant à moi, dont le métier est la guerre, la pensée que j'ai quelque chose de si sérieux à vider avec cet homme déterminé me détournera d'autres querelles moins honorables, dans lesquelles le manque d'occupation pourrait m'entraîner.»

La princesse ne fit point d'autre observation, étant résolue en faisant des remontrances en particulier à Achille Tatius, à l'engager à prévenir un combat qui pourrait être fatal à l'un ou l'autre de ces deux braves guerriers. La ville commença alors à se perdre dans les ténèbres devant eux, étincelant néanmoins dans son obscurité par les nombreuses lumières qui éclairaient les maisons des habitans. La cavalcade impériale se dirigea vers la Porte-d'or, où le fidèle centurion fit prendre les armes à sa garde pour les recevoir.

«Il faut maintenant nous séparer, belle dame,» dit le comte, au moment où la société, descendue de cheval ou de dessus l'éléphant, se trouvait réunie à l'entrée particulière du palais de Blaquernal, «et trouver comme nous le pourrons les logemens que nous avons occupés la nuit dernière.»

CHAPITRE XIII.

«Non pas, avec votre permission, dit l'impératrice. Il vous faut consentir à souper et à reposer dans des appartemens plus convenables à votre rang, et, ajouta Irène, où vous aurez un quartier-maître qui ne sera rien moins qu'un membre de la famille impériale, qui a été votre compagne de route.»

Le comte entendit cette invitation avec une forte tentation d'accepter l'hospitalité qui lui était si franchement offerte, quoique aussi dévoué qu'homme pût être aux charmes de sa Brenhilda, l'idée seule de préférer la beauté d'une autre à la sienne ne lui étant jamais venue à la tête : toutefois il s'était naturellement senti flatté des attentions d'une femme d'une éminente beauté et de très haut rang ; et les éloges dont la princesse l'avait comblé n'étaient pas tout-à-fait tombés à terre ; il n'était plus dans les dispositions où le matin l'avait trouvé d'outrager les sentimens de l'empereur et d'insulter à sa dignité ; mais flatté par les adroites flagorneries que le philosophe avait apprises dans les écoles, et dont la belle princesse avait été douée par la nature, il accepta la proposition de l'impératrice, d'autant plus volontiers peut-être que l'obscurité ne lui permit pas de s'apercevoir qu'il y avait une teinte de mécontentement bien marquée sur le front de Brenhilda. Quelle qu'en fût la cause, elle ne jugea point à propos de l'exprimer, et le couple ne venait que d'entrer dans ce labyrinthe de passages à travers lesquels Hereward avait déjà erré, lorsqu'un chambellan et une des femmes des princesses, richement vêtus, s'agenouillèrent devant eux, et leur offrirent les moyens et le lieu propre à rajuster leur toilette avant d'entrer dans le cercle impérial. Brenhilda jeta un coup-d'œil sur son costume et sur ses armes, teintes du sang du Scythe insolent ; et, toute amazone qu'elle était, se sentit honteuse d'être vêtue avec négligence et d'une manière peu convenable. L'armure du chevalier était aussi tachée de sang et en désordre.

«Dites à Agathe, qui remplit auprès de moi les fonctions d'écuyer, d'assister à ma toilette, dit la comtesse ; elle seule est dans l'habitude d'aider à me désarmer et à m'habiller.»

«Dieu soit loué, pensa la femme de chambre grecque, de ce que je ne suis point appelée à une toilette où des marteaux et des pinces de forgeron sont probablement les instrumens qui iraient le mieux !»

«Dites à Marcien, mon armurier, dit le comte, de se rendre près de moi avec l'armure complète, bleu et argent, que j'ai gagnée au comte de Toulouse dans une gageure.»

«Ne pourrais-je pas avoir l'honneur de vous ajuster votre armure, dit un courtisan vêtu avec faste, et portant quelques marques distinctives de la profession d'armurier, puisque j'ai mis celle de l'empereur lui-même?... que son nom soit sacré.»

«Et combien de rivets as-tu serrés dans cette occasion avec cette main, dit le comte en la saisissant, qui semble n'avoir jamais été lavée qu'avec du lait de roses... et avec ce joujou d'enfant?» indiquant du doigt un marteau à manche d'ivoire et à tête d'argent que l'officier de la chambre portait suspendu à un tablier de cabron plus blanc que le lait, comme signe distinctif de sa charge. L'armurier recula en arrière un peu confus. «Sa main, dit-il à un de ses camarades, est comme la vis d'un étau !»

Tandis que cette petite scène se passait en particulier, l'impératrice Irène, sa fille et son gendre laissèrent la compagnie, sous prétexte de faire les changemens nécessaires à leur toilette. Aussitôt après, Agelastès fut mandé près de l'empereur, et les étrangers furent conduits dans deux cabinets de repos adjacens, meublés avec luxe, et placés pour le moment à leur disposition et à celle de leur suite. Nous les y laisserons un moment, revêtant, avec l'aide de leurs propres gens, un costume que, dans leurs idées, ils considéraient comme plus approprié à une grande occasion, les personnes attachées au service de la cour grecque renonçant de grand cœur à une tâche qu'ils regardaient presque comme aussi formidable que d'assister à la reposée d'un tigre royal ou de sa compagne.

Agelastès trouva l'empereur arrangeant soigneusement son costume de cour le plus splendide; car, comme à la cour de Pékin, le changement des habits de représentation composait une grande partie de l'étiquette à Constantinople.

«Tu t'es très bien comporté, sage Agelastès, dit Alexis au philosophe, à mesure que celui-ci approchait en se prosternant et faisant des génuflexions sans fin; tu t'es très bien

CHAPITRE XIII.

comporté, et nous sommes content de toi. Il ne fallait rien moins que ton esprit et ton adresse pour séparer des leurs ce taureau indompté et cette génisse ingouvernable, qui, si nous parvenons à avoir sur eux quelque empire, ne nous donneront pas peu d'influence de toute manière parmi ceux qui les regardent comme les plus braves de l'armée.»

«Mon humble intelligence, dit Agelastès, eût été infiniment au dessous de la conduite d'un plan si prudent et si plein de sagacité, s'il n'eût été conçu et suggéré par l'inimitable sagesse de votre très sacrée hautesse impériale.»

«Nous savons, dit Alexis, que nous avons eu le mérite de former le plan de retenir ces personnes, soit de leur plein gré comme alliés, ou de vive force comme otages. Leurs amis, avant de s'apercevoir de leur absence, auront commencé les hostilités contre les Turcs, et se trouveront dans l'impossibilité, quand même Lucifer leur suggérerait une telle entreprise, de prendre les armes contre notre empire sacré. Ainsi, Agelastès, nous obtiendrons des otages au moins aussi importans et aussi avantageux que ce comte de Vermandois, dont le redoutable Godefroy de Bouillon nous a arraché la liberté par des menaces d'une guerre immédiate.»

«Pardonnez, dit Agelastès, si j'ajoute une autre raison à celles qui appuient d'elles-mêmes si heureusement votre auguste résolution. Il est possible que nous puissions, en observant les plus grands ménagemens et la plus grande courtoisie envers ces étrangers, les gagner tout de bon à nos intérêts.»

«Je vous conçois, je vous conçois.... dit l'empereur; et ce soir même je me montrerai à ce comte et à sa dame dans le salon de réception, dans le plus riche costume que puisse fournir notre garde-robe. Les lions de Salomon rugiront, l'arbre d'or de Comnène déploiera ses merveilles, et les faibles yeux de ces Francs seront éblouis par la splendeur de l'Empire. Cette pompe ne peut que faire impression sur leurs esprits et les disposer à devenir les alliés et les serviteurs d'une nation si supérieure à la leur en puissance, en talens et en richesses. Tu as quelque chose à dire, Agelastès. Les années et de longues études t'ont éclairé; quoique nous ayons exprimé notre opinion, tu peux nous faire part de la tienne, et vivre.»

Trois fois Agelastès toucha de son front le bas de la robe de l'empereur, et grande paraissait être son anxiété de trouver des expressions qui pussent donner à entendre la différence de sa manière de voir avec celle de son souverain, et cependant lui épargner l'incongruité de le contredire en termes exprès.

« Ces paroles sacrées par lesquelles votre hautesse sacrée a exprimé vos opinions très justes et très exactes sont incontestables et à l'abri de toute contradiction, quand même il y aurait quelqu'un d'assez vain pour les attaquer. Néanmoins qu'il me soit permis de dire que l'on déploie en vain les plus sages argumens devant ceux qui n'entendent pas la raison, absolument de la même manière que l'on montrerait envain le plus beau morceau de miniature à un aveugle, ou que l'on essaierait de séduire, comme le dit l'Écriture, une laie par l'offre d'une pierre précieuse. La faute en pareil cas gît non dans l'exactitude de votre raisonnement sacré, mais dans la stupidité et la perversité des barbares auxquels vous l'appliquez. »

« Parle plus clairement, dit l'empereur. Combien de fois faut-il que nous te disions que, dans les cas où nous avons réellement besoin de conseils, nous savons qu'il faut nous résigner à sacrifier le cérémonial ? »

« Alors, en termes clairs, dit Agelastès, ces barbares européens ne ressemblent point aux autres peuples qui se trouvent sous la voûte de l'univers, soit dans les choses qu'ils considèrent d'un œil d'envie, soit dans celles qu'ils pourraient regarder comme décourageantes. Les trésors de ce noble empire, autant qu'ils exciteraient leur convoitise, ne feraient que leur inspirer le désir de faire la guerre à une nation qui posséderait de si grandes richesses, et qui, dans leurs idées présomptueuses, serait moins en état de les défendre qu'eux-mêmes de les attaquer. Tel est, par exemple, le caractère de Bohémond d'Antioche... et de bien des croisés moins capables et moins habiles que lui... car je pense que je n'ai pas besoin de dire à votre divinité impériale qu'il fait de son intérêt privé le guide assuré de toute sa conduite dans cette guerre extraordinaire; et qu'en conséquence, vous pouvez exactement calculer la direction qu'il suivra lorsque vous saurez une fois de quel quart du compas le vent de l'avarice et de l'égoïsme souffle par rapport à lui. Mais il y a parmi les Francs des ames d'une nature bien différente, et avec qui l'on doit employer des moyens bien différens, si l'on veut diriger leurs actions et les principes qui les gouvernent. S'il m'était permis de le faire, je prierais votre majesté de considérer la manière dont un habile jongleur de votre cour s'y prend pour en imposer aux yeux des spectateurs, cachant néanmoins avec soin les moyens par lesquels il parvient à son but. Ces gens... je veux parler des croisés qui ont le plus d'élévation dans l'esprit, et qui agissent en conformité des doctrines qu'ils appellent les lois de la chevalerie... méprisent la soif de l'or, et l'or lui-même, si ce n'est pour en orner la poignée de leur épée, ou pour subvenir à quelques dépenses nécessaires comme un métal vil et inutile. Ils méprisent et repoussent avec dédain l'homme qui peut être mu par la soif du gain, et le comparent, dans la bassesse de ses vues, au plus misérable serf qui ait jamais suivi la charrue ou manié la bêche. D'un autre côté, s'ils viennent à se trouver dans un besoin pressant d'or, ils sont assez peu cérémonieux pour en prendre où ils peuvent le plus aisément en trouver. Ainsi, on ne peut ni les gagner acilement en leur donnant des sommes d'or, ni les rendre souples par la disette en leur refusant ce que le hasard peut leur rendre nécessaire. Dans le premier cas, ils n'attachent aucun prix au don d'une petite quantité de misérable poussière jaune; dans l'autre, ils sont accoutumés à s'emparer de ce dont ils ont besoin.»

«Misérable poussière jaune! interrompit Alexis... appellent-ils ce noble métal, également respecté du Romain et du Barbare, du riche et du pauvre, des grands et des petits, des ecclésiastiques et des laïques, pour lequel toute l'humanité combat, complote, forme des plans, intrigue et se damne corps et ame... du nom injurieux de *misérable poussière d'or!* Ils sont fous, Agelastès, complétement fous. Les périls et les dangers, les peines et les châtimens sont les seuls argumens auxquels des hommes qui sont au dessus du mobile qui fait agir tous les autres, puissent céder.»

«Ils ne sont pas, non plus, dit Agelastès, plus accessibles à la crainte qu'à l'intérêt. Ils sont de fait, dès leur enfance, élevés à mépriser ces passions qui poussent des ames ordinaires ou à marcher en avant par avarice, ou à reculer par crainte. Et cela est tellement vrai, que ce qui attire les autres hommes doit, pour les intéresser, être assaisonné du piquant d'un extrême danger. Je racontais, par exemple, à notre héros lui-même une légende d'une princesse de Zulichium, qui reposait sur une couche enchantée, belle comme un ange, attendant le chevalier favorisé du ciel qui devait, en interrompant son sommeil enchanté, devenir maître de sa personne, de son royaume de Zulichium et de ses trésors sans nombre ; et (votre majesté impériale me croira-t-elle) j'eus de la peine à amener le galant à prêter l'oreille à ma légende, ou à prendre aucun intérêt à cette aventure, jusqu'à ce que je l'eusse assuré qu'il aurait à combattre un dragon ailé en comparaison duquel le plus grand de ceux dont il était question dans les romans des Francs n'aurait l'air que d'une guêpe ! ».

« Et est-ce que cette nouvelle tira le galant de son indifférence ? » dit l'empereur.

« A tel point, répliqua le philosophe, que si je n'avais malheureusement par la vivacité de ma description éveillé la jalousie de sa Penthésilée de comtesse, il eût oublié la croisade et tout ce qui y avait trait, pour aller à la recherche de Zulichium et de sa souveraine assoupie. »

« Ainsi donc, dit l'empereur, nous avons dans notre empire (faites-nous sentir cet avantage !) d'innombrables faiseurs de contes qui ne sont pas doués le moins du monde de ce noble mépris de l'or qui est propre aux Francs, mais qui, pour une couple de besans, mentiront avec le diable, et le battront sur le marché, si de cette manière nous pouvons gagner, comme disent les marins, l'avantage du vent sur les Francs. »

« La prudence, dit Agélastès, est au plus haut point nécessaire. Faire tout simplement un mensonge n'est pas chose très difficile ; ce n'est que s'écarter de la vérité, ce qui revient à peu près à manquer un but en tirant de l'arc, dans lequel cas, tout l'horizon, un seul point excepté, est également propre à remplir les vues de l'archer ; mais faire marcher le Franc comme on le désire exige une parfaite connaissance de son caractère et de son humeur, beaucoup de prudence et de présence d'esprit, et la plus flexible promptitude à passer d'un sujet à un autre. Si je n'eusse moi-même été un peu alerte, j'aurais pu subir le châtiment d'avoir fait fausse route au service de votre majesté en me voyant jeter dans ma propre cascade par la virago que j'avais offensée. »

« Une vraie Thalestris! dit l'empereur; je ferai attention aux offenses que je pourrais lui faire. »

« Si je pouvais parler et vivre, dit Agelastès, le César Nicéphore Briennius ferait mieux d'adopter la même précaution. »

« Nicéphore, dit l'empereur, doit arranger cela avec notre fille. Je lui ai toujours dit qu'elle lui donne par trop de cette histoire, dont une page ou deux seraient un rafraîchissement suffisant. Mais d'après nous-mêmes nous sommes forcé de jurer, Agelastès, que ne rien entendre autre chose tous les soirs que le ciel peut amener, lasserait la patience d'un saint!... Oublie, bon Agelastès, que tu m'aies entendu dire rien de semblable... Plus particulièrement, garde-toi de te le rappeler lorsque tu seras en présence de notre épouse et de notre fille impériales ! »

« Les libertés prises par le César ne dépassaient pas, il faut le dire, les bornes d'une innocente galanterie, dit Agelastès; mais la comtesse est dangereuse. Elle a tué aujourd'hui le Scythe Toxartis, sans avoir l'air de lui donner autre chose qu'une chiquenaude sur la tête. »

« Ha ! dit l'empereur; je connaissais ce Toxartis, et je ne serais pas surpris qu'il eût mérité sa mort, étant un maraudeur hardi et sans scrupule. Prends cependant note de la manière dont la chose est arrivée, les noms des témoins, etc., afin que, s'il est nécessaire, nous puissions représenter ce fait comme un acte d'agression de la part du comte et de la comtesse de Paris, à l'assemblée des croisés. »

« Je suis sûr, dit Agelastès, que votre majesté impériale ne renoncera pas facilement à l'heureuse opportunité d'attirer sous ses étendards des personnes d'une si haute réputation dans la chevalerie. Il ne vous en coûterait guère de leur faire la concession d'une île grecque qui vaudrait cent fois leur misérable comté de Paris; et si on le leur donnait sous condition qu'ils en chasseraient les infidèles ou les rebelles qui peuvent en avoir obtenu la possession temporaire, l'offre ne leur en serait probablement que plus agréable. Je n'ai pas besoin de dire que toutes les connaissances, la sagesse et l'habileté du pauvre Agelastès sont à la disposition de votre majesté impériale. »

L'empereur fit une pause d'un instant et dit ensuite, comme après mûre considération : « Digne Agelastès, j'ai assez de confiance pour m'en rapporter à toi dans cette difficile et un peu dangereuse affaire ; mais je persisterai dans mon dessein de leur montrer les lions de Salomon et l'arbre d'or de notre maison impériale. »

« A cela il ne peut y avoir d'objection, répondit le philosophe ; souvenez-vous seulement de ne faire paraître que peu de gardes, car ces Francs sont comme un cheval fougueux. Lorsqu'il est tranquille, on peut le conduire avec un fil de soie, mais lorsqu'une fois il a pris de l'ombrage, ou conçu des soupçons, comme ils le feraient probablement s'ils apercevaient des hommes armés, une bride d'acier ne le contiendrait pas.

« Je serai circonspect, dit l'empereur, sur ce point comme sur les autres... Sonne la cloche d'argent, afin que les officiers de notre garde-robe se rendent près de moi. »

« Un seul mot, tandis que votre hautesse est seule, dit Agelastès. Votre majesté impériale me confiera-t-elle la direction de sa ménagerie ou collection d'animaux extraordinaires ? »

« Vous m'émerveillez, » dit l'empereur, prenant un cachet sur lequel était gravé un lion avec la légende : *Vicit leo ex tribu Judæ*. « Ceci, dit-il, mettra les loges de nos animaux à ta disposition. Et maintenant sois franc une fois avec ton maître... car la déception est ton naturel même avec moi... Par quel charme subjugueras-tu ces sauvages indomptés ? »

« Par le pouvoir du mensonge, » répliqua Agelastès en s'inclinant profondément.

« Je te regarde comme un de ses adeptes, dit l'empereur, et auquel de leurs faibles t'adresseras-tu ? »

« A leur amour de la gloire, » dit le philosophe ; et il sortit à reculons des appartemens impériaux, comme les officiers de la garde-robe entraient pour achever de revêtir l'empereur de ses habits impériaux.

CHAPITRE XIV.

La Réception.

> Je veux m'entretenir avec des fous d'un esprit dur comme le fer; avec des enfans inattentifs. Aucun de ceux qui m'étudient d'un œil réfléchi ne sont pour moi : l'ambitieux Buckingham devient circonspect.
> SHAKSPEARE. *Richard III.*

En se séparant l'un de l'autre, l'empereur et le philosophe firent tous deux des réflexions pénibles sur l'entrevue qu'ils venaient d'avoir ensemble; réflexions qu'ils émirent par des phrases entrecoupées et des mots lancés sans suite, quoique, pour mieux faire comprendre le degré d'estime qu'ils avaient l'un pour l'autre, nous leur donnerons une forme plus régulière et plus intelligible.

« Ainsi donc, » dit à moitié entre ses dents Alexis, mais assez bas pour cacher le sens de ses paroles aux officiers de la garde-robe, qui entraient pour faire leur service... « Ainsi donc, ce ver de livres... ce reliquat de la vieille philosophie païenne, qui croit à peine, Dieu me pardonne, à la vérité du christianisme, a si bien joué son rôle qu'il force son empereur à dissimuler devant lui. Commençant par être le bouffon de la cour, il s'est introduit en rampant dans tous ses secrets, s'est rendu maître de toutes ses intrigues, a conspiré avec mon propre gendre contre moi, débauché mes gardes... et, à dire le vrai, si bien conduit les fils de sa trame artificieuse, que ma vie n'est en sûreté qu'aussi long-temps qu'il verra en moi le niais impérial que j'ai affecté de paraître pour le tromper : heureux que je suis même à ce prix d'échapper aux attentats que lui suggérerait pour sa sûreté la crainte de ma colère, en évitant de précipiter ses mesures de violence. Mais si l'orage qu'a soudainement suscité la croisade vient jamais à se dissiper, l'ingrat César, le lâche fanfaron d'Achille Tatius, et ce serpent réchauffé dans mon sein, et cet Agelastès apprendront si Alexis Comnène est né pour être leur dupe. Grec contre Grec amène la lutte de la finesse comme celle de la force dans les combats. » En parlant ainsi, il se livra aux mains des officiers de sa garde-robe, qui se mirent en devoir de le parer d'une manière conforme à la solennité de la circonstance.

«Je ne me fie pas à lui,» dit Agelastès, dont nous rendons de même les gestes et les acclamations en un discours suivi. «Je ne puis me confier à lui... Il outre un peu son rôle. Il s'est conduit en d'autres occasions avec l'esprit rusé de la famille des Comnène; et cependant il compte maintenant sur l'effet de ses jongleries de lions sur un peuple aussi fin que les Francs et les Normands, et semble s'en rapporter à moi pour connaître l'esprit de gens avec lesquels il a eu des relations en paix et en guerre pendant plusieurs années. Ce ne peut être que pour m'inspirer de la confiance; car il y avait en lui des regards peu prononcés, des phrases inachevées qui semblaient dire: «Agelastès, l'empereur te connaît et se méfie de toi. Cependant le complot réussit et n'est pas dévoilé, autant qu'on en peut juger; et si j'entreprenais de reculer maintenant, je serais perdu pour toujours. Encore un peu de temps pour que je puisse mettre à fin cette intrigue avec ce Franc, et par son aide, Alexis échangera peut-être son trône contre un cloître ou un logement encore plus étroit; et alors, Agelastès, ton nom mérite d'être effacé de la liste des philosophes, si tu ne peux chasser du trône ce César plein de suffisance et esclave de ses plaisirs, et régner à sa place comme un second Marc-Antonin, tandis que la sagesse de ton gouvernement, depuis long-temps inaperçue dans un monde conduit par des tyrans et des voluptueux, effacera bientôt le souvenir de la manière dont tu seras parvenu au pouvoir. A l'œuvre donc... de l'activité et de la prudence. Le temps l'exige, et le prix qui t'est réservé en vaut la peine.»

Tandis que ces pensées roulaient dans son esprit, il passait, avec l'aide de Diogène, des vêtemens propres composant le costume simple sous lequel il se montrait toujours à la cour, costume qui annonçait aussi peu un candidat au trône qu'il faisait contraste avec les riches ornemens dont se couvrait alors Alexis.

Dans leurs appartemens ou cabinets de toilette respectifs, le comte et la comtesse de Paris se revêtaient du plus riche costume qu'ils eussent apporté pour leur servir en de semblables occasions durant leur voyage. Même en France, Robert se montrait rarement avec la toque pacifique et le manteau traînant, dont le panache élevé et les plis flottans formaient la parure des chevaliers en temps de paix. Il était maintenant entièrement couvert d'une armure complète, splendide, à l'exception de sa tête, qui n'était protégée que par sa longue chevelure bouclée. Le reste de sa personne était enveloppé de l'armure complète de mailles du temps, richement damasquinée d'argent, qui contrastait avec le fond d'azur de l'acier bronzé. Il portait l'éperon au talon... son épée pendait à son côté, et son bouclier triangulaire était suspendu autour de son cou. On y voyait peintes un grand nombre de fleurs de lis semées, comme on les appelle, sur le champ, origine de celles qui, réduites dans la suite à trois, furent la terreur de l'Europe jusqu'au temps où elles éprouvèrent de nos jours de si nombreux revers. La stature colossale du comte Robert le rendait très propre à porter un costume qui avait une tendance à faire paraître les personnes de moindre taille, courtes et replètes, lorsqu'elles étaient armées de *cap à pic*. Ses traits calmes et rassis, exprimant un noble mépris de tout ce qui aurait pu étonner ou ébranler une ame ordinaire, couronnaient parfaitement l'ensemble vigoureux et bien proportionné au dessus duquel ils se trouvaient placés. La parure de la comtesse était plus pacifique; mais ses vêtemens étaient courts et relevés comme ceux d'une personne qui pouvait être appelée à un exercice qui exigeât de la promptitude. Le dessus consistait en plusieurs tuniques prenant juste sur le corps, tandis qu'une chemise, partant de la ceinture et descendant jusqu'aux chevilles, brodée richement et avec élégance, complétait un costume qu'une dame eût pu porter dans des temps beaucoup plus modernes. Les boucles de sa chevelure étaient couvertes d'un *casque léger*, quoique quelques unes d'entre elles, s'échappant de dessous l'acier, se jouaient autour de sa figure et relevaient ses beaux traits, qui auraient pu autrement sembler trop sévères s'ils se fussent trouvés entièrement encadrés dans une bordure de ce métal. Sur cet élégant attirail était jeté un riche manteau de velours d'un vert foncé, partant de la tête, où une espèce de chaperon l'assujétissait au casque sur lequel il était négligemment jeté, couvert de broderies sur les bords et les coutures, et assez long par derrière pour balayer la terre. Un poignard de prix ornait une ceinture d'un riche travail d'orfévrerie, et était la seule arme offensive que, malgré ses habitudes guerrières, elle portât en cette occasion. La toilette... comme on dirait de nos jours... de la comtesse ne fut pas à beaucoup près aussi tôt terminée que celle du comte Robert, qui passait son temps, comme les maris de toutes les époques sont sujets à le faire, en doléances un peu piquantes, moitié sérieuses, moitié en plaisantant, sur la lenteur naturelle des dames et le temps qu'elles perdent à s'habiller et à se déshabiller. Mais lorsque la comtesse Brenhilda parut dans tout l'éclat de ses charmes, sortant du cabinet intérieur où elle s'était parée, son mari, qui était encore son amant, la pressa dans ses bras et fit acte de privilége par un baiser qu'il prit comme de droit à une créature si belle. Le grondant de sa folie, et néanmoins rendant presque le baiser qu'elle avait reçu, Brenhilda commença alors à s'inquiéter comment ils pourraient trouver leur chemin pour se rendre en présence de l'empereur.

Cet embarras ne dura pas long-temps, car un léger coup frappé à la porte annonça Agelastès, auquel, comme le plus au fait des manières des Francs, avait été confié par l'empereur le soin d'introduire les nobles étrangers. Un son éloigné, semblable au rugissement d'un lion, et ressemblant aussi assez au bruit d'un gong [1], annonça le commencement du cérémonial. Les esclaves noirs de garde, qui, comme on l'a observé, étaient en petit nombre, se tenaient rangés dans leur costume d'apparat blanc et or, portant d'une main un cimeterre nu, et dans l'autre une torche de cire blanche, dont la clarté servait à guider le comte et la comtesse à travers les passages qui conduisaient à l'intérieur du palais et à la salle de réception la plus reculée.

La porte de ce *sanctum sanctorum* était plus basse que de coutume, stratagème assez simple conçu par quelque officier superstitieux de la maison de l'empereur pour forcer le gigantesque Franc à s'incliner en arrivant en présence de l'empereur. Robert, lorsque la porte s'ouvrit toute grande, et

---

[1] Tambourin chinois. A. M.

qu'il aperçut sur le dernier plan l'empereur assis sur son trône au milieu d'un éclat éblouissant de lumières qui étaient réfractées et réfléchies dans dix mille directions par les pierreries dont ses vêtemens étaient couverts, s'arrêta court et demanda pour quelle raison on l'introduisait par une entrée aussi basse. Agelastès montra de la main l'empereur pour se débarrasser d'une question à laquelle il n'aurait pu répondre. Le muet, pour s'excuser de son silence, ouvrit la bouche et indiqua la perte de sa langue.

«Sainte Vierge! dit la comtesse, que peuvent avoir fait ces infortunés Africains pour mériter une condamnation qui comporte un sort si cruel?»

«L'heure de la rétribution est peut-être venue,» dit le comte d'un air de mauvaise humeur; tandis qu'Agelastès, avec autant de précipitation que le temps et le lieu le permettaient, entra en faisant ses courbettes et ses génuflexions, ne doutant guère que le Franc ne le suivît, et, pour le faire, ne fût obligé de se courber devant l'empereur. Le comte, cependant, au comble du mécontentement du tour qu'il pensa qu'on avait voulu lui jouer, se retourna et entra dans la salle de réception le dos tourné à dessein vers le souverain, et ne se tourna en face d'Alexis que lorsqu'il eut atteint le milieu de l'appartement, où il fut joint par la comtesse, qui s'était approchée d'une manière plus convenable. L'empereur s'était préparé à reconnaître l'hommage sur lequel il comptait de la part du comte de la manière la plus gracieuse, et il se trouva alors dans une situation encore plus désagréable que lorsque l'inflexible Franc avait usurpé sa place sur le trône impérial dans le cours de la journée.

Les officiers et les nobles qui étaient présens, quoiqu'on n'eût choisi que l'élite de l'empire, étaient plus nombreux que de coutume, la réunion ayant eu lieu non pas pour un conseil, mais pour la représentation. Ils prirent tous l'air de mécontentement et de confusion qui s'adaptait le mieux à la perplexité d'Alexis, tandis que les traits astucieux du Normand-Italien, Bohémoud d'Antioche, qui était aussi présent, exprimaient un singulier mélange de joie bizarre et de dérision. Il est dans la destinée malheureuse du plus faible, ou du moins du plus peureux, en semblable occasion, d'être obligé de prendre le parti peu honorable de cligner des yeux comme s'ils ne pouvaient voir ce dont ils ne peuvent se venger.

Alexis donna le signal pour que le cérémonial de la grande réception commençât immédiatement. Aussitôt les lions de Salomon, qui avaient été nouvellement fourbis, levèrent la tête, dressèrent leurs crinières, agitèrent leurs queues, jusqu'à monter l'imagination du comte Robert, qui, ayant déja pris feu sur les circonstances qui avaient accompagné sa réception, s'imagina que les rugissemens de ces automates annonçaient sérieusement une attaque immédiate de leur part. Les lions dont il voyait la forme étaient-ils réellement des monarques de la forêt? étaient-ce des mortels qui avaient subi une transformation, ou le produit de l'art d'un habile jongleur ou d'un savant naturaliste? C'est ce que le comte ne savait ni ne s'embarrassait de savoir. Tout ce qu'il pensa du danger qu'il voyait fut qu'il était digne de son courage, et son cœur ne lui permit pas un moment d'hésitation. Il s'avança vers le lion le plus proche, qui semblait se disposer à s'élancer, et dit de son ton de voix retentissant et formidable : «Eh bien, chien!» En même temps il frappa la machine de son poing fermé et de son gantelet d'acier avec une telle force que la tête vola en éclats, et que les marches et les tapis du trône furent couverts de roues, de ressorts et des autres pièces mécaniques qui avaient été employées pour produire un effroi d'emprunt.

A cette vue de la nature réelle de ce qui avait excité sa colère, le comte Robert ne put s'empêcher de se sentir un peu honteux de s'être abandonné à son emportement dans une telle occasion. Il fut encore plus confus lorsque Bohémond, descendant de la place qu'il occupait près de l'empereur, lui adressa ces mots en langue franque : «Vous avez fait un brave exploit, en vérité, comte Robert, en délivrant la cour de Byzance d'un objet d'effroi qui avait été longtemps employé à épouvanter les enfans maussades et les barbares qu'on ne pouvait mettre à la raison!»

L'enthousiasme n'a pas de plus grand ennemi que le ridicule. «Pourquoi donc, dit le comte Robert en rougissant fortement, ont-ils déployé devant moi ces terreurs fantastiques? Je ne suis ni un enfant ni un barbare.»

« Parlez donc à l'empereur comme un homme de sens, répondit Bohémond; dites-lui quelque chose pour vous excuser de votre conduite, et montrez que votre courage ne vous a pas entièrement abandonné avec votre raison ; et écoutez-moi aussi tandis que j'ai un instant pour vous parler.... suivez attentivement mon exemple à souper, vous et votre femme! » Ces paroles furent prononcées d'un ton significatif et d'un coup d'œil analogue.

L'opinion de Bohémond, d'après ses longues relations avec l'empereur des Grecs en paix et en guerre, avait une grande influence sur les autres croisés, et le comte Robert se rendit à son avis. Il se retourna vers l'empereur par un mouvement qui avait plus l'air d'une inclination que tout ce qu'on avait pu remarquer dans sa manière d'agir jusqu'à ce moment. «Je vous demande pardon, dit-il, d'avoir brisé cette machine de parade dorée; mais en vérité les merveilles de la magie et les prodiges de jongleurs accomplis et adroits sont si nombreux dans ce pays, qu'on ne distingue pas clairement ce qui est vrai de ce qui est faux, ce qui est réel de ce qui est illusoire. »

L'empereur, malgré la présence d'esprit dont il était doué à un degré remarquable, et le courage dont ses compatriotes ne l'accusaient pas de manquer, reçut cette excuse avec assez de mauvaise grace. Peut-être que la condescendance chagrine avec laquelle il accepta l'apologie du comte pourrait se comparer avec justesse à celle d'une dame de nos jours, lorsqu'un convive maladroit a cassé une pièce de porcelaine de prix. Il murmura quelques mots sur ce que ses machines avaient été conservées long-temps dans la famille impériale, comme ayant été construites sur le modèle de celles qui gardaient le trône du sage roi d'Israel; sur quoi le comte exprima avec son esprit brusque et franc le doute que le plus sage prince du monde eût jamais consenti à effrayer ses sujets ou ses hôtes par les rugissemens contrefaits d'un lion de bois. « Si, dit-il, je me suis trop pressé de le prendre pour une créature vivante, j'en ai été puni en endommageant mon excellent gantelet pour mettre en pièces son crâne de bois. »

L'empereur, après avoir encore échangé quelques mots principalement sur le même sujet, proposa de passer dans la salle du banquet. Précédés en conséquence du grand écuyer tranchant de la table impériale, et tous accomgagnés de ceux qui étaient présens, excepté l'empereur et les membres rapprochés de sa famille, les hôtes francs furent conduits à travers un labyrinthe d'appartemens, dont chacun était rempli de merveilles de la nature et de l'art propres à leur donner une haute opinion de la richesse et de la grandeur qui avaient réuni tant de choses étonnantes. Leur marche étant nécessairement lente et interrompue, donna à l'empereur le temps de changer d'habits d'après l'étiquette de la cour, qui ne permettait pas qu'il parût deux fois dans le même costume devant les mêmes spectateurs. Il prit cette occasion pour mander Agelastès en sa présence, et, afin que leur conférence fût secrète, il employa pour l'aider à sa toilette quelques uns des muets destinés au service de l'intérieur.

L'esprit d'Alexis Comnène était très ému, quoique ce fût une des particularités de sa situation d'être toujours dans la nécessité de déguiser les émotions de son ame, et d'affecter en présence de ses sujets une élévation au dessus des passions humaines, qu'il était loin de ressentir. Ce fut donc avec gravité et même d'un ton de reproche qu'il demanda « par la faute de qui il se faisait que l'astucieux Bohémond, moitié Italien et moitié Asiatique, se trouvât présent à cette entrevue? Certes, s'il y a un homme dans l'armée des croisés capable d'introduire ce jeune fou et sa femme dans les coulisses du spectacle par lequel nous espérions leur en imposer, le prince d'Antioche, comme il se fait appeler, est cette personne. »

« C'est ce vieux Michel Cantacuzène, dit Agelastès (si je puis répondre et vivre), qui s'est imaginé que sa présence était particulièrement désirée; mais il retourne au camp ce soir même. »

« Oui, dit Alexis, pour informer Godefroy et le reste des croisés que l'un des plus intrépides et des plus estimés d'entre eux reste avec sa femme, comme otage dans notre ville impériale, et nous rapporter peut-être une alternative de guerre immédiate, à moins qu'on ne les délivre!»

« Si la volonté de votre hautesse impériale est d'être de cet avis, dit Agelastès, vous pouvez laisser le comte Robert et sa femme retourner au camp avec l'Italien-Normand. »

« Quoi ! répondit l'empereur, et perdre ainsi tous les fruits d'une entreprise dont les préparatifs nous ont déjà tant coûté de dépenses réelles ; et qui, si notre cœur était fait de la même étoffe que celui des mortels ordinaires, nous eût encore coûté bien plus en vexation et en inquiétude ! Non, non, faites avertir les croisés qui sont encore de ce côté du détroit, qu'ils sont dispensés de faire encore hommage, et qu'ils aient à se rendre demain à la pointe du jour sur le port aux rivages du Bosphore. Que notre amiral, s'il fait quelque cas de sa tête, les ait tous passés jusqu'au dernier de l'autre côté avant midi. Qu'il y ait des largesses et un banquet splendide sur l'autre rive... tout ce qui peut augmenter leur désir d'y passer. Alors, Agelastès, nous nous en remettrons à nous-même pour faire face à ce nouveau danger, soit en gagnant par des présens la vénalité de Bohémond, soit en défiant les croisés. Leurs forces sont disséminées, et leur général, et les chefs eux-mêmes sont tous maintenant... ou en très grande partie... sur le rivage oriental du Bosphore... et maintenant au banquet ! puisque notre changement de costume se trouve suffisant pour satisfaire aux statuts du palais, dès qu'il a plu à nos ancêtres d'instituer des règles pour nous montrer à nos sujets, comme les prêtres exposent leurs images sur leurs autels ! »

« Sous l'assurance de la vie, dit Agelastès, cette mesure n'a point été prescrite inconsidérément, mais afin que l'empereur, gouverné toujours par les mêmes lois de père en fils, fût toujours regardé comme quelque chose au dessus des lois ordinaires de l'humanité... comme la divine image d'un saint, en conséquence plutôt que comme un être humain. »

« Nous le savons, bon Agelastès, répondit l'empereur en souriant, et nous n'ignorons pas non plus que plusieurs de nos sujets, semblés aux adorateurs de Bel dans l'Écriture sainte, nous traitent comme une image jusqu'au point de nous aider à dévorer les revenus de nos provinces, qui sont perçus en notre nom et pour notre usage. Nous ne touchons que légèrement cette corde maintenant, le temps n'étant pas convenable pour en parler. »

Alexis quitta en conséquence le conseil secret, après que l'ordre pour le passage des croisés eut été écrit et signé en due forme, et avec l'encre sacrée de la chancellerie impériale.

Pendant ce temps, le reste de la société était arrivé dans une salle, qui, comme les autres appartemens du palais, était ornée avec autant de goût que de faste, excepté qu'une table, qui offrait aux yeux un banquet splendide, eût pu être critiquée, en raison de ce que les plats qui étaient très somptueux, tant sous le rapport de la matière dont ils étaient composés, que sous celui des mets qu'ils contenaient, étaient élevés au moyen de pieds, de manière à se trouver de niveau avec les convives du sexe lorsqu'elles étaient assises, et avec les hommes lorsqu'ils se tenaient couchés pour prendre part au banquet.

Tout autour se tenaient une foule d'esclaves noirs richement vêtus, tandis que le grand écuyer tranchant, Michel Cantacuzène, plaçait les étrangers avec sa baguette d'or, et leur transmettait l'ordre, par signes, de se tenir tous debout autour de la table jusqu'à ce qu'on fît un signal.

Le haut bout de la table, qui était ainsi servie et entourée, était caché par un rideau de mousseline brodée d'argent, qui tombait du haut du cintre sous lequel cette partie de la table semblait passer. Le grand écuyer observait le rideau d'un œil attentif; et lorsqu'il le vit s'agiter légèrement, il éleva sa baguette et tout le monde attendit le résultat.

Comme s'il se fût mu de lui-même, le rideau mystérieux s'éleva et découvrit derrière lui un trône de sept marches, plus haut que le bout de la table, décoré avec la plus grande magnificence, et devant lequel était placée une petite table d'ivoire incrustée d'argent. Un peu derrière était assis Alexis Comnène, dans un costume entièrement différent de celui qu'il avait porté durant le jour, et qui surpassait tellement en magnificence ses premiers vêtemens, qu'il ne paraissait pas extraordinaire que ses sujets se prosternassent devant un personnage si splendide. Sa femme, sa fille et son gendre le César se tenaient derrière lui, la face penchée vers la terre; et ce fut de l'air de l'humilité la plus profonde que, descendant du trône sur l'ordre de l'empereur, ils se mêlèrent aux convives de la table inférieure, et, élevés en rang comme ils l'étaient, s'avancèrent de la table du banquet au signal du grand écuyer tranchant. De sorte qu'on ne pouvait dire qu'ils prissent part au repas de l'empereur, ni qu'ils fussent placés à la table impériale, quoiqu'ils soupassent en sa présence et fussent invités à diverses reprises par lui à faire bonne chère. Aucun plat présenté à la table impériale n'était offert à celle du trône; mais les vins et les mets plus délicats qui paraissaient devant l'empereur comme par magie, et semblaient destinés à son usage particulier, étaient à chaque instant envoyés, d'après ses instructions spéciales, à l'un ou à l'autre des convives qu'Alexis prenait plaisir à honorer, et parmi lesquels les Francs étaient spécialement distingués.

La conduite de Bohémond fut en cette occasion particulièrement remarquable.

Le comte Robert, qui avait toujours l'œil attaché sur lui, en raison des paroles récentes qu'il lui avait adressées, et, d'un coup d'œil expressif qu'il lui lança une ou deux fois, observa que ce prince astucieux évitait de toucher à aucune liqueur ni à aucun mets, pas même à ceux qu'on envoyait de la table particulière de l'empereur. Un morceau de pain pris dans la corbeille au hasard et un verre d'eau pure furent les seuls rafraîchissemens dont il voulut goûter. L'excuse qu'il présenta fut le respect dû à la sainte fête de l'Avent, qui se trouvait tomber ce même soir, et que l'église grecque et la latine s'accordaient à regarder comme sacrée.

«Je ne me serais pas attendu à cela de vous, sire Bohémond, dit l'empereur; je n'aurais pas cru que vous eussiez refusé les marques d'hospitalité que je vous offre en personne à ma propre table, le jour même où vous m'avez honoré en entrant à mon service comme vassal pour la principauté d'Antioche.»

«Antioche n'est pas encore conquis, dit Bohémond, et la conscience, puissant souverain, doit toujours avoir ses exceptions, dans tous les engagemens temporels que nous passons.»

«Allons, noble comte, dit l'empereur, qui, évidemment, regardait la conduite contraire aux lois de l'hospitalité de Bohémond comme provenant plutôt d'un esprit de méfiance que de dévotion, nous invitons, quoique cela ne soit pas dans notre habitude, nos enfans, nos nobles hôtes et nos principaux officiers ici présens à une carousse générale. Remplissez les coupes, appelées *les neufs muses;* faites-y couler à plein bord le vin que l'on dit consacré aux lèvres impériales.»

Sur l'ordre de l'empereur, les coupes furent remplies. Elles étaient d'or pur, et sur chacune était gravée l'effigie de la muse à laquelle elle était consacrée.

«Vous, du moins, dit l'empereur, mon bon comte Robert, vous et votre aimable dame n'aurez aucun scrupule de faire raison à votre hôte impérial?»

«Si ce scrupule doit impliquer quelque soupçon au sujet des mets qui nous sont servis ici, je dédaigne d'en nourrir de semblables, dit le comte Robert; si c'est un péché que je commets en goûtant du vin ce soir, ce n'est qu'un péché véniel; et je n'augmenterai pas beaucoup mon fardeau, en le portant avec le reste de mes fautes au prochain confessionnal.»

«Ne vous laisserez-vous donc pas influencer, prince Bohémond, par la conduite de votre ami?» dit l'empereur.

«Il me semble, répliqua le Normand-Italien, que mon ami eût pu mieux faire en se laissant influencer par la mienne; mais qu'il en soit comme sa prudence le lui conseillera. Le fumet d'un vin si exquis me suffit.»

En parlant ainsi, il vida le vin dans une autre gobelet, et sembla alternativement admirer la ciselure de la coupe et le fumet du vin qu'elle avait récemment contenu.

«Vous avez raison, sir Bohémond, dit l'empereur; le travail de cette coupe est d'une grande beauté; elle a été fabriquée par un des anciens graveurs grecs. La coupe tant vantée de Nestor, qu'Homère nous a transmise, était beaucoup plus grande peut-être, mais n'égalait point celles-ci, ni par la valeur du métal ni par la beauté exquise du travail. Que chacun donc de mes hôtes étrangers accepte la coupe dans laquelle il a ou aurait pu avoir bu, comme un souvenir de moi; et puisse l'expédition contre les infidèles être aussi heureuse que leur confiance et leur courage le méritent!»

«Si j'accepte votre don, puissant empereur, dit Bohémond, c'est seulement pour réparer la discourtoisie dont j'ai l'air de

CHAPITRE XIV.

me rendre coupable en apparence, lorsque ma dévotion me force à refuser de faire raison à votre majesté, et pour vous montrer que nous nous séparons aux termes de l'amitié la plus intime.»

En parlant ainsi, il salua profondément l'empereur, qui lui répondit par un sourire, dans lequel il mit une forte expression de sarcasme.

«Et moi, dit le comte de Paris, ayant pris sur ma conscience le péché de faire raison à votre majesté impériale, de ne pas encourir le blâme d'aider à dégarnir votre table de ces belles coupes, nous les vidons à votre santé, et ne pouvons en aucune autre manière en profiter.»

«Mais le prince Bohémond le peut, dit l'empereur, et elles seront portées à son logement, approuvées par le noble usage que vous en avez fait. Et nous en avons encore une autre garniture de table pour vous et pour votre aimable comtesse, égale à celle des Graces, quoique n'égalant plus le nombre des nymphes du Parnasse... La cloche du soir sonne, et nous avertit de songer à l'heure du repos, afin d'être prêts à soutenir les travaux de la journée qui va suivre.»

L'assemblée se sépara donc pour la soirée. Bohémond quitta le palais le même soir, n'oubliant pas les muses, dont il n'était pas, en général, un zélé sectateur. Le résultat fut, comme le rusé Grec l'avait eu en vue, qu'il avait établi entre Bohémond et le comte non pas tout-à-fait une querelle, il est vrai, mais une espèce de différence d'opinion; Bohémond, sentant que le fier comte de Paris devait trouver sa conduite avare et sordide, tandis que le comte Robert était beaucoup moins disposé qu'auparavant à se reposer sur lui comme conseiller.

CHAPITRE XV.

La Prison d'état.

Le comte de Paris et sa femme furent logés cette nuit dans le palais impérial de Blaquernal. Leurs appartemens étaient contigus; mais la porte de communication fut fermée, et des barres de fer y furent posées. Cette précaution les surprit. Cependant l'observance de la fête de l'église leur ayant été objectée, cette excuse leur parut assez admissible, et ils cessèrent de s'étonner plus long-temps d'une mesure aussi extraordinaire. Ni le comte ni sa femme ne concevaient, comme on peut le croire, la moindre crainte pour leur sûreté personnelle. Les gens de leur suite, Marcien et Agathe, ayant rempli auprès de leurs maîtres leur service habituel, les quittèrent pour aller chercher le repos dans des appartemens qui étaient assignés aux gens de leur rang.

Le jour précédent s'était écoulé tout entier au milieu des embarras et de l'agitation des affaires des cérémonies; tout avait dû contribuer à porter les esprits à une sorte d'exaltation. Peut-être aussi le vin consacré aux lèvres impériales, et dont le comte Robert n'avait bu qu'une seule, il est vrai, mais solide rasade, avait-il plus de puissance que le jus savoureux et délicat du raisin de Gascogne, auquel le comte était habitué, je ne sais; mais lorsqu'il s'éveilla, il lui sembla qu'il dormait depuis long-temps, que le jour aurait dû éclairer sa chambre, et il s'étonna de se trouver encore dans l'obscurité la plus profonde. Son premier mouvement fut de se lever sur son séant, et de jeter ses regards autour de lui; mais inutilement, il ne vit rien, si ce n'est deux points d'une lumière rougeâtre qui brillaient au milieu de l'obscurité et lançaient un feu semblable à celui que lancent les yeux d'un animal féroce lorsqu'il regarde sa proie. Le comte sortit du lit pour se couvrir de son armure, précaution nécessaire si ce qu'il apercevait était réellement quelque animal dangereux échappé de sa chaîne; mais à l'instant où il fit ce mouvement, un bruit terrible ressemblant à un mugissement se fit entendre, et à ce bruit vint se joindre celui d'une chaîne de fer, comme si quelque animal monstrueux, voulant s'élancer vers le lit, eût été retenu fortement à l'attache. Les mugissemens devinrent alors si effrayans, que le comte ne douta pas qu'ils ne retentissent dans tout le palais. A la manière plus distincte dont il apercevait maintenant les deux prunelles étincelantes de l'animal, il était clair qu'il s'était rapproché de lui; mais il était impossible au comte, dans l'obscurité totale où il était plongé, de juger à quelle distance il pouvait être du danger qui le menaçait. Il entendait l'animal respirer, il lui semblait même sentir la chaleur de son haleine, et son oreille effrayée distinguait, tout au plus à deux verges de distance de ses membres sans défense, l'horrible grincement de ses défenses qui s'entrechoquaient les unes contre les autres, tandis que de ses griffes il brisait et arrachait dans une sorte de rage des fragmens du bois de chêne qui formaient le parquet. Le comte de Paris était un des hommes les plus braves de son temps, de ce temps où la bravoure était une vertu générale chez tous ceux qui prétendaient à la moindre goutte de sang noble, et le chevalier en outre était un descendant de Charlemagne. Il était homme, cependant, et comme tel, il ne put envisager en imagination un danger aussi imprévu et aussi extraordinaire, sans une émotion vive; mais ce ne fut pourtant pas celle d'une terreur subite ou d'une panique : c'était le sentiment calme d'un extrême danger modifié par la résolution d'user de toutes ses ressources pour sauver sa vie, s'il était possible. Il se retira dans son lit, qui n'était plus un lieu de repos, étant ainsi plus éloigné de quelques pieds des deux prunelles étincelantes, qui demeuraient si invariablement fixées sur lui, qu'en dépit de son courage, la nature lui mettait en imagination sous les yeux l'horrible tableau de ses membres déchirés, broyés et réduits en une bouillie de chair et de sang dans la gueule d'un monstrueux animal féroce. Un seul espoir de salut s'offrait à sa pensée... ce pouvait être un essai, une expérience tentée par le philosophe Agelastès ou par l'empereur son maître, dans le dessein d'éprouver le courage dont les chrétiens faisaient si grand bruit, et de punir l'insulte irréfléchie que le comte avait été assez imprudent pour faire à l'empereur le jour précédent. « On a bien raison de dire, réfléchit-il dans l'agonie de sa situation, qu'il ne faut pas jouer avec la barbe du lion dans sa tanière! Peut-être qu'en ce moment même quelque vil esclave délibère pour décider si j'ai assez goûté l'agonie préliminaire de la mort, et s'il est temps de lâcher la chaîne qui empêche cet animal sauvage de mettre son œuvre à fin. Mais vienne la mort quand il lui plaira! il ne sera jamais dit qu'on ait entendu le comte Robert la recevoir en implorant la compassion, ou avec des cris de douleur ou de terreur. » Il tourna la face vers la muraille, et attendit, en faisant un violent effort de courage, la mort qu'il s'imaginait approcher rapidement.

Ses premiers sentimens avaient nécessairement tenu de l'égoïsme. Le danger était trop imminent, et d'une nature trop horrible, pour lui en permettre aucun qui embrassât une vue plus étendue de son malheur; et les autres réflexions portant sur des objets plus éloignés, se trouvèrent étouffées par la pensée dominante d'une mort immédiate. Mais à mesure que ses idées s'éclaircirent, la sûreté de la comtesse s'offrit tout à coup à son esprit... quels maux pouvait-elle endurer en ce moment? Et, lorsqu'il était soumis à une épreuve aussi extraordinaire, à quoi sa constitution plus faible et son courage de femme étaient-ils réservés? était-elle encore à quelques verges de lui, comme lorsqu'il s'était couché la veille; ou les barbares qui lui avaient préparé une scène si cruelle avaient-ils profité de sa confiance imprudente et de celle de sa femme pour tramer contre elle quelque trahison du même genre, ou encore plus perfide? Dormait-elle ou était-elle éveillée, ou pouvait-elle dormir à portée de cet horrible hurlement, qui ébranlait les murs autour d'eux? Il se décida à prononcer son nom, l'avertissant, s'il était possible, de se tenir sur ses gardes, et de se contenter de répondre sans s'aventurer imprudemment dans l'appartement qui contenait un hôte si horriblement dangereux.

Il prononça donc le nom de sa femme, mais d'une voix tremblante, comme s'il eût craint que le féroce animal l'entendît.

« Brenhilda! Brenhilda!... le danger nous menace... éveille-toi, et réponds-moi, mais ne te lève pas. » Point de réponse....

« Quel homme suis-je donc devenu, se dit-il à lui-même, que j'appelle Brenhilda d'Aspremont comme un enfant appelle sa nourrice endormie, et le tout parce qu'il y a un chat sauvage dans la même chambre que moi? Honte à toi, comte de Paris! que ton écusson soit déchiré, et que tes éperons soient brisés à tes talons!... Holà! hé! cria-t-il tout haut, mais toujours d'une voix mal assurée, Brenhilda, nous sommes attaqués, l'ennemi fond sur nous! réponds-moi, mais ne bouge pas. »

Un long rugissement poussé par le monstre qui occupait sa chambre fut la seule réponse. Ce cri semblait lui dire « il ne te reste plus aucune espérance! » et il pénétra dans le cœur du chevalier comme l'expression même du désespoir.

« Peut-être, cependant, que j'apporte trop de ménagement à faire connaître ma détresse. Holà! hé! mon amour! Brenhilda! »

Une voix triste et sépulcrale comme celle d'un habitant du tombeau lui répondit comme d'un point éloigné. « Quel est l'infortuné qui croit que les vivans peuvent lui répondre de la demeure des morts? »

« Je suis un chrétien, un noble indépendant du royaume de France, répondit le comte. Hier le chef de cinq cents hommes les plus braves de France.... c'est-à-dire les plus braves qui respirent l'air destiné aux mortels, et je suis ici sans le moindre rayon de lumière, pour m'aider à éviter le coin où se tient un chat-tigre sauvage, prêt à s'élancer sur moi et à me dévorer. »

« Tu es un exemple, répliqua la voix, et ne seras pas longtemps le dernier, des changemens de la fortune. Moi, qui suis maintenant à la troisième année de mes souffrances, j'étais ce puissant Ursel qui disputa à Alexis Comnène la couronne de Grèce, fut trahi par ses partisans, et privé de la vue, qui est le premier bienfait accordé à l'homme. J'habite ces caveaux, non loin des animaux féroces par lesquels ils sont quelquefois occupés, et dont j'entends les rugissemens de joie lorsque d'infortunées victimes comme toi sont livrées à leur furie. »

« N'as-tu donc pas entendu, dit le comte Robert en réponse, conduire ici, pour y recevoir l'hospitalité, un guerrier et son épouse, aux sons, comme on eût pu le croire,

d'une musique nuptiale?... O Brenhilda! as-tu été si jeune...
si belle... conduite si perfidement à la mort par des moyens
si horribles, au delà de toute expression! »

« Ne pense pas, répondit Ursel, ainsi que la voix s'était
nommée, que les Grecs repaissent leurs bêtes féroces de
mets si somptueux. Pour leurs ennemis, terme qui comprend
non seulement tous ceux qui sont réellement tels, mais encore tous ceux qu'ils craignent ou qu'ils haïssent, ils ont des
donjons dont les portes ne se rouvrent jamais, des fers
rouges pour brûler les yeux dans la tête, des lions et des
tigres lorsqu'il leur plait d'en finir promptement avec leurs
captifs... mais ces supplices ne sont réservés qu'aux prisonniers mâles. Tandis que pour les femmes... si elles sont jeunes
et belles, les princes du pays ont des places dans leur lit et
dans leurs harems; on ne les emploie point non plus, comme
les captives de l'armée d'Agamemnon, à puiser de l'eau à une
source argienne, mais elles sont admirées et adorées de ceux
que le sort a rendus maîtres de leur destinée. »

« Tel ne sera jamais le destin de Brenhilda! s'écria le comte
Robert; son mari vit encore pour la secourir, et quand même
il mourrait, elle connaît bien le moyen de le suivre sans laisser une tache dans l'épitaphe de l'un ou de l'autre. »

Le captif ne répondit pas immédiatement, et il s'ensuivit
un moment de silence, qui fut rompu par la voix d'Ursel.
« Étranger, dit-il, quel est ce bruit que j'entends? »

« Tu te trompes, je n'entends rien, » dit le comte Robert.

« Mais moi j'entends, dit Ursel; la privation cruelle de la
vue rend mes autres sens plus déliés. »

« Ne t'inquiète pas de cette circonstance, compagnon de
captivité, répondit le comte, mais attends le résultat en
silence. »

Soudain une lumière brilla dans l'appartement obscurcie,
rouge et enfumée : le chevalier avait songé à un briquet qu'il
portait d'ordinaire sur lui, et avec aussi peu de bruit que
possible, il avait allumé la torche qui se trouvait à côté de son
lit; il l'approcha aussitôt des rideaux, qui, étant de mousseline, furent en un instant en flammes. Le chevalier sauta au
même instant en bas de sa couche. Le tigre, car c'en était
un, épouvanté par les flammes, fit un bond en arrière aussi

CHAPITRE XV. 239

loin que sa chaîne le lui permit, insensible à tout autre chose qu'à ce nouvel objet de terreur. Le comte Robert, sur ces entrefaites, saisit un lourd escabeau de bois, qui était la seule arme offensive sur laquelle il pût mettre la main, et, ajustant ces yeux, qui alors réfléchissaient l'éclat des flammes, et qui un moment auparavant lui avaient semblé si terribles, il lança contre eux ce fragment de chêne massif avec une vigueur qui ressemblait moins à la force humaine qu'à la violence avec laquelle un pierrier vomit la charge qu'il contenait. Il avait si bien pris son temps et visé si juste, que l'arme atteignit son but avec une impétuosité incroyable : le crâne du tigre (ce serait *peut-être exagérer* que de le dépeindre comme de la plus grande taille) en fut fracturé; et à l'aide de son poignard, qu'on lui avait heureusement laissé, le comte français expédia le monstre, et eut la satisfaction de lui voir rendre la vie dans un dernier grincement de dents, et rouler dans l'agonie de la mort ces yeux qui, un instant auparavant, étaient si terribles.

Regardant autour de lui, il découvrit à la lueur du feu qu'il avait allumé que l'appartement où il se trouvait alors était différent de celui dans lequel il s'était couché la nuit précédente; et il ne pouvait y avoir de contraste plus frappant entre l'ameublement des deux pièces qu'entre les restes à moitié brûlés des minces rideaux de mousseline voltigeant dans l'air et les murailles épaisses, nues et rappelant l'intérieur d'un cachot de la chambre elle-même, ou le très utile escabeau de bois dont il avait fait un si bon usage.

Le chevalier n'avait pas le loisir de tirer des conclusions d'un tel sujet; il éteignit en hâte le feu, qui n'avait dans le fait rien à quoi il pût s'attaquer, et se mit, à l'aide du flambeau, à examiner l'appartement, et à en chercher l'entrée. Il n'est guère nécessaire de dire qu'il n'aperçut aucune porte de communication avec la chambre de Brenhilda : ce qui le convainquit qu'on les avait séparés la veille sous prétexte de scrupules religieux, afin d'accomplir quelque infame projet de trahison sur l'un d'eux ou sur tous les deux à la fois. Nous avons déjà vu la partie des aventures de cette nuit qui le concernait, et le succès si heureux qu'il avait obtenu dans un si grand danger lui fit concevoir en tremblant l'espoir que Brenhilda, par son mérite et sa valeur, serait en état de se défendre contre toute attaque de fraude ou de violence, jusqu'à ce qu'il pût trouver moyen de pénétrer jusqu'à elle et de la délivrer. «J'aurais dû avoir plus d'égard, hier au soir, dit-il, à l'avertissement de Bohémond, qui, il me semble, me donna à entendre aussi clairement que s'il me l'eût dit en propres termes, que cette même coupe de vin était une potion préparée avec quelque drogue! mais alors honte à lui comme à un chien avare! comment pouvais-je penser qu'il soupçonnât rien de semblable, lorsque, loin de s'expliquer comme un homme de cœur, par insensibilité ou par un vil égoïsme, il m'a laissé courir le risque d'être empoisonné par l'astucieux despote?

Ici il entendit une voix partant du même point qu'auparavant. «Holà! hé! holà! étranger! vivez-vous encore, ou avez-vous été massacré? Que signifie cette odeur étouffante de fumée? Pour l'amour de Dieu, répondez à celui dont les yeux, fermés, hélas! pour jamais, ne peuvent lui rien apprendre!»

« Je suis délivré, dit le comte, et le monstre destiné à me dévorer a rendu le dernier soupir. Je voudrais, mon ami Ursel, puisque tel est ton nom, que tu jouisses encore de l'avantage de la vue pour avoir été témoin du combat de tout à l'heure; cela en eût valu la peine, quand même tu l'aurais perdue une minute après, et c'eût été d'un grand secours pour quiconque aura la tâche de compiler mon histoire. »

Tandis qu'il donnait une pensée à cette vanité qui le dominait fortement, il ne perdit pas de temps pour chercher quelque moyen de s'échapper de sa prison, car c'était la seule voie par laquelle il pût espérer de recouvrer sa comtesse. A la fin, il découvrit une porte dans le mur, mais elle était fermée par une forte serrure et des verrous. « J'ai trouvé le passage, cria-t-il, et sa direction se trouve dans celle de ta voix... mais comment ferai-je pour ouvrir la porte? »

« Je t'apprendrai ce secret, dit Ursel; je désirerais pouvoir aussi aisément défaire chaque verrou qui nous sépare du grand air ; mais, pour ce qui regarde ta réclusion dans ton cachot, lève la porte de toutes tes forces, et tu élèveras les verrous à un endroit où, poussant la porte devant toi, ils trouveront une rainure taillée dans la muraille, ils couleront et permettront à la porte de s'ouvrir. Plût à Dieu que je pusse te voir, non seulement parce qu'étant un homme courageux, tu dois faire plaisir à voir, mais aussi parce que j'apprendrais par là que je n'ai point été plongé dans les ténèbres pour toujours. »

Tandis qu'il parlait ainsi, le comte fit un paquet de son armure, dont il ne trouva rien à dire, excepté son épée-tranchefer, et se mit alors à faire tous ses efforts, d'après les instructions de l'aveugle, pour ouvrir la porte de sa prison. Il s'aperçut bientôt qu'il ne lui servait de rien de pousser en ligne directe; mais lorsqu'il employa sa force de géant à élever la porte aussi haut qu'elle put aller, il eut la satisfaction de trouver que les verrous cédaient, quoique avec peine. Un espace avait été creusé de manière à leur permettre de sortir de la gâche dans laquelle on les avait fait entrer; et sans le secours d'aucune clef, mais par un puissant effort en avant, un étroit passage se trouva ouvert. Le chevalier entra, portant son armure dans sa main.

« Je t'entends, dit Ursel, o étranger! et je m'aperçois que tu es venu dans le lieu de ma captivité. Pendant trois ans j'ai été occupé à creuser ces rainures correspondant aux gâches qui retenaient ces verrous, et j'ai caché la connaissance de ce secret aux gardiens de ma prison. Il me faudrait peut-être encore en creuser vingt pareilles avant que mes pas approchassent du grand air. Quelle apparence y a-t-il que j'aie une force d'ame suffisante pour continuer cette tâche? Cependant, croyez-moi, noble étranger, je me réjouis d'avoir aidé jusqu'en ce point à votre délivrance; car si le ciel ne bénit pas à un plus haut degré nos désirs de liberté, nous pouvons encore nous être une consolation mutuelle tant que la tyrannie nous permettra de vivre à tous deux. »

Le comte Robert regarda autour de lui, et frémit en pensant qu'une créature humaine pût parler de rien qui approchât d'une consolation ayant rapport à sa demeure dans un lieu qui avait tout l'air d'un tombeau vivant. Le cachot d'Ursel n'avait pas plus de douze pieds carrés, était voûté dans le haut et entouré de fortes murailles de pierres que le ciseau avait étroitement emmortoisées l'une dans l'autre. Un lit, un escabeau grossier tel que celui que Robert venait de lancer à la tête du tigre, et une table de matériaux massifs en composaient tout l'ameublement. Sur une longue pierre, au dessus du lit, étaient tracés ces mots en petit nombre, mais terribles : « Zédéchias Ursel, emprisonné dans ce lieu aux Ides de mars; A. D... mort et enterré au même endroit... » Un espace était laissé pour remplir la date. La personne du captif se distinguait à peine au milieu du désordre de ses vêtemens. Ses cheveux longs et mal peignés descendaient en boucles mêlées, et se confondaient avec une barbe d'une longueur démesurée.

« Regarde-moi, dit le captif, et réjouis-toi de ce que tu peux encore voir le misérable état auquel le cœur de fer de la tyrannie peut réduire un homme, son semblable, dans cette vie et dans l'autre. »

« Est-ce vous, dit le comte Robert, dont le sang était glacé dans les veines, qui avez eu le courage de passer votre temps à scier les blocs de pierre qui assujétissent ses verrous ? »

« Hélas ! dit Ursel, que pouvait faire un homme aveugle ? Il fallait m'occuper, si je voulais conserver ma raison. Cet immense travail m'a coûté trois ans de peine, et vous ne pouvez vous étonner que j'y aie consacré tout mon temps lorsque je n'avais aucun autre moyen de l'employer. Mon cachot peut-être, et même très probablement, ne permet point la distinction du jour et de la nuit; mais l'horloge d'une cathédrale éloignée m'annonçait comment les heures s'enfuyaient l'une après l'autre, et me trouvaient occupé à les passer en frottant une pierre contre une autre. Mais lorsque la porte céda à mes efforts, je m'aperçus que je n'avais fait que m'ouvrir un accès dans une prison plus forte que celle qui me renfermait. Je m'en réjouis néanmoins, puisque cette circonstance nous a réunis, t'a donné une entrée dans mon cachot, et à moi un compagnon dans ma misère. »

« Pense à quelque chose de mieux que cela, dit le comte Robert ; pense à la liberté... pense à la vengeance ! Je ne puis croire qu'une trahison si injuste se termine par le succès, autrement je serais forcé de dire que le ciel est moins juste que les prêtres ne nous le disent. Comment t'arrive ta nourriture dans ce cachot ? »

« Un geôlier, dit Ursel, qui, je pense, n'entend pas la langue grecque... du moins il ne me répond ou ne m'adresse jamais la parole... m'apporte un pain et une cruche d'eau qui suffisent à soutenir ma misérable vie pendant deux jours. Je dois donc vous prier de vous retirer pendant un certain espace de temps dans la prison voisine, afin que le geôlier n'ait aucun moyen de connaître que nous pouvons communiquer ensemble.

« Je ne vois pas, dit le comte Robert, par où le barbare, si c'en est un, peut entrer dans mon cachot sans passer par le vôtre; mais peu importe, je me retirerai dans la dernière chambre ou dans la première, quelle que soit celle de ces deux qualifications qui lui convienne, et rappelle-toi bien que ce gardien aura une prise de collet avec quelqu'un avant de terminer ses fonctions aujourd'hui. En attendant, imagine-toi être muet comme tu es aveugle, et sois sûr que l'offre de ma liberté même ne me porterait pas à abandonner la cause d'un compagnon d'infortune. »

« Hélas! dit le vieillard, j'écoute tes promesses comme je le ferais de celles de la brise du matin, qui me dit que le soleil est sur le point de se lever, quoique je sache que moi du moins je ne le verrai jamais. Tu es un de ces chevaliers intrépides, et ne désespérant de rien, que pendant tant d'années l'Ouest de l'Europe a envoyé tenter des impossibilités : je ne puis donc attendre de ta part que des projets de délivrance aussi peu solidement bâtis que les bulles de savon qu'un fol enfant s'amuserait à enlever. »

« Aie meilleure opinion de nous, vieillard, dit le comte Robert en se retirant; du moins laisse-moi mourir sans me glacer le sang, et dans la croyance qu'il m'est possible d'être encore uni à ma bien-aimée Brenhilda. »

En parlant ainsi il se retira dans son propre cachot, et replaça la porte de manière que le travail d'Ursel, qu'une solitude de trois ans pouvait seule en effet avoir achevé, échappât à l'œil du gardien lorsqu'il reviendrait faire sa visite.

« Je joue de malheur, dit-il, lorsqu'il se trouva de nouveau dans sa propre prison... car il avait le pressentiment que celle dans laquelle le tigre avait été enchaîné lui était destinée... je joue de malheur de n'avoir pas trouvé un compagnon de captivité, jeune et vigoureux, au lieu d'un individu décrépit des suites de son emprisonnement, aveugle et abattu au point d'être incapable d'aucun effort. Mais la volonté de Dieu soit faite! je ne laisserai pas derrière moi le pauvre malheureux que j'ai trouvé dans une telle situation, quoiqu'il soit totalement incapable de m'aider à accomplir ma délivrance, et doive plus probablement la retarder. En attendant, avant d'éteindre la torche, voyons si, en examinant de près, nous pourrons découvrir quelque autre porte que celle qui conduit dans le cachot de l'aveugle. S'il en est autrement, je dois soupçonner que j'ai été descendu à travers le plafond. Cette coupe de vin... cette muse, comme ils l'appelaient, avait plus le goût d'une médecine que d'une liqueur propre à faire raison à un gai convive. »

Il commença en conséquence un examen attentif des murailles, qu'il se décida à terminer en éteignant la torche, afin de pouvoir saisir la personne qui entrerait dans son cachot durant l'obscurité et par surprise. Pour le même motif, il traîna dans le coin le plus obscur le cadavre du tigre, et le cacha avec le reste des couvertures du lit, jurant en même temps qu'il prendrait pour cimier à l'avenir un tigre à mi-corps, s'il avait le bonheur, ce dont son courage intrépide ne lui permettait pas de douter, de se tirer du présent danger ; «mais, ajouta-t-il, si ces vassaux nécromanciens de l'enfer conjurent le diable contre moi, que ferai-je alors ? Et la chance en est si grande qu'il me semble que je m'abstiendrai volontiers d'éteindre le flambeau. Cependant c'est un entortillage pour un chevalier armé dans la chapelle de Notre-Dame des Lances-rompues de faire beaucoup de différence d'une chambre éclairée à une pièce plongée dans les ténèbres. Qu'il vienne autant de démons que le cachot pourra en contenir, et nous verrons si je ne les reçois pas comme il convient à un chevalier chrétien, et très certainement Notre-Dame, à l'autel de laquelle j'ai toujours été sincèrement dévoué, considèrera comme un sacrifice agréable à sa sainteté que je me sois arraché des bras de ma Brenhilda, même pour un seul moment, en l'honneur de son avent, et donné ainsi lieu à notre désastreuse séparation. Esprits infernaux! je vous défie en corps et en esprit, et je réserve les restes de ce flambeau pour quelque occasion plus convenable ». A ces mots, il frappa la torche contre la muraille, et s'assit alors tranquillement dans un coin pour observer ce qui se passerait.

Les réflexions se succédaient rapidement dans son esprit; sa confiance dans la fidélité de sa femme, et dans sa force et son activité extraordinaire étaient sa plus grande consolation; et le danger qu'elle pouvait courir n'avait point le pouvoir de lui apparaître sous une forme si terrible qu'il ne trouvât du soulagement dans ces réflexions : « Elle est pure, disait-il, comme la rosée des cieux, et le ciel n'abandonnera pas ce qui est de son domaine. »

CHAPITRE XVI.

L'Orang-Outang.

> Étrange singe de l'homme! qui te voit avec dégoût et te méprise; objet tout à la fois de honte et de dérision pour nous. Où doit être poussée la bizarrerie de nos idées avant que nous puissions prendre plaisir à voir notre propre image, notre orgueil et nos passions se réfléchir dans un corps aussi grotesque que le tien!
> *Anonyme.*

Le comte Robert de Paris s'étant blotti derrière les ruines du lit, de manière à ne pouvoir être aisément aperçu, à moins qu'une forte lumière ne vînt éclairer tout à coup le lieu de sa retraite, attendit avec anxiété pour voir comment et de quelle manière le gardien de la prison, chargé de porter la nourriture aux prisonniers, lui apparaîtrait; et il ne demeura pas long-temps sans entendre et observer les symptômes de son approche. Une lumière se montra en partie comme partant d'une trappe qui s'ouvrait à la voûte du cachot, et une voix prononça ces mots en anglo-saxon : « Saute, vaurien; allons, dépêchons-nous; saute, mon bon Sylvain, montre nous l'activité de ta seigneurie. » Un ricanement étrange d'une voix rauque répondit à cet ordre dans un langage tout-à-fait inintelligible pour le comte Robert, mais d'un ton qui semblait faire présumer que celui à qui il était donné n'était guère disposé à s'y soumettre.

« Eh! quoi, monsieur, vous faites des difficultés, n'est-ce pas? Si vous êtes si paresseux, il faudra donner une échelle à votre seigneurie, et peut-être un coup de pied dans le derrière pour hâter son voyage. » Au même instant, quelque chose qui avait la forme humaine et d'une taille démesurée, sauta par la trappe, quoique la hauteur pût être de plus de quatorze pieds. Cet être était d'une stature gigantesque ayant plus de sept pieds de haut : dans sa main gauche il tenait une torche, et dans sa droite un écheveau de soie fine, qui, se dévidant à mesure qu'il descendait, ne s'était point rompu quoiqu'il fût aisé de penser qu'il ne pouvait servir d'aucun support à une créature d'une semblable taille dans sa descente. Il tomba lestement et sans aucun accident sur ses pieds; et comme s'il eût rebondi du sol, il fit un autre saut en l'air de manière à toucher presque la voûte. Dans cette dernière cabriole, la torche qu'il portait s'éteignit; mais cet étrange geôlier la fit tournoyer autour de sa tête avec une rapidité extraordinaire, de sorte qu'elle se ralluma. Celui qui la portait, et qui paraissait avoir eu cet objet en vue, essaya de s'assurer qu'il y avait réellement réussi, en approchant, comme avec précaution, sa main gauche de la flamme de la torche. Cette expérience pratique sembla avoir un résultat auquel cette créature ne s'attendait pas, car elle poussa un cri de douleur, secouant la main brûlée, et semblant se plaindre dans son jargon. « Fais attention là-bas, Sylvain! dit la même voix, en anglo-saxon, et d'un ton grondeur; ho! là-bas! occupe-toi de ton devoir, Sylvain! porte de la nourriture à l'aveugle, et ne reste pas là à prendre tes ébats, si tu veux que je t'envoie une autre fois seul pour t'acquitter d'une telle mission! »

Cette créature.... car il eût été inconsidéré de lui donner le nom d'homme..... tournant les yeux en haut du côté d'où partait la voix, répondit par une grimace horrible et en agitant son poing; elle se mit néanmoins aussitôt à défaire un paquet, et à fouiller dans les poches d'une espèce de jaquette et de pantalon qu'elle portait, cherchant, à ce qu'il parut, un trousseau de clefs, qu'elle tira enfin, et prit un pain dans le paquet; chauffant la pierre de la muraille, elle y fixa la torche avec un morceau de cire, et examina alors avec soin pour trouver la porte du cachot du vieillard, qu'elle ouvrit avec une clef choisie dans le trousseau. Dans le passage, elle parut chercher et découvrir la manivelle d'une pompe, où elle remplit une cruche qu'elle portait, et rapportant les restes de l'ancien pain et de la cruche d'eau, elle mangea un peu, comme par jeu, et faisant presque aussitôt une épouvantable grimace, rejeta les fragmens du pain. Le comte de Paris, pendant tout ce temps, observait avec anxiété tous les mouvemens de cet animal inconnu. Sa première pensée fut qu'un être, dont les membres surpassaient tellement en grandeur ceux de l'homme, dont les grimaces étaient si épouvantables, et dont l'agilité paraissait surnaturelle, ne pouvait être que le diable lui-même, ou quelqu'un des démons inférieurs, dont la condition et les fonctions dans ces sombres demeures ne semblaient nullement difficiles à deviner. Néanmoins la voix d'homme qu'il avait entendue était moins celle d'un nécromancien évoquant un démon, que celle d'une personne qui donne des ordres à un animal sauvage sur lequel elle s'est acquis, en le dressant, un grand empire.

« Honte à moi, dit le comte, si je souffrais qu'un misérable singe... car, c'est, je crois, ce qu'est cette bête qui a l'air du diable, quoiqu'elle soit deux fois aussi grande que les animaux de la même espèce que j'aie jamais vus..... mît obstacle à ce que je recouvrasse la lumière du jour et ma liberté ; observons seulement avec attention, et il y a à parier que ce particulier au manteau de fourrure nous servira de guide vers les régions supérieures. »

Sur ces entrefaites, cette créature bizarre, qui fouillait dans tous les recoins, découvrit enfin le corps du tigre..... le toucha, le remua, en faisant mille contorsions, et sembla se lamenter et s'étonner de sa mort. Tout à coup, elle parut frappée de l'idée qu'il devait avoir été tué par quelqu'un, et le comte Robert eut le chagrin de la voir saisir de nouveau la clef, et s'élancer vers la porte de la prison d'Ursel avec une telle rapidité, que, si son intention avait été de l'étrangler, elle eût mit son dessein à exécution avant que l'intervention du comte Robert eût pu l'empêcher de se venger. Probablement, néanmoins, elle réfléchit que, par des raisons qui lui parurent satisfaisantes, la mort du tigre n'avait pu être causée par le malheureux Ursel, mais était due à quelqu'un caché dans le premier cachot.

Grommelant donc lentement entre ses dents et ayant l'air de se parler à lui-même, tout en regardant avec soin dans chaque coin, cet être colossal, si rapproché et cependant si éloigné de la forme humaine, marchait à pas de loup le long des murailles, déplaçant tout ce qu'il pouvait croire en état de soustraire un homme à ses regards. Il avançait ses grands bras et ses grandes jambes, et ses yeux perçans, attentifs à découvrir l'objet de ses recherches, examinait soigneusement, à l'aide de la torche, tous les recoins du cachot.

Considérons le voisinage de la ménagerie d'Alexis. Le lecteur au point où nous en sommes arrivés, ne peut guère douter que l'être en question, dont la figure avait paru si problématique au comte de Paris, ne fût un individu de cette espèce gigantesque de singes... si ce n'est pas même quelque animal plus rapproché de notre nature... auquel, je crois, les naturalistes ont donné le nom d'orang-outang. Cet animal diffère des autres variétés de la famille des singes en ce qu'il est comparativement plus docile et plus serviable, et que, quoique possédant la faculté d'imitation commune à toute la race, cependant il en fait usage moins pour contrefaire simplement les actions de l'homme, que par un désir de perfectionnement et d'instruction tout-à-fait inconnu aux autres branches de la même famille. L'aptitude à s'instruire dont il est doué est étonnante, et probablement, s'il était placé dans des circonstances favorables, on pourrait l'appliquer à un très grand nombre d'usages domestiques; mais l'ardeur des recherches scientifiques n'a jamais procuré ces avantages à cet animal. Le dernier dont nous ayons entendu parler fut vu, nous pensons, dans l'île de Sumatra... il était d'une grosseur et d'une force considérables, et avait plus de sept pieds. Il mourut, défendant en désespéré son innocente vie contre un détachement d'Européens, qui, nous ne pouvons nous empêcher d'en faire la réflexion, eussent pu mieux employer la supériorité que leur donnaient leurs connaissances sur le pauvre habitant de la forêt. Ce fut propablement cet être rarement aperçu, mais que l'on n'oublie jamais lorsqu'on l'a une fois vu, qui donna naissance à l'ancienne croyance au dieu Pan, avec ses sylvains et ses satyres; et même si ce n'était du don de la parole, que nous ne pouvons supposer qu'aucun individu de la famille ait possédé, nous serions porté à croire que le satyre aperçu dans le désert par saint Antoine appartenait à cette race.

Nous pouvons, en conséquence, en croire d'autant plus aisément les annales qui attestent que la collection d'histoire naturelle appartenant à Alexis Comnène contenait un animal de cette espèce, qui avait été rendu domestique et apprivoisé à un point étonnant, et montrait un degré d'intelligence que l'on ne rencontrera peut-être jamais chez aucun autre de ces animaux. Après ces explications nous reprenons le fil de notre histoire.

L'animal s'avançait à pas longs et silencieux : son ombre réfléchie sur la muraille, lorsqu'il tenait la torche de manière à la rendre visible aux yeux du Franc, formant une autre représentation de son grand corps et de ses membres démesurés qui ressemblait au portrait du diable. Le comte Robert demeurait dans sa cachette, peu pressé de commencer un combat, dont il était impossible de prédire le résultat. En attendant, l'homme des bois s'approchait, et chaque pas qu'il faisait en avant, causait au comte un battement de cœur qu'on eût presque entendu, à l'idée de se trouver en face d'un danger d'une nature si étrange et si nouvelle. A la fin, cet être singulier s'approcha du lit, ses yeux hideux se fixèrent sur ceux du comte, et aussi étonné de le voir que Robert l'était de la rencontre, il recula de quinze pas en arrière d'un seul bond, en poussant instinctivement un cri de terreur, et ensuite s'avança sur la pointe des pieds, étendant en avant autant qu'il le pouvait sa torche entre lui et l'objet de ses craintes, comme pour l'examiner en s'en approchant le moins possible. Le comte Robert saisit un fragment du bois de lit, assez fort pour former une espèce de massue, avec laquelle il menaça le naturel des forêts.

Suivant toute apparence l'éducation de cette pauvre créature, comme beaucoup d'autres éducations, n'avait point été faite sans l'emploi des coups, dont il avait le souvenir aussi présent que celui des leçons qu'ils avaient servi à lui inculquer. Le comte Robert de Paris était homme à découvrir au premier coup d'œil et à mettre à profit l'avantage de voir qu'il avait sur son ennemi un degré d'ascendant qu'il n'avait pas soupçonné. Il redressa sa taille martiale et d'un pas fier comme s'il eût triomphé dans la lice, s'avança en menaçant son ennemi de sa massue, comme il eût brandi contre son antagoniste le redoutable tranchefer. D'un autre côté, l'homme des bois lâcha pied évidemment, et convertit la circonspection de son mouvement en avant en une retraite non moins prudente. Néanmoins il n'avait point renoncé à quelque plan de résistance; il poussait des cris inarticulés d'un ton colère et hostile, opposait sa torche à l'ennemi, et paraissait sur le point d'en frapper le croisé. Le comte Robert cependant résolut de prendre son adversaire en défaut, tandis qu'il était influencé par la crainte, et dans ce but forma le projet de le priver de sa supériorité naturelle en force et en agilité, que son extérieur singulier indiquait qu'il devait nécessairement avoir sur l'espèce humaine. Maniant donc fort habilement son arme, le comte menaça son sauvage antagoniste d'un coup sur le côté droit de la tête, mais détournant soudainement le coup, le frappa de toute sa force sur la tempe gauche et en une minute le tint sous son genou, tandis que tirant son poignard il allait le priver de la vie.

L'orang-outang, ignorant la nature de cette nouvelle arme dont il était menacé, essaya d'un même coup, de se relever de terre, de renverser son antagoniste et de lui arracher le poignard de la main. Il eût probablement réussi dans le premier de ces projets; et il s'était déjà redressé sur ses genoux, et paraissait devoir gagner le dessus dans la lutte, lorsqu'il s'aperçut que le chevalier, tirant vivement le poignard dont il tenait la lame serrée entre ses doigts, lui avait fortement coupé la main, et, lui voyant diriger cette arme tranchante contre sa gorge, comprit probablement que sa vie était entre les mains de son ennemi. Il se laissa renverser en arrière sans faire plus de résistance, poussant en même temps un long et piteux gémissement, ayant en soi quelque chose de la voix humaine qui excitait la compassion. Il se couvrit les yeux de

CHAPITRE XVI. 251

la main qui n'était pas blessée, comme s'il eût voulu éviter de voir la mort qui semblait prête à le frapper.

Le comte Robert, malgré sa frénésie belliqueuse, était, dans les cas ordinaires, un homme modéré et doux, et très bon surtout envers les classes inférieures de la création. Une pensée le frappa tout à coup : « Pourquoi arracher à ce monstre infortuné le dernier soupir qui est prêt à lui échapper, et après lequel il ne peut connaître une autre existence? Et après tout n'est-ce pas quelque prince ou quelque chevalier transformé en cette figure grotesque, pour aider à surveiller ces cachots et les étonnantes aventures qui s'y lient? ne me rendrais-je pas alors coupable d'un crime, en le tuant, lorsqu'il s'est remis à discrétion, ce qu'il avait fait aussi complétement que sa métamorphose le lui permettait; et si c'est réellement une créature animale, ne peut-il pas avoir quelque sentiment de reconnaissance? J'ai entendu les ménestrels chanter le lai d'Androclès et du Lion. Je me tiendrai sur mes gardes avec lui. »

En parlant ainsi, il se leva de dessus l'homme des bois, et lui permit aussi de se relever. L'animal sembla apprécier sa clémence, car il laissa échapper une espèce de murmure d'un ton de voix bas et suppliant, qui semblait à la fois demander grace et le remercier de la faveur qu'il lui avait déjà accordée. Il pleura aussi en voyant le sang couler de sa blessure, et d'un air d'anxiété qui approchait plus de l'extérieur de l'homme depuis qu'il avait une expression de douleur et d'affliction, il sembla attendre avec crainte ce qu'il plairait à un être plus puissant que lui de lui infliger.

La poche que le chevalier portait sous son armure, et qui ne pouvait contenir que peu d'objets, renfermait cependant un baume vulnéraire, dont le comte avait souvent besoin, un peu de charpie, et un petit paquet de bandages, de linge roulés; le chevalier les sortit, et fit signe à l'animal de lui présenter sa main blessée. L'homme des bois obéit avec hésitation et répugnance, et le comte Robert y appliqua le baume et l'appareil, informant son malade, en même temps, d'un ton de voix sévère, que peut-être il faisait mal d'employer à son usage un baume composé pour l'utilité des plus nobles chevaliers; mais que, s'il s'apercevait le moins du monde qu'il songeât à payer d'ingratitude le bienfait qu'il lui conférait, il enfoncerait jusqu'au manche dans son corps le poignard dont il avait déja ressenti l'efficacité.»

Le sylvain regardait fixement le comte Robert, presque comme s'il eût compris le langage qu'il lui tenait, et, poussant un de ses murmures accoutumés, il se coucha jusqu'à terre, baisa les pieds du chevalier, et, embrassant ses genoux, sembla lui jurer une reconnaissance et une fidélité éternelles. Conformément à ces dispositions, lorsque le comte se retira près du lit et revêtit son armure pour attendre que l'on rouvrît la trappe, l'animal s'assit à ses côtés, portant ses yeux dans la même direction que lui, et sembla aussi en attendre tranquillement l'ouverture.

Après une attente d'environ une heure, un léger bruit se fit entendre dans la chambre au dessus, et l'homme sauvage tira le Franc par son manteau, comme pour appeler son attention sur ce qui allait se passer. La même voix qui s'était déja fait entendre, après avoir sifflé une couple de fois, appela : «Sylvain, Sylvain! à quoi donc t'amuses-tu? Viens à l'instant, ou, par la croix, tu me paieras ta nonchalance!»

Le pauvre monstre, comme Trinculo aurait pu l'appeler, sembla parfaitement comprendre le sens de cette menace, et le témoigna en se serrant contre le comte Robert, faisant entendre en même temps un accent plaintif, comme pour implorer la protection du chevalier. Oubliant la grande invraisemblance qu'il y avait, même dans sa propre opinion, que la pauvre créature pût le comprendre, le comte Robert dit : «Eh quoi, l'ami! tu as déja appris la principale prière de cour de ce pays, par laquelle les hommes implorent la permission de parler et de vivre. Ne crains rien, pauvre créature... je suis ton protecteur.»

«Sylvain! ho! dit de nouveau la voix; quel compagnon as-tu trouvé en route?... quelqu'un des démons ou des revenans tués dans ces cachots, qui, dit-on, s'y promènent fréquemment? ou tiens-tu conversation avec ce vieux rebelle d'aveugle grec?... Ou finalement, ce qu'on dit de toi est-il vrai, que tu parles intelligiblement quand tu le veux, et que tu pousses des sons inarticulés seulement dans la crainte que l'on ne t'envoie travailler? Arrive, chien de paresseux; tu jouiras de la commodité de l'échelle pour monter, quoique tu n'en aies pas plus besoin qu'une chouette pour monter sur le clocher de la cathédrale de Sainte-Sophie. Grimpe donc, dit-il, descendant une échelle par la trappe, et ne me donne pas la peine de descendre te chercher, ou, autrement, par saint Swthin, il t'en arrivera malheur! Monte donc, comme un brave garçon, et pour cette fois je te dispenserai du fouet. »

L'animal, apparemment, fut touché de cette rhétorique ; car, d'un air triste, que le comte Robert aperçut au moyen de la torche presque éteinte, il sembla lui dire adieu, et s'approcha lentement de l'échelle avec toute la bonne volonté qu'un condamné apporte à exécuter la même manœuvre. Mais du moment où le comte prit un air de mécontentement et agita son redoutable poignard, l'animal intelligent parut tout à coup avoir pris sa résolution, et joignant fortement les mains comme quelqu'un qui a pris son parti, il s'éloigna du pied de l'échelle et fut se placer derrière le comte Robert, de l'air, toutefois, d'un transfuge qui se sent peu dans son assiette ordinaire lorsqu'il est appelé à combattre contre son ancien commandant.

Au bout d'un court intervalle, la patience du gardien fut épuisée, et désespérant de voir revenir le sylvain de lui-même, il résolut de venir le chercher. Il descendit l'échelle, avec un trousseau de clefs dans une main, tandis que l'autre l'aidait à descendre, et une espèce de lanterne sourde, dont le fond était façonné de manière qu'il pouvait la porter sur la tête comme un chapeau. Il avait à peine posé le pied sur le sol qu'il se trouva entouré des bras nerveux du comte de Paris. La première idée du geôlier fut qu'il était saisi par le sylvain récalcitrant.

« Eh bien, coquin ! dit-il, laisse-moi aller, ou tu périras de ma main. »

« Tu périras toi-même, » dit le comte, qui, l'ayant pris par surprise et en raison de son habileté à lutter, sentait tout son avantage dans ce combat.

« Trahison ! trahison ! » s'écria le gardien, reconnaissant à la voix du chevalier qu'un étranger s'était mis de la partie. « Au secours, hé ! là haut ! au secours, Hereward... Varangien !... Anglo-Saxon, ou quelque maudit nom que tu portes ! »

Tandis qu'il parlait ainsi, la main de fer du comte Robert le saisit à la gorge et lui coupa la parole. Ils tombèrent lourdement sur le sol du cachot, le geôlier dessous, et Robert de Paris, dont la nécessité dans laquelle il se trouvait excusait l'action, plongea son poignard dans la gorge de l'infortuné. Au même moment, le bruit d'une armure se fit entendre, et descendant rapidement l'échelle, notre vieille connaissance Hereward se trouva au milieu du cachot. La lumière qui avait roulé de dessus la tête du geôlier le montrait baigné de sang et rendant le dernier soupir sous la main de l'étranger qui le serrait toujours. Hereward n'hésita point à voler à son secours, et, saisissant le comte de Paris avec le même avantage que celui-ci avait eu sur son adversaire un moment auparavant, il le retint fortement sous lui la face contre terre. Le comte Robert était un des hommes les plus vigoureux de ce siècle guerrier; mais il en était de même du Varangien; et si ce n'est que le dernier avait obtenu un avantage décidé en plaçant son antagoniste sous lui, on n'aurait certainement pas pu deviner comment aurait tourné le combat.

«Rends-toi! comme vous le dites dans votre jargon, recousse ou non recousse, dit le Varangien, ou meurs sous la pointe de mon poignard!»

«Un comte français ne se rend jamais, répondit Robert, qui commença à deviner à quelle sorte de personne il avait affaire, surtout à un esclave vagabond comme toi!» A ces mots il fit un effort pour se relever, si subit, si violent, si puissant, qu'il s'était presque débarrassé de l'étreinte du Varangien, si Hereward, employant toute sa force extraordinaire, n'eût lutté pour conserver l'avantage qu'il avait acquis, et levé son poignard, afin de terminer définitivement le combat; mais un ricanement bruyant, qui n'avait rien d'humain, se fit entendre en ce moment. Le bras étendu du Varangien fut saisi avec vigueur, tandis qu'un bras rude, s'enlaçant autour de son cou, le renversa sur le dos et donna au comte français la facilité de s'élancer sur ses pieds.

«Mort à toi, misérable!» dit le Varangien, sachant à peine qui il menaçait; mais l'homme des bois gardait, à ce qu'il paraît, de terribles souvenirs des prouesses de l'humanité. Il s'enfuit donc rapidement au haut de l'échelle, et laissa He-

CHAPITRE XVI.

reward et son libérateur vider leur querelle d'après le succès que le hasard déterminerait entre eux.

Les circonstances semblaient promettre un combat désespéré : tous deux étaient de haute stature, forts et courageux, tous deux portaient une armure défensive, et le poignard fatal et terrible était leur seule arme offensive. Ils s'arrêtèrent, se regardant l'un et l'autre, et examinèrent attentivement leurs moyens respectifs de défense avant de hasarder un coup qui, s'il eût manqué son but, eût très certainement été rendu d'une manière fatale à celui qui l'eût porté. Pendant cette pause terrible un éclat de lumière brilla du haut de la trappe, et en même temps le visage sauvage et alarmé de l'homme des bois parut, regardant en bas à la clarté d'une torche récemment allumée, qu'il descendait aussi bas dans le cachot qu'il le pouvait.

« Combats bravement, camarade, dit le comte Robert de Paris; car nous ne nous battons plus en particulier, ce respectable personnage ayant jugé à propos de se constituer juge du combat. »

Quoique dans une situation si hasardeuse, le Varangien regarda en l'air, et fut si frappé de l'expression bizarre et effrayée des traits de cette étrange créature, et de la lutte entre la curiosité et la terreur qui se peignait dans ses regards, qu'il ne put s'empêcher d'éclater de rire.

« Sylvain est de ceux, dit Hereward, qui aimeraient mieux tenir la chandelle aux acteurs dans une danse si formidable que d'y prendre part eux-mêmes. »

« Y a-t-il donc, dit le comte Robert, une nécessité absolue à ce que toi et moi nous la dansions ? »

« Aucune que notre bon plaisir, répondit Hereward; car je soupçonne qu'il n'existe entre nous nulle cause légitime de querelle qui exige que nous la vidions en un tel lieu et devant un tel témoin. Tu es, si je ne me trompe, le Franc audacieux qui fut hier soir emprisonné en ce lieu avec un tigre, enchaîné à peu de distance de son lit ? »

« Oui, » répondit le comte.

« Et où est l'animal qui t'était opposé ? »

« Il est étendu là-bas, répondit le comte, pour ne pas causer à l'avenir plus de terreur que le daim dont il a pu faire sa proie lorsqu'il vivait. » Il montra du doigt le corps du tigre, qu'Hereward examina à la clarté de la lanterne sourde dont nous avons déjà parlé.

« Et ainsi, ceci est l'œuvre de tes mains? » dit l'Anglo-Saxon étonné.

« Très certainement que cela l'est..., » répondit le comte avec indifférence.

« Et tu as tué le camarade qui montait avec moi cette étrange garde? » dit le Varangien.

« Mortellement blessé pour le moins, » dit le comte Robert.

« Si votre patience le permet, je vous serai obligé d'un moment de trêve, tandis que j'examinerai sa blessure, » dit Hereward.

« Assurément, répondit le comte; puisse se dessécher le bras qui frappe en traître un antagoniste sans défense! »

Sans exiger plus de garanties, le Varangien quitta la posture qu'il avait prise pour se tenir en défense et sur ses gardes, et se mit, à l'aide de la lanterne sourde, à examiner la blessure du premier garde qui s'était présenté au combat, et qui semblait, par son costume militaire romain, être un soldat des cohortes appelées les *Immortels*. Il le trouva dans l'agonie de la mort, mais encore en état de parler.

« Ainsi, Varangien, te voilà venu enfin.... et c'est à ta lenteur ou à ta trahison que je dois imputer mon sort.... ne me réponds pas, c'est inutile!... l'étranger m'a frappé au dessus de l'os du cou... Si nous étions demeurés long-temps ensemble, ou que nous nous fussions rencontrés souvent, je t'en aurais fait autant, pour effacer la mémoire de certains faits qui se sont passés à la Porte-d'Or... Je connais trop bien l'usage du coutelas pour ne pas savoir à quoi m'en tenir sur un coup frappé sur l'os du cou par une main si vigoureuse... Je la sens venir. L'Immortel, comme on l'appelle, devient maintenant, si les prêtres disent vrai, un immortel tout de bon, et l'arc de Sebastes de Mitylène est brisé avant que son carquois soit à moitié vidé. »

Le voleur grec tomba à la renverse dans les bras d'Hereward, et termina sa vie par un gémissement qui fut le dernier son qu'il fit entendre. Le Varangien étendit le corps tout de son long sur le sol du cachot.

« Voilà un cas embarrassant, dit-il; je ne suis certainement

CHAPITRE XVI.

pas tenu de mettre à mort un homme brave, quoique mon ennemi de nation, parce qu'il a tué un mécréant qui méditait en secret de m'assassiner moi-même. Ce n'est point non plus dans un pareil lieu ni à la clarté d'une semblable lumière que nous pouvons nous battre comme il convient aux champions de deux nations. Laissons dormir cette querelle pour le présent... Qu'en penseriez-vous donc, noble sire, si nous ajournions le combat actuel jusqu'au moment où nous aurons effectué votre délivrance des cachots de Blaquernal, et vous aurons rendu à vos amis et à ceux qui suivent votre bannière? Si un pauvre Varangien pouvait vous être utile dans cette affaire, refuseriez-vous lorsqu'elle serait terminée de vous mesurer avec lui en combat régulier, soit avec les armes de votre nation ou avec les siennes? »

« Si, dit le comte Robert, soit comme ami soit comme ennemi, tu veux étendre tes services à ma femme, qui est auss emprisonnée quelque part dans ce palais inhospitalier, sois assuré que, quel que soit ton rang, quel que soit ton pays, quelle que soit ta condition, Robert de Paris, à ton choix, ou te tendra la main droite en signe d'amitié, ou la levera pour se mesurer avec toi loyalement et en homme de cœur dans un combat, non de haine, mais d'honneur et d'estime : j'en fais le serment par l'ame de Charlemagne, mon aïeul, et par l'autel de ma patronne, Notre-Dame des Lances-rompues. »

« Cela suffit, répliqua Hereward. Je suis aussi tenu de secourir la comtesse votre femme, quoique je ne sois qu'un pauvre exilé, que si je me trouvais à la tête des rangs de la chevalerie; car si quelque chose peut nous rendre la cause du mérite et de la bravoure encore plus sacrée, c'est de la voir unie à celle d'une femme sans défense et dans l'infortune. »

« Je devrais, dit le comte Robert, me taire maintenant, sans accabler ta générosité de nouvelles demandes : néanmoins tu es un homme à qui, si la fortune n'a pas souri à ta naissance en te faisant sortir des rangs de la noblesse et de la chevalerie, la Providence a rendu encore plus de justice en te donnant un cœur plus noble que l'on n'en voit parfois, je crois, chez ceux qui sont attachés au corps brillant de la chevalerie. Dans ces cachots languit, car je ne peux dire *vit*... un vieillard aveugle, qui depuis trois ans est mort à tout, hors sa prison ; il n'a d'autre nourriture que du pain et de l'eau, de communication qu'avec un gardien brutal ; et si la mort peut jamais apparaître comme un libérateur, ce doit être pour ce vieillard privé de la lumière. Qu'en dis-tu ? Ne pourra-t-il profiter, dans l'état indicible de misère où il est réduit, de la seule occasion de recouvrer sa liberté, qui lui doive être jamais offerte ? »

« Par saint Dunstan, répondit le Varangien, tu tiens jusqu'au bout vraiment le vœu que tu as fait comme redresseur des injustices ! Ta propre situation est à peu près désespérée, et tu veux la rendre tout-à-fait telle en y unissant la destinée de tous les malheureux que le sort te fait rencontrer en chemin ! »

« Plus nous chercherons à soulager de misères humaines, dit le comte de Paris, plus nous emporterons avec nous les bénédictions de nos saints miséricordieux, et de Notre-Dame des Lances-rompues, qui voit avec tant de douleur toute espèce d'infortunes ou de souffrances humaines, excepté celles qui arrivent dans l'intérieur de la lice. Mais allons, vaillant Anglo-Saxon, donne-moi une réponse aussi promptement que tu le pourras ; il y a dans ta figure quelque chose de franc et de sensé, et c'est avec la plus grande confiance que je désire nous voir partir tous deux à la recherche de ma bien-aimée comtesse, qui, lorsque sa délivrance sera une fois effectuée, nous sera d'un grand secours pour achever celle des autres. »

« Soit, dit le Varangien, nous allons nous mettre à la recherche de la comtesse Brenhilda, et si, lorsque nous l'aurons délivrée, nous nous trouvons assez forts pour rendre la liberté au vieil aveugle, ma lâcheté ou mon manque de compassion ne seront jamais un obstacle à cette entreprise. »

CHAPITRE XVII.

Les Conspirateurs.

> Il est étrange que dans les mines sombres et sulfureuses où l'ambition entasse et mûrit les alimens de la foudre endormie, l'Amour en approche sa petite torche, et fasse éclater l'explosion terrible, au moment où le machinateur y songe le moins.
>
> *Anonyme.*

Le même jour, vers midi, Agelastès eut une conférence avec Achille Tatius, commandant de la garde varangienne, au milieu des ruines du temple égyptien où nous avons déjà dit qu'Hereward avait eu une entrevue avec le philosophe. Ils s'abordèrent, à ce qu'il paraissait, dans une situation d'esprit fort différente : Tatius était sombre, triste et abattu, tandis que le philosophe conservait l'indifférence calme qui lui avait valu et méritait en quelque sorte le titre d'éléphant.

«Tu recules, Achille Tatius, dit le philosophe, après avoir franchement fait tête à tous les dangers dont l'obstacle te séparait de la grandeur; tu es comme le fol enfant qui avait dirigé le cours de l'eau sur la roue du moulin, et, après y avoir réussi, au lieu d'en tirer le parti convenable, se laissa effrayer en la voyant en mouvement. »

«Tu me juges mal, Agelastès, répondit l'acolouthos, très mal ; je suis seulement comme le marin, qui, quoique déterminé à faire un voyage de long cours, ne peut cependant s'empêcher de jeter un œil attristé sur le rivage avant de le quitter peut-être pour toujours. »

— «Il peut avoir été bon de songer à cela ; mais pardonnez-moi, brave Tatius, si je vous dis que le calcul eût dû être terminé à l'avance, et que le petit-fils d'Alguric le Hun aurait dû supputer les chances et les conséquences avant d'étendre la main vers le diadème de son maître. »

«Silence! pour l'amour du ciel, dit Tatius, regardant autour de lui : ceci, tu le sais, est un secret entre nous deux ; car si Nicéphore, le César, l'apprenait, où en serions-nous, nous et notre conspiration ? »

« Nos corps seraient au gibet probablement, répondit Agelastès, et nos ames, ayant fait divorce avec eux, seraient prêtes à découvrir les secrets que tu as si bien gardés jusque aujourd'hui.

« Fort bien, dit Achille ; et, est-ce que le sentiment de la possibilité d'un sort semblable ne devrait pas nous rendre prudens ? »

« Oui, des hommes prudens si vous voulez, répondit Agelastès, mais non des enfans timides. »

« Les murailles peuvent entendre, dit le suivant, baissant la voix. J'ai lu que Denys-le-Tyran avait une oreille [1] qui lui transmettait les secrets qu'on laissait échapper dans sa prison d'état à Syracuse. »

« Et cette oreille est encore stationnaire à Syracuse, dit le philosophe. Dites-moi, mon très crédule ami, craignez-vous qu'elle n'ait été transportée ici en une nuit, comme les Latins pensent que le fut la maison de Notre-Dame à Lorette ? »

« Non, répondit Achille ; mais dans une affaire si importante on ne peut user de trop de précaution. »

— « Très bien, le plus prudent des candidats à l'empire, et le plus froid des chefs militaires. Apprenez que le César, pensant, je m'imagine, qu'il n'y a aucune chance que l'empire tombe à aucun autre qu'à lui, s'est mis dans la tête de considérer sa succession au trône d'Alexis comme une chose naturelle lorsque l'élection aura lieu : en conséquence, comme les choses naturelles sont ordinairement celles pour lesquelles on se tracasse peu, il a laissé tout le soin de servir ses intérêts dans cette importante occasion à toi et à moi ; tandis que cet imbécille voluptueux est devenu lui-même fou..... de quoi croiriez-vous ? de quelque chose entre l'homme et la femme... femme dans ses traits, dans ses membres et dans une partie du moins de ses vêtemens, mais, saint George me soit en aide ! très masculine dans le reste de son costume, dans ses goûts et dans ses occupations. »

[1] Tuyau acoustique. A. M.

« La femme amazone, tu veux dire, répondit Achille, de ce Franc à la main de fer, qui a mis, hier au soir, en pièces, d'un seul coup de poing, le lion d'or de Salomon ? Par saint Georges, le moins qui puisse revenir d'un semblable amour, ce sont des os brisés ! »

« Ceci, dit Agelastès, n'est pas tout-à-fait aussi improbable que de voir arriver de Syracuse, en une seule nuit, l'oreille de Denys ; mais il est présomptueux en raison de l'influence que sa bonne mine supposée lui a obtenue parmi les dames grecques. »

« Il était trop présomptueux, je suppose, dit Achille Tatius, pour faire la part convenable de sa situation comme César, et la perspective qu'il a d'être empereur. »

« En attendant, dit Agelastès, je lui ai promis une entrevue avec sa Bradamante, qui pourrait bien récompenser ses tendres épithètes de ζωὴ καί ψυχὴ[1] en séparant son ame amoureuse de sa personne sans rivale. »

« Et en attendant aussi, dit l'acolouthos, tu obtiens, je pense, les ordres et les pouvoirs que peut donner le César pour le succès de notre complot. »

« Très certainement, dit Agelastès : c'est une opportunité à ne pas perdre, cet accès d'amour ou de folie l'a aveuglé ; et, sans trop attirer l'attention sur les progrès de notre complot, nous pouvons ainsi en sûreté conduire les choses comme nous l'entendrons, sans occasioner de remarques malveillantes ; et quoique je sente qu'en agissant ainsi je ne tiens pas une conduite très appropriée à mon âge et à mon caractère, néanmoins le but étant de convertir un digne [2] suivant en un chef impérial, je ne rougis point de procurer cette entrevue, dont le César, comme on le nomme, est si désireux..... Quels progrès, en attendant, avez-vous faits auprès des Varangiens, qui sont, sous le rapport de l'exécution, le véritable bras de notre entreprise ? »

« Pas autant que je l'eusse désiré, dit Achille Tatius ; cependant je me suis assuré d'une cinquantaine de ceux que j'ai trouvés le plus accessibles, et je n'ai aucun doute que

---

[1] Ma vie et mon ame. A. M.
[2] Il y a un jeu de mots sur *pollewer* et *leader*, qui suit et qui conduit. A. M.

lorsque le César sera mis de côté, leurs acclamations seront pour Achille Tatius. »

« Et qu'avez-vous fait avec le brave qui a assisté à nos lectures d'auteur, dit Agelastès, à votre Édouard, comme Alexis l'a appelé?»

« Je n'ai fait aucune impression sur lui, dit l'acolouthos ; et j'en suis fâché, car c'est un homme que ses camarades estiment et qu'ils suivraient volontiers. En attendant, je l'ai placé comme sentinelle de renfort auprès de cette tête de fer de comte de Paris, qu'il tuera probablement, attendu leur passion réciproque et invétérée pour batailler ; et si les croisés saisissent ensuite ce prétexte pour nous faire la guerre, c'est leur livrer par là le Varangien, dont la haine personnelle sera représentée comme ayant occasioné cette catastrophe. Tout ceci étant préparé d'avance, comment, et quand nous débarrasserons-nous de l'empereur?»

« Pour cela, dit Agelastès, il nous faut consulter le César, qui, quoique la félicité sur laquelle il compte aujourd'hui ne soit pas plus certaine que l'élévation en dignité qu'il espère obtenir demain, et que ses idées se portent avec beaucoup plus d'anxiété sur son succès auprès de ladite comtesse que sur son avénement à l'empire, prétendra néanmoins être traité comme le chef de l'entreprise, pour accélérer ce dernier point. Mais, pour dire mon avis, valeureux Tatius, demain sera le dernier jour qu'Alexis tiendra les rênes de l'empire.»

« Donnez-moi une réponse certaine, dit l'acolouthos, aussitôt que vous le pourrez, afin que je puisse avertir nos associés qui doivent tenir prêts les citoyens insurgés, et ceux des Immortels qui sont pour nous dans le voisinage de la cour, et en mesure d'agir..... et surtout pour que je disperse dans des gardes éloignées les Varangiens auxquels je ne puis me fier. »

« Comptez sur moi, dit Agelastès, pour vous faire parvenir les instructions et les avis les plus exacts, aussitôt que j'aurai vu Nicéphore Briennius. Permettez-moi de vous faire une seule question..... Comment disposera-t-on de la femme du César? »

CHAPITRE XVII.

« On l'enverra quelque part, dit l'acolouthos, où je ne serai jamais forcé d'entendre plus long de son histoire. Si ce n'était de cette peste de lecture qui revient tous les soirs, je pourrais avoir assez de bonté pour prendre soin de sa destinée moi-même, et lui montrer la différence entre un véritable empereur et ce Briennius qui a une si haute idée de lui-même. » A ces mots ils se séparèrent, le suivant avec un air et des manières beaucoup plus confians que lorsqu'ils s'étaient abordés.

Agelastès regarda partir son compagnon avec un rire de mépris. « Voilà, dit-il, un imbécille dont le manque de sens empêche les yeux d'être frappés de l'éclat de la torche qui ne peut manquer de le consumer. Un misérable, qui n'a été élevé qu'à demi, n'agit qu'à demi, ne voit qu'à demi, n'ose qu'à demi; dont les plus pauvres pensées... et celles qui méritent ce nom, doivent être pauvres en effet, ne sont nullement le produit de sa propre intelligence. Il espère circonvenir le fier, le hautain, l'orgueilleux Nicéphore Briennius! S'il y parvient, ce ne sera pas par sa propre habileté, et encore moins par sa valeur; et Anne Comnène, l'ame de l'esprit et du génie, ne sera pas non plus enchaînée à une bûche sans imagination comme ce demi-barbare. Non... elle aura un mari de pure origine grecque, et abondamment pourvu de ces connaissances que l'on étudiait lorsque Rome était grande et la Grèce illustre; et ce ne sera pas un des moindres charmes du trône impérial que de le voir partagé par une compagne dont les études personnelles l'ont mise en état d'estimer et d'apprécier celles de l'empereur. » Il fit un pas ou deux, comme s'il se fût senti grandi, et ensuite, comme arrêté par sa conscience, il ajouta d'une voix faible : « Mais si Anne était destinée à devenir impératrice, il s'ensuivrait naturellement qu'Alexis doit mourir... on ne pourrait se fier à son consentement... et qu'importe ?... la mort d'un homme ordinaire est indifférente lorsqu'elle place sur le trône un philosophe et une historienne. Et à quelle époque les maîtres de l'empire se sont-ils inquiétés de savoir quand et par la main de qui sont morts leurs prédécesseurs ?... Diogène! hé, Diogène! » L'esclave ne vint point sur-le-champ, de sorte qu'Agelastès eut le temps d'ajouter quelques mots de plus... « Bah!... j'ai un long mémoire à régler avec le ciel, disent les prêtres : ainsi j'ajouterai cette peccadille dans le compte. La mort de l'empereur peut être amenée de vingt manières sans que j'en aie le blâme. Le sang que nous avons versé peut tacher notre main si l'on y regarde de près ; mais il ne laissera guère de traces sur notre front. » Ici Diogène entra.....« La dame franque a-t-elle été transférée ? » dit le philosophe.

L'esclave fit un signe d'assentiment.

— « Comment a-t-elle pris sa translation ? »

— « Assez bien, comme venant de votre seigneurie. Elle avait été irritée de sa séparation d'avec son mari et de sa détention dans le palais, et avait exercé quelques actes de violence sur les esclaves du harem, dont on prétendait qu'elle avait tué plusieurs, quoique nous dussions peut-être dire fortement effrayé. Elle me reconnut tout de suite, et lorsque je lui dis que je venais pour lui offrir de se retirer pour un jour dans votre maison, jusqu'à ce qu'il fût en votre pouvoir d'effectuer la délivrance de son mari, elle y consentit sur-le-champ, et je l'ai déposée dans le pavillon secret du jardin de Cythère. »

« Admirablement conduit, mon fidèle Diogène, dit le philosophe. Tu es comme ces génies qu'on faisait agir au moyen des talismans orientaux ; je n'ai qu'à t'instruire de ma volonté et elle est accomplie. »

Diogène s'inclina profondément et se retira.

« Cependant rappelle-toi, esclave, dit Agelastès se parlant à lui-même, qu'il y a du danger à en savoir trop long... et que si ma réputation venait jamais à être attaquée, un trop grand nombre de mes secrets sont entre les mains de Diogène. »

En ce moment un coup trois fois répété et frappé en dehors sur l'une des statues qui avait été construite de manière à résonner comme une cloche, et qui sous ce rappport méritait l'éloge de posséder le don de la voix, interrompit son soliloque.

« Voici un de nos associés qui frappe, dit-il ; qui donc peut frapper si tard ? » Il toucha la figure d'Isis avec son bâton, et le César Nicéphore Briennius entra entièrement vêtu à la grecque, costume gracieux qu'il avait apporté un grand soin à disposer de la manière la plus avantageuse.

« Permettez-moi d'espérer, prince, dit Agelastès, recevant

le César avec une figure en apparence grave et réservée, que votre hautesse vient pour m'informer que vous avez changé d'avis en y réfléchissant, et que, quel que soit le sujet de l'entretien que vous désiriez avoir avec cette dame, vous le différez du moins jusqu'à ce que la partie principale de notre conspiration ait été exécutée avec succès.»

«Philosophe, répondit le César, non. Ma résolution une fois prise n'est pas le jouet des circonstances. Crois-moi, lorsque je te dis que je n'ai pas mis à fin tant de travaux sans être prêt à en entreprendre d'autres. Les faveurs de Vénus sont la récompense des fatigues de Mars, et je ne croirais pas qu'il valût la peine de rendre un culte au dieu des batailles avec les travaux et les dangers attachés à son service, si je n'avais auparavant obtenu quelque preuve éclatante que j'ai été couronné du myrte, symbole de la faveur de sa belle maîtresse.»

«Je vous demande pardon de ma hardiesse, dit Agelastès; mais votre hautesse impériale a-t-elle réfléchi que vous jouez avec la plus insouciante inconséquence, un empire, et de plus votre vie, la mienne et celle de tous ceux qui se sont joints à vous dans ce hardi projet? Et contre quoi les jouez-vous? contre les faveurs tout-à-fait précaires d'une personne qui tient du démon et de la femme, et qui, dans ces deux rôles, doit probablement être fatale à notre projet, soit en se montrant disposée à vous écouter, soit en s'offensant de vos propositions. Si vous la trouvez telle que vous le désirez, elle désirera garder son amant à ses côtés, et détourner de lui le danger de s'engager dans une conspiration dangereuse; et si elle demeure, comme on le pense, fidèle à son mari et aux sentimens qu'elle lui a jurés au pied de l'autel, vous pouvez prévoir quel sujet de ressentiment vous lui donnerez probablement en persistant à lui adresser des hommages qu'elle a déjà si mal reçus.»

—«Allons donc, vieillard! tu deviens radoteur, et au milieu des grandes connaissances que tu as acquises sur tout le reste, tu as oublié celles qui valaient le plus la peine d'être étudiées, la connaissance de la plus belle moitié de la création. Songe à l'impression que fera probablement un amant dont le rang ni la personne ne sont certainement pas à dédaigner, sur une dame qui doit craindre les conséquences d'un refus! Allons, Agelastès, dispense-moi de ton croassement de mauvais augure comme celui du corbeau sur un chêne mort à main gauche; mais fais-nous d'aussi belles déclamations que tu le pourras sur ce qu'un cœur timide n'a jamais conquis une belle, et que ceux qui entrelacent les lauriers de Mars du myrte de Vénus sont les plus dignes de l'empire. Allons, mon brave, ouvre-moi l'entrée secrète qui unit ces ruines magiques aux bosquets qui tiennent un peu de ceux de Cythère et de Naxos. »

« Il faut en passer par où vous voulez! » dit le philosophe, avec un profond soupir un peu affecté.

« Ici Diogène! dit à voix haute le César; lorsque tu es appelé, l'esprit malin n'est pas loin. Allons, ouvre l'entrée secrète. Le génie du mal, mon fidèle nègre, n'est pas assez éloigné pour ne pas répondre à la première pierre que tu remueras. »

Le nègre regarda son maître, qui lui fit comprendre par un coup d'œil son consentement à la proposition du César. Diogène s'approcha alors vers un endroit de la muraille en ruines qui était caché par quelques arbustes grimpans, qu'il écarta tous avec soin. Il mit par là à découvert une petite poterne fermée irrégulièrement, et bouchée depuis le seuil jusqu'au haut avec de grandes pierres de taille, que l'esclave enleva toutes et entassa à côté, comme dans le dessein de les replacer. « Je te laisse, dit Agelastès, la garde de cette porte, ne laisse entrer personne à moins qu'il n'ait le signal, au péril de ta vie. Il serait dangereux de la laisser ouverte à cette heure du jour. »

L'obséquieux Diogène porta la main à son sabre et à sa tête, comme pour faire entendre la promesse de fidélité ou la mort, par laquelle ceux de sa condition répondaient toujours aux ordres de leurs maîtres. Diogène alluma alors une petite lanterne, et tirant une clef, ouvrit une porte intérieure de bois, et se disposa à passer devant.

« Alte là, l'ami Diogène, dit le César; tu n'as pas besoin de ta lanterne pour discerner un honnête homme; et si c'est là ce que tu cherchais, je suis forcé de dire que tu t'es mal adressé en ce lieu. Relève ces arbustes rampans devant l'entrée des jardins, et demeure ici, comme on te l'a déja dit, jusqu'à notre retour, pour t'opposer à la curiosité de quiconque pourrait être attiré par la vue du passage secret.»

L'esclave noir se retira en donnant la lampe au César, et Agelastès suivit la lumière à travers un long mais étroit passage voûté, où l'on avait eu soin de laisser pénétrer l'air de distance en distance, et qui n'avait pas une apparence aussi négligée à l'intérieur que son extérieur eût pu le faire supposer.

«Je n'entrerai point avec vous dans les jardins, dit Agelastès, ou dans le bosquet de Cythère, auquel on dit que je rends un culte. Toi-même, je pense, impérial César, en connais parfaitement la route, l'ayant parcourue plusieurs fois, et, si je ne me trompe, pour les plus beaux motifs.»

« Je n'en ai que plus de remercîmens à faire, dit le César, à mon excellent ami Agelastès, qui oublie son âge pour récréer la jeunesse de ses amis.»

CHAPITRE XVIII.

Le Pavillon.

Il nous faut maintenant revenir aux cachots de Blaquernal, où un concours de circonstances avait occasioné, du moins momentanément, la réunion du vigoureux Varangien et du comte Robert de Paris, qui par leurs caractères avaient entre eux une ressemblance plus forte que l'un ou l'autre n'aurait été probablement disposé à l'admettre. Les qualités du Varangien étaient toutes naturelles et simples, comme celles dont la nature doue un homme courageux à qui un manque total de crainte et le plus vif empressement à braver le péril ont toujours servi d'attributs sa vie durant. De l'autre côté, le comte avait toute cette bravoure, cette générosité, cet amour des aventures, propres à un soldat grossier, avec les qualités, partie réelles, partie empruntées, que ceux de son rang et de son pays devaient à un esprit chevaleresque. L'un pouvait être comparé à un diamant qui vient de sortir de la mine avant qu'il ait encore reçu les avantages de la taille et de la monture ; l'autre était la pierre travaillée, qui, taillée en facettes et richement montée, avait peut-être perdu un peu de sa substance première, mais en même temps acquis, aux yeux de quiconque le regardait, quelque chose de plus éclatant et de plus splendide que quand il était brut, suivant l'expression des lapidaires. Dans un cas la valeur était plus artificielle ; dans l'autre, elle était la plus naturelle et la plus réelle des deux. Le hasard avait donc formé une alliance temporaire entre deux hommes dont les caractères avaient au fond cette ressemblance intime, qu'ils étaient seulement séparés par un cours d'éducation différente, qui avait laissé vivre de part et d'autre des préjugés, lesquels préjugés devaient assez vraisemblablement se trouver en opposition les uns avec les autres. Le Varangien entama conversation avec le comte sur un ton de familiarité plus voisin de la grossièreté qu'il ne s'en doutait lui-même, et beaucoup de ses paroles, quoique prononcées sans mauvaise intention, pouvaient être mal interprétées par son nouveau frère d'armes. Cependant, ce qui devait blesser le plus dans la conduite d'Hereward, c'était un dédain brusque, hardi pour les titres de ceux auxquels il parlait, se conformant en cela aux usages des Saxons, desquels il tirait son origine, et qui devaient probablement être pour le moins aussi désagréables aux Francs qu'aux Normands, qui avaient déja admis et étaient fort jaloux de conserver les priviléges du système féodal, les momeries du blason, et les prétentions guerrières qui élevaient les chevaliers comme permises seulement à leur ordre.

Hereward était disposé, il faut en faire l'aveu, à trop peu songer à ces distinctions, tandis qu'il avait au moins une tendance suffisante à songer assez à la puissance et à la richesse de l'empire grec qu'il servait... à la dignité inhérente à Alexis Comnène, et qu'il était aussi porté à accorder aux officiers grecs qui, sous l'empereur, commandaient son propre corps, et particulièrement à Achille Tatius. Hereward savait que cet homme était un lâche, et le soupçonnait à demi d'être un coquin. Mais pourtant l'officier était toujours le canal direct par lequel les graces impériales arrivaient aux Varangiens en général, aussi bien qu'à Hereward lui-même ; et il avait toujours la politique de représenter ces faveurs comme conséquence plus ou moins indirecte de sa propre intercession. Il passait pour épouser vigoureusement la querelle des Varangiens dans toutes leurs disputes avec les autres corps ; il était libéral et avait toujours la main ouverte, donnait à chaque soldat son dû ; et, sauf cette légère circonstance du courage, qui n'était pas tout-à-fait son fort, il aurait été difficile à ces étrangers de demander un chef plus à leur souhait. En outre, notre ami Hereward était admis par lui dans sa société, l'accompagnait, comme nous l'avons vu, dans des expéditions secrètes, et en conséquence n'était pas exempt de ce qu'on peut appeler, d'un terme expressif, quoique vulgaire, la bienveillance rampante que portaient à ce nouvel Achille la plus grande partie de ses Mirmidons.

On pourrait sans doute expliquer leur attachement à leur chef, en disant qu'il était aussi vif que le permettait le manque absolu d'honneur et d'estime. Le projet formé par Hereward, pour effectuer la délivrance du comte de Paris, comprenait donc autant de fidélité à l'empire et à son représentant, l'acolyte ou suivant, que la chose était possible, tout en rendant justice au Franc qui était injustement traité.

En exécution de ce dessein, il conduisit le comte Robert hors des voûtes souterraines de Blaquernal, dont il connaissait tous les détours ; car depuis un certain temps il y avait été nombre de fois posté en sentinelle pour acquérir cette connaissance des lieux, dont Tatius se promettait bien de profiter dans la conspiration qui se tramait. Lorsqu'ils furent en plein air, et à quelque distance des sombres tours du palais, il demanda brusquement au comte de Paris s'il connaissait Agelastès le philosophe. Le comte répondit négativement.

« Faites-y bien attention, sire chevalier ; c'est vous nuire à vous-même que de vouloir m'en imposer, dit Hereward. Vous devez le connaître, car je vous ai vu dîner avec lui hier. »

— « Ah ! ce savant vieillard ? Je ne sais sur son compte rien qui vaille la peine que je vous le communique ou vous le cache. C'est un homme rusé, demi-héraut et demi-ménestrel. »

— « Demi-entremetteur, et tout-à-fait coquin. Sous le masque d'une bonne humeur apparente, il exerce en secret le métier de satisfaire tous les vices d'autrui ; avec son spécieux jargon de philosophie, il s'est soustrait aux croyances religieuses et aux principes de morale; avec l'apparence de la fidélité la plus dévouée, il arrachera, s'il n'est arrêté à temps, la vie et l'empire à son maître trop confiant, ou s'il n'y parvient pas, il livrera ses simples complices à la mort et à la misère.»

—«Quoi! vous connaissiez toutes ces choses, et néanmoins vous permettiez à cet homme d'agir librement!»

—«Oh! soyez tranquille, sire. chevalier; je ne puis encore former aucun complot que ne puisse déjouer Agelastès; mais le temps viendra, et même le temps approche où l'attention de l'empereur se portera infailliblement sur la conduite de cet homme; et alors, que le philosophe se conduise sagement, ou sinon le barbare pourra, par saint Dunstan, lui faire un mauvais parti! Je voudrais seulement, il me semble, sauver de ses griffes un ami insensé qui a prêté l'oreille à ses déceptions.»

—«Mais qu'ai-je à faire avec cet homme ou avec ses complots?»

—«Beaucoup, quoique vous l'ignoriez encore. Le principal complice de la conspiration n'est autre que le César, qui devrait être le plus fidèle des hommes; mais, depuis que Comnène a nommé un sébasto-crator, officier qui est plus haut en dignité et qui approche plus du trône que le César lui-même, Nicéphore Briennius a toujours été mécontent et irrité, quoiqu'il soit plus difficile de dire depuis combien de temps il participe aux projets de l'astucieux Agelastès. Je sais que, pendant plusieurs mois, il a libéralement entretenu, comme ses richesses le mettent à même de le faire, les vices et les prodigalités du César. Il l'a excité à se montrer dédaigneux envers sa femme, quoique fille de l'empereur; il a mis de la mésintelligence entre lui et la famille royale; et si Briennius ne jouit plus ni de la réputation d'homme raisonnable, ni de la renommée de bon capitaine, il s'est privé de l'une et de l'autre en suivant les avis de cet adroit sycophante.»

— «Et qu'est-ce que me fait tout cela? Agelastès peut être un homme loyal ou un esclave qui flatte, par une basse complaisance, le pouvoir du moment; son maître, Alexis Comnène, ne m'est pas tellement allié, à moi ou aux miens, que je doive me mêler aux intrigues de sa cour.»

— «Il se peut que vous soyez dans l'erreur; si ces intrigues compromettent le bonheur et la vertu.....»

— «Mort de cent martyrs! de pitoyables intrigues et des querelles d'esclaves peuvent-elles autoriser à concevoir le moindre soupçon contre la noble comtesse de Paris? Les sermens de toute ta génération ne réussiraient pas à prouver qu'un seul de ses cheveux a changé sa couleur contre celle de l'argent!»

— «Bien imaginé, vraiment! noble chevalier; tu es un excellent mari pour cette atmosphère de Constantinople, qui demande peu de vigilance et une foi robuste. Tu trouveras bien des partisans et des camarades dans notre cour.»

— «Écoute-moi, ami, ne parlons plus, et même ne continuons de faire route ensemble que jusqu'au coin le plus solitaire de cette immense cité, et reprenons alors la besogne que nous avons commencée il y a si peu de temps.»

— «Quand même tu serais duc, sire comte, tu ne pourrais pas inviter au combat un homme qui y serait plus disposé. Cependant, considère la bagatelle qui nous ferait battre. Si je succombe, mes gémissemens ne se feront pas long-temps entendre; mais ma mort rendra-t-elle la liberté à ton épouse, si elle est détenue? lui restituera-t-elle l'honneur, si son honneur est souillé?... Fera-t-elle autre chose qu'enlever de ce monde la seule personne qui soit disposée à te prêter secours, à ses risques et périls; qui espère te réunir à ta femme, et te replacer à la tête de tes hommes?»

«J'avais tort, j'avais tout-à-fait tort; mais garde-toi, mon cher ami, d'accoupler le nom de Brenhilda d'Aspremont avec le mot de déshonneur, et dis-moi, au lieu de me tenir ces discours offensans, où nous allons. »

— «Au jardin de Cythère d'Agelastès, dont nous ne sommes pas très éloignés; cependant il y a, pour s'y rendre, une route plus courte que celle que nous suivons maintenant, sinon je ne pourrais m'expliquer comment Agelastès peut se transporter si vite des charmes de son jardin aux sombres ruines du temple d'Isis et au palais impérial de Blaquernal.»

— « Et pourquoi, et depuis combien de temps penses-tu que ma comtesse soit retenue dans ces jardins ? »

— « Depuis hier, lorsque moi, et plusieurs de mes compagnons, à ma prière, nous surveillions de près le césar et votre femme, nous avions, à ne pas nous y méprendre, remarqué en lui des signes d'une vive admiration pour elle, en elle des traces d'une violente colère, qu'Agelastès, comme ami de Nicéphore, devait vraisemblablement apaiser, comme de coutume, en vous séparant tous les deux de l'armée des croisés, afin que votre épouse, comme bien d'autres femmes avant elle, pût avoir le plaisir de prendre résidence dans le jardin de ce digne philosophe, tandis que vous, monseigneur, vous auriez pu prendre indéfiniment le vôtre dans le château de Blaquernal. »

— « Coquin ! pourquoi ne pas m'avoir averti dès hier ? »

— « Il était possible, n'est-ce pas, que je fusse libre de quitter les rangs pour faire une telle communication à un homme qui, loin d'être mon ami, était considéré par moi comme un ennemi personnel ! Il me semble qu'au lieu de tenir un pareil langage, vous devriez être reconnaissant que tant de circonstances se soient par hasard réunies pour que je finisse par vous vouloir du bien et vous secourir. »

Le comte Robert sentit la vérité de ce que disait le Varangien, quoique en même temps son caractère hautain l'excitât à se venger, suivant son habitude, sur l'individu qui se trouvait le plus proche sous sa main.

Mais ils étaient alors arrivés à ce que les habitans de Constantinople appelaient le *Jardin du Philosophe*. Hereward espérait pouvoir y pénétrer, attendu qu'il avait réussi à connaître une partie du moins des signaux particuliers d'Achille et d'Agelastès, car il avait été à la fin introduit dans les ruines du temple d'Isis. Ils ne l'avaient pas, à la vérité, admis à partager leur secret tout entier ; mais, confians dans ses rapports intimes avec le suivant, ils n'avaient pas hésité à lui communiquer certaines choses, telles que, connues d'un homme dont l'esprit naturel était aussi fin que celui de l'Anglo-Saxon, elles pouvaient à peine manquer, avec le temps et peu à peu, de le mettre à même de connaître le reste. Le comte Robert et son compagnon étaient arrêtés devant une porte

CHAPITRE XVIII.

voûtée, seule issue dans toute la longueur d'une haute muraille, et l'Anglo-Saxon allait heurter, lorsque, comme si cette idée l'avait frappé tout à coup :

« Et si ce misérable Diogène vient nous ouvrir ? dit-il. Il nous faut le tuer avant qu'il puisse prendre la fuite et aller nous trahir. Bah! c'est une affaire de toute nécessité, et le coquin a mérité la mort par cent crimes horribles. »

« Tue-le donc toi-même, répliqua le comte Robert; c'est plutôt un homme de ton espèce, et assurément je ne souillerais pas le nom de Charlemagne du sang d'un esclave noir.»

— « Eh bien! que Dieu nous protége! mais il faut vous tenir prêt à me donner un coup de main dans le cas où l'on viendrait à son secours, et que je pourrais succomber sous le nombre. »

— « En ce cas, l'action se changerait en véritable mêlée, en bataille générale; et, sois-en persuadé, je ne resterai pas inactif, quand je pourrai agir sans manquer à mon honneur.»

— « Je n'en doute pas; mais la distinction me semble étrange, qu'avant qu'un homme puisse se défendre ou attaquer son ennemi, il faille qu'il s'informe de la généalogie de ses ancêtres.»

— « Ne craignez rien, ami; la stricte règle de la chevalerie porte, il est vrai, ce que je vous ai dit; mais quand la question est *se battre ou non*, on peut bien se permettre de se décider pour l'affirmative. »

— « Je vais alors frapper le coup de l'exorciste, et nous verrons quel démon va nous arriver.»

En parlant ainsi, il frappa d'une manière particulière, et la porte s'ouvrit intérieurement. Une négresse naine apparut dans l'ouverture de la porte..... ses cheveux blancs contrastant d'une façon singulière avec son teint noir, et avec le gros rire particulier à ces esclaves. Elle avait dans la physionomie quelque chose qui, sévèrement interprété, pouvait dénoter malice et joie aux misères humaines.

« Agelastès est-il.........?» dit le Varangien; mais il n'avait pas achevé la phrase que la négresse répondit en lui montrant du doigt une allée couverte.

L'Anglo-Saxon et le Franc portaient déjà leurs pas dans cette direction, lorsque la vieille murmura, plutôt qu'elle ne dit distinctement: «Vous êtes un des initiés, Varangien ; prenez garde aux gens que vous amenez avec vous, quand peut-être vous ne pouvez être bien-venu, même venant seul. »

Hereward fit signe qu'il la comprenait, et bientôt ils la perdirent de vue. L'allée serpentait délicieusement sous les ombrages d'un jardin oriental, où des monceaux de fleurs et des labyrinthes d'arbustes fleuris, ainsi que de hauts bouquets d'arbres ordinaires rendaient en plein midi l'air frais et agréable.

«C'est ici que nous devons user de toute notre circonspection, dit Hereward à son compagnon en parlant à voix basse, car ici, très vraisemblablement, s'est réfugiée la biche que nous cherchons. Laissez-moi donc passer devant, car vous êtes trop profondément agité pour avoir le calme nécessaire à un batteur d'estrades. Tenez-vous caché derrière ce chêne ; et que de vains scrupules d'honneur ne vous empêchent pas d'accourir en rampant sous ce bois couvert, et sous terre même, si vous entendiez les pas d'un homme. Si les amans se sont arrangés, Agelastès fait probablement sa ronde pour empêcher qu'on les trouble ! »

«Mort et furie! c'est impossible, s'écria le hautain comte... Dame des Lances rompues, arrache la vie à l'homme qui s'est voué à ton service, mais ne le soumets pas à ces poignantes douleurs ! »

Il sentit néanmoins la nécessité de garder un certain empire sur lui-même, et laissa sans plus de remontrances le Varangien poursuivre sa route, en tâchant néanmoins de ne pas le perdre des yeux. En faisant quelques pas du même côté, il put voir Hereward s'approcher d'un pavillon qui se trouvait à peu de distance de l'endroit où ils s'étaient quittés. Là, il le vit appliquer ses yeux d'abord, ensuite ses oreilles là, l'une des croisées que cachaient en grande partie différens arbustes odoriférans, qui même empêchaient le jour d'y trop pénétrer. Il crut presque observer un vif intérêt se peindre sur la figure du Varangien, et il brûlait d'avoir sa part des renseignemens qui lui étaient indubitablement parvenus.

Il se glissa donc, sans faire le moindre bruit, à travers le même labyrinthe de feuillage qui avait voilé l'approche d'He-

CHAPITRE XVIII. 275

reward; et ses mouvemens furent si silencieux, qu'il toucha l'Anglo-Saxon pour l'avertir de sa présence, avant que celui-ci eût remarqué qu'il s'approchait.

Heréward, ne sachant pas d'abord qui l'avait ainsi approché, se tourna vers le nouvel arrivant avec un visage aussi rouge qu'un charbon enflammé; mais reconnaissant bientôt le comte, il haussa les épaules, comme de pitié, pour une impatience que la prudence n'avait pas suffi à contenir, et se retirant lui-même, il permit au comte de venir à sa place se lever sur la pointe des pieds pour regarder à travers les jalousies de la fenêtre, curiosité dont ne pouvait s'apercevoir de l'intérieur du pavillon l'œil même le plus perçant. Le jour douteux qui pénétrait dans cette demeure de plaisir convenait fort bien à l'espèce d'usage auquel un temple de Vénus était supposé être consacré. On y voyait aussi des peintures et des groupes de statues du genre de celles qui avaient attiré leurs regards dans le Kiosque de la cascade, mais représentant des objets, et faisant naître des idées plus libres encore que dans le premier endroit. Bientôt après, la porte du pavillon s'ouvrit, et la comtesse entra, accompagnée de sa suivante Agathe. La dame, dès son arrivée, se jeta sur le lit de repos, tandis que la suivante, qui était jeune et jolie, se plaçait modestement derrière elle, et de telle sorte qu'on pouvait à peine la distinguer.

«Que penses-tu, dit la comtesse, d'un ami si soupçonneux qu'Agelastès? d'un ennemi si galant que ce César, comme on l'appelle?»

«Que puis-je penser, répondit la soubrette, sinon que ce que le vieillard nomme amitié est haine, et ce que le César appelle un amour patriotique de son pays, qui ne lui permettra point d'en mettre les ennemis en liberté, est en fait une affection trop violente pour sa belle captive?»

«Quant à une telle affection, dit la comtesse, il ne sera pas plus payé de retour que si elle était vraiment l'inimitié dont il voudrait lui donner la couleur... Mon fidèle et noble époux! si tu avais une idée des maux auxquels ils m'ont soumise, combien tu aurais vite surmonté tous les obstacles pour accourir à mon secours!»

«Es-tu homme, dit le comte Robert à son compagnon, et

peux-tu me conseiller de me tenir tranquille et d'écouter des choses pareilles ? »

« Je suis homme, répliqua l'Anglo-Saxon, et vous, sir comte, vous l'êtes aussi ; mais toute notre arithmétique ne fera point que nous soyons plus de deux ; et en cette place, il est probable qu'un coup de sifflet du César ou un cri d'Agelastës, amenerait mille bras pour nous rouer, fussions-nous aussi redoutables que Béris d'Hampton... Attendez encore, et tenez-vous tranquille. Je vous le conseille, moins dans l'intérêt de ma propre vie, car, en m'embarquant dans cette maudite affaire avec un camarade tel que vous, j'ai montré combien j'en faisais peu de cas, que dans celui de votre propre sûreté et de celle de votre comtesse, qui se montre aussi vertueuse qu'elle est belle. »

« Ils m'en ont d'abord imposé, dit lady Brenhilda à sa suivante. L'affectation de mœurs sévères, de science profonde et de droiture inébranlable que se permettait cet infame vieillard m'a fait croire en partie à la réputation qu'il prétend mériter ; mais le voile est tombé de dessus mes yeux depuis qu'il m'a laissé entrevoir son alliance avec l'indigne César, et cet homme hideux est resté pour moi dans sa laideur naturelle. Néanmoins, si je puis, par adresse ou par ruse, tromper cet architrompeur... puisqu'il m'a ôté à peu près tout autre moyen de secours... je ne me refuserai pas celui de la finesse, et il verra peut-être que je suis aussi fine que lui. »

« Entendez-vous ? dit le Varangien au comte de Paris ; que votre impatience ne dérange pas le tissu de la prudence de votre épouse. Je mettrai toujours l'esprit d'une femme en balance contre la valeur d'une homme, quoi qu'il s'agisse de faire. Ne lui portons donc pas secours avant que le temps nous montre que sa sûreté et le succès de notre entreprise nous en imposent le devoir. »

« Ainsi soit-il, répliqua le comte de Paris ; mais n'espère pas, sir Saxon, que ta prudence me persuade de quitter ce jardin sans tirer une pleine vengeance de cet indigne César et de ce prétendu philosophe, s'il est vrai qu'il s'était donné une réputation... » Le comte commençait à élever la voix, lorsque le Saxon, sans cérémonie, lui mit la main sur la bouche. «Tu prends là une grande liberté, ajouta le comte Robert,» en baissant néanmoins le ton.

«Oui, vraiment! répliqua Hereward; quand la maison est en feu, je ne m'arrête pas à demander si l'eau que je jette pour l'éteindre est parfumée ou non.»

Cette réplique ramena le Franc au sentiment de sa situation; et s'il n'était pas content de l'excuse que lui donnait le Saxon, il garda cependant le silence. Un bruit éloigné se fit alors entendre... La comtesse écouta et changea de couleur. «Agathe, dit-elle, nous sommes comme des champions dans la lice, et voici venir l'adversaire! retirons-nous dans ce cabinet, et ainsi évitons pour quelques instans une attaque si effrayante.» En parlant ainsi, les deux femmes se retirèrent dans une espèce d'antichambre qui communiquait avec l'appartement principal par une porte qui se trouvait derrière le siége qu'avait occupé Brenhilda.

Elle avait à peine disparu d'un côté, que de l'autre, suivant l'usage au théâtre, entrèrent le César et Agelastès. Ils avaient peut-être entendu les derniers mots de Brenhilda, car le César dit à voix basse:

Militat omnis amans, habet et sua castra Cupido [1].

«Eh quoi! notre belle ennemie a-t-elle fait retirer ses troupes? N'importe, il est évident qu'elle pense à la guerre, quoique l'ennemi ne soit pas en vue. Eh bien! tu n'auras point à me reprocher cette fois, Agelastès, d'aller trop vite en amour, et de me priver du plaisir de la poursuite. Par les cieux! je serai aussi régulier dans mes mouvemens que si je portais réellement sur mes épaules tout le fardeau d'années qui font la différence entre nous deux; car j'ai la finesse de soupçonner, vieillard, qu'en ce qui te concerne, c'est le maudit envieux, le Temps, qui a coupé les ailes de l'Amour.»

«Ne parlez pas ainsi, puissant César, répliqua le vieillard; c'est la main de la Providence, qui, en arrachant des ailes de l'Amour quelques mauvaises plumes, lui en laisse encore assez pour voler d'un vol égal et assuré.»

— «Ton vol était cependant moins mesuré, Agelastès, lorsque tu rassemblas les pièces de cette armure... lorsque

[1] Tout amant combat, et Cupidon fait aussi la guerre. A. M.

tu empruntas aux magasins de l'amour cette panoplie dont ta bonté a tout à l'heure permis que je m'armasse, ou plutôt que je réparasse mon équippement. »

Tout en parlant ainsi, il se regardait des pieds à la tête, car il resplendissait de diamans; il était chargé de chaînes d'or, de bracelets, d'anneaux et d'autres ornemens qui, avec un habit neuf et brillant dont il s'était revêtu dès son arrivée aux jardins de Cythère, tendaient à faire ressortir tous les avantages de son beau corps.

«Je suis charmé, dit Agelastès, que vous ayez pu trouver parmi des brimborions que je ne porte plus jamais, et dont j'ai même peu fait usage dans ma jeunesse, quelque chose qui puisse mettre en saillie les avantages que vous devez à la nature. Rappelez-vous seulement cette petite condition, que telles de ces bagatelles qui ont l'honneur d'orner votre personne en ce grand jour ne peuvent revenir à un possesseur moins illustre, mais doivent de toute nécessité rester en propre au grand personnage à qui elles ont une fois servi d'ornemens. »

Je ne puis y consentir, mon digne ami, répliqua le César; je sais que tu attaches seulement à ces joyaux la valeur que peut y attacher un philosophe, c'est-à-dire qu'ils n'ont de prix à tes yeux que les souvenirs qu'ils rappellent. Cet anneau avec sa large pierre, par exemple... je te l'ai entendu dire, a jadis appartenu à Socrate: dans ce cas, tu ne dois pas pouvoir le regarder sans remercier sincèrement le ciel que ta philosophie n'ait jamais été mise à l'épreuve par une Xantippe. Ces agrafes brillèrent autrefois sur l'aimable sein de Phryné, et maintenant elles appartiennent à un homme qui pourrait mieux que Diogène le cynique rendre hommage aux beautés qu'elles cachaient ou laissaient voir. Ces boucles aussi... »

«Ne vous mettez pas en dépense de belles choses, bon jeune homme, interrompit Agelastès un peu piqué; ou plutôt noble César! gardez votre esprit... vous aurez bientôt ample occasion de le faire briller.»

«N'aie point peur, dit César; mettons-nous donc en besogne, puisque tu le veux, de profiter des avantages que nous possédons, quels qu'ils soient, naturels ou à nous prêtés par

CHAPITRE XVIII.

notre cher et respectable ami. Bah! s'écria-t-il, la porte s'ouvrant tout à coup, et la comtesse venant presque au devant de lui, nos désirs sont ici prévenus. »

Il s'inclina donc avec le plus profond respect devant lady Brenhilda, qui, après quelques changemens faits à sa toilette pour en augmenter l'éclat, sortait alors du cabinet où elle s'était retirée.

« Salut à vous, noble dame, dit le César, à vous que je viens visiter avec l'intention de m'excuser si je vous retiens, peut-être contre votre gré, dans ces étranges régions dont vous êtes si inopinément devenue l'habitante. »

« Non, *peut-être*, répliqua la dame, mais assurément contre ma volonté, qui est de rejoindre au plus tôt mon époux le comte de Paris, et les braves soldats qui ont pris la croix sous sa bannière. »

« Telles furent sans doute vos pensées lorsque vous quittâtes les pays de l'Est, dit Agelastès; mais, belle comtesse, n'ont-elles éprouvé aucun changement? Vous avez quitté des rivages où le sang humain coule à la moindre provocation, pour venir en une région où le premier précepte est d'augmenter la somme de bonheur humain par tous les moyens imaginables. Dans l'Occident celui-là et celle-ci sont le mieux respectés, qui savent le mieux exercer leur force tyrannique en rendant les autres malheureux; tandis que, dans nos pays plus pacifiques, nous réservons nos couronnes à l'homme spirituel et à l'aimable femme qui savent le mieux rendre heureuse la personne en qui ils ont placé leurs affections. »

« Mais, révérend philosophe, répliqua la comtesse, qui travaillez avec tant d'art à me recommander le joug du plaisir, sachez donc que vous contredites toutes les idées qui m'ont été familières depuis mon enfance. Dans le pays où s'est écoulée ma jeunesse, tant s'en faut que nous admettions vos doctrines, que nous ne nous mariions jamais que comme le lion et la lionne, quand le mâle a forcé la femelle de reconnaître la supériorité de son mérite et de sa valeur. Notre règle est telle, qu'une demoiselle, même de basse naissance, croirait avoir conclu un mariage indigne d'elle, si elle épousait un homme dont la réputation dans les armes serait encore inconnue. »

«Mais, noble dame, dit le César, un homme mourant peut alors se flatter de quelque faible espérance. S'il était le moins du monde possible qu'en se distinguant au milieu des combats, on pût gagner ces affections qui ont été dérobées plutôt qu'accordées volontairement, combien n'y aurait-il pas de guerriers qui seraient jaloux de descendre dans la lice quand le prix de la victoire est si beau! Quel est l'entreprise trop difficile pour qu'on la tente à une pareille condition? et où est l'homme dont le cœur ne sentirait pas qu'en dégaînant son épée pour une semblable cause, il fait vœu de ne pas la remettre dans le fourreau sans pouvoir dire avec orgueil : Ce que je n'ai pas encore obtenu, je l'ai mérité!»

«Vous voyez, madame,» dit Agelastès, qui, pensant que les dernières paroles du César avaient produit quelque impression, se hâta de poursuivre par une observation convenable: «vous voyez que le feu de la chevalerie brûle aussi galamment dans le sein des Grecs que dans celui des peuples de l'Occident.»

«Oui, répondit Brenhilda; et j'ai entendu parler du célèbre siége de Troie, occasioné par la poltronnerie d'un lâche qui enleva la femme d'un homme courageux, refusa toute proposition de se mesurer en combat singulier contre l'époux qu'il avait injurié, et enfin causa la mort de ses nombreux frères, la destruction de sa ville natale, ainsi que de toutes les richesses qu'elle contenait, et mourut lui-même de la mort d'un infame poltron, pleuré seulement par sa maîtresse indigne, preuve que les règles de la chevalerie étaient bien comprises par vos ancêtres.»

«Madame, vous êtes dans l'erreur, répliqua le César; les offenses de Pâris furent celles d'un Asiatique dissolu; le courage qui les vengea fut celui de l'empire grec.»

«Vous êtes savant, seigneur, reprit la dame; mais ne croyez pas que j'ajoute foi à vos paroles avant que vous me montriez un Grec, un chevalier grec, assez brave pour regarder sans crainte le cimier du casque de mon époux.»

«C'est une chose qui, ce me semble, ne serait pas extrêmement difficile, répliqua le César. Si l'on ne m'a point flatté, j'ai été moi-même jugé égal dans les combats à des hommes plus redoutables que celui qui a été étrangement marié à dame Brenhilda.»

CHAPITRE XVIII.

« Il est facile d'essayer, reprit la comtesse. Vous auriez peine à nier, je pense, que mon mari, séparé de moi par quelque supercherie indigne, ne soit à votre disposition et ne puisse être amené ici selon votre bon plaisir. Je ne demande pas pour lui d'autre armure que celle qu'il porte, d'autre arme que sa bonne épée-tranchefer; puis combattez-le dans cette chambre, ou dans toute autre lice aussi étroite, et, s'il prend la fuite, s'il demande quartier, s'il reste mort sous son bouclier, que Brenhilda soit le prix du vainqueur!... Ciel miséricordieux! s'écria-t-elle en se laissant tomber sur le siége qu'elle avait occupé, pardonne-moi le crime de supposer même cette chose possible, crime presque égal à celui de révoquer en doute l'infaillibilité de tes jugemens. »

« Permettez-moi cependant, dit le César, de ramasser ces précieuses paroles avant qu'elles tombent à terre... permettez-moi d'espérer que l'homme à qui Dieu donnera la puissance et la force de vaincre ce fameux comte de Paris lui succédera dans l'affection de Brenhilda; et, croyez-moi, le soleil ne va point à travers l'obscurité se reposer dans l'Océan avec autant de vitesse que je me précipiterai à la rencontre de votre époux. »

« Oh! par le ciel! dit à voix basse, et d'un ton irrité, le comte Robert à Hereward, c'en est trop que d'attendre de moi que je resterai là tranquille à écouter un Grec méprisable qui n'ose pas même prêter l'oreille au retentissement que produit tranchefer en disant adieu à son fourreau. Me braver en mon absence, et s'amuser à faire l'amour à ma bien-aimée! et elle aussi!... Il me semble que Brenhilda se permet aussi plus de liberté que de coutume avec ce perroquet babillard. Par la croix! je vais sauter dans l'appartement, les confondre par mon arrivée soudaine, et arranger ce méchant fanfaron d'une manière dont il pourra se souvenir. »

« Avec votre permission, dit le Varangien qui pouvait seul entendre ce discours violent, vous ne serez guidé que par la froide raison tant que je serai avec vous. Quand nous ne serons plus ensemble, alors que le diable de la chevalerie errante vous prenne sur ses épaules et vous emporte absolument où bon lui semblera. »

« Tu es une brute, répliqua le comte en le regardant avec

un air dédaigneux qui correspondait à l'expression qu'il employait; non seulement sans humanité, mais encore sans nul sentiment d'honneur ni de honte naturel. Le plus méprisable des animaux ne reste pas impassible en voyant un autre attaquer sa compagne : le taureau présente les cornes à un rival... le mâtin recourt à ses dents... et même le cerf timide devient furieux et combat avec son bois. »

— « Parce que ce sont des bêtes, et que leurs compagnes sont aussi des créatures sans honte ni raison, qui ne peuvent comprendre la sainteté d'un choix. Mais toi, d'ailleurs, comte, ne peux-tu donc voir que le but manifeste de cette pauvre femme abandonnée par tout le monde est de te garder sa foi, tout en évitant les piéges dont les hommes pervers l'ont entourée? Par les ames de mes pères! mon cœur est tellement touché de sa candeur, mêlée qu'elle est, comme je le vois, d'innocence et de fidélité, que moi-même, à défaut de champion meilleur, je leverais volontiers ma hache-d'arme pour la défendre. »

— « Je te remercie, mon brave ami, je te remercie aussi sincèrement que s'il était possible que je te laissasse rendre ce bon service à Brenhilda, la bien-aimée de plus d'un noble seigneur, la maîtresse de plus d'un puissant vassal, et, ce qui vaut beaucoup plus que des remercîmens, je te demande pardon de l'injure que je viens de t'adresser. »

— « Vous n'avez pas besoin de mon pardon; car je ne m'offense jamais d'un mot qui échappe sans intention sérieuse de m'offenser... Écoutez donc, ils parlent encore. »

« Il serait étrange que cela fût, disait le César en marchant à grands pas dans l'appartement; mais il me semble, bien plus, je suis presque certain, Agelastès, que j'entends parler dans le voisinage de cet appartement que tu habites seul. »

« C'est impossible, répliqua Agelastès; mais je vais aller voir. »

L'apercevant quitter le pavillon, le Varangien fit comprendre au Franc qu'il fallait qu'ils se couchassent à terre au milieu du petit buisson d'arbres verts où ils étaient complétement cachés. Le philosophe fit sa ronde d'un pas bruyant, mais d'un œil soigneux; et les deux écouteurs furent obligés d'observer le plus strict silence sans faire aucun mouvement, jusqu'à ce qu'il eût terminé son infructueuse recherche, et qu'il fût rentré dans le pavillon.

«Sur ma foi, brave homme, dit le comte, avant que nous retournions nous mettre aux écoutes, il faut que je te dise à l'oreille que jamais de ma vie je n'eus de tentation plus forte que celle qui me poussait à casser la tête à ce vieil hypocrite, pourvu que j'eusse pu le faire sans compromettre mon honneur; et je souhaite du fond de mon cœur que toi, qui n'étais pas retenu par ton honneur, tu eusses éprouvé une impulsion de la même nature, et que tu y eusses cédé.»

— «Une pareille idée m'a passé par la tête; mais le projet me semble inexécutable tant que je ne puis le réaliser sans compromettre notre sûreté à tous deux, et plus particulièrement celle de la comtesse.»

— «Je te remercie encore une fois de ta bienveillance pour elle; et, par le ciel, s'il faut que nous nous battions enfin, comme c'est assez probable, je ne te refuserai ni un honorable adversaire, ni un juste quartier si les chances du combat tournent contre toi.»

«Reçois-en mes remercîmens, répliqua Hereward; seulement, pour l'amour du ciel, garde le silence en cet instant, et fais ce que tu voudras ensuite.»

Avant que le Varangien et le comte eussent repris leur poste d'écouteurs, les personnes qui causaient dans l'intérieur du pavillon, croyant n'être pas écoutées, avaient recommencé leur conversation, parlant bas, mais avec beaucoup de chaleur.

«C'est vainement que vous voudriez, dit la comtesse, me persuader que vous ne savez pas où est mon mari, ou que vous n'avez pas l'influence la plus absolue sur sa captivité: quel autre pourrait avoir intérêt à écarter ou à mettre à mort le mari, sinon l'homme qui ose admirer la femme?»

«Vous me faites injure, belle dame, répliqua le César, et vous oubliez que je ne puis être sous aucun rapport appelé le grand ressort de cet empire; que mon beau-père, Alexis, est l'empereur, et que la femme qui se nomme mon épouse est jalouse comme un démon peut l'être de mes moindres mouvemens... Quelle possibilité y a-t-il que de moi dépendent la captivité de votre mari et la vôtre? L'affront public que le comte de Paris a fait à l'empereur était de telle nature qu'il était probable qu'Alexis s'en vengerait par ruse secrète ou par force ouverte. Cette affaire ne me concernait que comme l'humble esclave de vos charmes; et c'est par la prudence et l'habileté du sage Agelastès que j'ai pu parvenir à vous arracher du gouffre dans lequel vous auriez sans cela certainement péri. Voyons, ne pleurez pas, madame, car nous ne connaissons pas encore le destin du comte Robert; mais, croyez-moi, ce serait sagesse que de choisir un meilleur protecteur, et de le considérer comme n'existant plus. »

— « Un meilleur que lui ? Je ne puis en avoir un meilleur, quand même je choisirais parmi tous les chevaliers du monde. »

« Cette main, répliqua le César en se redressant et en prenant une attitude martiale, déciderait la question, si l'homme dont vous avez une si haute idée existait encore sur la face de la terre, et en liberté. »

« Tu es, dit Brenhilda en le regardant fixement (tous ses traits étaient animés du feu de l'indignation) tu es... mais il est inutile de te dire quel est ton véritable nom : crois-moi, le monde en retentira un jour, et en appréciera la juste valeur. Fais bien attention à ce que je vais te dire : Robert de Paris n'est plus, ou bien est captif je ne sais où. Il ne peut venir dans la lice où tu sembles brûler de descendre... mais voici devant toi Brenhilda, née héritière d'Aspremont, femme légitime par mariage du brave comte de Paris. Elle n'a jamais été vaincue en champ clos par un autre mortel que par le vaillant comte, et puisque tu es si fâché de ne pouvoir combattre son mari, tu n'as assurément rien à objecter si elle veut se battre contre toi en sa place. »

« Comment, madame ! s'écria César étonné; vous proposez-vous d'entrer en lice contre moi ? »

— « Contre toi, et contre tout l'empire grec, si l'on ose soutenir que Robert de Paris est traité avec justice ou légalement détenu. »

— « Et les conditions sont-elles les mêmes que si le comte Robert lui-même descendait dans la lice? Le vaincu doit alors être à la disposition du vainqueur, en bien comme en mal. »

— «Ceci me semble juste, et je ne refuse pas cette chance : seulement, si c'est l'autre champion qui mord la poussière, le noble comte Robert sera mis en liberté, et on le laissera partir avec tous les honneurs convenables.»

— «Je ne puis refuser, pourvu que ce soit en ma puissance.»

Un grand bruit sourd, semblable à celui d'un gong moderne, interrompit en cet endroit la conversation.

CHAPITRE XIX.

Le Parti à prendre.

Le Varangien et le comte Robert de Paris, au risque d'être découverts, étaient restés assez près du pavillon pour bien comprendre, quoique sans pouvoir entendre très distinctement, le sujet de l'entretien.

«A-t-il accepté son défi?» dit le comte Robert de Paris.

«Oui, et très volontiers en apparence, répliqua Hereward.

— «Oh! sans doute, sans doute; mais il ne connaît pas l'adresse que peut acquérir une femme dans le maniement des armes : pour ma part, dieu sait combien m'intéresse l'issue de ce combat; cependant telle est ma confiance que je voudrais y être encore plus intéressé. Je déclare à Notre-Dame des Lances rompues que je voudrais que chaque sillon de terre que je possède.... chaque honneur que je puis appeler mien, depuis le comté de Paris jusqu'à la courroie qui attache mon éperon, dépendissent de l'événement de ce combat entre votre César, comme on l'appelle, et Brenhilda d'Aspremont.»

— «C'est une noble confiance, et je n'ose dire qu'elle soit téméraire; seulement je ne puis m'empêcher de vous rappeler ici que le César est un homme aussi vigoureux que bien fait, habile dans le maniement des armes, et surtout moins strictement attaché aux règles de l'honneur que vous le pensez peut-être. Il y a mille moyens de donner et de gagner un avantage, qui dans l'opinion de César ne détruiront pas l'égalité du combat, quoiqu'il en doive être ainsi aux yeux du chevaleresque comte de Paris et même à ceux du pauvre Varangien. Mais d'abord permettez-moi de vous conduire en quelque lieu sûr, car votre évasion sera bientôt découverte, si elle ne l'est point déjà. Les sons que nous avons entendus indiquent que des complices de la conspiration ont visité ce jardin pour tout autre motif que pour des affaires d'amour. Je vais vous emmener par une autre avenue que celle par où nous sommes arrivés. Mais vous ne vous déciderez pas aisément, je pense, à prendre le parti le plus sage !

— «Et quel est-il?»

— «De donner votre bourse, fût-ce tout votre bien, à quelque pauvre batelier, qui vous transporte de l'autre côté de l'Hellespont; puis aller en toute hâte porter plainte à Godefroy de Bouillon et aux amis que vous pouvez avoir parmi les croisés vos frères, et en déterminer, comme vous le pouvez aisément, un grand nombre à revenir ici et à menacer la ville d'une attaque immédiate, à moins que l'empereur ne vous restitue votre épouse, faite prisonnière contre tous les droits de la guerre, et n'empêche par son autorité ce combat absurde et contre nature.»

— «Voudrais-tu donc que j'excitasse ces croisés à s'opposer à un combat convenu suivant toutes les règles? Crois-tu que Godefroy de Bouillon interromprait son pélerinage dans un aussi indigne dessein, ou que la comtesse de Paris accepterait comme un bon service un moyen de salut qui tacherait son honneur à tout jamais, en manquant à une convention formée d'après son propre défi?... jamais!

— «Alors, mon jugement est en défaut, car je vois que je ne puis fabriquer d'expédient qui ne soit d'une façon ou d'une autre follement contrecarré par vos idées extravagantes. Voici un homme qu'a fait tomber au pouvoir de son ennemi le plus bas stratagème imaginé contre sa femme; un stratagème semblable, outre qu'il prive cette femme de la liberté, expose et sa vie et son honneur, et cependant il croit nécessaire d'agir envers ces empoisonneurs nocturnes avec autant de bonne foi que s'il avait affaire aux hommes les plus honorables.»

— «Tu dis là une triste vérité, mais ma parole est l'emblème de ma foi; et si je l'engage à un ami sans foi ni honneur, c'est une imprudence que je commets; mais si j'y manque, une fois qu'elle est engagée, c'est une action déshonorante, une tache qui ne peut jamais s'effacer de mon écu.

— « Voulez-vous dire que vous souffrirez que l'honneur de votre femme soit exposé aux chances d'un combat inégal ? »

— « Que dieu et les saints te pardonnent une pareille pensée! J'irai assister à ce combat avec un cœur aussi ferme, sinon aussi léger, que j'ai jamais vu rompre une lance. Si, par suite d'un accident ou par trahison, Brenhilda d'Aspremont est vaincue (car à armes égales et avec un tel adversaire elle ne peut l'être) je descends dans la lice, je proclame César ce qu'il est, un coquin!... je montre l'ignominie de sa conduite depuis le commencement jusqu'à la fin, j'en appelle à tous les nobles cœurs qui m'entendent, et alors.... que Dieu protége la bonne cause! »

Hereward réfléchit un instant et secoua la tête...« Tout cela, dit-il ensuite, serait assez faisable, si le combat devait avoir lieu en présence de vos propres compatriotes, ou même, par la messe! si les Varangiens devaient être gardiens de la lice; mais les trahisons de tout genre sont si familières aux Grecs, que je doute fort qu'ils considérassent la conduite de leur César comme autre chose qu'un stratagème d'amour naturel et pardonnable, qui mérite qu'on en rie plutôt que d'encourir honte ou châtiment. »

— « Puisse le ciel, à une nation qui pourrait rire d'une telle plaisanterie, refuser sa compassion dans le moment du besoin le plus pressant, quand l'épée sera brisée dans la main de ses enfants, et que leurs femmes, leurs filles crieront d'effroi, entraînées par de barbares et impitoyables ennemis! »

Hereward regarda son compagnon dont les joues gonflées et les yeux étincelants témoignaient l'enthousiasme.

« Je vois, dit-il, que vous êtes résolu, et je sais que votre résolution ne peut être, avec justice, autrement appelée qu'un acte d'héroïque folie, mais encore? Il y a long-temps que la vie n'est qu'amertume pour l'exilé Varangien; le matin, il se lève d'un lit où le soir l'a vu se coucher; las de porter une arme mercenaire au service de l'étranger, il a souvent désiré perdre la vie pour une cause honorable, et celle-ci touche à l'honneur dans son essence, dans ce qu'il a de plus saint. En outre elle s'accorde avec mon projet de sauver l'empereur, projet que facilitera grandement la chute de son gendre ingrat.» Puis s'adressant au comte il continua : « Eh bien ! sire comte, comme vous êtes le plus intéressé dans cette affaire, je consens à me conduire d'après vos raisonnemens ; mais j'espère que vous me permettrez d'ébranler vos résolutions par des avis d'une nature plus simple et moins fantastique. Par exemple, votre évasion hors des cachots de Blaquernal sera bientôt généralement connue. Par prudence même, je dois être le premier à la faire connaître, puisque autrement le soupçon tombera sur moi... où songez-vous à vous cacher ? car les recherches seront assurément minutieuses et sévères.»

«Quant à cela, répondit le comte de Paris, il faut que je m'en remette à ton génie inventif, avec remercîment de chaque mensonge que tu te trouveras obligé de faire, d'imaginer et de débiter pour moi, te suppliant seulement de les rendre aussi peu nombreux que possible, car c'est une monnaie que je ne fabrique jamais moi-même.»

«Sir chevalier, répliqua Hereward, permettez-moi de commencer par vous dire que, de tous les chevaliers qui jamais ceignirent l'épée, nul n'est plus esclave de la vérité, quand la vérité est observée à son égard, que le pauvre soldat qui vous parle ; mais lorsque, pour gagner la partie, il faut non plus jouer franc jeu, mais endormir la prudence des gens à force d'adresse, et leur ôter tout sentiment par des narcotiques, ceux qui ne se feraient nullement scrupule de me tromper ne peuvent guère attendre que moi, qui suis payé en si mauvaise monnaie, je ne cherche pas de mon côté à leur en faire passer de la fausse. Pour le présent, il faut que vous restiez caché dans mon pauvre appartement, au quartier des Varangiens, qui est le dernier endroit où ils songeront à venir vous chercher. Prenez ceci, mon manteau, et suivez-moi ; et maintenant que nous allons sortir de ces jardins, vous pouvez me suivre sans exciter de soupçon comme un soldat accompagnant son officier ; car je vous le dis en passant, noble comte, nous autres Varangiens, nous sommes une sorte de gens que les Grecs n'osent regarder ni long-temps ni fixement.»

Ils regagnèrent alors la porte par laquelle la négresse les avait introduits, et Hereward, à qui l'on avait, à ce qu'il paraît, confié le moyen de sortir des jardins du philosophe, bien qu'il ne pût y entrer sans le secours de la portière, prit une clef qui ouvrit la serrure intérieurement, desorte qu'ils se trouvèrent bientôt en liberté. Ils traversèrent alors la ville par des rues détournées, Hereward marchant le premier, et le comte suivant en silence et sans remontrance aucune, jusqu'à ce qu'ils arrivassent devant le portail de la caserne des Varangiens.

«Dépêchez-vous, dit la sentinelle qui était de faction, le dîner est déja commencé.» Cette nouvelle sonna joyeusement à l'oreille d'Hereward, qui avait grand'peur que son compagnon fût arrêté et examiné. Il se rendit à son propre appartement par un passage dérobé, et introduisit le comte dans une petite chambre où couchait son écuyer, et où il s'excusa de le laisser seul pour quelque temps; et s'en allant, il ferma la porte à clef de crainte, dit-il, des intrus.

Il n'était guère vraisemblable que le démon de la méfiance pût venir tourmenter un esprit si franchement constitué que celui du comte Robert, et cependant la dernière action d'Hereward ne laissa pas de lui suggérer quelques réflexions pénibles.

«Il faut, pensa-t-il, que cet homme me soit fidèle; car j'ai mis en lui une grande confiance, et peu de mercenaires à sa place en useraient honorablement. Qui l'empêcherait d'aller dire au principal officier du poste que le prisonnier franc, le comte Robert de Paris, dont la femme a promis de se battre en combat singulier contre le César, s'est échappé, il est vrai, ce matin des prisons de Blacquernal, mais qu'il s'est laissé reprendre à midi, et qu'il est de nouveau captif dans la caserne de la garde varangienne? Quels sont mes moyens de défense si ces mercenaires viennent à me découvrir?... Ce qu'un homme peut faire par la faveur de Notre-Dame des Lances-rompues, je n'ai jamais manqué de l'accomplir. J'ai tué un tigre en combat singulier... j'ai assommé un de mes gardiens, et triomphé de la créature furieuse et gigantesque qui venait le secourir. J'ai eu assez d'éloquence pour exciter en ma faveur, du moins en apparence, l'intérêt de ce Varangien; cependant tout cela ne m'encourage point à espérer que je pourrais résister long-temps à dix ou douze drôles tels que me semblent être ces mangeurs de bœuf amenés contre moi par un gaillard dont les nerfs et les muscles sont aussi solides que ceux de mon ex-compagnon. Cependant, fi! Robert, de telles pensées sont indignes d'un descendant de Charlemagne. Quand as-tu jamais eu l'habitude de compter si soigneusement tes ennemis, et d'être si soupçonneux, puisque l'homme, qui peut vraiment se vanter d'être incapable de mauvaise foi, doit par honneur être le dernier à suspecter la bonne foi d'autrui? La physionomie du Varangien est ouverte, son calme dans le danger est étonnant, ses paroles sont plus franches et plus libres que le furent jamais celles d'un traître. S'il n'est pas sincère, il ne faut plus en croire la main de la nature, car elle a écrit sur son front *vérité*, *sincérité* et *courage*. »

Tandis que le comte Robert réfléchissait ainsi sur sa condition et combattait les doutes et les soupçons nombreux qui naissaient de l'incertitude de sa position, il commença à sentir qu'il n'avait pas mangé depuis long-temps; et, entre d'autres craintes d'une nature plus héroïque, il en vint à soupçonner à demi qu'on avait dessein de laisser la faim affaiblir ses forces avant de venir dans l'appartement lui porter le coup mortel.

Nous verrons mieux jusqu'à quel point ces soupçons étaient mérités par Hereward, ou plutôt combien ils étaient injustes en le suivant dans ses courses après qu'il fut sorti de son appartement à la caserne, se hâtant de dîner, et affectant de manger avec un grand appétit, afin sans doute que l'ardeur qu'il mettait à satisfaire ce besoin naturel ôtât tout prétexte de lui adresser des questions désagréables, ou de l'obliger à soutenir une conversation. Il allégua des devoirs à remplir, quitta immédiatement après ses camarades, et se dirigea vers le logement d'Achille Tatius, qui faisait partie du même bâtiment. Un esclave syrien, qui ouvrit la porte après une profonde révérence à Hereward qu'il connaissait pour être un favori de l'acolyte, lui annonça que son maître était sorti, mais l'avait chargé de lui dire que, s'il désirait le voir, il le trouverait aux jardins du philosophe, ainsi appelés, parce qu'ils appartenaient au sage Agelastès.

Hereward s'y rendit sur-le-champ; et comme il connaissait

CHAPITRE XIX.

parfaitement toutes les rues de Constantinople, il lui fut facile de prendre la route la plus courte: il se trouva donc bientôt seul devant la porte du jardin, par où lui et le comte de Paris étaient déja entrés une fois dans la matinée. La même négresse parut au même signal particulier; et quand il demanda Achille Tatius, elle répondit avec quelque aigreur : «Puisque vous étiez ici ce matin, je m'étonne que vous ne l'ayez pas rencontré, ou qu'ayant affaire avec lui, vous ne l'ayez pas attendu: je suis certaine que peu de temps après votre arrivée l'acolyte vous cherchait.»

«Peu t'importe, vieille femme, dit le Varangien; je rends compte de mes actions à mon commandant, mais non à toi.» Après cette réplique, il entra dans le jardin, et évitant l'allée obscure qui conduisait au berceau d'amour... c'était ainsi que se nommait le pavillon dans lequel avait eu lieu la conversation du César et de la comtesse de Paris qu'il avait entendue... il arriva devant un édifice simple, dont la façade humble et modeste semblait annoncer le séjour de la philosophie et du savoir. Là, passant sous les fenêtres, il fit un peu de bruit dans l'espoir d'attirer l'attention d'Achille Tatius ou de son complice Agelastès, suivant que le hasard le voudrait. Ce fut le premier qui l'entendit et qui répondit. La porte s'ouvrit : un haut panache s'inclina pour que celui qui en était orné pût passer dessous, et la taille majestueuse d'Achille Tatius apparut dans le jardin. «Eh quoi! dit-il, notre fidèle sentinelle, qu'as-tu donc à nous dire à l'heure qu'il est? Tu es notre bon ami, et fort estimé entre tous nos soldats, et nous savons qu'il faut que ton message soit important, puisque tu l'apportes toi-même, et à une heure si extraordinaire.»

«Veuille le ciel, dit Hereward, que la nouvelle que j'apporte mérite des remercîmens!»

— «Apprends-la-moi donc tout de suite, bonne ou mauvaise; tu parles à un homme à qui la crainte est inconnue.» Mais ses yeux qui se troublaient en regardant le soldat, ses joues qui changeaient sans cesse de couleur, ses mains qui s'occupaient en tremblant à ajuster le ceinturon de son sabre... tout trahissait un état d'esprit bien différent de celui que son ton de bravoure semblait indiquer. «Courage, mon fidèle soldat!

dis-moi ta nouvelle; je suis en état de supporter la pire que tu puisses m'apprendre. »

« En un mot donc, dit le Varangien, votre valeur m'a chargé ce matin de remplir les fonctions de maître des rondes dans les cachots du palais Blacquernal, où sont détenus le vieux traître aveugle Ursel, et le violent comte Robert de Paris, qu'on y avait incarcéré de la nuit dernière. »

— « Je me le rappelle bien : après ? »

— « Comme je me reposais dans une chambre au dessus des cachots, j'ai entendu en dessous des cris d'une nature qui a excité mon attention. Je me suis hâté d'aller voir, et ma surprise a été extrême lorsque, regardant au fond du cachot, quoique je ne pusse rien voir distinctement, néanmoins à certains gémissemens qui semblaient arrachés par la douleur, j'ai pensé que l'homme des bois, l'animal nommé Sylvain, à qui nos soldats sont parvenus à faire assez comprendre le saxon pour le rendre utile à la garde des prisons, se plaignait comme s'il avait reçu quelque grave blessure. Descendant avec une torche, j'ai trouvé le lit où le prisonnier s'était couché réduit en cendres; le tigre qui avait été enchaîné à quelques pas du lit, assommé, et la tête en pièces; enfin l'être appelé Sylvain, terrassé, criant de douleur et de crainte, et plus de prisonnier dans la prison. Il m'a été facile de reconnaître que tous les verrous avaient été tirés par un soldat de Mitylène, de garde ainsi que moi, lorsqu'il avait visité le cachot à l'heure ordinaire; et comme à force de recherches je l'ai enfin trouvé mort, tué à ce qu'il semble d'un coup de poignard dans la gorge, il m'a fallu conclure que, tandis que j'examinais les lieux, le comte Robert, dont l'audace rend fort possible une pareille aventure, s'est échappé au moyen sans doute de l'échelle et de la trappe, à l'aide desquelles j'étais descendu. »

— « Et pourquoi n'as-tu pas aussitôt crié à la trahison, appelé au secours ? »

— « Je n'ai pas osé le faire avant d'avoir reçu les instructions de votre valeur. Le cri alarmant de trahison et les divers bruits qu'il ferait probablement naître en ce moment auraient pu occasioner des recherches si sévères qu'on aurait pu découvrir des choses qui eussent compromis l'acolyte lui-même. »

CHAPITRE XIX.

«Tu as raison, dit Achille Tatius à voix basse; et pourtant il est nécessaire que nous ne tâchions pas plus long-temps de cacher la fuite de cet important prisonnier, si nous ne voulons point passer pour être ses complices. Où penses-tu que ce malheureux fugitif puisse avoir trouvé un asile?»

— «C'est ce que j'espérais apprendre de la sagesse de votre valeur, plus grande que la mienne.»

— «Ne penses-tu pas qu'il peut avoir traversé l'Hellespont, afin de rejoindre ses propres compatriotes et ses soldats?»

— «C'est, en effet, fort à craindre. Indubitablement, si le comte écoutait l'avis de quelqu'un qui connût bien la nature du pays, ce serait bien là le conseil qu'il recevrait.»

— «Alors le danger de son retour à la tête d'un corps de Francs vengeurs n'est pas aussi immédiat que je le craignais d'abord; car l'empereur a expressément commandé que les barques et les galères qui ont transporté hier les croisés sur les rivages de l'Asie repassassent le détroit, et n'en ramenassent pas un seul des lieux où il les a aidés à se rendre... D'ailleurs, tous... c'est-à-dire leurs chefs... ont fait vœu, avant de prendre la croix, de ne plus faire un seul pas en arrière, à présent qu'ils se sont réellement mis en route pour la Palestine.»

— «Ainsi donc une de ces deux propositions est incontestable : ou le comte Robert est du côté oriental du détroit, sans possibilité de revenir avec ses frères d'armes venger les traitemens qu'il a reçus ici, et peut, en conséquence, être impunément bravé... ou bien, il est caché quelque part dans Constantinople, sans ami, sans allié qui prenne son parti, qui l'encourage ouvertement à proclamer ses prétendus griefs... Dans l'un ou l'autre de ces cas, il ne serait pas, je pense, prudent de porter au palais la nouvelle de son évasion, puisqu'elle ne servirait qu'à alarmer la cour, et pourrait fournir à l'empereur des motifs de soupçon... Mais ce n'est pas à un ignorant barbare comme moi de prescrire à votre valeur et à votre sagesse la conduite qu'elle doit tenir, et il me semble que le sage Agelastès serait un meilleur conseiller que moi.»

«Non, non, non, répliqua l'acolyte avec chaleur, mais à voix basse; le philosophe et moi, nous sommes très bons amis, amis jurés, liés ensemble d'une façon toute particulière;

mais si les circonstances exigeaient que l'un de nous deux dût jeter au pied du trône de l'empereur la tête de l'autre, je pense que tu ne me conseillerais pas, à moi qui n'ai encore aucun cheveu blanc, d'être le dernier à faire cette offrande. En conséquence, nous ne dirons rien de ce malheur; mais nous te donnons plein pouvoir et ordre spécial de chercher le comte Robert de Paris, mort ou vif, de l'enfermer dans le cachot militaire destiné aux gens de notre corps, et quand tu l'auras fait, de m'en donner avis. Je peux gagner son amitié par bien des moyens en arrachant sa femme au danger à l'aide des haches de mes Varangiens. Qu'y a-t-il dans la capitale qu'on leur puisse opposer?»

— «Lorsqu'elles sont levées pour une juste cause, rien.»

— «Hein!... que dis-tu?... que veux-tu dire?... Mais j'entends: tu es scrupuleux, comme il convient à un soldat prudent de l'être; tu veux avoir l'ordre précis et spécial de ton officier dans tout service qu'on te commande, et, comme ton supérieur, mon devoir est de lever tes scrupules. Un mandat te sera remis avec plein pouvoir de poursuivre et d'emprisonner le comte étranger dont nous parlions... Et écoute, mon excellent ami, ajouta Achille Tatius avec quelque hésitation, je crois que tu ferais mieux de t'éloigner, et de commencer ou plutôt de continuer tes recherches. Il n'est pas nécessaire d'informer notre ami Agelastès de ce qui est arrivé, jusqu'à ce que ses avis nous deviennent plus utiles qu'ils le sont à présent. Retourne... retourne aux casernes. Je lui ferai un conte, s'il est curieux de connaître le motif qui t'a amené ici; car il est probable qu'il le sera, le soupçonneux vieillard. Retourne donc aux casernes, et agis comme si tu avais entre les mains un mandat qui te conférât une puissance illimitée. J'aurai soin de t'en donner un quand je serai de retour au quartier.»

Le Varangien retourna aussitôt aux casernes.

«N'est-ce pas, dit-il, une chose étrange, n'en est-ce pas assez pour rendre un homme coquin toute sa vie, que de voir comme le diable encourage un jeune commençant dans l'art de tromper! Je viens de faire un plus grand mensonge, ou, du moins, de plus m'écarter de la vérité qu'en aucune autre occasion dans toute ma vie... Et quelle en est la conséquence?

CHAPITRE XIX.

Ma foi, c'est que mon commandant me jette presque à la tête un mandat qui pourra me disculper de tout ce que j'ai fait et me propose de faire. Si le diable était toujours aussi exact à protéger ceux qui se donnent à lui, il me semble qu'ils auraient peu raison de se plaindre de lui, et les honnêtes gens ne devraient pas s'étonner que le nombre en soit si grand. Mais un temps vient, dit-on, où il manque rarement de les abandonner. C'est pourquoi, arrière, Satan! si j'ai paru être un moment ton serviteur, ce n'est que dans un but honnête et chrétien. »

Comme il s'abandonnait à ces pensées, il retourna la tête, et tressaillit en voyant apparaître sur le chemin une créature d'une taille plus grande et d'une forme plus bizarre que la forme et la taille humaines; le corps tout couvert de poils bruns et roussâtres, à l'exception du visage; l'expression de sa figure, si hideuse qu'elle annonçait une profonde mélancolie. Une de ses mains était enveloppée de linge, et un air de peine et de souffrance indiquait qu'il était blessé. Hereward était tellement préoccupé de ses propres réflexions, qu'il crut d'abord que son imagination avait réellement évoqué le diable; mais après un tressaillement soudain de surprise, il reconnut sa vieille connaissance, Sylvain... «Ah! mon vieil ami, dit-il, je suis charmé que tu en aies réchappé pour venir en un lieu où tu trouveras abondance de fruits pour te nourrir. Suis mon conseil, tâche de n'être pas découvert, suis le conseil de ton ami. »

L'homme des bois fit entendre des sons inarticulés en réponse à ces paroles.

«Je te comprends, reprit Hereward, tu ne seras pas le rapporteur, dis-tu; et, en vérité, j'ai plus confiance en toi qu'en la majeure partie de ma propre race bipède, où l'on ne songe éternellement qu'à se jouer et à se tromper l'un l'autre. »

Une minute après avoir perdu de vue l'orang-outang, Hereward entendit un cri de femme, et une voix qui appelait au secours. Ces accens devaient avoir un intérêt bien vif pour le Varangien, puisque, oubliant le danger de sa propre situation, il rebroussa aussitôt chemin et courut prêter assistance à celle qui l'implorait.

CHAPITRE XX.
La Rencontre.

> Elle vient! elle vient! dans tous les charmes de
> la jeunesse, d'un amour sans égal, et d'une foi
> qu'on ne peut soupçonner!
>
> *Anonyme.*

HEREWARD n'avait pas couru long-temps à travers les bosquets, dans la direction du cri, qu'une femme se précipita dans ses bras, effrayée, à ce qu'il semblait, par Sylvain, qui la poursuivait de fort près. La vue d'Hereward avec sa hache levée arrêta brusquement sa course, et, poussant par frayeur un de ces cris sauvages qui lui étaient propres, il s'enfuit dans le plus épais du bois voisin.

Débarrassé de sa présence, Hereward eut le temps de jeter un coup d'œil sur la femme qu'il venait de secourir. Elle portait un costume de différentes couleurs, parmi lesquelles dominait le jaune pâle; sa tunique était de cette couleur, et, comme une robe moderne, elle serrait la taille, qui, dans ce cas, était celle d'une femme grande, mais bien faite. La mante, ou vêtement de dessus, qui enveloppait tout son corps, était de drap fin; et l'espèce de capuchon qui y était attaché, tombé en arrière par l'effet de la rapidité de sa fuite, laissait voir des cheveux soigneusement tressés et formant ainsi une parure de tête naturelle. Sous ces ornemens empruntés à la seule nature, paraissait un visage aussi pâle que la mort, à cause du danger qu'elle avait couru, mais qui conservait, au milieu même de cette frayeur, une beauté exquise.

Hereward fut, à cette apparition, comme frappé de la foudre. Le costume n'était ni grec, ni italien, ni franc; il était saxon, et se rattachait par mille tendres souvenirs à l'enfance et à la jeunesse d'Hereward. Cette circonstance était des plus extraordinaires. Il y avait bien à Constantinople des femmes saxonnes qui avaient uni leurs fortunes à celles des Varangiens; et souvent ces femmes préféraient porter dans cette ville leur costume national, parce que le caractère et la conduite de leurs maris leur assuraient un degré de respect qu'elles n'auraient pas obtenu, soit comme Grecques, soit comme étrangères. Mais presque toutes étaient personnellement connues d'Hereward. Ce n'était cependant pas le moment de se livrer à des rêveries; il était lui-même en danger, et la situation de la jeune femme pouvait n'être pas sans péril. En tout cas, il était prudent de ne pas rester dans la partie la plus publique du jardin. Il ne perdit donc pas de temps à transporter la Saxonne évanouie dans une retraite qu'il connaissait fort heureusement. Une allée couverte et dérobée aux regards par la vigueur de la végétation conduisait à travers une espèce de labyrinthe dans une grotte artificielle, ornée de coquillages, de mousse et de spath, au fond de laquelle était couchée la statue gigantesque d'une déesse de rivière, avec ses attributs accoutumés... c'est-à-dire, le front couronné de nénuphar et de glaïeul, et sa large main appuyée sur une urne vide. L'attitude de cette statue justifiait à merveille l'inscription : «*Je dors... ne m'éveillez pas.*»

«Maudit reste du paganisme, dit Hereward, qui était, en proportion de ses connaissances, un chrétien zélé; bloc imbécille que tu es, de bois ou de pierre, je vais t'éveiller d'importance.» A ces mots il frappa avec sa hache sur la tête de la divinité endormie, et dérangea tellement le jeu de la fontaine, que l'eau commença à tomber dans l'urne.

«Tu es cependant un bon diable de bloc, dit le Varangien, pour envoyer un secours si nécessaire à ma pauvre concitoyenne. Tu lui donneras aussi, avec ta permission, une partie de ta couche.» En parlant ainsi, il déposa son précieux fardeau, qui n'avait pas encore recouvré l'usage de ses sens, sur le piédestal où la déesse était couchée. Pendant qu'il l'arrangeait de son mieux, son attention se porta sur la figure de la Saxonne, et de temps à autre il éprouvait une émotion d'espérance presque mêlée de crainte, à tel point qu'on n'aurait pu la comparer qu'à la lumière incertaine d'une torche, lorsqu'on ne saurait dire si elle va se rallumer ou s'éteindre. Avec une espèce d'attention mécanique, il continua de faire tous les efforts possibles pour rendre l'usage de ses sens à la belle créature qui se trouvait devant lui. Ses émotions étaient celles du sage astronome à qui le lever de la lune rend lentement la contemplation de ce ciel, qui est à la fois;

comme chrétien, son espérance de félicité, et comme philosophe, la source de toute sa science. Le sang revint animer ses joues, et la vie, le souvenir même parurent se réveiller en elle plus tôt que dans le Varangien stupéfait.

« Sainte-Marie, dit-elle, ai-je donc vraiment vidé la dernière coupe d'amertume, et est-ce ici que tu rassembles après leur mort celles qui se sont vouées à toi durant leur vie !... Parle, Hereward ! si tu es autre chose qu'un vain fantôme créé par mon imagination !... Parle, et dis-moi si j'ai seulement rêvé de cet ogre monstrueux ? ».

« Remets-toi, ma bien-aimée Bertha, répondit l'Anglo-Saxon, rappelé à lui par le son de cette voix, et prépare-toi à endurer, tant que nous vivrons, toi pour voir, ton Hereward pour te raconter... Cet être hideux, il existe... mais ne tressaille pas, ne cherche pas un lieu où te cacher... Ta jolie main, armée d'une houssine, suffirait pour abattre son courage. Et ne suis-je pas ici, Bertha ? voudrais-tu un autre protecteur ? »

« Non, non, s'écria-t-elle en saisissant par le bras l'amant qu'elle retrouvait. Ne te reconnais-je pas à présent ? »

— « Et n'est-ce que d'à-présent que tu me reconnais, Bertha ? »

« Je le soupçonnais auparavant, dit-elle en baissant les yeux ; mais je reconnais avec certitude cette marque des défenses du sanglier. »

Hereward laissa son imagination se remettre du choc qu'elle avait si soudainement reçu avant d'en venir à parler des événemens présens qui semblaient fournir matière à tant de doutes et de craintes. Il lui permit donc de rappeler à sa mémoire toutes les circonstances de la chasse de ce hideux animal par les tribus réunies de leurs pères. Elle peignit en mots entrecoupés le vol de flèches lancées contre le sanglier par les jeunes gens et les vieillards, par les hommes et les femmes, et la blessure qu'elle lui porta elle-même d'un trait bien ajusté, mais décoché d'une main faible ; elle n'oublia point de dire comment l'animal, irrité par la douleur, s'était précipité sur elle comme cause de son mal, avait étendu son palefroi, mort sur place, et l'aurait bientôt tuée elle-même, si Hereward n'eût, alors qu'il ne pouvait réussir à faire avancer son cheval contre le monstre, mis pied à terre, et fait de son corps un rempart contre le sanglier et Bertha. La victoire ne se décida qu'après une lutte terrible; le sanglier périt, mais Hereward reçut au front un coup de ses défenses, fait dont se souvenait alors celle qu'il venait de sauver. «Hélas! dit-elle, qu'avons-nous été l'un à l'autre depuis cette époque, et que sommes-nous encore dans cette terre étrangère?»

«Réponds pour toi-même, ma Bertha, si tu le peux, dit le Varangien... et si tu peux dire avec vérité que tu es la même Bertha qui a fait vœu d'affection pour Hereward, crois-moi, il y aurait péché à penser que les saints ne nous ont réunis que pour nous séparer encore.»

«Hereward, répondit Bertha, tu n'as point conservé l'oiseau dans ton sein plus soigneusement que moi. Dans ma patrie ou sur le sol étranger, dans l'esclavage ou dans la liberté, dans la joie ou dans la tristesse, dans l'abondance ou dans la privation, j'ai toujours fidélement songé à la foi par moi jurée à Hereward près la pierre d'Odin.»

«Ne parle plus de cela, dit Hereward; c'était un rite impie, et il n'en pouvait rien résulter de bon.»

«Était-il donc si impie? dit-elle, une larme mouillant malgré elle son grand œil bleu... Hélas! c'était plaisir de songer qu'Hereward m'appartenait par cet engagement solennel!»

«Écoute-moi, ma Bertha, dit Hereward en lui prenant la main: nous étions alors presque enfans, et quoique notre vœu fût innocent en lui-même, il avait néanmoins cela de coupable qu'il était prononcé devant une muette idole représentant un homme qui avait été, vivant, un sanguinaire et cruel magicien. Mais dès l'instant que l'occasion s'en présentera, nous renouvellerons notre vœu devant un autel véritablement saint, et nous promettrons de faire pénitence convenable pour avoir dans notre ignorance reconnu Odin, et pour nous rendre propice le vrai Dieu qui peut nous soutenir au milieu de ces tempêtes d'adversité auxquelles nous pouvons être en butte.»

Les laissant pour le moment à leur entretien d'amour d'une nature pure, simple et intéressante, nous raconterons en peu de mots tout ce que le lecteur a besoin de savoir de leur histoire séparée, entre la chasse du sanglier et le moment de leur rencontre dans les jardins d'Agelastès.

Dans cet état d'incertitude où se trouvent des proscrits, Waltheolf, père d'Hereward, et Engelred, père de Bertha, avaient coutume de réunir leur tribus indomptées, tantôt dans les fertiles régions du Devonshire, tantôt dans les forêts sombres et désertes de Hampshire, mais toujours, autant que possible, à portée d'entendre l'appel du cor du fameux Éderic le forestier, si long-temps chef des Saxons insurgés. Les chefs que nous venons de citer étaient au nombre de ces derniers braves qui maintinrent l'indépendance de la race saxonne en Angleterre, et comme leur capitaine Éderic, ils étaient généralement connus sous le nom de *forestiers*, attendu qu'ils vivaient de leur chasse lorsqu'ils étaient arrêtés ou repoussés dans leurs excursions. De là ils firent un pas rétrograde dans la civilisation, et devinrent plus semblables à leurs vieux ancêtres d'origine germanique qu'à la génération qui les avait immédiatement précédés, et qui, avant la bataille d'Hastings, avait déja fait de grands progrès dans les arts de la vie civilisée.

De vieilles superstitions avaient commencé à revivre parmi eux; et de là l'habitude des jeunes gens et des jeunes filles de se donner leur foi dans ces cercles de pierres consacrées, comme on le supposait, à Odin, en qui néanmoins ils avaient depuis long-temps cessé de conserver une croyance aussi sincère que celle de leurs ancêtres païens.

Sous un autre rapport, ces proscrits reprirent aussi bientôt une coutume toute particulière aux anciens Germains. Les circonstances où ils se trouvaient amenaient naturellement les jeunes gens des deux sexes à se trouver souvent ensemble, et, par des mariages précoces ou des liaisons moins durables, la population se serait accrue bien au-delà des moyens qu'avaient les proscrits de pourvoir à leur subsistance, ou même de se défendre. Les lois des forestiers prohibaient donc sévèrement le mariage avant que les parties eussent atteint l'âge de vingt-un ans accomplis. Des alliances futures étaient, il est vrai, souvent convenues entre les jeunes gens, et même leurs parens ne s'y opposaient pas, pourvu que les amans attendissent que leur majorité vînt leur permettre de se marier. Ceux qui osaient enfreindre cette règle encouraient l'épithète déshonorante de *niddering*, ou *indigne*... épithète

CHAPITRE XX.

d'une nature si insultante que des hommes étaient connus pour s'être tués plutôt que d'endurer une vie souillée d'un tel opprobre. Mais les infracteurs n'étaient qu'en petit nombre au milieu d'une race habituée à modérer et à réprimer ses passions; et de là résultait que la femme, adorée pendant tant d'années comme quelque chose de sacré, était reçue, lorsqu'elle se mettait à la tête d'une famille dans les bras et le cœur d'un époux qui l'avait attendue si long-temps, était traitée comme quelque chose de plus élevé que la simple idole du moment, et, sentant le prix qu'on attachait à elle, s'efforçait par ses actions d'y faire correspondre sa vie.

Ce fut par toute la population de ces tribus, aussi bien que par leurs parens, qu'après l'aventure de la chasse au sanglier, Hereward et Bertha furent considérés comme des amans dont l'alliance était marquée par le ciel, et ils furent encouragés à s'approcher l'un l'autre autant que leur mutuelle inclination les y portait. Les jeunes gens de la tribu évitaient de demander la main de Bertha à la danse, et les jeunes filles n'avaient recours à aucun de leurs artifices pour retenir Hereward près d'elles, si Bertha était présente à la fête. Ils se frappèrent dans la main l'un de l'autre à travers la pierre percée qu'on appelait l'autel d'Odin, quoique les siècles postérieurs l'aient attribuée aux Druides; et ils demandèrent que, s'ils venaient à se manquer jamais de foi, leur faute fût punie par les douze glaives qui étaient tenus autour d'eux durant la cérémonie par autant de jeunes gens, et que leurs infortunes fussent telles que les douze jeunes filles qui les entouraient aussi avec leurs cheveux détachés ne pussent les raconter en prose ni en vers.

Le flambeau de l'amour saxon brûla pendant quelques années aussi brillant que lorsqu'il avait été allumé; mais vint un temps où ils devaient être éprouvés par le malheur, quoiqu'ils ne l'eussent mérité ni l'un ni l'autre par manque de foi. Des années s'étaient écoulées, et Hereward comptait avec impatience combien de mois et de semaines devaient encore le séparer de sa maîtresse, qui commençait déjà peu à peu à écouter avec moins de crainte les paroles, et à recevoir les caresses d'un homme qui devait bientôt lui appartenir. Mais Guillaume-le-Roux avait formé le plan d'extirper entièrement les forestiers, dont la haine implacable et l'indomptable amour de liberté avaient si souvent troublé la paix de son royaume et méprisé ses lois sur les forêts. Il rassembla ses troupes normandes et y joignit un corps de Saxons qui s'étaient soumis à sa loi. Il put ainsi conduire une force de beaucoup supérieure contre les bandes de Waltheolf et d'Engelred qui n'eurent d'autre ressource que d'enfermer les femmes de leurs tribus et ceux qui étaient incapables de porter les armes dans un couvent dédié à saint Augustin, dont Kenelm leur parent était prieur; puis marchant à la rencontre de leurs ennemis, prouvèrent qu'ils n'avaient point dégénéré de leur ancienne valeur en combattant jusqu'à l'extrémité. Les deux malheureux chefs restèrent morts sur le champ de bataille, et Hereward ainsi que son frère faillirent partager leur sort; mais quelques habitans saxons du voisinage qui s'aventurèrent sur la plaine du combat que les vainqueurs avaient laissée nue de tout, sauf ce qui pouvait servir de proie aux éperviers et aux corbeaux, trouvèrent les corps des deux jeunes gens respirant encore. Comme ils étaient généralement bien connus et aimés de tous, Hereward et son frère furent soignés jusqu'à ce que leurs blessures commençassent à se fermer, et leurs forces à revenir. Hereward apprit alors la triste nouvelle de la mort de son père et d'Engelred. Il s'informa ensuite de sa fiancée et de sa mère. Les pauvres habitans ne purent lui donner que peu de détails. Les chevaliers et les nobles normands avaient emmené comme esclaves quelques unes des femmes qui s'étaient réfugiées dans le couvent, et les autres, ainsi que les moines qui leur avaient donné asile, furent chassés après que le monastère eut été livré au pillage et aux flammes.

A demi mort lui-même en apprenant ces nouvelles, Hereward partit, et, au risque de sa vie (car on traitait comme proscrits les forestiers saxons) il commença à chercher celles qui lui étaient si chères. Il s'informa particulièrement du sort de Bertha et de sa mère auprès de quelques misérables créatures qui erraient encore autour du couvent, comme des abeilles à demi grillées voltigent encore autour de leur ruche enfumée; mais, au milieu de sa propre frayeur, personne n'avait eu d'yeux pour ses voisins, et tout ce qu'on put lui dire, c'était que la femme et la fille d'Engelred avaient

CHAPITRE XX.

certainement péri; et l'imagination de ceux qui parlaient de la sorte appuya cette conclusion de tant de détails déchirans qu'Hereward se décida à ne pas continuer des recherches qui semblaient devoir se terminer d'une manière si inutile et si horrible.

Le jeune Saxon avait été toute sa vie élevé dans une haine patriotique des Normands, et ses dispositions à leur égard ne devinrent pas plus favorables, comme on doit bien le penser, par suite de cette victoire. Il songea d'abord à passer le détroit pour faire la guerre à ces ennemis abhorrés dans leur propre pays; mais une idée si extravagante sortit bientôt de sa tête. Son destin fut décidé par la rencontre d'un vieux pèlerin qui connaissait ou prétendait avoir connu son père et être né en Angleterre. Cet homme était un Varangien déguisé, choisi tout exprès, plein d'adresse et de dextérité, et bien muni d'argent. Il eut peu de peine à persuader Hereward, dans la situation désespérée où il se trouvait, d'entrer dans la garde varangienne, qui faisait alors la guerre aux Normands; car c'était flatter les préventions d'Hereward que de représenter ainsi les guerres de l'empereur contre Robert Guiscard, son fils Bohémond, et d'autres aventuriers, en Italie, en Grèce et en Sicile. Un voyage en Orient était aussi un pèlerinage, et présentait à l'infortuné Hereward la chance d'obtenir la rémission de ses péchés en visitant la Terre-Sainte. En gagnant Hereward, le recruteur s'assura aussi les services de son frère aîné, qui avait fait vœu de ne pas se séparer de lui.

La haute réputation de courage dont jouissaient les deux frères fit que cet agent rusé les considéra comme une précieuse acquisition, et ce fut dans les notes qu'il prenait toujours sur l'histoire et le caractère de ses recrues, car le frère aîné avait été fort communicatif, qu'Agelastès avait puisé sur la famille et la position d'Hereward ces renseignemens dont il s'était servi dans leur première entrevue secrète pour faire croire au Varangien qu'il avait des connaissances surnaturelles. Plusieurs de ses compagnons d'armes avaient été gagnés de même, car on devinera sans peine que ces notes étaient confiées à la garde d'Achille Tatius, et que celui-ci, pour atteindre leur but commun, les communiquait à

Agelastès, qui obtenait ainsi aux yeux de ces hommes ignorans la réputation d'une science plus qu'humaine; mais la
foi ferme et l'honnêteté d'Hereward le mirent à même d'é-
viter le piége.

Telles étaient les aventures d'Hereward, et celles de Bertha
firent le sujet d'une conversation passionnée entre les deux
amans, aussi souvent interrompue par des larmes qu'une
journée d'avril l'est par la pluie, et mêlée de toutes les tendres caresses que la pudeur permet à des amans qui se re-
trouvent soudain après une séparation qui menaçait d'être
éternelle. Mais cette histoire peut se réduire à peu de mots.
Pendant le sac général du monastère, un vieux chevalier normand s'empara de Bertha pour sa part de butin. Frappé de
sa beauté, il la donna pour suivante à sa fille, qui venait de
sortir de l'enfance, qui était la prunelle des yeux de son père,
comme unique enfant de son épouse chérie, enfant qui n'était
venue que bien tard bénir leur couche nuptiale. Il était dans
l'ordre naturel des choses que la dame d'Aspremont, qui
était beaucoup plus jeune que le chevalier, gouvernât son
mari, et que Brenhilda, leur fille, gouvernât son père et sa
mère.

On peut observer néanmoins que le chevalier d'Aspremont désirait procurer à sa jeune fille des amusemens plus
féminins que ceux qui avaient déjà commencé à mettre souvent sa vie en péril. Il ne fallait pas songer à contrarier ses
goûts, comme le bon vieux chevalier le savait par expérience;
l'influence et l'exemple d'une compagne un peu plus âgée
qu'elle pourraient ne pas être inutiles, et ce fut dans ce dessein que, dans la confusion du sac, Aspremont prit la jeune
Bertha. Effrayée au plus haut degré, elle s'attacha à sa mère,
et le chevalier d'Aspremont, qui avait le cœur moins dur
qu'on n'en trouvait alors d'ordinaire sous une cuirasse d'acier,
touché de l'affliction de la mère et de la fille, et pensant que
la première pourrait aussi se rendre utile à son épouse, étendit sa protection sur toutes deux; et, les faisant sortir de la
foule, il paya les soldats qui osaient lui disputer son butin
partie avec quelques petites pièces de monnaie, partie avec
de bons coups du revers de sa lance.

Le digne chevalier retourna peu après dans son château,

CHAPITRE XX.

et comme c'était un homme vertueux et de bonnes mœurs, la séduisante beauté de la vierge saxonne et les charmes plus mûrs de sa mère ne les empêchèrent pas de voyager en tout honneur ainsi qu'en sûreté jusqu'à la forteresse de famille, le château d'Aspremont. Là, tous les maîtres qu'on put se procurer furent réunis et chargés d'apprendre à la jeune Bertha tous les talens propres aux femmes, dans l'espérance que sa maîtresse Brenhilda pourrait concevoir le désir de participer à son éducation; mais, quoique on réussît à rendre la jeune captive saxonne très habile en musique, en ouvrages d'aiguille et dans tous les talens qu'on donnait alors aux femmes, néanmoins sa jeune maîtresse Brenhilda conserva son goût pour les amusemens plus guerriers, goût qui avait si sensiblement affecté son père, mais auquel sa mère, qui dans sa jeunesse avait eu elle-même de semblables caprices, donnait aisément sa sanction.

Cependant les captives furent traitées avec bienveillance, et Brenhilda devint fort attachée à la jeune Anglo-Saxonne, qu'elle aimait moins pour sa supériorité dans les arts d'agrément que pour son activité dans les jeux d'exercice auxquels son premier état d'indépendance l'avait habituée.

La dame d'Aspremont était aussi bonne pour les deux prisonnières; mais en une occasion elle se permit envers elles un petit acte de tyrannie. Elle s'était imaginé (et un vieux confesseur qui radotait l'avait confirmée dans cette idée) que les Saxons étaient encore païens ou du moins hérétiques, et elle exigea péremptoirement de son mari que la mère et la fille, qui devaient être à son service et à celui de leur enfant, pour être dignes de remplir ces fonctions, fussent de nouveau admises par le baptême dans le sein de l'église chrétienne.

Quoique sentant la fausseté et l'injustice de cette accusation, la mère eut assez de raison pour se soumettre à la nécessité, et reçut dans toutes les formes, à l'autel, le nom de Martha, auquel elle répondit tout le reste de sa vie.

Mais Bertha montra en cette occasion un caractère qui ne s'accordait nullement avec la docilité et la douceur ordinaires de son naturel. Elle refusa hardiment d'être admise une seconde fois dans le giron de l'église, dont sa conscience lui disait qu'elle était déjà membre, ou d'échanger contre un autre le nom qui lui avait été autrefois donné sur les fonts baptismaux. Ce fut vainement que le vieux chevalier commanda, que la dame menaça et que sa mère conseilla et supplia. Pressée plus instamment en particulier par sa mère, elle finit par avouer un motif qu'on n'avait pas encore soupçonné. « Je sais, dit-elle avec un torrent de larmes, que mon père serait mort avant que je fusse exposée à une pareille insulte; et puis... qui m'assurera que les sermens faits à la Bertha saxonne seront tenus si une Agathe française est substituée en sa place? Ils peuvent me bannir, ajouta-t-elle, ou me tuer s'ils veulent; mais si le fils de Waltheolf doit jamais revoir la fille d'Engelred, il reverra cette Bertha qu'il a connue dans les forêts d'Hampton. »

Tout raisonnement fut inutile : la vierge saxonne demeura obstinée; et pour essayer d'ébranler sa résolution, la dame d'Aspremont parla enfin de la congédier du service de sa jeune maîtresse et de la chasser du château. Elle s'y était résignée d'avance, et répondit d'un ton ferme quoique respectueux qu'elle pleurerait amèrement de quitter sa maîtresse, mais que du reste elle aimerait mieux mendier sous son propre nom que de renier la foi de ses pères et de la condamner comme une hérésie en prenant un nom d'origine française. Au même instant, Brenhilda entrait dans l'appartement où la mère allait prononcer la sentence de bannissement dont elle avait menacé la Saxonne. « Que ma présence ne vous retienne pas, madame, dit l'intrépide jeune femme; je suis aussi intéressée que Bertha elle-même à la sentence que vous allez rendre; si elle traverse comme exilée le pont-levis d'Aspremont, je le traverserai aussi comme telle quand elle aura essuyé des larmes que ma pétulance même n'a jamais pu faire couler de ses yeux. Elle me servira d'écuyer et de garde-du-corps, et Lancelot le barde m'accompagnera avec ma lance et mon écu. »

« Et vous reviendrez, mademoiselle, lui répliqua sa mère, de cette folle expédition avant que le soleil se couche. »

« Que le ciel me favorise dans mon projet! répondit la jeune héritière, et alors, madame, le soleil qui nous verra revenir ne se levera ni ne se couchera avant que le nom de Bertha et celui de Breahilda sa maîtresse ne soient portés aussi loin que pourra les faire retentir la trompette de la Renommée... « Du courage! ma chère Bertha, dit-elle en prenant la main de sa compagne; si le ciel t'a arrachée à ton pays et à la foi de ton amant, il t'a donné une sœur et une amie, et ta renommée sera à jamais bénie avec la sienne. »

La dame d'Aspremont resta confondue; elle savait que sa fille était parfaitement capable de tenir l'étrange conduite qu'elle avait annoncée, et qu'elle-même, fût-elle aidée de son mari, ne pourrait réussir à la détourner de ce dessein. Elle écouta donc passivement, tandis que la matrone saxonne, autrefois Ulrica et maintenant Martha, adressait la parole à sa fille. « Maintenant, lui dit-elle, si vous faites le moindre cas de l'honneur, de la vertu, de votre propre sûreté et de la reconnaissance, adoucissez votre cœur envers votre maître et votre maîtresse, et suivez le conseil d'une mère qui a plus d'années et d'expérience que vous. Et vous, ma chère jeune dame, ne laissez pas croire à madame votre mère que votre attachement aux exercices dans lesquels vous excellez a détruit dans votre cœur toute affection filiale, tout sentiment de la délicatesse propre à votre sexe. Comme elles semblent s'obstiner toutes deux, madame, » continua la matrone après avoir attendu quelques minutes pour voir si ses conseils n'auraient pas d'influence sur les deux jeunes filles, « sans doute si vous vouliez me le permettre, pourrais-je vous proposer une alternative qui en même temps comblerait vos désirs, ne contrarierait pas la volonté de ma fille opiniâtre, et répondrait aux intentions bienveillantes de sa noble maîtresse. » La dame d'Aspremont fit signe à la matrone saxonne de continuer; elle poursuivit donc : « Les Saxons d'aujourd'hui, ma chère dame, ne sont ni païens ni hérétiques; ils obéissent humblement au pape de Rome quant à l'époque de la Pâque et à tous les autres points de doctrine contestables; et notre bon évêque le sait bien, puisqu'il a reproché à certains domestiques de m'appeler une vieille païenne. Cependant nos noms déplaisent aux oreilles des Francs, et ont peut-être un air païen. Si l'on n'exige pas que ma fille se soumette à la cérémonie d'un nouveau baptême, elle quittera son nom de Bertha tant qu'elle demeurera à votre honorable service.

C'est une manière de terminer un débat qui, pardonnez-le-moi, ne me semble pas assez important pour troubler la paix du château. Je vous promets qu'en reconnaissance de cette indulgence pour un vain scrupule ma fille redoublera de zèle et d'activité à servir sa jeune maîtresse. »

La dame d'Aspremont s'estima heureuse d'employer le moyen que cette offre lui procurait pour se tirer d'embarras, en compromettant le moins possible sa dignité. « Si monseigneur l'évêque approuvait un pareil arrangement, dit-elle, elle ne s'y opposerait aucunement. » Le prélat approuva d'autant plus volontiers, qu'il sut que la jeune héritière désirait ardemment voir les choses se terminer ainsi. La paix fut rétablie au château, et Bertha reconnut son nouveau nom d'Agathe comme un nom de service, mais non pas de baptême.

Cette dispute produisit certainement un effet : ce fut de porter jusqu'à l'enthousiasme l'amour de Bertha pour sa jeune maîtresse. Avec cette attention délicate de domestiques attachés et d'humbles amis, elle s'efforçait de la servir comme ils savaient qu'elle aimait à être servie, et par conséquent se prêtait à toutes ces fantaisies chevaleresques qui la rendaient singulière même dans son siècle, et qui dans le nôtre en eussent fait un don Quichotte femelle. Bertha, il est vrai, resta toujours exempte de la frénésie de sa maîtresse ; mais, vigoureuse, pleine de bonne volonté, et munie de membres robustes, elle se mit bientôt en état de remplir les fonctions d'écuyer auprès d'une dame aventurière ; et accoutumée dès son enfance à voir porter des coups, du sang couler et des hommes mourir, elle pouvait considérer d'un œil intrépide les périls auxquels s'exposait sa maîtresse, et rarement elle l'ennuyait de remontrances, à moins qu'ils ne fussent réellement extraordinaires. Cette indulgence de presque tous les instans donnait à Bertha le droit d'énoncer son avis quelquefois ; et comme elle l'émettait toujours avec la meilleur intention et fort à propos, elle augmentait ainsi son influence sur sa maîtresse, influence qu'elle aurait certainement détruite en suivant un plan d'opposition directe.

Quelques mots de plus suffirent pour apprendre à Hereward la mort du chevalier d'Aspremont, le romanesque

CHAPITRE XX. 309

mariage de la jeune héritière avec le comte de Paris, leur départ pour la croisade, et le détail des autres événemens que le lecteur connaît déja.

Hereward ne comprit pas exactement quelques uns des derniers incidens de cette histoire, par suite d'une légère altercation qui s'éleva entre Bertha et lui pendant le cours de son récit. Quand elle avoua la simplicité puérile avec laquelle elle avait obstinément refusé de changer de nom, parce qu'elle avait craint de porter ainsi atteinte au serment d'amour qu'ils avaient prêté elle et son amant, il fut impossible à Hereward de ne pas reconnaître sa tendresse en la pressant sur son sein, et en lui imprimant sur les lèvres des marques de sa reconnaissance. Mais elle s'arracha aussitôt des bras de son amant, les joues plus rouges de pudeur que de colère, et lui parla ainsi d'un ton solennel : « Assez, assez, Hereward ! ceci peut se pardonner après une rencontre si inattendue; mais nous devons désormais nous souvenir que nous sommes probablement les derniers de notre race, et qu'il ne faut pas qu'on puisse dire que les coutumes de leurs ancêtres ont été oubliées par Hereward et Bertha. Songe que, quoique nous soyons seuls, les ombres de nos pères ne sont pas loin et nous épient pour voir quel usage nous ferons d'une entrevue que peut-être leur intercession nous a procurée. »

« Vous me faites injure, Bertha, dit Hereward, si vous me supposez capable d'oublier mon devoir et le vôtre dans un moment où nous devons rendre grace au ciel d'une tout autre manière qu'en manquant à ses préceptes et aux commandemens de nos parens. La question est maintenant de savoir comment nous pourrons nous retrouver lorsque nous serons séparés, car je crains qu'il faille nous séparer encore. »

« Oh ! ne parle pas ainsi ! » s'écria l'infortunée Bertha.

« Notre séparation est indispensable, répliqua Hereward, pour un temps du moins; car je te jure par la garde de mon épée et par le manche de ma hache, que jamais lame ne sera si fidèle à sa poignée que je te le serai, moi ! »

— « Mais pourquoi donc me quitter, Hereward ? pourquoi aussi ne pas m'aider à délivrer ma maîtresse ? »

— « Ta maîtresse? fi! comment peux-tu donner ce nom à une femme mortelle? »

— « Mais elle est ma maîtresse, et je lui suis attachée par mille liens d'affection qui ne pourront être rompus tant que reconnaissance sera récompense de bonté. »

— « Et quel péril court-elle? de quoi a-t-elle besoin, cette dame si accomplie que tu appelles ta maîtresse? »

— « Son honneur et sa vie sont également en danger ; elle a consenti à se mesurer en combat singulier avec le César, et il n'hésitera point, le vil mécréant qu'il est, à profiter de tous les avantages possibles dans cette rencontre, qui, faut-il que je le dise! doit être infailliblement fatale à ma maîtresse. »

— « Eh! de quel droit parles-tu ainsi? Cette dame, cette comtesse de Paris a remporté de nombreuses victoires, s'il en faut croire la renommée, sur des adversaires plus formidables que le César. »

— « C'est la vérité ; mais tu parles de choses qui se sont passées dans un pays bien différent, où la bonne foi et l'honneur ne sont pas de vains mots, comme, hélas! ils ne semblent que trop l'être ici. Crois-moi, ce n'est pas une puérile frayeur qui me fait sortir déguisée sous le costume de mon pays natal, qui, dit-on, est respecté à Constantinople. Je vais avertir les chefs de la croisade du péril que court cette noble dame, et faire appel à leur humanité, à leur religion, à leur amour de l'honneur et à leur crainte de la honte, pour qu'ils la secourent en ce pressant besoin; et maintenant que j'ai eu le bonheur de te rencontrer, tout le reste ira bien... tout ira bien... et je vais retourner auprès de ma maîtresse lui annoncer qui j'ai vu. »

— « Attends encore un moment, trésor qui m'es rendu! et permets que je considère attentivement cette affaire. La dame française ne fait pas plus de cas des Saxons que de la poussière que tu secoues des plis de ton vêtement; elle traite.... elle regarde... les Saxons comme païens et hérétiques. Elle a osé t'imposer des travaux serviles, à toi, née dans la liberté. L'épée de son père s'est plongée jusqu'à la garde dans le sang des Anglo-Saxons... peut-être celui de Waltheolf et d'Engelred l'a-t-il encore rougie davantage! En outre, c'est une folle présomptueuse qui ose usurper les trophées et la réputation militaires qui n'appartiennent qu'à l'autre sexe. Enfin, il sera difficile de trouver un champion qui combatte à sa place, puisque tous les croisés sont passés en Asie, contrée où ils disent être venus pour faire la guerre; et, par ordre de l'empereur, aucun moyen ne leur sera laissé de revenir sur cette rive. »

— « Hélas! hélas! comme le monde nous change! le fils de Waltheolf, je l'ai autrefois connu brave, prêt à soulager l'infortune, hardi et généreux; voilà comme je me le représentais pendant son absence: je l'ai revu, et je le retrouve réfléchi, froid et égoïste! »

— « Silence, mademoiselle!... et apprenez à connaître celui dont vous parlez avant de le juger. La comtesse de Paris est telle que je l'ai peinte; cependant qu'elle descende hardiment dans la lice; et quand la trompette aura trois fois sonné, une autre lui répondra, qui annoncera l'arrivée de son noble époux venant combattre en sa place; ou s'il ne paraissait pas, je la paierai de ses bontés pour toi, et je paraîtrai moi-même pour la remplacer. »

— « Le feras-tu? veux-tu réellement le faire? c'est parler comme le fils de Waltheolf... comme un véritable rameau du vieux tronc! Je vais retourner auprès de ma maîtresse et la consoler; car assurément, si le jugement de Dieu décida jamais de l'issue d'un combat judiciaire, son influence se fera sentir en cette occasion. Mais tu as dit que le comte était ici... qu'il était en liberté... elle me questionnera sur ce sujet. »

— « Qu'il lui suffise de savoir que son époux est sous la conduite d'un ami qui s'efforcera de le défendre contre ses propres folies et ses extravagances; ou, en tout cas, d'un homme qui, s'il ne peut être proprement appelé un ami, n'a certainement pas joué et ne jouera jamais à son égard le rôle d'un ennemi... Et maintenant, adieu, ô toi si long-temps perdue! si long-temps aimée! » Avant qu'il pût en dire davantage, la vierge saxonne se jeta dans les bras de son amant, et en dépit de la réserve qu'elle avait montrée l'instant d'auparavant, lui imprima sur les lèvres les remercîmens qu'elle ne pouvait prononcer.

Ils se séparèrent, Bertha revenant auprès de sa maîtresse dans le pavillon qu'elle n'avait quitté ni sans peine ni sans péril, et Hereward se dirigeant vers la porte que gardait la négresse, qui, complimentant le beau Varangien de ses succès près des belles, lui donna à entendre qu'elle avait été en quelque sorte témoin de son entrevue avec la jeune Saxonne. Une pièce d'or, partie d'une récente distribution d'argent, lui lia la langue aussi bien que possible; et le soldat, une fois hors des jardins du philosophe, retourna en toute hâte à la caserne... pensant qu'il était bien temps de porter quelques provisions de bouche au comte Robert, qui était resté tout le jour sans manger.

C'est un dicton populaire que la sensation de la faim ne se rattache à aucune émotion douce ni agréable, et qu'au contraire elle est particulièrement remarquable pour irriter la colère et produire le découragement. Il n'est donc pas bien étonnant que le comte Robert, qui avait été pendant un espace de temps si long sans prendre de nourriture, reçût Hereward avec plus d'impatience que la chose ne le méritait en elle-même, et d'un air d'humeur certainement injurieux pour l'honnête Varangien qui avait plus d'une fois exposé sa vie dans la journée pour servir la comtesse et le comte lui-même.

« Eh bien! monsieur, dit-il avec cet accent de contrainte affectée par lequel un supérieur modifie son mécontentement envers un inférieur au moyen d'une expression froide et dédaigneuse, vous nous traitez en hôte vraiment libéral! Non pas que cela soit de la moindre importance; mais il me semble qu'un comte du royaume le plus chrétien ne dîne pas tous les jours avec un soldat mercenaire, et pouvait s'attendre, sinon au luxe, du moins au nécessaire de l'hospitalité. »

« Et il me semble à moi, comte très chrétien, répliqua le Varangien, que les hommes de votre haut rang, lorsque par choix ou par hasard ils deviennent les hôtes de gens comme moi, peuvent se trouver satisfaits, et s'en prendre non à l'avarice de ceux qui leur donnent l'hospitalité, mais à la difficulté des circonstances, si le dîner n'est pas servi plus d'une fois en vingt-quatre heures. » A ces mots, il frappa des mains, et son domestique Édric entra. Le comte parut surpris de l'arrivée d'un tiers dans leur lieu de retraite. Je réponds de

CHAPITRE XX.

cet homme, dit Hereward, et il lui parla de la manière suivante : « Qu'as-tu, Édric, à servir à l'honorable comte ? »

« Rien que le pâté froid, répondit le domestique, terriblement endommagé par l'attaque que votre honneur y a faite à déjeûner. »

Le serviteur militaire, comme il venait de le dire, apporta un énorme pâté, mais qui avait déjà subi le matin une attaque si furieuse, que le comte de Paris, qui, comme tous les nobles normands, était délicat et difficile sur l'article des vivres, douta un instant si ses scrupules ne l'emporteraient pas sur sa faim ; mais, en y regardant de plus près, l'apparence, l'odeur et un jeûne de vingt heures se réunirent pour le convaincre que le pâté était excellent, et que le plat sur lequel il était servi présentait des côtés encore intacts. Enfin, imposant silence à ses scrupules, il attaqua rudement les restes du pâté, et ne s'arrêta que pour faire honneur à un flacon de généreux vin rouge qui, placé près de lui, semblait l'inviter à boire, et un bon coup augmenta sa bonne humeur, qui avait commencé à lui revenir en faveur d'Hereward, au lieu du mécontentement qu'il lui avait d'abord témoigné.

« Maintenant, par le ciel, dit-il, je devrais être honteux de manquer moi-même à la politesse que je recommande aux autres ! Me voici, tout comme un rustre flamand, dévorant les provisions de mon digne hôte, sans même le prier de s'asseoir à sa propre table, et de prendre part à sa bonne chère. »

« Sur ce point, répliqua Hereward, je ne me gênerai pas avec vous ; » et, plongeant sa main dans le pâté, il se mit à en dévorer, avec autant de vitesse que de dextérité, le contenu composé de divers ingrédiens, dont il avait retiré une grosse poignée. Le comte s'éloigna alors de la table un peu dégoûté des façons grossières d'Hereward, qui, néanmoins, en appelant alors Édric pour lui aider à démolir le pâté, montra que, de fait, il s'était d'abord imposé, à sa manière, quelque contrainte par respect pour son hôte, tandis que l'assistance du domestique le mit à même de débarrasser le plat de ce qui pouvait y rester. Le comte Robert recueillit enfin assez de courage pour faire une question qui était sur le bout de ses lèvres depuis qu'Hereward était de retour,

— « Tes informations, mon brave ami, t'ont-elles appris quelque chose de plus relativement à ma malheureuse femme, ma fidèle Brenhilda ? »

— « J'apporte des nouvelles, mais seront-elles agréables ? C'est à vous-même d'en juger. Voici ce que j'ai appris : elle s'est engagée, comme vous le savez, à combattre le César en champ clos, mais à des conditions que vous pourrez trouver étranges ; cependant elle les a acceptées sans scrupule. »

— « Fais-les moi donc connaître : elles paraîtront sans doute moins étranges à mes yeux qu'aux tiens. »

Mais tandis qu'il affectait de parler avec le plus grand calme, l'œil enflammé et la joue écarlate de l'époux trahissaient le changement qui s'était opéré dans son esprit. « La dame et le César, dit Hereward, comme vous l'avez vous-même entendu en partie, doivent se battre en combat singulier ; si la comtesse est victorieuse, partant elle reste femme du noble comte de Paris ; si elle est vaincue, elle devient maîtresse de César Nicéphore Briennius. »

— « Les saints et les anges fassent qu'il en soit autrement ! S'ils permettaient qu'une telle trahison triomphât, il nous serait pardonnable de douter de leur divinité. »

— « Pourtant il me semble que ce ne serait pas une précaution déshonorante, si vous et moi, avec d'autres amis, en supposant que nous puissions en trouver, nous apparaissions dans la lice le matin du combat. La victoire et la défaite répondent du destin ; mais ce que nous ne pouvons manquer de voir, c'est si la comtesse est ou n'est pas traitée avec cette impartialité due à tout honorable combattant et à laquelle, comme vous l'avez vu vous-même, on peut quelquefois bassement déroger dans cet empire grec. »

— « A cette condition, et en protestant que pas même l'extrême danger de mon épouse ne me fera violer les règles d'un combat honorable, je me rendrai certainement dans la lice, brave Saxon, si tu peux me mettre à même de le faire. Mais attends, ajouta-t-il après avoir réfléchi un moment, tu me permettras de ne pas l'informer que le comte est présent au combat, et surtout de ne point me désigner à elle dans la foule des guerriers. Oh ! tu ne sais pas que la vue d'un objet aimé nous dérobe quelquefois à notre courage, alors même que nous en avons le plus grand besoin ! »

— « Nous tâcherons d'arranger les choses au gré de ton désir, pourvu que tu ne nous suscites plus de difficultés romanesques ; car, sur mon honneur ! une affaire si compliquée en elle-même demande à ne pas être embarrassée davantage par les singuliers caprices de ta bravoure nationale. En attendant, j'ai bien de la besogne pour cette nuit, et pendant que je vais m'en occuper, vous, sire chevalier, vous ferez bien de rester ici déguisé sous ces vêtemens, et vous contentant des vivres qu'Édric pourra vous procurer. Ne craignez pas l'importunité de vos voisins. Nous, Varangiens, nous respectons mutuellement nos secrets, de quelque nature qu'ils puissent être. »

CHAPITRE XXI.

La Conspiration.

> Quant à notre fidèle beau-frère... à l'abbé, et à tous les autres coquins de même espèce, la destruction va les poursuivre aux talons. Bon oncle, aidez-moi à faire partir des troupes pour Oxford, ou pour tout autre lieu où les traîtres sont réunis : ils ne vivront pas en ce monde, je le jure.
>
> Shakspeare. *Richard II.*

En prononçant les dernières paroles rapportées dans le chapitre précédent, Hereward laissa le comte dans son appartement, et se rendit au palais de Blacquernal. Nous avons rendu compte de sa première entrée à la cour ; mais depuis lors il y avait été fréquemment appelé, non seulement par ordre de la princesse Anne Comnène qui se plaisait à lui faire des questions sur les coutumes de son pays natal, et à rédiger ensuite les réponses avec son style ampoulé, mais aussi par commandement exprès de l'empereur lui-même qui avait l'humeur de tant d'autres princes, celle de désirer obtenir des renseignemens directs de personnes occupant à leur cour un rang fort inférieur. L'anneau que la princesse avait donné au Varangien lui avait servi plus d'une fois de passe-partout ; et il était alors si généralement connu par les esclaves du palais, qu'Hereward n'eut qu'à le glisser dans la main d'un de leurs chefs pour être introduit dans une petite chambre assez voisine du salon dont nous avons déja parlé, salon dédié aux Muses. Dans ce petit appartement, l'empereur, son épouse Irène, et leur savante fille Anne Comnène, étaient assis ensemble, couverts de vêtemens fort ordinaires; et au fait l'ameublement du cabinet lui-même ne différait nullement de celui d'un respectable particulier, sinon que des coussins d'édredon étaient suspendus devant chaque porte, de crainte qu'on vînt y écouter.

« Notre fidèle Varangien, » dit l'impératrice.

« Mon guide et mon maître en ce qui touche les usages de ces hommes d'acier, ajouta la princesse Anne Comnène, dont il est nécessaire que je me forme une idée exacte. »

« Votre majesté impériale, reprit l'impératrice, ne pensera point, je l'espère, que son épouse et sa fille, inspirée par les Muses, soient de trop pour apprendre aussi les nouvelles que vous apporte cet homme brave et loyal. »

« Ma chère épouse, ma chère fille, répliqua l'empereur, je vous ai jusqu'à présent épargné le fardeau d'un pénible secret que j'ai renfermé dans mon propre sein, quoiqu'il m'en ait coûté pour endurer seul une si grande douleur sans la partager avec personne. Ma noble fille, c'est vous qui sentirez surtout le poids de cette calamité, en apprenant, comme il vous faut l'apprendre, à ne plus songer qu'avec horreur à l'homme dont votre devoir a été jusqu'ici d'avoir une opinion toute différente. »

« Sainte Marie! » s'écria la princesse.

« Remettez-vous, ma fille, répliqua l'empereur; rappelez-vous que vous êtes enfant de la chambre pourpre, née non pour pleurer sur les injures faites à votre père, mais pour les venger... et que vous ne devez pas attacher la moitié autant d'importance même à l'homme qui couche à votre côté, qu'à la grandeur impériale et sacrée à laquelle vous participez vous-même. »

« Que présage un semblable discours ? » demanda Anne Comnène avec une grande agitation.

« On dit, répliqua l'empereur, que le César se montre ingrat pour toutes mes bontés, même pour celle qui l'a admis

CHAPITRE XXI.

au sein de ma famille, et l'a fait mon fils par adoption. Il s'est associé à une bande de traîtres, dont les noms seuls suffiraient pour évoquer le malin esprit, comme pour qu'il se saisît d'une proie assurée !

« Nicéphore en est-il donc capable, dit la princesse stupéfaite et consternée, Nicéphore qui a si souvent appelé mes yeux les lumières qui le dirigeaient dans son chemin ? A-t-il pu se conduire ainsi à l'égard de mon père, dont il a écouté les exploits heure par heure, protestant ne pas savoir si c'était la beauté du style ou l'héroïsme des actions qui l'enchantait le plus ! Pensant les mêmes pensées, voyant avec les mêmes yeux, aimant avec le même cœur... ô mon père ! il est impossible qu'il soit si faux. Songez au temple des Muses qui est si près ! »

« Si j'y songeais, murmura Alexis au fond de son cœur, je songerais à la seule excuse qui puisse être alléguée en faveur du traître. Un peu, c'est bien ; mais le gâteau de miel tout entier accable de dégoût. » Puis parlant tout haut : « Ma fille, dit-il, consolez-vous ; il nous répugnait à nous-même de croire à cette honteuse vérité ; mais nos gardes ont été débauchés ; leur commandant, cet ingrat Achille Tatius, ainsi qu'Agelastès, non moins traître, se sont laissé séduire au point de consentir à favoriser notre emprisonnement ou notre assassinat. Hélas ! pauvre Grèce ! c'est au moment où elle a le plus besoin de la tendresse d'un père, qu'elle en est privée par un coup soudain et impitoyable ! »

Ici l'empereur pleura ; mais fut-ce de la perte qu'auraient pu faire ses sujets ou de celle de sa propre vie ?... Il serait difficile de le dire.

« Il me semble, dit Irène, que votre altesse impériale est lente à prendre des mesures contre le danger. »

« Avec votre gracieuse permission, ma mère, répliqua la princesse, je dirais plutôt que l'empereur a été bien prompt à y croire. Il me semble que le témoignage d'un Varangien, en accordant qu'il est le plus brave de tous les soldats, n'est qu'une preuve bien chétive contre l'honneur de votre gendre... contre la bravoure et la fidélité à toute épreuve du capitaine de vos gardes... contre le bon sens, la vertu et la profonde sagesse du plus grand de vos philosophes... »

« Et contre l'amour-propre d'une fille trop savante, interrompit l'empereur, qui ne veut pas permettre à son père de juger en ce qui le concerne. Je vous le dis, Anne, je les connais tous, et je sais quelle foi je puis mettre en eux. L'honneur de votre Nicéphore... la valeur et la bravoure de l'acolyte... la vertu et la sagesse d'Agelastès ! n'ai-je pas eu tout dans ma bourse ? et si ma bourse avait continué à être bien remplie, si mon bras était encore aussi vigoureux que naguère, nul d'entre eux ne serait changé. Mais les papillons s'envolent quand le temps devient froid, et il faut que je brave la tempête sans leur secours. Vous parlez de manque de preuves ? j'ai des preuves suffisantes quand je vois le danger; cet honnête soldat m'a communiqué des renseignemens qui s'accordent avec mes propres remarques particulières faites à ce sujet. Il sera le Varangien des Varangiens; il sera nommé acolyte en place du traître qui l'est actuellement; et qui sait ce que nous pourrons encore faire pour lui ? »

« S'il plait à votre majesté, dit le Varangien qui avait jusque là gardé le silence, bien des gens dans cet empire parviennent aux dignités par la chute de leurs anciens patrons, mais c'est une route à la grandeur que je ne puis concilier avec ma conscience; d'ailleurs je viens de retrouver une personne qui m'est chère, et dont j'étais séparé depuis long-temps : c'est pourquoi je compte demander avant peu à votre majesté qu'elle me permette de quitter ce pays où je laisserai des milliers d'ennemis, et d'aller vivre comme beaucoup de mes compatriotes sous la bannière du roi Guillaume d'Écosse... »

« Toi, me quitter, homme sans pareil ! s'écria l'empereur avec emphase ; et où trouverai-je un soldat, un défenseur, un ami si fidèle ? »

« Noble prince, répliqua l'Anglo-Saxon, je suis sous tous les rapports sensible à votre bonté et à votre magnificence; mais souffrez que je vous prie de m'appeler par mon propre nom, et de ne me promettre rien autre chose que votre pardon pour avoir été cause d'une telle révolution parmi les serviteurs de votre majesté. Non seulement il me sera pénible de voir le destin qui menace Achille Tatius, mon bienfaiteur, le César qui, je crois, me voulait du bien, et même Agelastès, et d'avoir à me dire que j'y aurai contribué ; mais encore j'ai

CHAPITRE XXI. 319

remarqué qu'il arrivait souvent que ceux à qui votre majesté impériale avait prodigué un jour les expressions les plus manifestes de sa faveur étaient le lendemain condamnés à servir de pâture aux corneilles et aux corbeaux; et, je l'avoue, c'est une fin pour laquelle je ne voudrais pas qu'on pût dire que j'ai apporté mes membres anglais sur les côtes de la Grèce. »

«T'appeler par ton propre nom, mon Édouard! dit l'empereur, ajoutant à voix basse : Par le ciel! j'ai encore oublié le nom de ce barbare!... Oui, je t'appellerai certainement par ton nom pour le présent, et jusqu'à ce que j'en puisse trouver un plus digne de la confiance que je mets en toi. En attendant, jette un coup d'œil sur ce parchemin, qui contient, je pense, tous les renseignemens que nous avons pu recueillir sur ce complot, et passe-le à ces femmes incrédules qui ne croiront pas qu'un empereur puisse être en danger, avant que les lames des poignards des conspirateurs frappent sur ses côtes.»

Hereward fit ce qu'on lui commandait, et, après avoir examiné le parchemin, dont il indiqua en baissant la tête qu'il approuvait le contenu, il le présenta à Irène, qui ne mit pas long-temps à le lire, et le passant à sa fille d'un air si courroucé qu'elle eut peine à indiquer le passage qui excitait si violemment sa colère : «Lis, lui dit-elle avec chaleur, lis, et juge de la reconnaissance et de l'affection de ton César!»

La princesse Anne Comnène, se réveillant d'un état de mélancolie profonde et accablante, jeta les yeux sur le passage qui lui était indiqué, d'abord avec un air de curiosité languissante qui fut bientôt remplacée par l'intérêt le plus vif. Elle serra le parchemin comme un faucon serre sa proie, son œil s'enflamma d'indignation, et ce fut avec le cri de cet oiseau lorsqu'il est en fureur, qu'elle s'écria : «Traître infame! traître sanguinaire! que voulais-tu donc encore? Non, mon père, dit-elle en se levant furieuse, ce ne sera pas la voix d'une princesse trompée qui intercédera pour soustraire le traître Nicéphore à la sentence qu'il a méritée! Croit-il qu'on puisse divorcer avec une femme née dans la chambre pourpre.... l'assassiner peut-être.... avec la simple formule des Romains : « Rends-moi les clefs.... ne te charge plus des soins du ménage[1] ?»Une fille du sang de Comnène doit-elle être exposée à des insultes que le dernier des citoyens ne se permet qu'à peine envers une esclave qui préside à l'intérieur de sa maison ? »

En parlant ainsi, elle essuyait les larmes qui coulaient de ses yeux, et sa figure, naturellement aussi douce que belle, s'anima peu à peu de l'expression d'une furie. Hereward la regardait avec un mélange de crainte, de dégoût et de pitié. Elle éclata de nouveau; car la nature, en la douant de grandes perfections, lui avait en même temps donné d'énergiques passions bien supérieures à la froide ambition d'Irène, ou à la politique rusée, double et astucieuse de l'empereur.

« Il le paiera! s'écria-t-elle; il le paiera cher!... le traître, avec son sourire et ses caresses!... et pour une barbare qui répudie son sexe!... Je m'en doutai lors du festin que nous donna ce vieux fou.... et pourtant, si cet indigne César s'expose à la chance des armes, il est moins prudent que je n'avais lieu de le croire. Pensez-vous qu'il aura la folie de nous faire un affront si public, mon père? et ne trouverez-vous pas quelque moyen d'assurer notre vengeance ?»

«Oh! pensa l'empereur, voici une difficulté de moins ; elle courra à toutes jambes à la vengeance, elle aura besoin de frein et de bride plus que d'éperon. Si toutes les femmes jalouses de Constantinople s'abandonnaient à leur fureur avec tant d'impétuosité, nos lois seraient écrites comme celles de Dracon, non avec de l'encre, mais avec du sang.... Écoutez-moi, maintenant, dit-il à haute voix, ma femme, ma fille, et toi, mon cher Édouard, et vous apprendrez, mais vous trois seulement, la manière dont je suis décidé à conduire le vaisseau de l'état, au milieu de ces écueils.

« Voyons d'abord distinctement, continua Alexis, les moyens par lesquels ils se proposent d'agir, et ils nous apprendront comment nous pourrons nous y opposer. Un certain nombre de Varangiens sont malheureusement séduits, sous prétexte d'injustices habilement mises en avant par leur infame général. Une partie d'entre eux doivent être postés près de notre personne.... Le traître Ursel est mort, à ce que supposent quelques uns; mais quand même, son nom suffit pour réunir ses anciens complices.... J'ai le moyen de les satisfaire sur ce

---

[1] Formule laconique du divorce romain.   A. M.

point, mais je n'en parlerai pas pour le moment.... Un corps considérable des gardes immortelles s'est aussi laissé aller à la séduction, et doit être placé de manière à secourir la poignée de traîtres Varangiens qui sont du complot pour attaquer ma personne.... Or, un léger changement dans les postes qu'occupent les divers corps, que toi-même, mon fidèle Édouard, ou.... ou bien..., mais n'importe ton nom, que toi, dis-je, tu auras plein pouvoir de faire, dérangera les plans des conspirateurs, et placera les soldats fidèles autour d'eux en position de les tailler en pièces sans beaucoup de peine. »

« Et le combat, sire ? » dit le Saxon.

« Tu n'aurais pas été un vrai Varangien si tu ne m'avais adressé cette question, dit l'empereur d'un air de bonne humeur. Le combat, c'est le César qui en a eu l'idée, et j'aurai soin qu'il en subisse toutes les conséquences dangereuses. Il ne peut sans déshonneur refuser de se mesurer avec cette femme, si étrange que soit ce combat. Et quelle qu'en soit l'issue, la conspiration éclatera, et comme assurément ce sera contre des personnes bien préparées et armées, elle sera étouffée dans le sang des conspirateurs ! »

« Ma vengeance n'exige pas ce duel, dit la princesse, et votre honneur impérial est intéressé aussi à ce que cette comtesse soit protégée. »

« Ceci ne me regarde guère, répliqua l'empereur. Elle est venue ici avec son époux sans y être invitée : il s'est conduit insolemment en ma présence, et il mérite tout ce qui peut résulter pour lui et pour sa femme de leur folle aventure. A vrai dire, je ne désirais guère que l'effrayer avec ces animaux que son ignorance croyait enchantés, et donner à son épouse une légère alarme de l'impétuosité d'un amant grec, et ma vengeance se serait bornée là. »

« Et c'aurait été une bien misérable vengeance ! dit l'impératrice. Vous, déjà arrivé au milieu de la vie, vous dont l'épouse peut mériter quelque attention, trouver plaisir à causer des craintes à un aussi bel homme que le comte Robert et à une amazone telle que sa femme ! »

« Non pas, dame Irène, avec votre permission, dit l'empereur ; j'ai laissé ce rôle dans la comédie que je voulais jouer, à mon gendre le César. »

Mais quand le pauvre empereur eut ainsi fermé, en quelque sorte, une écluse, il ne fit qu'en ouvrir une autre, et une qui était plus formidable. « C'est encore plus honteux pour votre sagesse impériale, mon père! s'écria la princesse Anne Comnène; il est honteux qu'avec une sagesse et une barbe comme la vôtre, vous vous mêliez d'indécentes folies qui introduisent le trouble dans l'intérieur des familles, et que cette famille soit celle de votre propre fille! Qui peut dire que le César Nicéphore Briennius ait jamais jeté les yeux sur une autre femme que son épouse, avant que l'empereur lui eût appris à le faire, et l'eût ainsi enveloppé dans un tissu d'intrigues et de trahisons, au milieu desquelles il a mis en danger la vie de son beau-père? »

« Ma fille! ma fille! ma fille!... s'écria l'impératrice; il faut être fille d'une louve, je crois, pour accuser ainsi son père dans un si malheureux moment, quand tout le loisir qu'il a ne lui suffit pas pour défendre sa propre vie! »

« Trève toutes deux, femmes, à vos clameurs insensées, répliqua Alexis, et laissez-moi du moins agir pour sauver ma vie, sans me troubler par vos sottises. Dieu sait si je suis homme à encourager, je ne dirai pas la réalité, mais même la simple apparence du mal. »

Il prononça ces mots en se signant et en poussant un dévot soupir. Au même instant, sa femme Irène s'avança devant lui, et dit avec une amertume dans le regard et dans l'accent qui ne pouvait provenir que d'une haine conjugale long-temps comprimée et rompant soudain toutes les digues..... « Alexis, terminez cette affaire comme bon vous semblera; vous avez vécu en hypocrite, et vous ne manquerez pas de mourir de même! » Après ces mots, et avec un air de noble indignation, emmenant sa fille avec elle, elle sortit de l'appartement.

L'empereur les regarda s'éloigner avec quelque confusion. Cependant il reprit bientôt l'empire de lui-même, et se tournant vers Hereward, avec un air de majesté blessée: « Ah! mon cher Édouard, » lui dit-il (car ce nom s'était enraciné dans son esprit à la place de celui moins coulant d'Hereward), « tu vois comme les plus grands de ce monde, comme l'empereur lui-même, dans des momens de difficulté, est sujet à

CHAPITRE XXI.

voir mal interpréter ses intentions, aussi bien que le plus humble bourgeois de Constantinople; néanmoins ma confiance en toi est si grande, Édouard, que je voudrais que tu crusses que ma fille Anne Comnène a non le caractère de sa mère, mais plutôt le mien; respectant, comme tu peux le voir, avec une religieuse fidélité, les liens indignes que j'espère bientôt rompre, pour la charger d'autres chaînes d'amour, qu'elle portera plus légèrement. Édouard, ma principale confiance est en toi. Le hasard nous présente une occasion, heureuse entre les plus heureuses, si nous savons en profiter, d'avoir rassemblé tous les traîtres devant nous en un même lieu. Pense alors, pense ce jour-là, comme les Francs le disent dans leurs tournois, que de beaux yeux te regardent. Tu ne pourrais imaginer un don qu'il soit en ma puissance de t'accorder, que je ne t'accordasse avec le plus vif plaisir. »

« Je n'ai besoin de rien, répondit le Saxon un peu froidement; ma plus haute ambition est de mériter cette épitaphe sur ma tombe : « Hereward fut fidèle. » Je vais cependant vous demander une preuve de votre confiance impériale qui peut-être vous semblera trop forte. »

— « Vraiment ! En un mot, que demandes-tu ? »

— « La permission de me rendre au camp du duc Godefroy de Bouillon, et de requérir sa présence dans la lice pour qu'il soit témoin d'un combat si extraordinaire. »

— « Pour qu'il puisse revenir avec ses fous de croisés, et saccager Constantinople, sous prétexte de rendre justice à ses confédérés ! Du moins, Varangien, ce n'est pas déguiser tes intentions. »

— « Et non, par le ciel ! répliqua ausssitôt Hereward. Le duc de Bouillon ne viendra qu'avec un nombre suffisant de chevaliers, pour avoir une garde raisonnable dans le cas où l'on voudrait employer la trahison contre la comtesse de Paris. »

— Eh bien, j'acquiescerai même à une pareille demande. Mais, toi, Édouard, si tu trahis ma confiance, songe que tu perds tout ce que t'a promis mon amitié, et qu'en outre tu encoures la damnation due au traître qui trahit avec un baiser. »

— « Quant à la récompense dont vous parlez, sire, je renonce dès à présent à tous les droits que je puis y avoir. Quand le diadème sera replacé plus solidement sur votre tête, et le sceptre dans votre main, si je suis encore vivant et si mes pauvres services vous paraissent le mériter, je vous demanderai les moyens de quitter cette cour, et de retourner dans l'île lointaine où je suis né. En attendant, ne croyez pas que je sois infidèle, parce que j'ai pu, un certain temps, l'être en effet. Votre altesse impériale verra qu'Hereward lui est aussi fidèle que votre main droite l'est à votre main gauche. Après ces mots, il se retira en faisant un profond salut.

L'empereur le regarda partir avec une physionomie où l'incertitude se mêlait à l'admiration.

« Je lui ai accordé, dit-il, tout ce qu'il m'a demandé, et même les moyens de me perdre tout-à-fait, s'il en a la volonté. Il n'a qu'à dire un mot, un seul mot, et toute la bande de ces imbécilles croisés, maintenus en bonne humeur avec nous aux dépens de tant de fausseté, et de plus d'argent encore, reviendra mettre à feu et à sang Constantinople, et semer de sel la place qu'elle occupe aujourd'hui. J'ai fait ce que j'avais résolu de ne jamais faire... J'ai aventuré mon empire et ma vie sur la foi du fils d'une femme. Combien ai-je souvent dit, juré même que je ne me hasarderais pas à un tel péril, et pourtant, peu à peu, je m'y suis exposé ! Je ne sais... mais il y a dans l'air et dans les discours de cet homme quelque chose, une bonne foi qui chasse mes craintes, et chose presque incroyable, ma confiance en lui a augmenté à proportion qu'il me montrait combien je pouvais peu sur lui. Je lui ai présenté, comme un rusé pêcheur, tous les appâts imaginables, et quelques uns auraient pu ne pas être dédaignés par un roi; mais il ne s'est laissé prendre à aucun : il avale, si je puis parler ainsi, l'hameçon nu, et entreprend de me servir sans l'ombre de l'intérêt personnel... Se peut-il que ce soit de l'essence de trahison ?... ou serait-ce ce qu'on appelle du désintéressement ?... Si je croyais qu'il pût me tromper, il n'est pas encore trop tard, il n'a pas encore traversé le pont, il n'est point encore hors de la portée des gardes du palais, qui n'hésitent pas, qui ne connaissent pas la désobéissance... Mais non ; je serais alors seul au monde, sans ami, sans confident... J'entends le bruit de la porte extérieure qui s'ouvre, le sentiment du péril rend, à coup sûr, mes oreilles plus fines que d'habitude... Elle se referme, le dé est jeté. Il est en liberté, et Alexis Comnène en est réduit à régner ou à mourir, suivant la foi incertaine d'un Varangien mercenaire. » Il frappa des mains ; un esclave parut, il lui demanda du vin. Il but, et le courage se ranima en lui. « Je suis décidé, dit-il, et j'attendrai avec résolution le résultat de ce coup de dé, bon ou mauvais. »

A ces mots, il se retira dans son appartement, et ne reparut pas de la soirée.

CHAPITRE XXII.

Les Trompettes.

> Et toujours, comme si c'était pour mourir, résonnait quelque trompette solitaire.
> CAMPBELL.

Le Varangien, la tête remplie des affaires importantes dont il était chargé, s'arrêtait de temps à autre en traversant les rues éclairées par la lune, pour saisir au passage les idées qui lui frappaient l'esprit, et les considérer avec attention sous toutes leurs faces. Ses pensées étaient de nature tantôt à l'encourager, tantôt à l'alarmer, chacune accompagnée d'une foule de détails qu'elle entraînait après elle, et bientôt bannie à son tour par des réflexions d'un autre genre. C'était une de ces occasions où l'esprit d'un homme ordinaire se sent incapable de porter un fardeau qui lui est soudainement imposé, et où, au contraire, celui de l'homme qui a reçu en partage un courage peu commun, et le plus précieux des dons du ciel, le bon sens fondé sur la présence d'esprit, sent ses talens s'éveiller et grandir suivant l'occasion, comme un généreux coursier que monte un cavalier plein de hardiesse et d'expérience.

Comme il s'abandonnait à un de ces accès de rêverie qui arrêtèrent plus d'une fois durant cette nuit-là sa démarche sombre et militaire, Hereward crut entendre le son d'une trompette éloignée. Cette circonstance le surprit ; le son d'une trompette retentissant à une heure si indue, et dans les rues de Constantinople, annonçait quelque chose d'extraordinaire ; car, comme tous les mouvemens de troupes étaient réglés par des ordres spéciaux, on ne pouvait manquer à l'étiquette de la nuit sans un grand motif. Il s'agissait de savoir quel pouvait être ce motif.

La conspiration avait-elle éclaté soudainement, et d'une manière si contraire au plan des conspirateurs eux-mêmes?... Dans ce cas, son entrevue avec son amante, après tant d'années d'absence, n'était qu'un triste présage d'une éternelle séparation. Ou bien les croisés, espèce de gens dont il était difficile de calculer les mouvemens d'avance, avaient-ils subitement repris les armes et repassé le détroit pour surprendre la ville? La chose était fort possible ; car les sujets de plainte qu'on avait donnés aux croisés étaient si nombreux, qu'alors qu'ils se trouvaient pour la première fois réunis en un seul corps, et qu'ils s'étaient réciproquement conté les griefs qu'ils avaient à alléguer touchant la perfidie des Grecs, rien n'était si probable, si naturel, même peut-être si justifiable à eux, que de tenter des projets de vengeance.

Mais le son ressemblait plutôt à un air militaire régulièrement joué, qu'aux fanfares tumultueuses de cors et de trompettes, qui accompagnent et annoncent en même temps la prise d'une ville où les bruyantes horreurs de l'assaut n'ont pas encore fait place à cette paix sévère qu'accordent enfin aux malheureux habitans les vainqueurs las de meurtre et de pillage. Quoi que ce fût, il était nécessaire qu'Hereward en fût informé : c'est pourquoi il dirigea sa marche par une large rue, voisine des casernes, d'où le son semblait partir ; et d'ailleurs d'autres raisons l'invitaient encore à prendre de ce côté.

Les habitans de cette partie de la ville ne paraissaient pas s'émouvoir beaucoup de ce signal guerrier. Le clair de lune donnait sur la rue, traversée par l'ombre gigantesque des tours de Sainte-Sophie, dont les infidèles, depuis la prise de Constantinople, avaient fait leur principale mosquée. Aucun être humain ne se montrait dans les rues, et ceux qui venaient regarder un instant aux portes ou aux fenêtres paraissaient satisfaire aisément leur curiosité, car ils retiraient presque

CHAPITRE XXII.

aussitôt leur tête, et refermaient bien vite l'ouverture par laquelle ils avaient regardé.

Hereward ne put s'empêcher de penser aux traditions que racontaient les anciens de sa tribu dans les profondes forêts du Hampshire, et qui parlaient de chasseurs invisibles qu'on entendait poursuivre, avec des chevaux et des chiens également invisibles, un gibier qu'on ne voyait pas, dans les profondeurs des forêts de la Germanie. Tels lui semblaient devoir être les sons qui avaient coutume de retentir dans les bois enchantés durant ces étranges parties de chasse, et porter la terreur dans l'esprit de ceux qui étaient à portée de les entendre.

« Fi donc! se dit-il, comme il réprimait en lui un penchant à la même crainte superstitieuse; ces idées puériles conviennent-elles à un homme en qui l'on met tant de confiance, et de qui l'on paraît tant attendre? » Il continua donc à suivre la rue, sa hache sur l'épaule, et la première personne qu'il vit s'aventurant à regarder par la porte, il lui demanda la cause de cette musique militaire à une heure si inaccoutumée.

« Je ne puis vous le dire, monsieur, » répondit le citoyen qui n'était guère disposé, à ce qu'il paraissait, à rester en plein air ni à lier conversation, et moins encore à se laisser davantage questionner. C'était le citoyen politique de Constantinople que nous avons rencontré au commencement de cette histoire, et qui se hâtant de rentrer dans sa demeure, évita ainsi un plus long entretien.

Le lutteur Stephanos se montra à la porte suivante, qui était ornée de guirlandes de chêne et de lierre, en l'honneur de quelque victoire récente. Il se tenait immobile, encouragé tant par la conscience de sa force physique, que par une sombre morgue de caractère que les gens de cette espèce prennent souvent pour le véritable courage. Son admirateur et son flatteur, Lysimaque, se tenait comme protégé derrière ses larges épaules.

En passant, Hereward lui adressa la même question qu'au premier citoyen : « Savez-vous pourquoi les trompettes sonnent si tard? »

« Vous devriez plutôt le savoir vous-même, répondit Stephanos d'un ton bourru; car, à en juger par votre hache et votre casque, ce sont vos trompettes et non les nôtres qui troublent les honnêtes gens dans leur premier sommeil. »

« Valet! répliqua le Varangien d'une voix qui fit tressaillir le lutteur; mais, quand la trompette sonne, un soldat n'a point le temps de punir l'insolence comme elle le mérite. »

Le Grec reculant, se renferma dans sa maison et renversa presque dans la précipitation de sa retraite l'artiste Lysimaque qui écoutait ce qui se passait.

Hereward arriva enfin aux casernes où la musique militaire semblait avoir fait une pause; mais au moment où le Varangien mit le pied dans la vaste cour intérieure, elle recommença avec un effroyable vacarme, au point qu'il en fut presque étourdi, bien qu'il y fût accoutumé. « Qu'est-ce que cela signifie, Engelbrecht? » demanda-t-il à la sentinelle varangienne qui montait la garde, hache au bras, devant la porte.

« La proclamation d'un défi et d'un combat, répondit Engelbrecht. Il se passe d'étranges choses, camarade : les fous de croisés ont mordu les Grecs, et les ont infectés de leur goût pour les duels, comme les chiens, dit-on, se communiquent la rage. »

Hereward ne répliqua rien à la réponse de la sentinelle, et se mêla en toute hâte à un groupe de soldats qui étaient rassemblés dans la cour, à demi armés, ou plus exactement, sans arme aucune, car ils sortaient de leur lit et se réunissaient au plus vite autour des trompettes de leur corps, rangés en grand uniforme. Celui d'entre eux, dont l'instrument gigantesque était chargé d'annoncer les ordres exprès de l'empereur ne manquait pas à son poste, et les musiciens étaient appuyés par une troupe de Varangiens en armes, commandés par Achille Tatius lui-même. Hereward put aussi remarquer en approchant davantage (car ses compagnons lui faisaient place), que six des hérauts de l'empereur étaient de service en cette occasion. Quatre d'entre eux, deux à la fois, avaient déja fait la proclamation, qui allait être répétée une troisième fois par les deux derniers, comme c'était l'usage à Constantinople quand on publiait un mandat impérial de grande importance. Achille Tatius, dès qu'il aperçut son confident, lui fit un signe d'après lequel Hereward comprit qu'on voulait lui parler après la proclamation. Les hérauts, après les fanfares des trompettes, commencèrent en ces termes :

« De par l'autorité du resplendissant et divin prince Alexis Comnène, empereur du très saint empire romain, sa majesté impériale désire que ce qui va suivre soit connu de tous et de chacun de ses sujets, de quelque race qu'ils descendent, et devant quelque autel qu'ils fléchissent le genou... Sachez donc, que le second jour après la date de la présente publication, notre bien-aimé gendre, le très estimé César s'est engagé à combattre notre ennemi juré Robert, comte de Paris, pour son insolente conduite en se permettant d'occuper en public notre trône impérial, comme aussi de briser en notre vénérable présence les précieux chefs-d'œuvre ornant ledit trône, et appelés par tradition *les Lions de Salomon*. Et afin qu'il ne puisse pas rester en Europe un homme qui ose dire que les Grecs sont en arrière des autres parties du monde, dans aucun des mâles exercices en usage chez les nations chrétiennes, lesdits nobles ennemis renonçant à tout secours qui peut venir de trahison, de talismans et de magie, videront cette querelle en trois courses avec des lances émoulues, et en trois passes d'armes avec des sabres bien aiguisés, la victoire devant être décidée par l'honorable empereur, qui jugera suivant son gracieux et infaillible bon plaisir. »

Une autre effroyable fanfare termina la cérémonie. Achille congédia alors les soldats présens, aussi bien que les hérauts et les musiciens, qui regagnèrent leurs quartiers respectifs ; et prenant Hereward à part, il lui demanda s'il avait appris quelque chose du prisonnier Robert, comte de Paris.

« Rien, sauf les nouvelles que contient votre proclamation, » répondit le Varangien.

— « Tu penses donc qu'elle est faite avec le consentement du comte ? »

— « Il le faut bien. Je ne connais personne assez osé pour descendre à sa place dans la lice. »

— « Eh bien ! vois donc, mon excellent Hereward, quoique tu aies la compréhension un peu difficile; sache que notre César a eu l'extravagance d'établir une comparaison entre son pauvre esprit et celui d'Achille Tatius. Il tient beaucoup à son honneur aussi, cet ineffable fou; il ne peut se faire à l'idée qu'on suppose qu'il a provoqué une femme, ou qu'il en a reçu une provocation. Il a donc substitué le nom du comte au lieu de celui de la comtesse. Et si le comte ne se présente pas pour combattre, le César prendra des airs de provocateur hardi et de vainqueur heureux, sans qu'il lui en coûte beaucoup, puisque personne ne se sera présenté pour le combattre, et il demandera que la comtesse lui soit livrée comme captive de son arc et de sa lance terribles. Ce sera le signal d'un tumulte général, dans lequel l'empereur, s'il n'est pas tué sur place, sera jeté dans les cachots de son propre palais Blaquernal pour y recevoir la peine que sa cruauté a infligée à tant d'autres. »

— « Mais.... »

— « Mais.... mais.... mais...! mais tu es un fou. Ne peux-tu voir que ce brave César veut éviter le risque d'une rencontre avec l'épouse, tandis qu'il désire ardemment qu'on le suppose prêt à se battre avec le mari? Notre affaire à nous, c'est de tout arranger pour le combat, de façon que tous ceux qui sont préparés pour l'insurrection soient réunis sous les armes afin de jouer leurs rôles. Veille seulement à ce que nos fidèles amis soient placés près de la personne de l'empereur, et de manière à rendre inutile l'intervention officieuse des gardes qui peuvent être disposés à le secourir; et soit que le César combatte le mari ou la femme, soit qu'il y ait un combat ou qu'il n'y en ait point, la révolution sera faite, et les Tatius remplaceront les Comnène sur le trône impérial de Constantinople. Va, mon fidèle Hereward, tu n'oublieras pas que pendant l'insurrection le mot de ralliement est Ursel, qui vit encore dans l'affection du peuple, quoique son corps, dit-on, pourrisse depuis long-temps comme un cadavre dans les cachots de Blaquernal. »

— « Qui était cet Ursel dont on parle de tant de manières différentes? »

— « Un compétiteur à la couronne, en même temps qu'Alexis Comnène... bon, brave et honnête; mais vaincu par l'astuce plutôt que par l'habileté ou la valeur de son ennemi. Il est mort, je crois, dans le palais Blaquernal; mais quand et comment, personne ne peut le dire. Mais voyons, de l'activité, mon Hereward! tâche d'encourager les Varangiens... amènes-en le plus grand nombre possible à être des nôtres. Parmi les *Immortels*, comme on les appelle, et parmi les citoyens mécontens, il en est assez qui sont prêts à pousser le cri de l'insurrection, et à marcher sur les traces de ceux sur lesquels nous devons compter pour commencer l'entreprise. L'adresse d'Alexis à éviter les assemblées populaires ne le protégera plus. Il ne peut, sans manquer à son honneur, se dispenser d'assister à un combat qui doit se livrer sous ses yeux ; et graces soient rendues à Mercure, de l'éloquence qui par mon entremise l'a décidé, après quelque hésitation, à publier ce cartel! »

— « Vous l'avez donc vu ce soir? »

—« Si je l'ai vu? certainement. Si j'eusse ordonné à ces trompettes de sonner sans son autorisation, leur son eût fait tomber ma tête de dessus mes épaules. »

— « J'ai failli vous rencontrer au palais, dit Hereward, tandis que le cœur lui battait presque aussi fort que s'il eût réellement fait cette rencontre dangereuse. »

— En effet, j'ai ouï dire que tu étais allé prendre les ordres de celui qui remplit encore le rôle de souverain. Assurément, si je t'y avais aperçu avec cet air ferme, ouvert, et en apparence honnête, trompant le Grec rusé à force de franchise, je n'aurais pu m'empêcher de rire du contraste de ta figure avec les pensées de ton cœur. »

— « Dieu seul connaît nos plus secrètes pensées, mais je le prends à témoin que je serai fidèle à mes promesses et que je remplirai la tâche dont je suis chargé. »

— « Bravo! mon honnête Anglo-Saxon. Appelle, s'il te plait, mes esclaves pour me désarmer; et quand tu quitteras toi-même ces armes de simple garde-du-corps, dis-leur qu'elles n'ont plus que deux fois à couvrir les membres d'un homme à qui le destin réserve des vêtemens plus convenables. »

Hereward n'osa s'en remettre à sa voix du soin de répondre à un discours si critique. Il s'inclina profondément, et se retira vers la partie des casernes où il logeait.

Dès qu'il entra dans son appartement, il fut salué en accens joyeux par la voix du comte Robert que n'arrêtait plus la crainte d'être entendu, quoique la prudence aurait dû lui en démontrer la nécessité.

« L'as-tu entendue, mon cher Hereward, dit-il, as-tu entendu la proclamation par laquelle cet antilope grec me défie au combat avec des lances émoulues, et à trois passes d'armes avec des épées bien aiguisées ? Il est assez étrange d'ailleurs qu'il ne trouve pas plus sûr de combattre ma femme ! peut-être pense-t-il que les croisés ne lui eussent pas permis de se battre contre elle. Mais par Notre-Dame des Lances-rompues ! il ne sait pas que les hommes d'Occident sont aussi jaloux de la réputation guerrière de leurs épouses que de la leur propre. J'ai réfléchi toute la soirée à l'armure que je devais prendre, au moyen de me procurer un coursier, et si je ne lui ferai pas assez d'honneur en ne prenant que tranchefer pour toute arme, contre son armure complète, offensive et défensive. »

« J'aurai cependant soin, dit Hereward, que vous soyez mieux pourvu en cas de besoin. Vous ne connaissez pas les Grecs. »

CHAPITRE XXIII.

Le Message.

Le Varangien ne quitta le comte de Paris que lorsque ce dernier lui eut remis entre les mains son cachet *semé*, comme dit le blason, *de lances rompues*, et portant cette fière devise : « *La mienne est encore pure.* » Muni de ce symbole de confiance, il eut alors des mesures à prendre pour informer de la solennité qui se préparait le chef des croisés, et de lui demander, au nom de Robert de Paris et de la dame Brenhilda, un détachement de cavaliers occidentaux, assez considérable pour assurer la stricte observation des règles de l'honneur et de la justice dans l'arrangement de la lice, et pendant la durée du combat. Les devoirs imposés à Hereward étaient de telle nature qu'il se trouvait dans l'impossibilité de se rendre en personne au camp de Godefroy; et quoiqu'il y eût beaucoup de Varangiens auxquels il se pouvait fier, il n'en connaissait pas parmi ceux immédiatement sous ses ordres dont l'intelligence lui parût devoir suffire dans une occasion aussi nouvelle. Dans cette perplexité, il se dirigea... peut-être sans bien savoir pourquoi... vers les jardins d'Agelastès, où le hasard lui procura une seconde rencontre de Bertha.

Hereward ne l'eut pas plutôt informée de son embarras, que la résolution de la fidèle jeune fille fut irrévocablement prise.

« Je vois, dit-elle, que le péril de cette partie de l'aventure me regarde; et pourquoi ne m'y exposerais-je pas ? Ma maîtresse, au sein de la prospérité, s'offrit pour aller courir le monde avec moi; je me rendrai pour elle au camp de ce seigneur franc. C'est un honnête homme, un pieux chrétien, et ses soldats sont de zélés pèlerins. Une femme ne peut rien avoir à craindre, allant remplir une telle mission auprès de tels hommes. »

Mais le Varangien connaissait trop bien les mœurs des camps pour permettre à la belle Bertha de se mettre seule en route. Il lui donna donc pour compagnon un vieux soldat qu'il s'était attaché depuis long-temps par sa bonté et sa confiance; et après avoir instruit son amante dans tous les détails du message qu'elle allait porter, il lui recommanda de se tenir prête à partir dès la pointe du jour, et revint encore une fois aux casernes.

Au lever de l'aurore, Hereward se trouva au lieu où il avait quitté Bertha la veille au soir, accompagné de l'honnête soldat aux soins duquel il voulait la confier. En peu d'instans il les vit à bord d'une barque amarrée dans le port, dont le maître consentit aisément à leur faire passer le détroit, après avoir examiné leur permission de se rendre à Scutari, permission donnée au nom de l'acolyte, comme s'ils étaient autorisés par ce perfide conspirateur, et contenant un signalement qui pouvait convenir au vieil Osmond et à sa jeune compagne.

La matinée était belle, et bientôt la ville de Scutari se présenta aux regards des voyageurs, brillante comme aujourd'hui d'une variété d'architecture qui, bien qu'on la puisse appeler bizarre, mérite incontestablement d'être admirée. Ses édifices s'élevaient hardiment du milieu d'un bois touffu de cyprès et d'autres grands arbres, d'autant plus gigantesques probablement, qu'ils étaient respectés comme ornemens des cimetières et comme gardiens des morts.

A l'époque dont nous parlons, une autre circonstance, non moins frappante que belle, rendait doublement intéressante une scène qui l'aurait beaucoup été d'ailleurs en tout temps. Une grande partie de cette armée, où s'étaient réunis des soldats de tant de pays divers, qui venaient reconquérir les saints lieux de la Palestine et le saint sépulcre lui-même sur les infidèles, s'était campée à un mille environ de Scutari. Bien donc que les croisés n'eussent pas de tentes pour la plupart, l'armée, à l'exception des pavillons de quelques chefs d'un haut rang, s'était construit des huttes temporaires, agréables à l'œil, décorées de feuillage et de fleurs, tandis que les grands étendards et les larges bannières qui flottaient au dessus avec diverses armoiries montraient que la fleur de l'Europe était réunie en ce lieu. Un murmure bruyant et varié, ressemblant à celui d'une ruche trop pleine, s'échappait du camp des croisés, et retentissait jusqu'à la ville voisine de Scutari; et de temps à autre ce bruit sourd était rompu par quelques sons plus aigus, tels que le son des instrumens de musique, ou les cris encore plus élevés des enfans et des femmes, qu'arrachaient la crainte ou la gaîté.

Nos voyageurs arrivèrent enfin à bon port; et comme ils approchaient d'une des portes du camp, ils en virent sortir une brillante troupe de beaux cavaliers, de pages et d'écuyers exerçant les chevaux de leurs maîtres ou les leurs. Au bruit qu'ils faisaient en causant aussi haut que possible, en galopant, en faisant sauter et caracoler leurs coursiers, on aurait dit qu'une discipline sévère les avait appelés à l'exercice avant que les fumées du vin qu'ils avaient bu dans la dernière nuit eussent été complétement dissipées par le repos. Dès qu'ils aperçurent Bertha et ses deux compagnons, ils s'approchèrent avec des cris qui annonçaient qu'ils étaient Italiens.

« *All' erta! all' erta! roba di guadagno, cameradi!* » C'est-à-dire : « Alerte! alerte! voici du butin, camarades! »

CHAPITRE XXIII.

Ils se réunirent autour de la jeune Anglo-Saxonne et de ses compagnons, de manière à faire trembler Bertha. « Que vient-elle faire au camp ? » demandèrent-ils tous à la fois.

« Je voudrais parler au général en chef, cavaliers, répondit Bertha ; car j'ai un message secret pour son oreille. »

« Pour l'oreille de qui ? » demanda le commandant de la troupe, beau jeune homme d'environ dix-huit ans, qui semblait avoir la tête moins folle que ses camarades, ou avoir un peu moins bu que les autres. « Quel est celui de nos chefs que vous désirez voir ? »

— « Godefroy de Bouillon. »

« Vraiment ! répliqua le page qui avait parlé le premier. Rien de moindre ne peut-il vous contenter ? Jetez un coup d'œil parmi nous : nous sommes tous jeunes et raisonnablement riches. Monseigneur de Bouillon est vieux, et, s'il a quelques sequins, il n'est pas probable qu'il veuille les dépenser ainsi. »

« N'importe ; j'ai à montrer à Godefroy de Bouillon une preuve de ma mission vers lui, répondit Bertha, et une preuve irrécusable ; il saura peu de gré à quiconque m'empêchera d'arriver librement jusqu'à lui. » Et, montrant un petit écrin dans lequel était renfermé l'anneau du comte de Paris : « Je vous le remettrai entre les mains, ajouta-t-elle, si vous me promettez de ne pas l'ouvrir et de me procurer un libre accès vers le noble chef des croisés. »

« Soit, dit le jeune homme ; et si tel est le bon plaisir du duc, vous serez admise en sa présence. »

« Ernest l'Apulien, ton friand esprit d'Italien est pris au trébuchet, » lui cria un de ses compagnons.

« Tu es un fou ultramontain, Polydore, répliqua Ernest. Il peut y avoir au fond de cette affaire plus d'importance que ton esprit et le mien ne sauraient en voir. Cette jeune fille et un de ses compagnons portent un costume qui appartient à la garde impériale varangienne. Ils peuvent être chargés d'un message de l'empereur, et il n'est pas inconciliable avec la politique d'Alexis d'envoyer de pareils messagers. Conduisons-les donc en tout honneur à la tente du général. »

« De tout mon cœur, dit Polydore. Une fillette aux yeux bleus est une jolie chose, mais je n'aime pas la sauce de notre grand prévôt, ni la manière dont il habille ceux qui se laissent aller à la tentation.[1] Cependant, avant de me montrer aussi fou que mon camarade, je voudrais demander quelle est cette jolie fille, qui vient rappeler à de nobles princes et à de saints pèlerins qu'ils ont eu, dans leur temps, les folies des autres hommes. »

Bertha s'avançant dit quelques mots bas à l'oreille d'Ernest. Cependant Polydore et le reste de la bande joyeuse se permirent une longue suite de plaisanteries bruyantes et licencieuses, qui, quoique caractérisant les grossiers interlocuteurs, peuvent aussi bien être admises ici. Leur effet fut d'ébranler jusqu'à un certain point le courage de la vierge saxonne, qui ne prit qu'à grand'peine sur elle-même de leur adresser la parole. « Comme vous avez des mères, messieurs, dit-elle, comme vous avez des sœurs, que vous protégeriez du déshonneur au prix du meilleur de votre sang... comme vous aimez et honorez ces saints lieux que vous avez fait serment d'arracher aux infidèles, ayez compassion de moi, afin d'être dignes de réussir dans votre entreprise. »

« Ne craignez rien, jeune fille, dit Ernest, je serai votre protecteur; et vous, mes camarades, veuillez suivre mon avis. J'ai, pendant votre tapage, jeté un coup d'œil, un peu contre ma promesse, sur le gage qu'elle porte, et si celle qui doit le présenter est insultée ou maltraitée, soyez sûrs que Godefroy de Bouillon punira sévèrement l'injure qui lui aura été faite. »

« Oh ! camarade, si tu peux nous donner une telle garantie, répliqua Polydore, je serai moi-même le plus zélé à conduire cette jeune femme en tout honneur et sûreté à la tente de sire Godefroy. »

« Les princes, reprit Ernest, doivent être à l'instant de s'y réunir pour le conseil. Ce que j'ai dit, je le soutiendrai et le garantirai de mon bras et de ma vie. Je pourrais en deviner davantage, mais je pense que cette jeune fille est capable de parler pour elle-même. »

« Ah ! que le Ciel vous bénisse, brave écuyer ! dit Bertha ;

---

[1] Les croisés reconnus coupables de certaines fautes, étaient pour pénitence enduits de poix et de plumes, quoique ce châtiment passe pour une invention plus moderne. (*Note anglaise.*)

qu'il vous rende également brave et heureux! Ne vous embarrassez plus de moi que pour me conduire en sûreté auprès de votre chef, Godefroy de Bouillon. »

« Nous perdons du temps, dit Ernest en sautant à bas de son cheval. Vous n'êtes pas une molle Orientale, belle fille, et je suppose que vous n'aurez pas de peine à conduire un cheval tranquille. »

« Pas la moindre, répondit Bertha; » et, s'enveloppant de sa mante, elle se trouva d'un saut montée sur le généreux palefroi, comme une linotte se perche sur un buisson de rosier. « Et maintenant, monsieur, continua-t-elle, comme mon affaire ne comporte réellement aucun délai, je vous serai fort reconnaissante si vous m'indiquez tout de suite la tente du duc Godefroy de Bouillon. »

En profitant de la courtoisie du jeune Apulien, Bertha eut l'imprudence de se séparer du vieux Varangien; mais le jeune homme n'avait que d'honnêtes intentions, et il la conduisit, à travers les tentes et les huttes, au pavillon du célèbre général en chef de la croisade.

« Il faut, dit-il, que vous attendiez quelques instans ici, sous la protection de mes camarades (car deux ou trois pages les avaient suivis par curiosité, pour voir quelle serait l'issue de cette aventure), et je vais prendre les ordres du duc de Bouillon en conséquence. »

Il n'y avait rien à objecter, et Bertha n'eut rien de mieux à faire que d'admirer l'extérieur de la tente, dont l'empereur grec, Alexis, dans un accès de générosité et de munificence, avait fait cadeau au chef des Francs. Elle était soutenue par de grands pieux, taillés en forme de lance, et qui paraissaient être d'or. Les rideaux étaient d'une étoffe épaisse, travaillée en soie, en coton et en fil d'or. Les gardes qui se tenaient à l'entour, au moins pendant qu'on tint conseil, étaient de graves vieillards, pour la plupart écuyers personnels des princes qui avaient pris la croix, et à qui on pouvait, en conséquence, confier la garde de cette assemblée, sans crainte qu'ils allassent répéter ce qu'ils pourraient entendre. Leur air était sérieux et réfléchi, et ils semblaient être de ces hommes qui avaient pris la croix, non par un désir frivole d'aventures, mais par un motif des plus solennels et des plus sérieux. Un d'entre eux arrêta le jeune Italien, et lui demanda quelle affaire l'autorisait à entrer ainsi dans le conseil des croisés, qui avaient déja pris leurs siéges. Le page répondit en prononçant son nom : «Ernest d'Otrante, page du prince Tancrède;» et il ajouta qu'il venait annoncer l'arrivée d'une jeune femme qui avait à présenter un gage de sa mission, et qui était chargée d'un message pour l'oreille secrète de Godefroy de Bouillon.

Bertha, pendant ce temps, quitta sa mante ou vêtement de dessus, et disposa le reste de son costume d'après la mode des Anglo-Saxons. Elle avait à peine terminé sa toilette, que le page du prince Tancrède revint pour la conduire devant le conseil de la croisade. Elle obéit à un signe d'Ernest, tandis que les autres jeunes gens qui l'avaient accompagnée, s'étonnant de la facilité avec laquelle on l'admettait, se retirèrent à une distance respectueuse de la tente, et y jasèrent sur la singularité de leur aventure du matin.

Cependant l'ambassadrice elle-même entrait dans la chambre du conseil, sa figure portant une agréable expression de modestie et de timidité, en même temps qu'une ferme résolution de faire son devoir à tout prix. Il y avait environ quinze des principaux croisés réunis en conseil, sous la présidence de Godefroy leur chef. Godefroy lui-même était un homme grand et vigoureux, arrivé à cette époque de la vie où l'on passe pour n'avoir rien perdu de sa résolution, tandis qu'on a acquis une sagesse et une circonspection inconnues à un âge moins avancé. La physionomie de Godefroy annonçait prudence et hardiesse, et ressemblait à ses cheveux où quelques fils d'argent se mêlaient déja à ses tresses noires.

Tancrède, le plus noble chevalier de la chevalerie chrétienne, était assis à peu de distance de lui, avec Hugues, comte de Vermandois, généralement appelé le *Grand Comte*, l'égoïste et rusé Bohémond, le puissant Raymond de Provence et d'autres principaux croisés, tous plus ou moins revêtus de leur armure.

Bertha ne se laissa point décourager, mais, s'avançant avec une grace timide vers Godefroy, elle remit dans ses mains l'anneau qui lui avait été rendu par le jeune page, et, après une profonde révérence, elle s'exprima en ces termes : «Gode-

CHAPITRE XXIII.

froy, comte de Bouillon, comte de la Basse-Lorraine, chef de la sainte entreprise appelée croisade, et vous ses vaillans camarades, pairs et compagnons, à quelque titre que vous deviez être honorés; moi, humble enfant d'Angleterre, fille d'Engelred, originairement Franklin du Hampshire, et depuis capitaine des Forestiers ou Anglo-Saxons libres, sous le commandement du célèbre Édric, je réclame la confiance due au porteur du gage irrécusable que je viens de remettre entre vos mains, de la part d'un guerrier qui n'occupe pas ici le dernier rang, de la part du comte Robert de Paris......»

« Notre très honorable confédéré, dit Godefroy en regardant l'anneau. La plupart d'entre vous, messeigneurs, doivent, je pense, connaître le cachet... Un champ semé de fragmens de lances brisées.» L'anneau fut passé de main en main dans l'assemblée et généralement reconnu.

Quand Godefroy le lui eut signifié, la jeune fille continua son message : «A tous les véritables croisés, donc, camarades de Godefroy de Bouillon, et particulièrement au duc lui-même... à tous, dis-je, excepté Bohémond d'Antioche, que le comte Robert regarde comme indigne de son attention...»

«Hein! moi indigne de son attention, s'écria Bohémond; que voulez-vous dire, damoiselle? Mais le comte de Paris m'en rendra raison.»

«Avec votre permission, sire Bohémond, répliqua Godefroy, non. Par nos réglemens, nous avons renoncé à nous envoyer des cartels les uns aux autres, et l'affaire, si elle ne peut s'arranger à l'amiable entre les parties, doit être soumise à la décision de cet honorable conseil.»

«Je crois deviner maintenant ce dont il s'agit, reprit Bohémond. Le comte de Paris m'en veut et me garde rancune, parce que, le soir avant que nous ne quittassions Constantinople, je lui ai donné un bon conseil qu'il n'a point trouvé convenable de suivre.....»

«C'est une chose qui s'expliquera plus aisément lorsque nous aurons entendu son message, interrompit Godefroy... Remplissez la commission du comte Robert de Paris, jeune fille, afin que nous mettions un peu d'ordre dans une affaire qui nous semble assez compliquée.»

Bertha, reprenant la parole, termina ainsi, après avoir brièvement raconté les derniers événemens : « Le combat doit avoir lieu demain, deux heures environ après le lever du soleil, et le comte supplie le noble duc de Bouillon de permettre à cinquante lances de France d'assister à ce fait d'armes, et d'assurer par leur présence la justice et l'impartialité du combat, qu'autrement il pourrait craindre de ne pas rencontrer dans son adversaire. Ou si de jeunes et vaillans chevaliers désirent, de leur plein gré, voir ledit combat, le comte regardera leur présence comme un honneur; toujours, pourvu que les noms de ces chevaliers soient comptés soigneusement avec ceux des croisés qui se rendront en armes dans la lice, et que leur nombre soit limité, grace à l'inspection du duc Godefroy lui-même, à cinquante seulement, nombre suffisant pour obtenir la protection demandée, tandis que, plus considérable, il serait regardé comme un préparatif d'agression contre les Grecs et amenerait le renouvellement des disputes qui sont heureusement terminées à l'heure qu'il est. »

Bertha n'eut pas plus tôt fini de prononcer son manifeste, et gracieusement salué le conseil, qu'il s'établit dans l'assemblée une conversation à voix basse, qui prit bientôt un caractère plus animé.

Quelques uns des plus vieux chevaliers du conseil et deux ou trois hauts prélats qui étaient venus cependant prendre part aux délibérations, firent valoir fortement leur vœu solennel de ne pas tourner le dos à la Palestine, maintenant qu'ils avaient mis la main à la charrue. Les jeunes chevaliers, au contraire, s'enflammèrent d'indignation en apprenant la manière infame dont leur camarade avait été retenu, et peu d'entre eux auraient voulu perdre l'occasion d'assister à un combat en champ clos dans un pays où de pareils spectacles étaient rares, et où il devait s'en donner un si près d'eux.

Godefroy appuya son front sur sa main et parut dans une grande perplexité. Rompre avec les Grecs, après avoir enduré tant d'injures pour se conserver l'avantage de rester en paix avec eux, paraissait fort impolitique, et c'était sacrifier tout ce qu'il avait obtenu, par une longue et pénible patience, d'Alexis Comnène. D'un autre côté, il était tenu, comme homme d'honneur, à venger l'injure faite au comte Robert de Paris, dont l'intrépidité et l'esprit vraiment chevaleresque avaient conquis les bonnes graces de toute l'armée. C'était en outre la cause d'une belle et brave dame : chaque chevalier de l'armée se croirait obligé par son vœu de voler à sa défense. Quand Godefroy parla, ce fut pour se plaindre de la difficulté qu'il y avait à prendre une détermination et du peu de temps qu'on accordait pour y réfléchir.

«Avec soumission à monseigneur le duc de Bouillon, dit Tancrède, j'étais chevalier avant d'être croisé, et j'avais prononcé les vœux de la chevalerie avant de placer ce saint emblème sur mon épaule; le vœu fait le premier doit être le premier accompli. Je ferai donc pénitence pour négliger un moment l'exécution du second vœu, tandis que j'observerai celui qui me rappelle au premier devoir de la chevalerie, au devoir de secourir une dame en détresse qui se trouve entre les mains de gens dont la conduite envers elle et envers cette armée me met, sous tous les rapports, en droit de les appeler traîtres infames.»

«Si mon parent Tancrède, dit Bohémond, veut réprimer son impétuosité, et vous, messeigneurs, s'il vous plait, comme vous avez parfois daigné le faire, d'écouter mon avis, je crois que je pourrai vous indiquer un moyen de ne pas violer votre serment, et néanmoins de porter secours à nos compagnons de pèlerinage dans leur danger... Je vois diriger vers moi des regards de soupçon, qui sont occasionés peut-être par la manière grossière dont ce jeune guerrier, toujours si violent, et presque insensé dans ce cas, a déclaré ne pas vouloir de mon assistance. Mon grand crime est de lui avoir donné avertissement, tant par mes paroles que par mon exemple, de la trahison qui se tramait contre lui, et de l'avoir engagé à user de patience et de circonspection. Mon avertissement, il l'a tout-à-fait méprisé; mon exemple, il a négligé de le suivre, et il est tombé dans le piége qui était tendu, pour ainsi dire, sous ses propres yeux. Cependant le comte de Paris, en me méprisant témérairement, n'a fait que céder à un caractère que l'infortune et le désappointement ont rendu méchant et irritable. Je suis si loin de lui en vouloir du mal, qu'avec la permission de votre seigneurie et celle du noble conseil ici assemblé, je me dirigerai en toute hâte vers le lieu du rendez-vous avec cinquante lances, chacune accompagnée d'au-moins dix hommes, ce qui portera à peu près à cinq cents hommes le secours demandé, et avec eux je ne doute pas de pouvoir secourir efficacement le comte et son épouse. »

« C'est une noble proposition, dit le duc de Bouillon; c'est un charitable pardon des injures qui convient à notre expédition chrétienne; mais tu as oublié la principale difficulté, frère Bohémond, le serment que nous avons fait de ne jamais revenir sur nos pas dans notre saint voyage. »

« Si nous pouvons éluder ce serment en cette occasion, reprit Bohémond, notre devoir est de le faire. Sommes-nous donc si mauvais cavaliers, ou nos chevaux sont-ils si indociles, que nous ne puissions les mener à reculons jusqu'au lieu de l'embarquement, à Scutari? Nous pouvons les embarquer en les faisant marcher de ce pas rétrograde; et quand nous serons arrivés en Europe où nos vœux ne nous lieront plus, nous secourrons le comte et la comtesse de Paris, et nos vœux resteront entiers dans la chancellerie du ciel. »

Un cri général s'éleva : « Longue vie au vaillant Bohémond!... honte à nous, si nous ne courons pas au secours d'un si brave chevalier et d'une dame si belle, puisque nous pouvons le faire sans manquer à notre serment. »

« La question, dit Godefroy, me semble être plutôt éludée que résolue; mais de tels subterfuges ont été souvent admis par les élèves les plus savans et les plus scrupuleux, et je n'hésite pas plus à user de l'expédient de Bohémond, que si l'ennemi eût attaqué notre arrière-garde, ce qui aurait rendu une contremarche une manœuvre de première nécessité. »

Il y eut néanmoins dans l'assemblée, et particulièrement parmi les ecclésiastiques, des gens qui pensèrent que le serment par lequel les croisés s'étaient solennellement engagés devait être exécuté à la lettre. Mais Pierre l'Ermite, qui avait entrée au conseil et jouissait d'une grande influence, déclara que son opinion était « que, puisque l'observation exacte de leur vœu tendrait à diminuer les forces de la croisade, il y aurait illégalité à s'en tenir au sens littéral lorsqu'on pouvait l'interpréter d'une manière si honorable. »

Il offrit de faire marcher lui-même à reculons l'animal qu'il montait... c'est-à-dire son âne; et, quoiqu'il fût détourné du projet de donner ainsi l'exemple par les remontrances de Godefroy de Bouillon, qui craignait qu'il devînt un sujet de scandale aux yeux des païens, cependant il argumenta si bien que les chevaliers, loin de se faire un scrupule de cette contremarche, se disputèrent l'honneur d'être du nombre de ceux qui devaient rétrograder ainsi jusqu'à Constantinople pour voir combattre et ramener à l'armée le valeureux comte de Paris, vainqueur, comme personne n'en doutait, et l'amazone son épouse.

Les débats d'émulation furent aussi terminés par l'autorité de Godefroy, qui désigna lui-même les cinquante chevaliers qui devaient composer le détachement. Il les choisit de nations différentes, et leur donna pour commandant le jeune Tancrède d'Otrante. Malgré les réclamations de Bohémond, Godefroy le garda près de lui sous prétexte que sa connaissance du pays et des habitans était absolument nécessaire pour mettre le conseil à même de dresser le plan de la campagne en Syrie; mais au fond il craignait l'égoïsme d'un homme dont l'esprit était fécond en ressources, et l'habileté militaire fort grande; qui, se trouvant chargé d'un commandement séparé, pourrait être tenté, l'occasion se présentant, d'étendre son pouvoir et ses domaines au préjudice du saint but de la croisade en général. Les jeunes gens de l'expédition n'eurent rien plus à cœur que de se procurer des chevaux convenablement dressés, et capables de se soumettre avec aisance et docilité à la manœuvre d'équitation par laquelle on devait légitimer le mouvement auquel ils avaient recours. Le choix fut enfin fait, et le détachement reçut ordre de se former en arrière, c'est-à-dire sur la ligne orientale du camp des croisés. Pendant ce temps, Godefroy chargeait Bertha d'un message pour le comte de Paris, où, après l'avoir légèrement blâmé de ne pas avoir agi plus prudemment à l'égard des Grecs, il l'informait qu'il envoyait à son secours un corps de cinquante lances, avec le nombre voulu d'écuyers, de pages, de gendarmes et d'arbalétriers, le tout se montant à cinq cents hommes, et sous les ordres du vaillant Tancrède. Le duc lui apprenait aussi qu'il lui faisait don d'une armure du meilleur acier que pût fournir Milan, et d'un bon cheval de bataille, dont il le priait de se servir le jour du combat; car Bertha n'avait pas manqué de dire que le comte Robert n'était nullement équipé comme un chevalier devait l'être. On amena donc devant le pavillon le cheval complétement bardé ou couvert d'acier, et chargé de l'armure destinée au chevalier lui-même. Godefroy en mit la bride entre les mains de Bertha.

«Tu peux ne pas avoir peur de te fier à ce coursier, dit le duc de Bouillon à Bertha, il est aussi doux et docile que rapide et brave; monte-le, et aie soin de ne pas quitter le côté du noble prince Tancrède d'Otrante, qui sera le fidèle défenseur d'une jeune fille qui a montré en ce jour adresse, courage et fidélité.»

Bertha s'inclina profondément, tandis que ses joues se coloraient en recevant les éloges d'un guerrier dont les talens et le mérite étaient si généralement estimés, qu'ils l'avaient élevé au poste éminent de général en chef d'une armée qui comptait dans son sein les capitaines les plus braves et les plus distingués de la chrétienté.

«Quelles sont ces deux personnes?» continua Godefroy en parlant des compagnons de Bertha qu'il vit à une certaine distance de la tente.

«L'un, répondit la jeune fille, est le maître de la barque qui m'a amenée sur cette rive; et l'autre un vieux Varangien qui m'a accompagnée comme protecteur.»

«Comme ils peuvent être venus employer leurs yeux ici pour employer ensuite leur langue sur la rive opposée, répliqua le général des croisés, je ne juge pas prudent de les laisser s'en retourner avec vous. Ils resteront ici quelque peu de temps; les habitans de Scutari ne comprendront pas aussitôt quelles sont nos intentions, et je désire que le prince Tancrède et les guerriers qui l'accompagnent soient les premiers à annoncer leur arrivée.

En conséquence, Bertha fit connaître à ses compagnons la volonté du général franc sans en alléguer les motifs; mais le marinier se récria sur l'injustice qu'il y aurait à l'empêcher de faire son métier, et Osmund se plaignit de ce qu'on le faisait manquer à son devoir. Mais Bertha, par ordre de Godefroy, les quitta en les assurant qu'ils seraient bientôt rendus à la liberté. Se trouvant ainsi abandonnés, chacun d'eux se livra à son amusement favori: le batelier se mit à regarder avec des yeux ébahis tout ce qu'il trouvait nouveau; et Osmund, qui cependant avait accepté l'offre d'un déjeûner qui lui était faite par quelque domestique, se mit à causer avec un flacon de vin rouge si savoureux, qu'il se fût aisément réconcilié avec un destin même plus fâcheux que celui qu'il éprouvait.

Le détachement de Tancrède, composé de cinquante lances, avec leur suite ordinaire, le tout montant à cinq cents hommes bien armés, après avoir pris à la hâte un léger repas, se trouva équipé et à cheval avant la grande chaleur de midi. Après quelques manœuvres, dont les Grecs de Scutari (car leur curiosité avait été éveillée par les préparatifs du détachement) ne purent comprendre le but, ils se formèrent en une colonne sur quatre de front. Lorsque les chevaux furent dans cette position, tous les cavaliers se mirent soudain à les faire marcher en arrière; c'était un mouvement auquel ils étaient accoutumés, cavaliers et chevaux, et qui d'abord ne causa point grande surprise aux spectateurs; mais quand ils virent la même évolution rétrograde se continuer, et le corps des croisés se disposer à entrer dans la ville de Scutari d'une façon si extraordinaire, on commença à soupçonner la vérité. Enfin le cri fut général, lorsque Tancrède, et quelques autres dont les coursiers étaient supérieurement dressés, arrivèrent au port, et s'emparèrent d'une galère dans laquelle ils firent entrer leurs chevaux, malgré toute l'opposition des officiers impériaux du port, et s'éloignèrent de la côte.

D'autres cavaliers n'accomplirent pas si aisément leur projet; les chevaux et ceux qui les montaient étaient moins accoutumés à continuer si long-temps une marche si incommode, de façon que la plupart des croisés, après avoir rétrogradé pendant trois ou quatre cents pas, crurent en avoir fait assez pour l'accomplissement de leurs vœux; et, traversant la ville au pas ordinaire, saisirent sans plus de cérémonie quelques vaisseaux qui, malgré les ordres de l'empereur grec, étaient restés du côté asiatique du détroit. Quelques cavaliers moins habiles éprouvèrent divers accidens; car, quoique ce fût un proverbe de l'époque que rien n'était si hardi qu'un cheval aveugle, néanmoins, d'après ce mode d'équitation, où cavalier et cheval ne voyaient pas où ils allaient, plusieurs coursiers tombèrent, d'autres allèrent se heurter dans de dangereux obstacles, et les os des cavaliers eux-mêmes souffrirent beaucoup plus que dans une marche ordinaire.

En outre, ceux qui tombèrent de cheval eussent couru risque d'être tués par les Grecs, si Godefroy, surmontant ses scrupules religieux, n'eût envoyé un escadron pour les tirer d'embarras, tâche qu'ils accomplirent sans beaucoup de peine. La plus grande partie des hommes que commandait Tancrède parvinrent néanmoins à s'embarquer suivant leur projet, et il n'y eut qu'une vingtaine ou deux de retardataires. Mais, pour traverser la mer, le prince d'Otrante lui-même, et la plupart des autres chevaliers, furent forcés de faire le service peu chevaleresque de rameurs. Cette besogne leur parut extrêmement difficile, tant à cause du vent et de la marée, que de leur manque d'habitude. Godefroy en personne, d'une hauteur voisine, suivit avec inquiétude leur marche des yeux, et vit avec douleur combien ils avaient de peine à faire leur traversée, peine qu'augmentait encore la nécessité de voguer ensemble et d'attendre les bâtimens plus lents et moins bien montés qui retardaient de beaucoup ceux qui étaient plus expéditifs. Ils avançaient cependant; et le commandant en chef ne doutait pas qu'ils dussent, avant le coucher du soleil, gagner en sûreté la rive opposée du détroit.

Il quitta enfin son poste d'observation, après y avoir mis une sentinelle vigilante à sa place, avec ordre de venir lui annoncer quand le détachement toucherait le rivage d'Europe. Le soldat devait pouvoir distinguer la flottille à l'œil, s'il faisait jour; si au contraire il était nuit avant qu'elle touchât terre, le prince d'Otrante avait ordre d'allumer des feux qui, dans le cas où les Grecs leur opposeraient quelque résistance, devaient être arrangés d'une manière particulière, comme signal du danger.

Godefroy expliqua alors aux autorités grecques de Scutari, qu'il manda en sa présence, la nécessité où il se trouvait de tenir les vaisseaux qu'ils pourraient se procurer prêts à transporter, en cas de besoin, une forte division de son armée en

Europe pour soutenir ceux qui étaient déja partis. Il retourna ensuite au camp, dont les murmures confus, rendus encore plus bruyans par les différentes discussions sur les évenemens de la journée, planant au dessus de la nombreuse armée des croisés, se mêlaient au bruit sourd de l'Hellespont aux mille vagues.

CHAPITRE XXIV.

La Confession.

> Tout est préparé... les voûtes de la mine sont remplies de poudre, qui, tant que la flamme ne l'a point encore approchée, innocente comme du sable noir, n'a besoin que d'une étincelle pour changer de nature, au point que celui qui la réveille de son sommeil redoute à peine moins l'explosion que celui qui sait que sa tour doit en ressentir les terribles effets.
> *Anonyme.*

Lorsque le ciel s'obscurcit soudain et que l'atmosphère devient épaisse et étouffante, les classes inférieures de la création manifestent un sinistre pressentiment de la tempête prochaine. Les oiseaux fuient vers les bosquets, les bêtes féroces regagnent les plus profondes retraites que leur instinct leur donne l'habitude de fréquenter, et les animaux domestiques montrent leur appréhension de l'orage qui approche par des actions et des mouvemens bizarres qui dénotent la crainte et le trouble.

Il semble que la nature humaine, quand ses facultés originaires sont soignées et cultivées, possède dans les mêmes occasions quelque chose de cette infaillible prescience qui annonce l'approche de la tempête aux basses classes de la création. La culture de nos pouvoirs intellectuels est peut-être poussée trop loin, lorsqu'elle nous fait entièrement détruire et mépriser ces sentimens naturels, originairement placés en nous comme des sentinelles par qui la nature nous avertit des dangers qui nous menacent.

Toutefois, nous possédons encore un instinct de ce genre, et cette espèce de pressentiment, qui nous annonce de tristes et d'effrayantes nouvelles, vient, pour ainsi dire, semblable aux prophéties des trois sœurs, nous assaillir comme un nuage qui obscurcit souvent le ciel.

Pendant le jour fatal qui précéda le combat du César avec le comte de Paris, il courut dans la ville de Constantinople les bruits les plus contradictoires et en même temps les plus sinistres. Une conspiration secrète, prétendait-on, était à l'instant d'éclater; la guerre ouverte allait bientôt, disaient les autres, agiter ses bannières dans la malheureuse cité; mais on n'était d'accord ni sur le motif de cette guerre ni sur la nature de l'ennemi. Quelques uns soutenaient que les Barbares des confins de la Thrace, les Hongrois, comme on les appelait, et les Comaniens venaient des extrémités de leurs frontières surprendre Constantinople; une autre version disait que les Turcs, qui, à cette époque, s'étaient établis en Asie, avaient résolu de prévenir les attaques dont les croisés menaçaient la Palestine, en écrasant non seulement les pèlerins de l'Occident, mais encore les chrétiens de l'Orient, par une de ces innombrables invasions qu'ils exécutaient avec une incroyable rapidité.

Enfin, d'autres qui approchaient davantage de la vérité, assuraient que les croisés eux-mêmes, ayant découvert leurs nombreux sujets de crainte contre Alexis Comnène, avaient résolu de marcher avec toutes leurs forces réunies sur la capitale pour le détrôner ou le punir; et les habitans ne pouvaient que s'alarmer du ressentiment d'hommes si farouches dans leurs habitudes et si étranges dans leurs manières. Bref, quoique on ne tombât point d'accord sur la cause précise du danger, néanmoins il était généralement reconnu qu'il se préparait quelque chose de terrible, et les craintes semblaient être jusqu'à un certain point confirmées par les mouvemens qui avaient lieu parmi les troupes. Les Varangiens, aussi bien que les Immortels, se rassemblaient peu à peu et s'emparaient des positions les plus fortes de la ville, jusqu'à ce qu'enfin on observa la flottille de galères, de barques et de bâtimens de transport, montés par Tancrède et sa troupe, s'éloigner de Scutari et chercher à gagner telle hauteur du détroit qu'ils pussent au retour de la marée pour arriver en un instant au port de Constantinople.

Alexis Comnène fut frappé lui-même de ce mouvement inattendu de la part des croisés. Mais après avoir causé avec Hereward, en qui il avait résolu de mettre toute sa confiance, outre qu'il était allé trop loin avec lui pour reculer, il se rassura, d'autant plus que le détachement qui semblait méditer une entreprise si hardie telle qu'une attaque contre la capitale n'était nullement nombreux. Il dit avec un air d'insouciance à ceux qui l'entouraient qu'il n'était guère supposable qu'une trompette donnât le signal d'un combat, si près du camp des croisés, sans que parmi tant de chevaliers quelques uns vinssent savoir la cause et connaître l'issue de la lutte.

Les conspirateurs eurent aussi leurs craintes secrètes lorsque le petit armement de Tancrède apparut dans le détroit. Agelastès monta une mule et se rendit sur le bord de la mer, à l'endroit aujourd'hui nommé Galata. Il y rencontra le vieux batelier de Bertha, que Godefroy avait remis en liberté, soit par mépris, soit dans l'espérance que le récit qu'il ne manquerait pas de faire amuserait les conspirateurs de la cité. A force de questions, Agelastès parvint à lui faire avouer que le détachement qu'on voyait venir était envoyé, autant qu'il pouvait comprendre, à la prière de Bohémond, et sous les ordres de son parent Tancrède, dont la bannière bien connue flottait sur le vaisseau commandant. Cette circonstance rendit le courage à Agelastès, qui, dans le cours de ses intrigues, avait ouvert des communications secrètes avec l'astucieux et mercenaire prince d'Antioche. Le but du philosophe avait été d'obtenir de Bohémond un corps de ses partisans, pour coopérer à la conspiration qui se tramait et renforcer le parti des insurgés. Il est vrai que Bohémond n'avait rien répondu; mais le rapport que venait de faire le batelier et la vue de la bannière de Tancrède, parent de Bohémond, déployée sur le détroit, persuadèrent au philosophe que ses offres, ses présens et ses promesses avaient gagné à son parti le cupide Italien, et que ces hommes, choisis tout exprès par Bohémond, venaient agir en sa faveur.

Comme Agelastès se détournait pour s'en aller, il heurta presque une personne, qui, cachée ainsi que lui dans un vaste manteau, semblait également vouloir ne pas se faire reconnaître. Mais Alexis Comnène (car c'était l'empereur en

personne) reconnut Agelastès, quoique plutôt à sa taille et
à son allure qu'à son visage, et ne put s'empêcher de mur-
murer, en passant, à son oreille ces vers bien connus, que les
divers talens du prétendu sage permettaient de lui appliquer
avec quelque raison :

> *Grammaticus, rhetor, geometres, pictor, alipes,*
> *Augur, schœnobates, medicus, magus ; omnia novit*
> *Græculus esuriens, in cœlum jusseris, ibit* [1].

Agelastès tressaillit d'abord au son inattendu de la voix de
l'empereur ; mais il recouvra aussitôt sa présence d'esprit,
que lui avait ôtée un instant la crainte d'être trahi, et sans
s'inquiéter du rang de la personne à laquelle il parlait, il
ne put s'empêcher de répondre par une citation qui devait
rendre frayeur pour frayeur. Les paroles qui se présentèrent
sur ses lèvres furent, dit-on, celles que le fantôme de Cléonice fit retentir aux oreilles du tyran qui l'avait assassinée :

> *Tu cole justitiam ; teque atque alios manet ultor* [2].

Cette sentence et les souvenirs qui l'accompagnèrent firent
battre violemment le cœur de l'empereur, qui passa néanmoins sans faire semblant d'entendre, et sans répliquer
un mot.

« Le vil conspirateur, se dit Alexis, a ses complices autour
de lui ; autrement il n'eût pas hasardé cette menace. La chose
peut encore être pire. Agelastès lui-même, si près de quitter
ce monde, peut avoir obtenu le don de lire dans l'avenir,
propre à cet âge de la vie, et parler moins d'après ses propres réflexions que par un étrange instinct de prescience
qui dicte ses paroles. « Ai-je donc réellement péché dans l'accomplissement de mes devoirs impériaux, au point qu'on
doive m'appliquer avec justesse l'avertissement que donnait
l'infortunée Cléonice à son ravisseur, à son meurtrier ? Il me
semble que non. Il me semble qu'en ne déployant pas une
juste sévérité je n'aurais pas réussi à me maintenir dans la
haute position où il a plu au ciel de me placer, et où je de-

---

[1] Grammairien, rhéteur, géomètre, peintre, voleur, augure, danseur, médecin, magicien : le Grec au besoin sera tout ; ordonnez-lui d'escalader le
ciel, et il le fera. A. M.

[2] Pratiquez la justice, il y a un vengeur pour vous et pour les autres. A. M.

vais rester, pour ne pas manquer à mon devoir. Il me semble que le nombre de ceux qui ont éprouvé ma clémence peut bien balancer celui des criminels qui ont reçu la juste punition de leurs forfaits... Mais cette vengeance, bien que méritée, s'est-elle exercée toujours d'une manière juste et équitable? Ma conscience, j'en ai peur, ne peut guère répondre à une question si délicate; et où est l'homme, eût-il même les vertus d'Antonin, qui pourrait occuper une place si haute et qui comporte tant de responsabilité, sans redouter l'interrogatoire que m'annonce l'avertissement qui vient de m'être donné par ce traître? *tu cole justitiam...*[1]. Nous sommes tous obligés d'être justes envers autrui... *Teque atque alios manet ultor...*[2]. Nous sommes tous exposés à la vengeance divine... J'irai voir le patriarche, j'irai le voir à l'instant; et en confessant mes péchés à l'église, j'acquerrai par son indulgence plénière le droit de passer les derniers jours de mon règne dans une conviction d'innocence, ou du moins de pardon... état d'esprit dont jouissent rarement ceux que le sort a placés dans un poste si éminent.»

En parlant ainsi, il se dirigea vers le palais du patriarche Zozime, auquel il pouvait ouvrir son cœur avec le plus de sûreté, parce qu'il avait long-temps regardé Agelastès comme ennemi particulier de l'église, et comme attaché aux anciennes doctrines du paganisme. Dans les conseils d'état, ils étaient toujours en opposition l'un avec l'autre; et l'empereur ne doutait pas qu'en communiquant au patriarche le secret de la conspiration, il ne dût trouver en lui un appui ferme et loyal dans le système de défense qu'il projetait. Il donna donc un signal en sifflant bas, et un officier à cheval, espèce de confident, s'approcha et le suivit sans en avoir l'air à quelque distance.

De cette manière donc Alexis Comnène se rendit au palais du patriarche avec autant de promptitude qu'il pouvait le faire, en évitant d'attirer l'attention tandis qu'il traversait les rues. Pendant toute la route, l'avertissement d'Agelastès ne cessa de se représenter à son esprit, et sa conscience lui rappela beaucoup d'actes de son règne qui ne pouvaient être

---

[1] Cultivez la justice. A. M.
[2] Il y a un vengeur pour vous et pour les autres. A. M.

justifiés que par la nécessité, qu'on a emphatiquement appelée l'excuse des tyrans, actes qui méritaient par eux-mêmes la terrible vengeance qui le menaçait depuis si long-temps.

Lorsqu'il aperçut les tours superbes qui ornaient la façade du palais patriarcal, il ne se dirigea point vers la grande porte; mais, pénétrant dans une cour étroite et remettant la bride de sa mule entre les mains de l'homme qui le suivait, il s'arrêta devant une poterne si basse et si humble qu'il semblait impossible qu'elle conduisît à quelque lieu d'importance. Cependant, après qu'il eut frappé, un prêtre d'un ordre inférieur ouvrit la porte, reçut l'empereur avec un profond respect dès qu'il se fut fait connaître, et l'introduisit dans l'intérieur du palais. Demandant une entrevue secrète avec le patriarche, Alexis fut alors conduit dans sa bibliothèque particulière, où le vieux prêtre l'accueillit avec la plus grande vénération, que la nature des communications qui lui furent faites changea bientôt en horreur et en étonnement.

Quoique Alexis passât aux yeux de presque toutes les personnes de la cour, et surtout de quelques membres de sa famille, pour n'être qu'un hypocrite en religion, néanmoins ces rigoristes sévères étaient injustes en le chargeant d'un nom si odieux. Sans doute il savait quel grand appui il recevait de la bonne opinion du clergé, et il était fort disposé à faire des sacrifices pour l'avantage de l'église en général, ou en particulier des prélats qui se montraient dévoués à la couronne; mais quoique, d'un côté, ces sacrifices fussent rarement faits par Alexis sans des vues de politique temporelle, cependant, de l'autre, il les regardait comme lui étant inspirés par ses sentimens religieux, et il faisait honneur à une piété sincère de sa part de concessions et d'actes qui, examinés sous un autre point de vue, n'étaient que les résultats de considérations mondaines. Sa manière de voir en ces matières était celle d'une personne louche qui considère différemment le même objet, suivant le point où elle se place pour le regarder.

Dans sa confession, l'empereur exposa devant le patriarche ses fautes d'administration, appuyant avec force sur toutes les violations de la morale qu'il avait commises, les dégageant même des palliatifs et des circonstances atténuantes au moyen desquels il avait cherché dans son imagination à diminuer l'énormité de ses crimes. Grande fut la surprise du patriarche en distinguant le fil véritable de plusieurs intrigues de cour qu'il avait jugées d'une manière toute différente avant que le récit de l'empereur eût, suivant l'occasion, ou justifié sa conduite ou montré qu'elle était injustifiable. Au total, la balance fut certainement plus en faveur d'Alexis que le patriarche ne l'avait supposé en suivant de loin ces intrigues de cour, lorsque, selon l'usage, les ministres et les courtisans cherchaient à l'innocenter des applaudissemens qu'ils avaient donnés dans le conseil aux actes les plus blâmables du monarque absolu, en imputant d'ailleurs à ses crimes des motifs plus hideux que ceux qui réellement l'avaient déterminé. Beaucoup d'hommes qui avaient été, comme on le supposait, sacrifiés à la haine ou à la jalousie personnelle du prince, semblaient n'avoir été de fait privés de la vie ou de la liberté que parce qu'ils ne pouvaient continuer à en jouir sans compromettre le repos de l'état et la sûreté du monarque.

Zozime apprit encore, ce qu'il avait peut-être déja soupçonné, qu'au milieu du profond silence dans lequel le despotisme semblait tenir l'empire grec, cet empire était fréquemment agité de mouvemens convulsifs qui, de temps à autre, dénotaient l'existence d'un volcan caché sous sa surface. Ainsi, tandis que les fautes légères, que les plaintes manifestes contre le gouvernement impérial étaient rares et sévèrement punies dès qu'on s'en apercevait, les conspirations les plus profondes et les plus haineuses contre la vie et l'autorité de l'empereur étaient tramées à loisir par ceux qui l'approchaient de plus près; et quoiqu'il en fût souvent instruit, ce n'était qu'au moment de leur explosion qu'il osait agir en conséquence et punir les conspirateurs.

Tous les détails de la trahison du César et de ses associés, Agelastès et Achille Tatius, furent écoutés par le patriarche avec un vif étonnement; et ce qui le surprit le plus ce fut l'adresse avec laquelle l'empereur, connaissant l'existence d'une conspiration si dangereuse au sein de l'empire, avait su parer le péril dont le menaçait en même temps l'arrivée inattendue des croisés.

«Sous ce rapport, dit l'empereur, à qui l'ecclésiastique n'en avait pas caché sa surprise, j'ai été bien malheureux. Si j'eusse été sûr des troupes de mon empire, j'aurais pu choisir entre deux partis, tous deux francs et honorables, à l'égard de ces impétueux guerriers de l'Occident : j'aurais pu, mon révérend père, consacrer les sommes payées à Bohémond et à d'autres des plus avides parmi les croisés, à soutenir avec loyauté et franchise l'armée des chrétiens de l'Occident, et à les transporter sûrement en Palestine, sans les exposer aux grandes pertes que leur fera probablement supporter l'opposition des infidèles. Leurs succès auraient été réellement mon ouvrage, et un royaume latin en Palestine, défendu par ses guerriers de fer, aurait formé pour l'empire une barrière sûre et inexpugnable contre les Sarrasins ; ou bien, si on le jugeait plus convenable pour le salut de l'empire et de la sainte église dont vous êtes le chef, nous aurions pu tout d'abord et par forces ouvertes défendre les frontières de nos états contre une armée commandée par tant de chefs différens et si mal d'accord, s'avançant vers nous avec des intentions si équivoques. Si le premier essaim de ces sauterelles, sous la conduite de celui qu'ils appelaient Gauthier-sans-le-Sou, fut d'abord affaibli par les Hongrois, et ensuite complétement détruit par les Turcs, comme la pyramide d'ossemens élevée sur les frontières du pays en perpétue le souvenir, assurément les forces réunies de l'empire grec n'auraient pas eu grand'peine à disperser également cette seconde volée, quoique commandée par ces Godefroy, ces Bohémond et ces Tancrède. »

Le patriarche se taisait ; car, quoiqu'il n'aimât point, ou plutôt qu'il détestât les croisés comme membres de l'église latine, il lui était impossible de ne pas douter qu'ils eussent été vaincus sur le champ de bataille par les troupes grecques.

« En tout cas, dit Alexis, comprenant bien son silence, vaincu, je serais tombé sous mon bouclier comme il convient à un empereur grec, et je n'aurais pas été contraint de recourir à ces viles mesures qui m'ont fait attaquer furtivement des hommes et déguiser mes soldats en infidèles, tandis que la vie des fidèles défenseurs de l'empire, qui ont succombé dans d'obscures escarmouches, aurait été perdue avec plus d'honneur et pour eux et pour moi, s'ils avaient combattu ouvertement et en bataille rangée pour leur légitime empereur et pour leur pays natal. Maintenant, et dans la situation actuelle des choses, je serai transmis à la postérité comme un astucieux tyran qui a engagé ses sujets dans de fatales querelles pour la sûreté de son obscure vie. Patriarche! ces crimes doivent être imputés non à moi, mais aux rebelles dont les intrigues m'ont forcé à tenir une pareille conduite... Quel sera, mon révérend père, mon destin en l'autre monde ; et sous quel jour serai-je regardé par les siècles futurs, moi auteur de tant de désastres?»

« Quant à l'avenir, dit le patriarche, votre majesté s'en est référée à la sainte église, qui a le pouvoir de lier et de délier; vous possédez amplement les moyens de vous la rendre propice, et je vous ai déja indiqué ce qu'elle peut raisonnablement attendre de vous par suite de votre repentir et de votre pardon.»

«Ils seront employés, répliqua l'empereur, dans leur plus grande étendue, et je ne vous ferai pas l'injure de douter de leur effet dans l'autre monde. Mais dès cette vie même l'opinion favorable de l'église peut faire beaucoup pour moi durant cette crise importante. Si nous nous entendons l'un l'autre, bon Zozime, ces docteurs et ces évêques doivent tonner en ma faveur, et l'avantage que je dois retirer de son pardon ne sera pas différé jusqu'à ce que la tombe soit refermée sur moi.»

«Certainement non, dit Zozime, pourvu que les conditions que j'ai déja stipulées soient strictement exécutées.»

«Et ma mémoire dans l'histoire, reprit Alexis, de quelle manière se perpétuera-t-elle?»

«Quant à ce point, répondit le patriarche, votre majesté impériale peut s'en remettre à la piété filiale et aux talens littéraires de votre savante fille Anne Comnène.»

L'empereur secoua la tête. «Le malheureux César, dit-il, va sans doute occasioner une querelle entre nous ; car il est difficile que je pardonne à un rebelle si ingrat, parce que ma fille lui est attachée avec une tendresse de femme. En outre, bon Zozime, ce n'est pas, je crois, une histoire écrite par ma fille qui peut vraisemblablement être crue par la postérité. Un Procope, un esclave philosophe, mourant de faim dans un grenier, ose écrire la vie d'un empereur dont il n'ose approcher; et quoique le principal mérite d'un ouvrage soit de contenir des détails que personne n'aurait eu l'audace de publier du vivant du prince, cependant personne n'hésite à les admettre comme vrais dès qu'il a quitté la scène de ce monde.»

«Sur ce sujet, dit Zozime, je ne puis offrir à votre majesté impériale ni consolation ni secours. Si pourtant votre mémoire est injustement calomniée sur la terre, peu importera à votre majesté qui alors, je l'espère, jouira d'un état de béatitude que de vaines calomnies ne sauraient troubler. La seule manière d'éviter ce malheur pour le temps de la vie serait que votre majesté écrivît elle-même ses mémoires pendant qu'elle est encore sur cette terre, tant je suis convaincu qu'il est en votre pouvoir d'assigner de légitimes excuses à certaines actions qui, si vous ne le faisiez pas, sembleraient bien dignes de censure.»

«Changeons de sujet, dit l'empereur, et puisque le danger est imminent, occupons-nous du présent, et laissons les âges futurs décider eux-mêmes.... Quelle est, dans votre opinion, révérend père, la circonstance qui porte ces conspirateurs à faire un appel si audacieux à la populace et aux soldats grecs?»

«Assurément, répondit le patriarche, l'incident le plus odieux du règne de votre majesté, c'est la mort d'Ursel, qui, se soumettant, dit-on, par capitulation, sous promesse de vie, d'indépendance et de liberté, a péri de faim par vos ordres dans les cachots de Blaquernal, et dont le courage, la libéralité et les autres vertus populaires sont encore vantées avec reconnaissance par les habitans de cette capitale et par les soldats de la garde appelée *immortelle.*»

«Et c'est là, selon vous, dit l'empereur en fixant ses regards sur son confesseur, c'est là, au jugement de votre révérence, le motif le plus dangereux de l'effervescence populaire?»

«Je ne puis douter, répliqua le patriarche, que ce nom prononcé hardiment et habilement répété ne soit le signal, comme il en a été convenu, d'un horrible tumulte.»

«J'en remercie le ciel, dit l'empereur : à cet égard je serai sur mes gardes. Bon soir à votre révérence! et, croyez-moi, tout ce que contient cet écrit signé de ma main sera accompli avec la plus rigoureuse fidélité; mais ne montrez pas trop d'impatience dans cette affaire... une telle pluie de bienfaits, tombant à la fois sur l'église, ferait soupçonner que les ministres et les prélats agissent plutôt pour exécuter un marché conclu entre l'empereur et le patriarche, que pour donner ou recevoir une offrande faite par un pécheur en expiation de ses crimes. Ce soupçon serait injurieux, mon père, et pour vous et pour moi. »

« Tous les délais réguliers, dit le patriarche, seront accordés au bon plaisir de votre majesté ; et nous avons l'espérance que vous n'oublierez pas que le marché, si l'on peut l'appeler ainsi, a été par vous seul proposé ; et que les avantages qui doivent en résulter pour l'église dépendent du pardon et du soutien qu'elle donnera à votre majesté. »

« C'est vrai, répliqua l'empereur, très vrai... et je ne l'oublierai pas. Encore une fois, adieu! et n'oubliez pas ce que je vous ai dit. Nous sommes dans une nuit, Zozime, où l'empereur doit travailler comme un esclave, s'il ne veut pas revenir à l'humble Alexis Comnène, et alors même il n'aurait pas de lieu où reposer sa tête. »

En parlant ainsi, il prit congé du patriarche qui, extrêmement satisfait des avantages qu'il avait obtenus pour l'église, et que ses prédécesseurs avaient vainement tenté de lui obtenir, résolut en conséquence de soutenir le chancelant Alexis.

CHAPITRE XXV.

Le Philosophe.

> Le ciel connaît son temps; la balle a son destin, la flèche et la javeline ont chacune leur but déterminé, les animaux même des classes inférieures de la nature ont chacun leur tâche séparée.
> *Vieille comédie.*

AGELASTÈS, après avoir rencontré l'empereur, comme nous l'avons déjà dit, et s'être hâté de prendre les mesures qui lui semblèrent favorables au succès de la conspiration, retourna dans le pavillon de son jardin, où était encore la comtesse de Paris n'ayant pour toute société qu'une vieille femme nommée Vexhelia, épouse du soldat qui avait accompagné Bertha au camp des croisés; car la bonne fille avait stipulé que, pendant son absence, sa maîtresse ne serait pas laissée sans compagne, et que cette compagne tiendrait de quelque façon à la garde varangienne. Il avait joué durant tout le jour le rôle de politique ambitieux, d'esclave égoïste des temps, de sombre et subtil conspirateur; et maintenant il semblait, comme pour épuiser le catalogue de ses différens rôles dans le drame humain, vouloir se montrer sous un caractère de sophiste rusé, et justifier ou paraître justifier les artifices grace auxquels il avait acquis sa fortune et son rang, grace auxquels il espérait même s'élever jusqu'à l'empire.

«Belle comtesse, dit-il, à quel propos portez-vous ce voile de mélancolie sur vos aimables traits?»

«Me supposez-vous donc, répondit Brenhilda, un morceau de bois, une pierre, une créature dénuée de tous les sentimens des êtres qui sentent, pour que j'endure mortification, emprisonnement, danger et détresse, sans que ma figure exprime les afflictions naturelles à l'humanité? Vous imaginez-vous qu'une dame comme moi, aussi libre que le faucon sans maître, puisse souffrir l'outrage qu'on lui fait en la retenant captive, sans qu'elle ne se sente outragée, sans qu'elle s'irrite contre les auteurs de sa captivité? Et crois-tu que je veuille recevoir des consolations de toi... de toi... un des plus actifs travailleurs à ce tissu de trahison dont vous m'avez si bassement enveloppée?»

«Pour moi, j'en suis tout-à-fait innocent, répliqua Agelastès; frappez des mains, demandez ce que bon vous semblera, et l'esclave qui refusera de vous obéir à l'instant même serait heureux de n'être pas né. N'ai-je pas, par égard pour votre sûreté et votre honneur, consenti à être quelque temps votre gardien? Sinon le César aurait usurpé cet office, le César dont vous connaissez le but, et dont vous pouvez presque deviner quels eussent été les moyens de l'atteindre. Pourquoi donc pleurer comme un enfant, parce que vous êtes soumise pour un temps bien court à une contrainte honorable que le bras renommé de votre mari terminera probablement demain, et long-temps avant midi?»

CHAPITRE XXV.   359

«Ne peux-tu comprendre, dit la comtesse, homme qui as beaucoup de paroles mais peu de pensées honorables, qu'un cœur comme le mien, accoutumé à ne compter que sur ma propre force et ma propre valeur, doit être nécessairement accablé de honte en se voyant forcé de devoir, même à l'épée d'un mari, un salut dont je m'estimerais heureuse de n'être redevable qu'à la mienne?»

«Comtesse, répliqua le philosophe, votre orgueil vous abuse, l'orgueil, défaut dominant des femmes. Croyez-vous qu'il n'y ait pas une présomption qui blesse à dépouiller le caractère d'épouse et de mère pour adopter celui d'une de ces folles écervelées, qui, comme les fanfarons de l'autre sexe, sacrifient tout ce qui est honorable et utile à une frénétique et sotte affectation de courage? Croyez-moi, belle dame, le vrai système de la vertu consiste à se tenir gracieusement à sa place dans la société, à élever ses enfans et à charmer l'autre sexe. Tout ce qui sortira de cette sphère peut vous rendre haïssable et terrible, mais ne peut rien ajouter à vos aimables qualités.»

«Tu prétends, reprit la comtesse, être philosophe; il me semble que tu devrais savoir que la renommée, qui suspend ses guirlandes sur la tombe d'un vaillant héros, ou d'une vaillante héroïne, vaut mieux que toutes les petites occupations auxquelles les personnes ordinaires consacrent toute la durée de leur vie. Une heure d'existence bien remplie de glorieuses actions et de nobles périls vaut de longues années de ce vil respect pour un ridicule décorum dans lequel on traîne son existence, comme des eaux croupissantes à travers un marécage, sans honneur et sans distinction.»

«Ma fille, dit Agelastès en s'approchant davantage de la comtesse, c'est avec peine que je vous vois plongée dans des erreurs que quelques instans d'une réflexion calme pourraient dissiper. Nous pouvons nous flatter, et la vanité humaine le fait ordinairement, que des êtres infiniment plus puissans que ceux qui appartiennent à la simple humanité s'occupent tous les jours à mesurer le bien et le mal de ce monde, l'issue des combats et le destin des empires, suivant leurs propres idées du juste et de l'injuste, ou plus exactement, d'après ce que nous considérons nous-mêmes comme tels. Les païens grecs, renommés pour leur sagesse et couverts de gloire pour leurs actions, expliquaient aux hommes d'une intelligence ordinaire l'existence supposée de Jupiter et de son Panthéon, où différentes déités présidaient aux différentes vertus et aux différens vices, et réglaient la fortune temporelle et le bonheur futur de ceux qui les pratiquaient. Les plus instruits et les plus sages des anciens rejetaient cette explication vulgaire; et, quoiqu'ils affectassent en public de déférer à la croyance générale, ils niaient sagement en particulier devant leurs disciples les grossières impostures du Tartare et de l'Olympe, les vaines doctrines concernant les dieux eux-mêmes, et l'attente extravagante que concevait le vulgaire d'une immortalité qu'on supposait appartenir à des créatures mortelles, sous tous les rapports, aussi bien dans la conformation de leurs corps que dans la croyance intérieure de leurs ames. Quelques uns de ces hommes sages et bons accordaient l'existence de ces prétendues divinités, mais ils niaient qu'elles prissent plus intérêt aux actions de l'espèce humaine qu'à celles des animaux inférieurs. Une vie gaie, joyeuse, insouciante, la vie que menaient les disciples d'Épicure, était celle qu'ils assignaient aux dieux dont ils admettaient l'existence. D'autres, plus hardis ou plus conséquens, niaient absolument l'existence des divinités qui en apparence n'avaient ni but ni objet, et croyaient que des êtres surnaturels, dont l'existence et les attributs ne nous étaient pas prouvés par des apparences surnaturelles, n'existaient réellement pas. »

« Arrête, misérable! s'écria la comtesse, et sache que tu ne parles pas à un de ces aveugles païens dont tu me détailles les abominables doctrines, ainsi que leurs résultats. Sache que, si je commets des fautes, je suis néanmoins fille sincère de l'Église, et cette croix que je porte sur mon épaule est un emblème suffisant des vœux que j'ai faits pour sa cause. Sois donc aussi prudent que tu es rusé; car, crois-moi, si tu insultes, si tu calomnies ma sainte religion, et que je ne puisse te répondre avec des paroles, je n'hésiterai pas à te répliquer avec la pointe de mon poignard. »

« C'est un argument, dit Agelastès en s'éloignant un peu de Brenhilda, que je ne désire nullement, charmante dame, forcer votre douceur à employer. Mais quoique je ne doive vous rien dire de ces puissances supérieures et bienveillantes auxquelles vous attribuez le gouvernement du monde, vous ne vous offenserez sûrement pas si je vous parle de ces basses superstitions qui ont été admises pour expliquer ce que les Mages appellent le mauvais principe. A-t-on jamais reçu dans une croyance humaine un être si vil.... presque si ridicule.... que le Satan chrétien? La figure et les membres d'un bouc, des traits grotesques, faits pour exprimer les plus exécrables passions; un degré de puissance à peine inférieur à celle de la Divinité, et un talent en même temps à peine égal à celui des plus stupides et du dernier des animaux! Qu'est-ce que cet être, qui est au moins le second arbitre de la race humaine, sinon un esprit immortel, armé de la misérable malice ou du pauvre dépit d'un vieillard vindicatif ou d'une vieille femme?»

Agelastès fit une singulière pause dans cette partie de son discours. Un miroir d'une très grande dimension était suspendu dans l'appartement, de manière que le philosophe put y voir se réfléchir la figure de Brenhilda et remarquer le changement de sa physionomie, quoiqu'elle eût détourné sa face de lui par horreur des doctrines qu'il débitait. Le philosophe avait ses yeux naturellement fixés sur cette glace, et il demeura interdit en voyant une forme humaine se glisser de derrière l'ombre d'un rideau et le regarder avec la mine et l'expression que l'on donne au Satan de la mythologie des moines ou au Satyre des temps païens.

« Homme! dit Brenhilda dont l'attention fut aussi attirée par cette apparition extraordinaire du diable lui-même, à ce qu'il semblait, tes infames paroles et tes pensées plus infames encore ont-elles évoqué le démon près de nous? S'il en est ainsi, congédie-le à l'instant, ou sinon, par Notre-Dame des Lances-rompues, tu connaîtras mieux qu'à présent quel est le caractère d'une fille de France, quand elle se trouve devant le diable en personne, ou ceux qui prétendent pouvoir l'évoquer! Je ne désire pas entrer en lutte à moins d'y être contrainte; mais s'il faut que je combatte un ennemi si horrible, crois bien qu'on ne pourra pas dire que Brenhilda l'ait redouté. »

Agelastès, après avoir regardé avec surprise et horreur la

figure qui se réfléchissait dans le miroir, tourna la tête pour examiner l'objet dont la réflexion était si étrange. Mais il avait disparu derrière le rideau au moyen duquel il était probablement caché, et ce ne fut qu'une minute ou deux après que la figure, moitié railleuse moitié refrognée, se montra de nouveau dans la même position sur le miroir.

« Par les dieux ! » s'écria Agelastès....

« Auxquels vous avez tout à l'heure déclaré ne pas croire, » dit la comtesse.

« Par les dieux ! répéta Agelastès se remettant un peu de sa peur, c'est Sylvain, cette singulière caricature de l'humanité, qui fut amenée, dit-on, de Taprobane ! Je gage qu'il croit aussi à son jovial dieu Pan, ou au vieux Sylvain. Aux yeux de l'ignorant, c'est une créature dont la vue est pleine de terreur, mais elle fuit devant le philosophe comme l'ignorance devant le savoir. » En parlant ainsi, il tira d'une main le rideau sous lequel l'animal s'était blotti lorsqu'il était entré par la fenêtre du pavillon, et de l'autre, dans laquelle il tenait un bâton levé, il le menaça de le châtier et lui cria : « Comment donc, Sylvain ? quelle est cette insolence ?.... A ta place ! »

Comme en prononçant ces mots il frappa l'animal, le coup tomba malheureusement sur sa main blessée, et réveilla la douleur que lui causait cette blessure. Son caractère sauvage lui revint tout à coup ; il oublia pour le moment toute crainte de l'homme, et, poussant un cri féroce et en même temps étouffé, il se jeta sur le philosophe et lui serra autour du cou, avec une extrême furie, ses bras robustes et nerveux. Le vieillard fit tous ses efforts pour s'arracher des mains de l'animal, mais vainement. Sylvain ne lâcha point prise, serra encore davantage ses bras vigoureux, et accomplit son dessein de ne pas quitter le cou du philosophe avant qu'il eût rendu le dernier soupir. Deux cris plus affreux, accompagnés chacun d'une effrayante grimace et d'une pression de main plus forte, terminèrent en moins de cinq minutes le terrible combat.

Agelastès resta étendu mort à terre, et son meurtrier Sylvain, s'éloignant du cadavre par un saut, comme épouvanté et alarmé de ce qu'il avait fait, s'échappa par la fenêtre. La

CHAPITRE XXV.

comtesse demeura muette de surprise, ne sachant guère si elle venait de voir un exemple surnaturel des jugemens du ciel, ou l'exécution de sa vengeance par des moyens purement humains. Sa nouvelle suivante Vexhelia ne fut pas moins étonnée, quoiqu'elle connût beaucoup mieux l'animal.

« Madame, dit-elle, cette créature gigantesque est un animal d'une grande force, ressemblant à l'espèce humaine pour la forme, mais plus haut de taille, et, encouragé par le sentiment de son immense vigueur, il est quelquefois malveillant dans ses rapports avec les hommes. J'ai entendu les Varangiens dire souvent qu'il appartenait à la ménagerie impériale. Il est convenable que nous enlevions le corps de ce malheureux homme, et que nous le cachions dans quelque buisson du jardin. Il n'est pas probable que son absence soit remarquée ce soir, et demain se passeront des choses qui empêcheront vraisemblablement qu'on s'occupe beaucoup de lui. » La comtesse Brenhilda ne refusa point, car elle n'était pas de ces femmes timides qui tremblent d'effroi à la vue d'un cadavre.

Se fiant à la parole qu'elle avait donnée, Agelastès avait permis à la comtesse et à sa suivante de parcourir librement le jardin, ou du moins la partie qui avoisinait le pavillon. Elles ne couraient donc pas grand risque d'être interrompues en portant à elles deux le corps du philosophe, et elles le déposèrent sans beaucoup de peine dans la partie la plus épaisse d'un des bosquets dont le jardin était rempli.

Comme elles regagnaient le lieu de leur demeure ou de leur emprisonnement, la comtesse, moitié se parlant à elle-même, moitié s'adressant à Vexhelia, dit : « J'en suis bien fâchée, non que l'infâme misérable n'ait pas mérité que la punition du ciel tombât sur lui au moment même où il blasphémait et se vantait de son impiété, mais parce que le courage et la bonne foi de l'infortunée Brenhilda peuvent être soupçonnés, puisque le scélérat a été précisément assassiné lorsqu'il se trouvait seul avec elle et sa suivante, et que personne n'a vu la manière dont est mort ce vieux blasphémateur... Tu sais, ajouta-t-elle en s'adressant au ciel... tu sais, toi, sainte Dame des Lances-rompues, protectrice de Brenhilda et de son mari, que, quelles que puissent être mes fautes, je suis exempte du moindre soupçon de trahison, et je remets ma cause entre tes mains, avec une parfaite confiance dans ta sagesse et dans ta bonté pour porter témoignage en ma faveur.» Tout en parlant, ainsi elles retournèrent au pavillon sans être aperçues, et ce fut par des prières pieuses et résignées que la comtesse termina cette soirée tragique.

CHAPITRE XXVI.

La Consultation.

> Voulez-vous écouter l'histoire d'une Espagnole qui épousa un Anglais? Ses vêtemens, aussi riches que possible, étaient couverts de diamans. Elle était jolie et pleine de grace; elle avait une haute naissance et d'illustres parens.
>
> *Ancienne ballade.*

Nous avons quitté Alexis Comnène après qu'il eut déchargé sa conscience dans l'oreille du patriarche, et reçu de lui l'assurance positive du pardon et du soutien de l'église nationale. Il prit congé du prélat avec certaines exclamations de triomphe, mais si obscures qu'il n'était nullement aisé de comprendre le sens de ce qu'il disait. Son premier soin en arrivant au palais de Blaquernal fut de demander sa fille, et on lui répliqua qu'il la trouverait dans la chambre incrustée en marbre splendidement sculpté, d'où, Anne elle-même ainsi que plusieurs de ses descendans, tirèrent le noble surnom de Porphirogenète, c'est-à-dire née dans la pourpre. Anne avait le front obscurci par l'inquiétude, et à la vue de son père elle se laissa aller ouvertement à une douleur insurmontable. «Ma fille, dit l'empereur avec une dureté qui lui était peu ordinaire et un ton sérieux qu'il garda sévèrement au lieu de sympathiser avec l'affliction de la princesse, si vous voulez empêcher le sot imbécille auquel vous êtes unie de se montrer en public monstre, ingrat et traître, vous ne manquerez pas de l'exhorter à demander pardon avec la soumission convenable en faisant l'aveu complet de ses fautes, ou sinon, par mon sceptre et ma couronne, il mourra de mort violente, et

CHAPITRE XXVI.

je n'épargnerai aucun de ceux qui courent à leur ruine en ne craignant pas de me défier ouvertement, sous cet étendard de rébellion que mon gendre ingrat a déployé. »

« Qu'exigez-vous donc de moi, mon père? dit la princesse. Pouvez-vous espérer que je trempe mes mains dans le sang de ce malheureux; ou chercherez-vous une vengeance encore plus sanglante que celle qu'exerçaient les dieux de l'antiquité sur les criminels qui offensaient leur pouvoir divin? »

— « Ne pensez pas ainsi, ma fille! mais croyez plutôt que mon affection paternelle vous offre une dernière occasion de sauver, peut-être de la mort, cet insensé, votre mari, qui l'a si parfaitement méritée. »

— « Mon père, Dieu sait que je ne voudrais pas vous exposer au moindre péril pour racheter la vie de Nicéphore; mais il a été le père de mes enfans, quoiqu'il n'existent plus, et jamais femme n'a oublié un tel lien, lors même qu'il avait été rompu par le destin. Permettez-moi seulement d'espérer que ce malheureux coupable trouvera l'occasion de réparer ses erreurs; et croyez-moi, ce ne sera point ma faute s'il recommence ses manœuvres infâmes de trahison qui mettent en ce moment sa vie en danger. »

— « Suivez-moi donc, ma fille, et sachez que c'est à vous seule que je vais confier un secret dont dépend la sûreté de ma vie et de ma couronne, et dont peut dépendre aussi le pardon qui soustraira mon gendre à la mort. »

Il prit alors en toute hâte le costume d'un esclave du sérail, et ordonna à sa fille d'arranger sa robe de manière à en être moins gênée, et de prendre en main une lampe allumée.

« Où allons-nous donc, mon père? » dit Anne Comnène.

— « Qu'importe, puisque mon destin m'appelle, et que le vôtre vous commande d'éclairer mes pas. Croyez, et mentionnez dans votre histoire, si vous l'osez, qu'Alexis Comnène ne descend pas sans crainte dans ces terribles cachots construits par ses prédécesseurs pour renfermer des hommes, même quand ses intentions sont pures et innocentes. Gardez le silence, et si nous rencontrions quelque habitant de ces régions souterraines, ne prononcez pas un mot, ne faites aucune observation sur sa présence. »

Traversant les nombreux appartemens du palais, ils arrivèrent dans ce vaste vestibule par où avait passé Hereward, le soir de sa première introduction dans la salle où Anne faisait ses lectures, salle appelée le *Temple des Muses*. Il était, comme nous l'avons dit, construit en marbre noir et faiblement éclairé. A l'extrémité de la pièce était un petit autel où brûlait quelque encens, et au dessus de la fumée qu'il produisait, étaient suspendues, comme sortant du mur, deux imitations de mains et de bras d'homme qu'on ne voyait qu'indistinctement.

A l'autre bout de ce vestibule, une petite porte en fer ouvrait sur un escalier étroit et tournant, qui ressemblait pour la forme et le diamètre à un puits à poulie, dont les marches étaient extrêmement raides, et que l'empereur, après un geste solennel pour commander à sa fille de le suivre, se mit à descendre à l'aide de la faible lumière et des degrés étroits et difficiles sur lesquels ceux qui visitaient les caves du palais de Blaquernal semblaient dire adieu à la lueur du jour. En descendant ils passèrent devant un nombre infini de portes qui conduisaient probablement à divers étages de cachots, d'où partait ce bruit étouffé de soupirs et de sanglots qui attira l'attention d'Hereward dans une première occasion. L'empereur ne remarquait nullement ces signes de misères humaines, et trois étages de prisons avaient été déjà passés, lorsque le père et la fille arrivèrent au bas de l'escalier qui était de niveau avec les fondations de l'édifice, dont la base était un roc immense, grossièrement taillé, sur lequel s'élevaient les cloisons et les voûtes en marbre compacte mais brut.

« Ici, dit Alexis Comnène, tout espoir, toute attente finissent, lorsqu'un verrou se ferme et qu'une serrure crie. Mais il y aura une exception à la règle générale : les morts revivront et reprendront leurs droits, et les gens spoliés qui habitent ces lieux retourneront dans le monde supérieur faire valoir leurs prétentions. Si je ne puis obtenir en priant l'assistance du ciel, soyez convaincue, ma fille, que plutôt de consentir à demeurer la pauvre bête pour lequel j'ai eu la bassesse de passer, et même de me laisser peindre dans votre histoire, je braverai tous les dangers dont la multitude menace en ce moment mes jours. Rien n'est résolu sinon que je vivrai et mourrai empereur ; et vous, Anne, soyez sûre que, s'ils ont quelque pouvoir ces talens et cette beauté qui ont tant reçu d'éloges, leur pouvoir sera exercé ce soir pour l'avantage de votre père, duquel il dérive. »

— « Que voulez-vous dire, mon père?... Sainte Vierge! est-ce la promesse que vous m'avez faite de sauver la vie à l'infortuné Nicéphore? »

— « Je la lui sauverai, et je songe maintenant à cet acte de bienveillance. Mais ne pensez pas que je réchaufferai encore dans mon sein ce serpent domestique qui a failli me piquer à mort. Non, ma fille, je vous ai trouvé un époux convenable dans un homme qui peut maintenir et défendre les droits de l'empereur votre père.... et gardez-vous d'opposer le moindre obstacle à ce qui est mon bon plaisir! car voyez ces murs de marbre, quoique de marbre brut, et rappelez-vous qu'il est aussi possible de mourir dans le marbre que d'y être née. »

La princesse Anne Comnène fut effrayée en voyant son père dans une disposition d'esprit entièrement différente de toutes celles où elle l'avait jamais vu. « O ciel! que ma mère n'est-elle ici, » s'écria-t-elle, saisie de terreur sans presque savoir pourquoi.

« Anne, reprit l'empereur, vos craintes et vos cris sont également inutiles. Je suis un de ces hommes qui, dans les occasions ordinaires, forment à peine un désir par eux-mêmes, et je suis bien obligé envers ceux qui, comme ma femme et ma fille, prennent soin de m'épargner toute la peine du libre arbitre. Mais quand le vaisseau est au milieu des récifs, et que le maître est appelé au gouvernail, croyez qu'il ne souffrira point que des mains indignes y touchent; il ne souffrira point que sa femme et sa fille, pour lesquelles il fut indulgent dans la prospérité, contrarient sa volonté tant qu'il en aura une. Il n'est guère possible que vous n'ayez pas compris que j'étais presque préparé à vous donner, comme marque de ma sincérité, à cet obscur Varangien, sans lui adresser la moindre question sur sa naissance ou son rang. Vous pourrez tout à l'heure m'entendre vous promettre à un homme qui a trois ans habité ces voûtes, et qui deviendra César en place de Briennius, si je puis le décider à prendre une princesse pour épouse, et une couronne impériale pour héritage, au lieu de mourir lentement dans un cachot. »

«Je tremble à chacune de vos paroles, mon père, répondit Anne Comnène. Comment pourriez-vous donc vous fier à un homme qui a éprouvé votre cruauté?... Comment vous imagineriez-vous que rien puisse jamais vous concilier sincèrement l'amitié d'un homme que vous avez privé de la vue?»

—«Ne vous en inquiétez pas, il deviendra mien ou ne saura plus jamais ce que c'est que d'être à soi... Quant à vous, ma fille, soyez certaine que, si je le veux, vous serez demain l'épouse de l'homme qui est actuellement mon prisonnier, ou que vous entrerez dans le couvent le plus sévère pour ne jamais revoir le monde. Gardez donc le silence, et attendez votre destin quel qu'il soit; mais n'espérez pas que tous vos efforts puissent détourner le cours de votre destin.»

Après avoir fini ce singulier dialogue, dans lequel il avait pris un ton auquel sa fille n'était nullement habituée, et qui l'avait glacée de frayeur, il passa par plus d'une porte solidement fermée, tandis que la pauvre Anne, d'un pas chancelant, éclairait la route obscure. Enfin, il pénétra par un autre passage dans le cachot où était enfermé Ursel, et le trouva couché à terre, dans une misère sans espoir... car elles s'étaient évanouies de son cœur toutes les espérances que le comte de Paris, par son indomptable valeur, lui avait pour un temps fait concevoir. Il tourna ses yeux privés de lumière vers l'endroit d'où il entendit approcher des pas et tirer des verrous.

«C'est du nouveau pour ma captivité, dit-il... voici venir un homme d'un pas pesant et déterminé, et une femme ou un enfant dont le pied effleure à peine la terre!... Est-ce la mort que vous m'apportez?... Croyez-moi, j'ai vécu assez longtemps dans ces cachots pour me soumettre avec joie à ma destinée.»

«Ce n'est point ta mort, noble Ursel, répliqua l'empereur en déguisant un peu sa voix; c'est la vue, la liberté, tout ce que peut donner le monde, que l'empereur Alexis vient mettre aux pieds de son noble ennemi; et il espère que plusieurs années de bonheur et de puissance, ainsi que le commandement d'une vaste partie de cet empire, effaceront bientôt de votre mémoire le souvenir des cachots de Blaquernal.»

« Impossible! répondit Ursel avec un soupir..... celui aux yeux duquel le soleil s'est caché même au milieu du jour, ne peut rien avoir à espérer même du changement de fortune le plus heureux. »

« Vous n'en êtes pas tout-à-fait sûr, dit l'empereur. Permettez-nous de vous convaincre qu'on a envers vous des intentions vraiment favorables et généreuses, et j'espère que vous serez récompensé de vos malheurs en reconnaissant qu'il sera plus facile d'y remédier que vous ne semblez en ce moment disposé à le croire. Faites un effort, et voyez si vos yeux ne s'aperçoivent pas de la clarté d'une lampe. »

« Faites de moi ce que bon vous semblera, reprit Ursel; je n'ai ni assez de vigueur pour m'y opposer, ni une force d'esprit suffisante pour braver votre cruauté. Il me semble que je vois comme de la lumière; mais est-ce illusion ou réalité, je ne saurais le dire. Si vous venez me délivrer de ce sépulcre vivant, je prie Dieu qu'il vous en récompense; et si, sous ce prétexte trompeur, votre dessein est de m'arracher la vie, je ne puis que recommander mon ame au ciel, et léguer le soin de venger ma mort à celui qui peut pénétrer les plus épaisses ténèbres dont s'entoure l'injustice pour commettre ses crimes. »

A ces mots, et la révolution qu'éprouvait son esprit le rendant presque incapable de donner aucun autre signe de vie, Ursel retomba sur son lit de misère, et ne prononça plus un seul mot, tandis qu'Alexis le débarrassait de ces chaînes qu'il avait portées si long-temps qu'elles semblaient presque faire partie de son corps.

« C'est une opération dans laquelle votre aide peut à peine me suffire, Anne, dit l'empereur; il aurait mieux valu que vous et moi, réunissant nos forces, nous l'eussions porté en plein air, car il est peu sage de montrer les secrets de cette prison à ceux qui ne les connaissent pas encore : cependant allez, mon enfant; à peu de distance du haut de l'escalier, vous trouverez Édouard, le brave et fidèle Varangien, qui, dès que vous lui communiquerez mes ordres, viendra ici me prêter secours; voyez aussi à m'envoyer le savant médecin Douban. »

Épouvantée, étouffant presque, à demi morte d'horreur, la princesse se sentit du moins soulagée par le ton un peu plus doux dont son père lui avait parlé. D'un pas chancelant, mais puisant en quelque sorte du courage dans la teneur de ses instructions, elle remonta l'escalier qui conduisait dans ces infernales prisons. Comme elle approchait du faîte, une grande et opaque figure jeta son ombre entre la lampe et la porte du vestibule. Se mourant presque de frayeur à l'idée de devenir l'épouse d'un malheureux tel qu'Ursel, un moment de faiblesse s'empara de l'esprit de la princesse, et quand elle considéra le triste choix que son père lui avait proposé, elle ne put s'empêcher de penser que le brave et beau Varangien qui avait déjà sauvé la famille royale d'un danger si imminent, lui conviendrait mieux pour époux, si elle était forcée de se marier une seconde fois, que l'être singulier et dégoûtant que la politique de son père avait tiré du fond des cachots de Blaquernal.

Je ne dirai pas de la pauvre Anne Comnène, qui était une femme timide mais non insensible, qu'elle aurait embrassé une telle proposition si la vie de son époux actuel, Nicéphore Briennius, n'eût été dans un extrême danger; mais c'était évidemment la détermination de l'empereur que, s'il épargnait sa vie ce serait à la seule condition qu'il redeviendrait maître de la main de sa fille, et qu'il pourrait la donner à quelqu'un de meilleure foi, et surtout animé d'un plus grand désir de se montrer gendre affectueux. Le plan d'accepter le Varangien pour second mari n'entrait pas non plus précisément dans l'esprit de la princesse : elle se trouvait dans un moment critique, et pour se soustraire au péril, il fallait une décision prompte, et peut-être ensuite, le péril une fois éloigné, trouverait-elle moyen de se débarrasser et d'Ursel et du Varangien, sans empêcher que l'un ou l'autre ne secourût son père sans se perdre lui-même. En tout cas, la plus grande probabilité de salut était de s'assurer, s'il était possible, le jeune soldat dont les traits et la tournure étaient bien propres à ne point rendre cette tâche désagréable à une belle femme. Les projets de conquête sont si naturels au beau sexe, et cette idée avait passé si rapidement à travers l'esprit d'Anne Comnène, que, n'y étant entrée pour la première fois qu'au moment où l'ombre du soldat s'était interposée entre elle et la lampe, elle occupait entièrement sa vive imagination, quand le Varangien, fort étonné de la voir

CHAPITRE XXVI.

tout à coup sortir du gouffre qui conduisait à l'Achéron, et s'avançant avec un profond respect, s'agenouilla, et présenta ensuite à la belle son bras pour l'aider à sortir du vilain escalier.

«Mon cher Hereward, dit Anne avec un air de familiarité qui paraissait extraordinaire, combien je me réjouis, dans cette effrayante soirée, de me trouver sous votre protection! Je sors de lieux qui semblent avoir été construits par les démons de l'enfer pour la race humaine.» Les alarmes de la princesse, la familiarité d'une jolie femme qui, prise d'une frayeur mortelle, cherche un refuge, comme la colombe effrayée, dans le sein d'un être fort et brave, doivent faire excuser l'épithète un peu tendre dont Anne Comnène salua Hereward; et s'il lui avait plu de répondre sur le même ton, (ce qui, tout fidèle qu'il était, aurait bien pu arriver si l'entretien avait eu lieu avant qu'il n'eût revu sa fiancée Bertha), la fille d'Alexis, à vrai dire, n'en aurait pas été mortellement offensée. Épuisée qu'elle était, elle laissa reposer sa tête sur la large poitrine et sur l'épaule de l'Anglo-Saxon, et elle ne fit aucun effort pour se relever, quoique le décorum de son sexe et de son rang semblât lui commander une pareille tentative. Hereward fut lui-même obligé de demander à Anne, avec le ton froid et respectueux d'un simple soldat s'adressant à une princesse, s'il ne fallait pas appeler ses femmes? A quoi elle répondit négativement d'une voix faible : « Non, non... j'ai un devoir à remplir pour mon père, et il faut que je le remplisse sans témoin... il sait que je suis en sûreté, Hereward, puisqu'il sait que je suis avec vous ; et si je vous suis un fardeau dans mon état actuel de faiblesse, je vais bientôt revenir à moi, si vous voulez me déposer sur ces marches de marbre. »

«A Dieu ne plaise, madame, dit Hereward, que je sois si négligent de la précieuse santé de votre altesse. Je vois vos deux jeunes dames, Astarté et Violante, qui vous cherchent... Permettez-moi de les appeler ici, et je vous veillerai si vous n'êtes pas en état de gagner votre chambre, où il me semble que vous recevriez plus convenablement les soins qu'exige l'irritation actuelle de vos nerfs.

« Fais ce que tu voudras, Barbare, dit la princesse en se

retirant, avec un certain air de dépit provenant peut-être de ce qu'elle pensait qu'il ne fallait pas que les *dramatis personæ*[1] fussent plus nombreux en scène que les deux qui occupaient déjà le théâtre. Semblant alors, comme pour la première fois, se rappeler le message dont elle était chargée, elle engagea le Varangien à se rendre immédiatement auprès de son père.

En de pareilles occasions, les moindres circonstances produisent de l'effet sur les acteurs. L'Anglo-Saxon s'aperçut que la princesse était un peu offensée ; mais l'était-elle parce qu'elle se trouvait littéralement dans les bras d'Hereward, ou parce que la cause de sa colère allait être découverte par les deux jeunes filles ? La sentinelle n'eut pas la présomption de le décider ; elle s'en alla rejoindre Alexis sous les sombres voûtes, avec sa hache à double tranchant, qui brillait sur son épaule.

Astarté et sa compagne avaient été dépêchées par l'impératrice Irène à la recherche d'Anne Comnène dans les appartemens du palais qu'elle avait coutume d'habiter. La fille d'Alexis ne se trouvait nulle part, quoique le motif pour lequel on la cherchait fût, au dire de l'impératrice, de la nature la plus urgente. Rien cependant ne passe inaperçu dans un palais, de sorte que les messagères de l'impératrice apprirent enfin que leur maîtresse et l'empereur avaient été vus descendant le sombre escalier qui menait aux cachots, que, par allusion aux régions infernales classiques, on appelait le Puits de l'Achéron. Elles se dirigèrent donc de ce côté, et nous en avons raconté les conséquences. Hereward jugea nécessaire de dire que son altesse impériale s'était évanouie en se retrouvant tout à coup exposée au grand air. De son côté, la princesse esquiva adroitement les questions de ses jeunes suivantes, et déclara être prête à se rendre dans la chambre de sa mère. Le salut qu'elle fit à Hereward en le quittant avait bien quelque chose de hautain, mais il était évidemment adouci par un air d'amitié et d'estime. En traversant une pièce où se tenaient plusieurs esclaves attendant des ordres, elle donna à l'un d'eux, vieillard respectable et médecin habile, un ordre secret, l'envoyant prêter secours à son père, qu'il devait trouver au fond du Puits de l'Achéron, et

[1] Personnages de la pièce. A. M.

l'engageant à prendre son cimeterre avec lui. Comme de coutume, entendre fut obéir, et Douban (car tel était son nom) répondit seulement par un signe significatif qui indique une obéissance immédiate. Cependant Anne Comnène se hâta de gagner les appartemens de sa mère, où elle trouva l'impératrice seule.

«Sortez, mesdames, dit Irène, et que personne n'entre ici, quand même l'empereur le commanderait... Anne Comnène, continua-t-elle, fermez la porte; et si la jalousie du sexe le plus fort ne nous accorde pas le privilége masculin des verrous et des barres de fer pour nous enfermer dans l'intérieur de nos appartemens, profitons, aussi promptement que possible, des occasions que nous pouvons trouver; et rappelez-vous, ma fille, que, si impérieux que soient vos devoirs envers votre père, ils le sont encore plus envers moi, qui suis du même sexe que vous, et qui peux vous appeler en toute vérité et même à la lettre le sang de mon sang et les os de mes os... Soyez convaincue qu'en ce moment votre père ne connaît pas les sentimens d'une femme. Ni lui ni homme au monde ne peut justement concevoir les angoisses du cœur qui bat sous une robe de femme. Ces hommes, Anne, briseraient sans scrupule les plus tendres liens de l'affection, et détruiraient de même l'édifice du bonheur domestique où se concentrent toutes les sensations d'une femme, sa joie, sa peine, son amour et son désespoir. Ayez donc confiance en moi, ma fille, et croyez-moi, je sauverai en même temps et la couronne de votre père et votre bonheur. La conduite de votre mari a été coupable, très cruellement coupable; mais, Anne, il est homme... et en lui donnant ce nom, je lui impute comme défauts naturels une trahison irréfléchie, une folle infidélité, et toute espèce de sottises et d'inconséquences auxquelles sa race est sujette. Vous ne devez donc songer à ses fautes que pour les lui pardonner.»

«Madame, dit Anne Comnène, excusez-moi si je vous rappelle que vous conseillez à une princesse, née dans la pourpre même, une ligne de conduite qui conviendrait à peine à la femme qui porte la cruche pour aller faire à la fontaine du village la provision d'eau dont elle a besoin. Tous ceux qui m'entourent ont été instruits à me payer l'obéissance due à ma naissance; et lorsque ce Nicéphore Briennius rampait sur ses genoux pour atteindre la main de votre fille, que vous lui présentiez, il recevait plutôt le joug d'une maîtresse qu'il ne formait une alliance domestique avec une épouse. Il s'est exposé à son destin, sans l'ombre même de cette tentation que des coupables moins illustres pourraient à sa place alléguer comme excuse; et si la volonté de mon père est qu'il meure, qu'il soit banni ou renfermé dans une prison pour le crime qu'il a commis, il n'appartient pas à Anne Comnène de s'y opposer, attendu qu'elle est la plus injuriée de toute la famille royale, et qu'elle a, sous tant d'infames rapports, droit de se plaindre de sa fausseté. »

« Ma fille, répliqua l'impératrice, je vous accorde que la la trahison de Nicéphore envers votre père et moi est à un haut degré impardonnable; et je ne vois guère d'après quel principe, sinon d'après celui de la générosité, on pourrait épargner sa vie. Mais encore vous êtes, vous, dans une situation différente de la mienne, et vous pouvez, comme tendre et affectueuse épouse, comparer l'intimité de vos premières relations avec le changement sanglant qui doit être sitôt la conséquence et la conclusion de ses crimes. Il possède cet air et ces traits dont les femmes conservent fort aisément le souvenir; que l'objet aimé soit vivant ou mort, songez ce qu'il vous en coûtera pour vous rappeler qu'un bourreau grossier a reçu son dernier adieu... que sa tête si belle n'a trouvé pour tout lieu de repos que le bloc dur de l'exécuteur... que sa langue, dont vous aviez l'habitude de préférer le son aux plus doux instrumens de musique, est à jamais muette dans la poussière! »

Anne, qui n'était pas insensible aux graces personnelles de son mari, fut très émue de cet appel fait à sa sensibilité. « Pourquoi me chagriner ainsi, ma mère? répliqua-t-elle d'une voix entrecoupée de sanglots. Si je ne sentais pas aussi vivement que vous le désirez, ce moment, si cruel qu'il soit, serait encore facile à supporter. Je n'aurais qu'à songer à ce qu'il est, à comparer les qualités de son corps avec les défauts de son esprit, qui l'emportent de beaucoup dans la balance, et à me résigner au sort qu'il a mérité, avec une parfaite soumission à la volonté de mon père. »

CHAPITRE XXVI.

— « Et vous seriez par ce seul fait unie à quelque misérable que ses habitudes de tramer des complots et de conduire des intrigues auraient, par un malheureux hasard, mis à même de se rendre important aux yeux de l'empereur, et qui devrait en conséquence être récompensé par la main d'Anne Comnène. »

— « N'ayez pas si mauvaise opinion de moi, madame. Je sais, aussi bien que fille grecque le sut jamais, comment je devrais me soustraire au déshonneur ; et vous pouvez vous fier à moi : vous n'aurez jamais à rougir de votre fille. »

— « Ne me parlez pas ainsi, puisque je rougirai également de l'impitoyable cruauté qui abandonne un époux jadis aimé à une mort ignominieuse, et de la passion, que je ne sais comment nommer, qui le remplacerait par un obscur barbare des extrémités de Thulé, ou par quelque misérable échappé des cachots de Blaquernal. »

La princesse fut extrêmement surprise en s'apercevant que sa mère connaissait les desseins, même les plus secrets, que son père avait formés pour sa conduite au milieu de cette crise. Elle ignorait qu'Alexis et sa royale compagne, vivant ensemble sous d'autres rapports avec une décence toujours exemplaire chez des personnes de leur rang, avaient parfois, en de grandes occasions, des querelles intérieures où l'époux, provoqué par l'incrédulité apparente de l'épouse, était tenté de lui laisser deviner une plus grande partie de ses véritables projets qu'il n'aurait voulu le faire s'il eût gardé son sang-froid.

La princesse était émue par l'idée de la mort si prochaine de son mari, et l'on n'aurait pas pu raisonnablement supposer qu'il en eût été autrement ; mais elle fut encore plus piquée et plus molestée que sa mère prît pour accordé qu'elle voulût remplacer sur-le-champ le César par un successeur incertain, et, dans tous les cas, indigne. Quelles que fussent les considérations qui l'avaient portée à faire choix d'Hereward, elles n'eurent plus d'effet quand ce mariage fut placé sous cet odieux et dégradant point de vue : outre qu'il faut se rappeler que les femmes nient presque instinctivement leurs premières pensées en faveur d'un amant, et que rarement elles les révèlent volontiers, à moins que le temps et les circonstances ne concourent à les favoriser. Elle prit donc avec force le ciel à témoin, tandis qu'elle repoussait cette accusation.

« Soyez-moi témoin, dit-elle, Notre-Dame, reine des cieux ! soyez-moi témoins, saints et martyrs, vous tous bienheureux, qui êtes, plus que nous-mêmes, les gardiens de notre pureté mentale, que je ne me connais point de passion que je n'ose avouer, et que, si la vie de Nicéphore dépendait de mes prières à Dieu et aux hommes, j'oublierais et mépriserais toutes ses injures à mon égard, et qu'elle serait aussi longue que celle que le ciel a accordée à ceux de ses serviteurs qu'il a enlevés de la terre sans leur donner à souffrir les angoisses de la mortalité ! »

« Vous avez fait là un serment hardi, dit l'impératrice. Tâchez, Anne Comnène, de tenir votre parole; car, croyez-moi, elle sera mise à l'épreuve. »

— « A quelle épreuve, ma mère ? comment aurais-je à prononcer sur le sort du César, qui n'est pas soumis à mon pouvoir ? »

« Je vais vous le montrer, » répondit l'impératrice gravement; et la conduisant vers une espèce de garderobe qui formait un cabinet dans le mur, elle tira un rideau qui en fermait l'entrée, et lui fit voir son infortuné mari, Nicéphore Briennius, à demi vêtu, avec un sabre nu à la main. Le regardant comme son ennemi, et se rappelant au fond de sa conscience certains projets qu'elle avait formés contre lui dans le cours de ces troubles, la princesse poussa un faible cri en l'apercevant si près d'elle une arme en main. »

« Soyez plus calme, dit l'impératrice, ou ce misérable s'il est découvert, ne manquera point d'être victime de vos sottes frayeurs aussi bien que de votre barbare vengeance. »

Nicéphore parut comprendre par ce discours ce qu'il avait à faire; car, baissant la pointe de son sabre, et tombant à genoux aux pieds de la princesse, il joignit les mains en implorant son pardon.

« Qu'as-tu à me demander ? dit l'épouse, naturellement assurée, par l'humiliation de son mari, que la force était tout entière de son côté... qu'as-tu à me demander que la reconnaissance outragée, l'affection trahie, les vœux les plus solennels violés, et les plus tendres liens de la nature rompus

CHAPITRE XXVI. 377

comme on brise une toile d'araignée, puissent permettre à ta bouche d'exprimer sans honte ? »

« Ne suppose pas, Anne, répondit le suppliant, que je veuille en ce moment critique de ma vie faire l'hypocrite pour sauver le misérable reste d'une existence déshonorée ; je désire seulement me séparer de toi sans emporter ta haine, faire ma paix avec le ciel et nourrir le dernier espoir de me rendre, quoique chargé de crimes nombreux, dans ces régions qui sont les seules où je puisse trouver ta beauté et tes talens égalés du moins, sinon surpassés. »

« Vous l'entendez, ma fille ? dit Irène ; tout ce qu'il demande, c'est votre pardon. Votre situation ressemble à celle de la divinité, puisque vous pouvez réunir la sûreté de sa vie au pardon de ses offenses. »

« Vous êtes dans l'erreur, ma mère, répondit Anne ; ce n'est pas à moi de pardonner son crime, moins encore d'en remettre la peine. Vous m'avez instruite à songer à moi telle que les siècles futurs me connaîtront : que diront-ils donc de moi, ces siècles futurs, quand on me représentera comme la fille insensible qui aura pardonné à celui qui voulait assassiner son père, parce qu'elle voyait en lui son infidèle époux ? »

« Voyez ! dit le César, n'est-ce pas, sérénissime impératrice, le comble du désespoir ; et n'ai-je pas vainement offert mon sang pour effacer la tache de parricide et d'ingratitude ? Ne me suis-je pas aussi disculpé de la partie la plus impardonnable de l'accusation qui m'imputait d'avoir voulu tuer le divin empereur ? N'ai-je pas juré par tout ce qui est sacré pour l'homme que mon dessein n'allait que jusqu'à délivrer pour quelque temps Alexis des fatigues de l'empire, et à le placer dans un lieu où il aurait pu se livrer heureusement au repos et à la tranquillité, où même il aurait continué implicitement à gouverner ses propres états, ses sacrés commandemens étant transmis par moi, comme ils l'ont toujours été à toutes les époques et à tous les égards ? »

« Pauvre insensé ! dit la princesse, as-tu approché de si près le marchepied du trône d'Alexis Comnène, et oses-tu concevoir de lui une idée si fausse, que de croire possible qu'il consentît à n'être qu'une simple marionnette par laquelle tu réduirais son empire à la soumission ? Sache que le sang des Comnène n'est pas si vil. Mon père eût résisté par les armes à la trahison, et c'aurait été par la mort seule de ton bienfaiteur que tu eusses satisfait les suggestions de ton ambition criminelle. »

« Croyez ce qu'il vous plait de croire, répliqua le César; j'en ai dit assez pour une vie qui ne m'est pas et qui ne peut m'être chère. Appelez vos gardes, et dites-leur d'arracher la vie à l'infortuné Briennius, parce qu'il est devenu odieux à son Anne Comnène qu'il a tant chérie. Ne craignez pas qu'aucune résistance de ma part rende la scène de mon arrestation douteuse ou fatale. Nicéphore Briennius n'est plus César, et il jette ainsi aux pieds de sa princesse et de son épouse, le seul et pauvre moyen qui lui reste de résister à l'exécution de la juste sentence qu'il peut lui plaire de prononcer. »

Il jeta son épée aux pieds de la princesse, tandis qu'Irène, pleurant ou feignant de pleurer amèrement, s'écriait : « J'ai bien lu de pareilles scènes, mais je n'aurais jamais pensé que ma propre fille dût être la principale actrice d'une scène semblable. Aurais-je jamais pu croire que son esprit, admiré par tout le monde comme un palais digne d'être habité par Apollon et par les Muses, n'aurait pas de place à y donner aux vertus plus humbles mais plus aimables d'une femme, la charité et la compassion, vertus qui se construisent un nid dans le sein de la dernière paysanne ! Ton savoir, tes perfections, tes talens ont-ils répandu autant de dureté que de poli sur ton cœur? S'il en est ainsi, mieux vaudrait cent fois y renoncer, et conserver en place ces vertus douces et domestiques qui font le plus grand honneur à un cœur de femme. Une femme sans pitié est un monstre pire que celle à qui toute autre passion fait méconnaître son sexe. »

« Que voudriez-vous que je fisse? dit Anne. Ma mère, vous devez savoir mieux que moi que la vie de mon père n'est guère compatible avec l'existence de cet homme audacieux et cruel. Oh! je suis sûre qu'il médite encore son projet de conspiration ! L'homme qui a pu tromper une femme comme il m'a trompée n'abandonnera jamais un plan fondé sur la mort de son bienfaiteur. »

« Vous ne me rendez pas justice, Anne, dit Briennius en se relevant et en lui imprimant un baiser sur les lèvres avant qu'elle pût s'apercevoir de son intention. Par cette caresse, la dernière que nous aurons échangée, je jure que si j'ai jamais cédé à la folie, du moins je ne me suis pas rendu coupable d'une trahison de cœur envers une femme aussi supérieure à tout son sexe par ses talens et ses perfections que par sa beauté. »

La princesse, fort adoucie, secoua la tête et répliqua: « Ah, Nicéphore!... telles étaient jadis vos paroles; telles peut-être étaient alors vos pensées! mais qui me garantira aujourd'hui la sincérité des unes et des autres ? »

« Ces perfections mêmes, cette beauté même, » répondit Nicéphore.

« Et si ce n'est pas suffisant, dit Irène, votre mère lui servira de caution. Et ne regardez pas cette garantie comme insuffisante dans cette affaire. C'est celle de votre mère, de l'épouse d'Alexis Comnène, qui est intéressée plus que personne au monde à l'augmentation et à l'agrandissement du pouvoir et de la dignité tant de son mari que de sa fille, d'une femme enfin qui veut voir ici l'occasion d'agir généreusement, de guérir les plaies de la maison impériale, et de reconstruire l'édifice du gouvernement sur une base qui désormais, s'il existe dans l'homme bonnefoi et reconnaissance, ne pourra plus être ébranlée. »

« Quant à la réalité de cette bonne foi et de cette reconnaissance, il faut donc que nous ayons une confiance implicite, puisque telle est votre volonté, ma mère, quoique les connaissances que j'ai acquises à ce sujet par l'étude et par l'expérience du monde m'aient poussée à vous dire que cette confiance est bien téméraire; mais, quoique nous puissions toutes deux pardonner à Nicéphore ses erreurs, encore est-il que de l'empereur seul dépendent définitivement le pardon et la grace. »

« Ne redoutez pas Alexis, répliqua sa mère; il parlera d'un ton ferme et décidé; mais s'il n'agit pas au moment même où il prendra sa résolution, il ne faudra point compter sur lui plus que sur un glaçon à l'instant du dégel. Apprenez-moi, si vous le pouvez, ce que fait actuellement l'empereur, et soyez convaincue que je trouverai moyen de le ramener à notre opinion. »

« Dois-je donc trahir des secrets que m'a confiés mon père, dit la princesse, en servant un homme qui agissait si récemment encore comme son ennemi déclaré? »

« Ne dis pas trahir, reprit Irène, puisqu'il est écrit : «Tu ne trahiras personne, moins encore ton père et le père de l'empire.» Pourtant, il est encore écrit par saint Luc que les hommes seront trahis par leurs pères et leurs frères, par leurs parens et leurs amis, et par conséquent sans doute aussi par leurs filles; mais je veux seulement dire, en parlant ainsi, que tu ne nous découvriras des secrets de ton père que ce qui doit nous mettre à même de sauver la vie de ton époux. La nécessité de la circonstance excuse ce qui pourrait être regardé ailleurs comme irrégulier. »

« Soit donc, ma mère, puisque j'ai consenti, peut-être trop aisément, à soustraire ce malfaiteur à la justice de mon père, je sens que je dois pourvoir à sa sûreté par tous les moyens qui sont en mon pouvoir. J'ai laissé mon père au bas de l'escalier qu'on appelle le Puits de l'Achéron, dans le cachot d'un vieillard aveugle qu'il a nommé Ursel. »

« Sainte Marie! s'écria l'impératrice, tu viens de prononcer un nom qui n'a pas été depuis bien long-temps prononcé en public. »

« Le sentiment des périls qu'il peut avoir à redouter des vivans, dit le César, l'a-t-il poussé à évoquer les morts?... car Ursel ne vit plus depuis trois ans. »

« N'importe, répliqua Anne Comnène, je vous dis la vérité; mon père était tout à l'heure en conférence avec un misérable prisonnier qu'il nommait ainsi. »

« C'est un nouveau danger, ajouta le César. Ursel ne peut avoir oublié avec combien de zèle j'ai embrassé la cause de l'empereur contre la sienne; et dès qu'il sera en liberté, il ne songera qu'à la vengeance. Il faut tâcher de nous mettre en mesure, bien que ce fait augmente notre embarras... Asseyez-vous donc, ma douce, ma bienfaisante mère; et toi, ma chère femme, qui as préféré ton amour pour un indigne mari aux suggestions de la jalousie et d'une implacable vengeance, assieds-toi, et voyons de quelle manière nous pourrions, sans manquer à votre devoir envers l'empereur, faire arriver au port notre malheureux vaisseau.

Ce fut avec une grace exquise qu'il conduisit la mère et la fille à leurs siéges ; et, se plaçant avec confiance entre elles deux, ils furent bientôt occupés tous trois à concerter les mesures qu'il fallait prendre le lendemain, sans oublier celles qui devaient avoir pour double effet de conserver la vie au César, et en même temps de défendre l'empire grec contre la conspiration dont il avait été le principal instigateur. Briennius s'aventura à laisser entendre que peut-être le meilleur moyen serait de laisser la conspiration s'exécuter suivant le premier projet, s'engageant sur l'honneur à empêcher que les droits d'Alexis ne fussent violés durant la lutte ; mais son influence sur l'impératrice et sa fille n'alla point jusqu'à obtenir une si grande preuve de confiance. Elles déclarèrent positivement qu'elles ne lui permettraient pas de sortir du palais, ni de prendre la moindre part à la confusion dont le jour suivant devait infailliblement être témoin.

«Vous oubliez, noble dame, dit le César, que mon honneur m'ordonne de combattre le comte de Paris.»

«Psitt! ne me parlez pas de votre honneur, Briennius, dit Anne Comnène ; ne sais-je pas bien que, quoique l'honneur des chevaliers de l'Occident soit une espèce de Moloch, un démon qui se repaît de chair humaine et s'abreuve de sang, néanmoins celui qui est le dieu de l'idolâtrie des guerriers de l'Orient, quoique aussi tapageur et bruyant dans un salon, est beaucoup moins implacable sur le champ de bataille ? Ne croyez pas que j'aie pardonné de grandes injures et de sanglantes insultes, pour prendre ensuite en paiement une aussi fausse monnaie que l'honneur. Votre esprit est bien pauvre si vous ne pouvez inventer une excuse qui satisfasse des Grecs ; et de bonne foi, Briennius, vous n'irez point à ce combat, que ce soit ou non dans votre intérêt. Ne pensez pas que je consente à ce que vous ayez une rencontre avec comte ou comtesse, soit pour vous battre, soit pour causer d'amour. Bref, il faut vous résigner à demeurer ici prisonnier, jusque après l'heure fixée pour une semblable folie.»

Peut-être le César n'était-il point fâché, au fond du cœur, que le bon plaisir de sa femme se prononçât d'une manière si ferme et si résolue contre le combat projeté. «Si, dit-il, vous êtes décidée à prendre mon honneur sous votre garde, je suis en ce moment et ici votre prisonnier, et je n'ai pas les moyens de m'opposer à votre volonté. Une fois en liberté, le libre exercice de ma valeur et de ma lance m'appartiendra de nouveau ».

« Soit, sire paladin, répliqua la princesse d'un ton très calme ; j'ai bonne espérance que ni l'une ni l'autre ne vous attireront querelle avec ces défie-diables de Paris, soit mâle soit femelle, et que nous estimerons le point où s'élève votre courage d'après la philosophie grecque et le jugement de notre bienheureuse Dame de Merci, et non de celles des Lances-rompues. »

En ce moment, un coup frappé à la porte avec autorité troubla la consultation du César et des deux dames.

CHAPITRE XXVII.

L'Aveugle.

> Le médecin : Rassurez-vous, madame ; le transport qui l'agitait est apaisé comme vous voyez ; mais pourtant il n'est pas encore tout-à-fait hors de péril. Priez-le de rentrer, et ne le troublez plus jusqu'à ce qu'il ne soit plus.
> SHAKSPEARE. *Le roi Léar.*

Nous avons laissé l'empereur Alexis Comnène au fond d'un cachot souterrain, avec une lampe expirante, et veillant sur les jours d'un captif, qui semblait presque réduit lui-même à une pareille extrémité. Les deux ou trois premiers momens, il écouta le bruit des pas de sa fille qui remontait. Il devint impatient, et commença à désirer son retour avant qu'il lui eût été possible de parcourir l'espace qui se trouvait entre lui et le haut de ce sombre escalier. Une minute ou deux il endura avec patience l'absence du secours qu'il l'avait envoyée chercher ; mais d'étranges soupçons commencèrent à s'emparer de son esprit.... Serait-ce possible ? aurait-elle changé de résolution à cause des dures paroles qu'il lui avait adressées ? avait-elle résolu d'abandonner son père à son destin, à l'heure du plus pressant besoin ; et ne devait-il

CHAPITRE XXVII.

plus compter sur l'assistance qu'il l'avait suppliée de lui procurer?

Le peu d'instans que la princesse perdit, pour ainsi dire, à faire la coquette avec le Varangien Hereward, fut décuplé par l'impatience de l'empereur, qui commença à croire qu'elle était allée chercher les complices du César pour attaquer leur maître, alors qu'il était sans défense, et mettre à exécution leur conspiration à demi déconcertée.

Après un temps considérable, rempli par ce sentiment d'incertitude mortelle, il commença enfin à reprendre du calme, et à réfléchir combien il était peu probable que la princesse, même dans son propre intérêt, elle qui avait été si vivement offensée de l'infâme conduite de son mari, eût consenti à se joindre à lui pour perdre un homme qui généralement s'était montré envers elle un père indulgent et tendre. Quant il eut adopté cette opinion plus raisonnable, un bruit de pas se fit entendre dans l'escalier; et, après en avoir descendu, non sans peine, les degrés nombreux, Hereward, portant sa lourde armure, arriva enfin d'un air froid au bas des marches. Derrière lui, haletant et tremblant, moitié de froid moitié de crainte, venait Douban, l'esclave savant en médecine.

«Tu es le bienvenu, brave Édouard! tu es le bienvenu, Douban, dit-il, toi dont l'habileté en médecine est bien capable de contrebalancer le poids des ans qui pèsent sur ta tête.»

«Votre altesse est bien bonne,» dit Douban; mais ce qu'il aurait voulu ajouter fut interrompu par un violent accès de toux, suite de son âge, de sa faible constitution, de l'humidité des cachots, et de la lassitude qu'il avait prise en descendant un escalier long et difficile.

«Tu n'es pas habitué à visiter tes malades dans un si triste séjour, dit Alexis, et cependant la nécessité d'État nous oblige à renfermer dans ces sombres et humides régions des gens qui n'en sont pas moins nos bien-aimés sujets, tant en réalité que de nom.»

Le médecin continua à tousser, peut-être pour se dispenser de faire une réponse d'assentiment, que sa conscience ne lui permettait guère, à une observation qui, quoique provenant d'un individu qui pouvait parler sciemment, ne paraissait pas être en elle-même fort probable.

« Oui, mon cher Douban, reprit l'empereur, voilà le cachot, cachot aussi solide que s'il était d'acier et de diamant, où nous avons trouvé nécessaire de renfermer le redoutable Ursel, dont la renommée s'est répandue dans tout l'univers, et que lui ont acquise sa science militaire, sa sagesse politique, sa bravoure personnelle, et d'autres nobles qualités, que nous avons été forcé de soustraire quelque temps au grand jour, afin de pouvoir, en temps plus convenable (et ce temps est arrivé) les rendre au monde dans tout leur lustre... Tâte-lui donc le pouls, Douban, et traite-le comme un homme qui a subi une détention sévère, qui en a subi toutes les privations, et qui va être tout à coup rendu à toutes les jouissances de la vie, à tout ce qui peut rendre la vie précieuse. »

« Je vais faire de mon mieux, répliqua Douban ; mais votre majesté considèrera que nous avons à opérer sur un sujet faible et épuisé, dont la santé paraît déjà presque détruite, et peut bien s'éteindre en un instant... comme cette lumière pâle et tremblante, dont le faible éclat semble ne pas beaucoup différer du souffle qui reste encore à ce malheureux malade. »

« Appelle donc, mon cher Douban, un ou deux des muets qui servent dans l'intérieur et qui ont été souvent tes aides en des cas pareils... ou attends... Édouard, tes mouvemens seront plus rapides. Va chercher ces muets... fais-leur prendre une espèce de litière pour transporter ce malade ; et toi, Douban, tu surveilleras tout. Fais-le porter tout de suite dans un appartement convenable, pourvu que ce soit en secret ; ordonne qu'on le mette au bain, et tâche de ranimer ses faibles forces... te souvenant qu'il faut, s'il est possible, qu'il paraisse demain en public. »

« C'est un résultat difficile à obtenir, dit Douban, après le régime et le traitement auxquels il a été ici condamné, comme ne l'indiquent que trop clairement les lentes pulsations de son pouls. »

« C'est une méprise du geôlier, monstre inhumain qui en aurait été puni, répliqua l'empereur, si le ciel n'y eût déja

CHAPITRE XXVII.

pourvu par l'intervention étrange d'un Sylvain, d'un homme des bois, qui a mis hier à mort ce geôlier, au moment où il voulait faire périr son prisonnier... Oui, mon cher Douban, une sentinelle de nos gardes appelés les Immortels a failli couper cette fleur de notre confiance que nous avons été obligés de renfermer pour un temps en un lieu secret. Alors, il est vrai, un marteau grossier aurait mis en pièces un brillant sans pareil ; mais le destin a empêché un tel malheur. »

Après l'arrivée des muets, le médecin, qui semblait plus accoutumé à agir qu'à parler, fit préparer un bain avec des plantes médicinales, et déclara que le malade ne devait pas être troublé avant que le soleil du lendemain fût haut dans les cieux. Ursel fut donc mis dans le bain préparé suivant les instructions du médecin, mais sans donner aucun signe de vie. Il fut ensuite porté dans une belle chambre à coucher, donnant par une large croisée sur une des terrasses du palais, qui commandait une vue magnifique. Ces opérations furent exécutées sur un corps tellement affaibli par les souffrances précédentes, tellement mort aux sensations ordinaires de l'existence, que ce ne fut que lorsque la sensibilité revint peu à peu, au moyen de frictions sur les membres engourdis, et d'autres moyens, que le médecin espéra que les brouillards du cerveau commenceraient enfin à se dissiper.

Douban se chargea volontiers d'obéir aux ordres de l'empereur, et resta près du lit du malade jusqu'au jour, prêt à soutenir la nature autant que l'habileté de la médecine le lui permettait.

Parmi les muets, beaucoup plus habitués à exécuter les ordres dictés par le mécontentement de l'empereur que ceux venant de sa bienveillance, Douban choisit un homme d'un caractère plus doux, et par ordre d'Alexis il lui fit comprendre que la tâche dont il allait être chargé devait être tenue très rigoureusement secrète, et l'esclave endurci fut fort étonné en apprenant que les attentions qu'il rendait au malade devaient être enveloppées d'un mystère encore plus profond que les sanglantes exécutions de la mort et de la torture.

Le malade recevait passivement les divers soins qu'on lui

rendait en silence, et sinon absolument sans connaissance, du moins sans une idée distincte de leur but. Après l'opération calmante du bain, et le changement voluptueux du tas de paille dure et humide sur lequel il avait été couché pendant des années contre un lit du duvet le plus doux, on administra à Ursel une potion calmante, mélangée de quelques gouttes d'opium. Le doux réparateur des forces de la nature revint, ainsi invoqué, et le captif tomba dans un délicieux sommeil qui depuis long-temps lui était inconnu, et qui semblait s'emparer également de ses facultés mentales et de son corps, tandis que ses traits perdirent leur raideur, et que les contractions de ses membres qui n'étaient pas tourmentés par des accès de crampe, par des tiraillemens soudains et des élans douloureux, parurent remplacés par un état de tranquillité parfaite.

L'aurore colorait déjà l'horizon, et la fraîcheur de la brise du matin pénétrait dans les salles magnifiques du palais Blaquernal, lorsqu'un coup frappé doucement à la porte de la chambre réveilla Douban, qui, voyant son malade jouir d'un profond repos, s'était lui-même permis quelques instans de sommeil. La porte s'ouvrit, et un homme parut, déguisé sous le costume d'un officier du palais, et cachant, sous une longue barbe blanche postiche, les traits de l'empereur. «Douban, dit Alexis, comment va ton malade, dont la santé est en ce jour d'une si grande importance à l'empire grec?»

«Bien, sire, répliqua le médecin, extrêmement bien; et si on ne le trouble pas en ce moment, je réponds, sur tout ce que je puis posséder de science, que la nature, aidée par la médecine, triomphera de l'humidité et de l'air impur du cachot malsain. Soyez prudent, sire, et qu'une excessive précipitation n'engage pas cet Ursel dans la querelle avant qu'il ait pu remettre en ordre ses idées bouleversées, et qu'il ait recouvré jusqu'à un certain point les facultés de son esprit et la vigueur de son corps.»

— «Je retiendrai mon impatience, ou plutôt, Douban, je me laisserai guider par toi. Crois-tu qu'il soit éveillé?»

— «Je suis disposé à le croire, mais il n'ouvre pas les yeux, et me semble résister absolument à l'impulsion naturelle qui devrait le porter à se lever et à regarder autour de lui.»

CHAPITRE XXVII.

— «Parle-lui, et tâchons de découvrir ce qui se passe dans son esprit.»

— «C'est à quelque risque, mais vous serez obéi... Ursel!» dit-il, en approchant du lit de l'aveugle malade, puis d'une voix plus haute il répéta: «Ursel! Ursel!»

— «Paix!... silence! murmura le malade; ne troublez pas les bienheureux dans leur extase... et n'allez pas forcer le plus misérable des mortels à finir la coupe d'amertume que son destin a été de commencer.»

«Encore, encore, dit à part l'empereur à Douban, éprouve-le encore; il m'est fort important de savoir à quel degré il possède la raison, ou jusqu'à quel point elle l'a abandonné.»

«Je ne voudrais pourtant pas, répondit le médecin, être assez téméraire, assez coupable pour produire en lui, en insistant hors de propos, une aliénation totale d'esprit, et le replonger ou dans une démence absolue ou dans une stupeur qu'il ne pourrait endurer long-temps.»

— «Sûrement non, mes ordres sont ceux d'un chrétien à un autre, et je ne désire pas qu'ils soient exécutés au delà de ce que permettent les lois de Dieu et des hommes.»

Il se tut un moment après cette déclaration; mais il ne s'écoula que peu de minutes avant qu'il pressât de nouveau le médecin de continuer l'interrogatoire de son malade. «Si vous ne me croyez pas, dit Douban un peu vain de la confiance qu'on lui accordait nécessairement, capable de juger du traitement qui convient à mon malade, votre majesté impériale peut prendre sur elle les risques et la peine.»

«Vraiment, je vais le faire, répliqua l'empereur, car il ne faut pas écouter les scrupules des médecins, lorsque dans le plateau opposé de la balance sont le destin des empires et la vie des monarques... Lève-toi, noble Ursel! entends une voix que tes oreilles ont jadis bien connue, et qui te rappelle à la gloire et à la puissance! Regarde autour de toi, et vois comme le monde sourit, comme il t'accueille lorsque tu passes d'une prison à l'empire!»

«Astucieux démon! dit Ursel, qui emploies l'appât le plus trompeur pour augmenter la misère d'un infortuné! sache, tentateur, que je connais toute la vanité des images séductrices de la nuit dernière... ton bain... ton lit... et ton séjour enchanteur... Mais tu parviendrais plutôt à faire naître un sourire sur les lèvres de saint Antoine l'ermite, qu'à forcer les miennes d'en laisser échapper un à la manière des voluptueux de ce monde. »

« Essaie donc, insensé, reprit l'empereur, et crois au témoignage de tes sens qui te montrent la réalité des plaisirs dont tu es maintenant environné; ou si tu t'obstines dans ton incrédulité, reste comme tu es un seul instant, et je vais t'amener une créature dont l'amabilité est tellement sans égale, qu'un seul de ses regards rendrait la vue à tes yeux, ne fût-ce que pour la contempler un moment. » A ces mots, il sortit de la chambre.

« Traître, dit Ursel, menteur endurci, n'amène personne ici ! et ne cherche pas, à l'aide de vaines et idéales formes de beauté, à augmenter l'illusion qui dore un instant ma prison, afin, sans doute, d'éteindre entièrement l'étincelle de raison qui me reste, et puis de me faire changer cet enfer terrestre contre un cachot dans les régions infernales ! »

« Son esprit est un peu égaré, pensa le médecin, et c'est souvent la suite d'un long emprisonnement solitaire. Je serais bien étonné, se dit-il ensuite, si l'empereur pouvait se faire rendre quelque service raisonnable par cet homme, après avoir été si long-temps muré dans un si horrible cachot... Tu penses donc, continua-t-il, en s'adressant au malade, que ta sortie apparente de prison, le bain et les rafraîchissemens de la nuit dernière, n'étaient qu'un rêve trompeur, sans aucune réalité? »

— « Oui ! que serait-ce donc autre chose ? »

— « Et qu'en rouvrant les yeux, comme nous te prions de le faire, tu céderais seulement à une vaine tentation, pour être encore plus malheureux qu'avant ? »

— « En effet. »

— « Que penses-tu donc de l'empereur par ordre duquel tu souffres une détention si sévère ? »

Peut-être Douban souhaita-t-il de n'avoir pas fait cette question, car, au moment même où il la faisait, la porte de l'appartement s'ouvrit, et l'empereur entra, donnant le bras à sa fille, vêtue avec simplicité quoique avec une splendeur convenable. Elle avait trouvé le temps, à ce qu'il paraît, de

CHAPITRE XXVII.

changer son costume contre une robe blanche qui ressemblait à une espèce de deuil, dont le principal ornement était une guirlande de diamans d'une valeur inestimable qui entourait et attachait ses longs cheveux noirs tombant jusqu'à sa ceinture. Presque morte de frayeur, elle avait été surprise par son père en consultation avec sa mère et son mari le César, et Alexis d'une voix foudroyante avait en même temps placé Briennius, comme plus que suspect de trahison, sous la garde d'un fort détachement de Varangiens, et ordonné à sa fille de le suivre dans la chambre où reposait Ursel, et où nous venons de la voir entrer, résolue néanmoins à soutenir la fortune chancelante de son mari jusqu'à la dernière extrémité, mais aussi décidée à n'en pas venir aux prières et aux remontrances, avant de s'être convaincue que les commandemens de son père avaient repris un caractère positif et absolu. Bien que les plans d'Alexis eussent été si vite formés, et déjoués si vite par le hasard, il n'était guère probable, néanmoins, qu'il pût être ramené au projet dont sa femme et sa fille avaient l'exécution tant à cœur, savoir, au pardon du coupable Nicéphore Briennius. A son grand étonnement, et peut-être peu à sa satisfaction, il trouva le malade fort occupé à babiller avec le médecin sur son propre compte.

« Ne croyez pas, dit Ursel en réponse à la question de Douban, que, quoique je sois muré dans ce cachot, et traité comme un être méritant moins d'égards que le plus vil proscrit... et quoiqu'en outre on m'ait privé de la vue, le plus précieux don du ciel... ne croyez pas, vous dis-je, quoique je souffre tous ces maux par ordre du cruel Alexis Comnène, que je le regarde néanmoins comme mon ennemi : au contraire, c'est grace à lui que l'aveugle et misérable prisonnier a appris à chercher une liberté bien plus étendue que celle qu'on peut posséder en ce malheureux monde, et une vue bien plus vaste que celle qu'aucun mont Pisgah puisse nous offrir de ce misérable côté de la tombe ! Dois-je donc compter l'empereur parmi mes ennemis, lui qui m'a appris à connaître la vanité des choses de la terre, le néant des jouissances terrestres, et la pure espérance d'un monde meilleur, comme échange certain des misères de celui-ci ? Non ! »

L'empereur était resté un peu déconcerté au commencement de ce discours, mais l'entendant se terminer d'une manière si inattendue, et, comme il était disposé à le croire, si favorable pour lui, il prit l'attitude tant d'un homme modeste qui entend faire son propre éloge, que d'une personne vivement frappée des louanges qu'entasse sur lui un généreux adversaire.

« Mon ami, dit-il à haute voix, comme vous avez bien lu dans mes intentions en supposant que les connaissances que des hommes de votre caractère peuvent extraire du mal étaient toute l'expérience que je désirais vous faire acquérir par une captivité que des circonstances fâcheuses ont prolongée au delà, bien au delà de mes désirs, que j'embrasse l'homme généreux qui sait si bien interpréter les motifs d'un ami embarrassé mais fidèle. »

Le malade se leva sur son séant.

« Attendez, dit-il, il me semble que l'usage de mes facultés commence à me revenir. Oui, murmura-t-il, c'est la voix traîtresse qui m'a d'abord accueilli comme ami, et qui ensuite a cruellement ordonné qu'on me privât de la vue !... Redouble de rigueur, si tu veux, Comnène... Ajoute, si tu peux, aux tourmens de ma détention... mais puisque je ne puis voir ton hypocrite et inhumain visage, épargne-moi, par pitié, le son d'une voix plus douloureuse à mes oreilles que les crapauds, que les serpens... que tout ce qu'a la nature de plus odieux et de plus dégoûtant ! »

Ces paroles furent débitées avec tant d'énergie que ce fut en vain que l'empereur chercha à les interrompre, quoiqu'il entendît lui-même, ainsi que sa fille et Douban, le langage simple d'un ressentiment naturel, et beaucoup plus clair qu'il n'y avait compté.

« Lève la tête, téméraire, dit-il, et retiens ta langue avant qu'elle continue un discours qui peut te coûter cher. Regarde-moi, et vois si je n'y ai pas réservé une récompense capable de réparer tous les maux dont ta folie peut m'accuser. »

Jusqu'alors le prisonnier avait tenu ses yeux obstinément fermés, regardant le souvenir imparfait des choses qu'il avait vues le soir précédent comme une pure illusion de son imagination, si réellement elles n'avaient pas été soumises à ses regards par quelque esprit séducteur. Mais alors, quand ses

CHAPITRE XXVII.

yeux s'arrêtèrent sur la taille majestueuse de l'empereur et sur les formes gracieuses de sa charmante fille, éclairées par les tendres rayons du soleil levant, il s'écria d'une voix faible: « Je vois !... je vois ! » Et, en poussant ce cri, il retomba sur son oreiller sans connaissance : ce qui donna aussitôt de la besogne au médecin et à ses remèdes.

« C'est une cure bien merveilleuse, en vérité ! s'écria Douban ; et le comble de mes désirs serait de posséder un secret si miraculeux. »

« Fou ! dit l'empereur, ne peux-tu concevoir que ce qui n'a été jamais ôté peut être rendu sans peine ! On lui a fait subir, ajouta-t-il en baissant la voix, une pénible opération qui lui a fait croire que ses organes de la vue étaient détruits; et comme le jour parvenait rarement jusqu'à ses yeux, et, dans ces rares occasions seulement, par rayons douteux et presque invisibles, l'obscurité continuelle, obscurité physique et mentale encore qui l'environnait, l'a empêché de sentir qu'il possédait la précieuse faculté dont il s'imaginait être privé. Peut-être me demanderas-tu la raison que j'avais de l'abuser d'une manière si étrange ?... Uniquement pour qu'étant alors jugé incapable de régner, sa mémoire s'effaçât de l'esprit du public, tandis qu'en même temps je lui conservais la vue pour que, dans le cas où des circonstances l'exigeraient, il fût en mon pouvoir de l'arracher à son cachot, et d'employer, comme je me propose maintenant de le faire, son courage et ses talens au service de l'empire, pour contre-balancer ceux des autres conspirateurs. »

« Et votre majesté impériale, dit Douban, peut-elle se flatter d'avoir acquis l'attachement et l'affection de cet homme, par la conduite qu'elle a tenue à son égard ? »

—« Je ne saurais le dire : il en adviendra ce que l'avenir voudra. Tout ce que je sais, c'est que ce ne sera point ma faute si Ursel ne consent pas à échanger la liberté et un long cours de puissance, peut-être sanctionnée par une alliance avec notre sang, ainsi que la continuation de la jouissance des précieux organes de la vue dont un homme moins scrupuleux, contre une existence mutilée, traînée dans les ténèbres. »

—« Puisque telle est l'opinion et le dessein de votre majesté, je dois vous aider et non vous contredire. Permettez-moi de vous prier, ainsi que la princesse, de vous retirer, afin que j'emploie les remèdes qui peuvent raffermir un esprit qui a été si violemment ébranlé, et lui rendre le parfait usage de ses yeux dont il a été si long-temps privé.»

—« Soit, Douban ; mais songes-y bien, Ursel ne reviendra complétement libre que lorsqu'il aura exprimé la résolution de se dévouer réellement à moi. Il peut être utile que vous sachiez, toi et lui, que, quoiqu'on n'ait pas dessein de le replonger dans les cachots du palais Blaquernal, cependant, si lui-même, ou quelqu'un en son nom, aspirait à se mettre à la tête d'un parti dans ces temps de convulsion, sur mon honneur de gentilhomme, pour employer un serment français, il reconnaîtra qu'il n'est pas hors de la portée des haches de mes Varangiens. Je m'en remets à toi du soin de lui communiquer ce fait qui le concerne, ainsi que tous ceux qui s'intéressent à lui... Allons, ma fille, il faut nous retirer et laisser le médecin avec son malade... N'oubliez pas, Douban, il est de la dernière importance que vous m'informiez du moment où le malade pourra soutenir une conversation raisonnable avec moi. »

En conséquence Alexis et sa docte fille se retirèrent.

CHAPITRE XXVIII.

L'Adversité.

> L'adversité peut rendre de grands services, de même que le crapaud laid et vénimeux porte cependant un joyau précieux dans sa tête [1].
>
> SHAKSPEARE. *Comme il vous plaira.*

D'UN toit du palais de Blaquernal, formant une terrasse sur laquelle on entrait par une porte vitrée qui donnait dans la chambre d'Ursel, la vue s'étendait sur le plus beau et le plus imposant paysage qu'offraient les environs pittoresques de Constantinople.

Après l'avoir laissé se reposer et calmer l'agitation de son esprit, ce fut en cet endroit que le médecin conduisit son

---

[1] Allusion au préjugé populaire. A. M.

malade ; car, après s'être un peu apaisé, il avait, de lui-même, demandé qu'on lui permît de vérifier s'il avait réellement recouvré la vue, en contemplant encore une fois la face majestueuse de la nature.

D'un côté la scène qu'il voyait était un chef-d'œuvre de l'art humain : l'orgueilleuse cité, ornée des splendides édifices qui convenaient à la capitale du monde, offrait une suite d'aiguilles brillantes et d'ordres d'architecture, les uns purs et simples comme ceux dont les chapiteaux étaient formés en paniers pleins d'acanthe, les autres empruntant le flûté de leurs fûts aux appuis destinés dans l'origine à soutenir les lances des premiers Grecs : formes simples, mais encore plus gracieuses dans leur simplicité, que toutes celles que l'ingéniosité humaine a été depuis capable d'inventer. A ces superbes échantillons que pouvait offrir l'art ancien de ces modèles strictement classiques, se joignaient ceux d'un âge moins reculé où un goût plus moderne, tâchant d'améliorer et mêlant les divers ordres, avait produit le composite et d'autres qui ne suivent aucune règle. Toutefois la grandeur des bâtimens où ils étaient employés leur attirait le respect ; et même le meilleur juge en architecture n'aurait pu s'empêcher d'admirer leur immense étendue et leur effet, quoique blessé par le goût incorrect dans lequel ils avaient été exécutés. Des arcs de triomphe, des tours, des obélisques, des aiguilles destinées à divers usages, s'élevaient dans les airs avec une magnifique confusion ; tandis que, plus bas, on apercevait les rues de la ville, les habitations domestiques formant de longues allées étroites, de chaque côté desquelles les maisons s'élevaient à des hauteurs différentes et inégales ; mais comme elles se terminaient généralement par des terrasses couvertes de plantes, de fleurs et de fontaines, elles présentaient, vues de haut, un aspect plus noble et plus intéressant que celui qu'offrent jamais les toits inclinés et uniformes des rues dans les capitales du nord de l'Europe.

Il nous a fallu quelque temps pour exprimer en paroles l'idée qu'un seul coup d'œil fit naître dans l'esprit d'Ursel, et qui l'affecta d'abord d'un sentiment pénible. Ses yeux avaient été long-temps étrangers à cet exercice quotidien qui nous habitue à corriger les scènes que notre vue nous présente, avec les connaissances que nous tirons de nos autres sens. Son idée de la distance était si confuse, qu'il lui semblait que les clochers, les tours et les minarets qu'il voyait étaient entassés près de lui, et touchaient presque ses prunelles. Poussant un cri d'horreur, Ursel se tourna d'un autre côté et jeta les yeux sur une scène différente. Il vit encore des tours, des flèches de clochers et des tourelles, mais c'étaient celles des églises et des édifices publics qui se trouvaient sous ses pieds, réfléchies dans l'éblouissante nappe d'eau qui formait le port de Constantinople, et qui, à cause des immenses richesses qu'elle amenait dans la ville, avait été heureusement nommée la Corne-d'Or. D'un autre côté, ce superbe bassin, était bordé de quais où d'immenses vaisseaux venaient décharger leurs riches marchandises, tandis que, sur les bords du havre, des galères, des felouques et d'autres petits bâtimens déployaient inutilement les toiles de forme bizarre et blanches comme la neige qui leur servaient de voiles. En d'autres places, la Corne-d'Or était ombragée par un vert manteau d'arbres; et dans ces endroits, les jardins particuliers des riches ou des grands, ainsi que les lieux du divertissement public, s'avançaient jusqu'à l'eau transparente qui leur servait de limites.

Sur le Bosphore, qu'on pouvait apercevoir dans l'éloignement, la petite flotte de Tancrède était à l'ancre au même endroit où elle était parvenue pendant la nuit, endroit qui commandait le lieu du débarquement sur la rive opposée : leur général avait préféré s'y arrêter plutôt que d'aborder en pleine nuit à Constantinople, ne sachant pas si, en arrivant de la sorte, ils seraient reçus en amis ou en ennemis. Toutefois ce délai avait donné aux Grecs, soit par ordre d'Alexis, soit de par l'autorité non moins puissante de quelques conspirateurs, de faire avancer six vaisseaux de guerre, pleins d'hommes armés et pourvus de toutes les armes maritimes offensives propres aux Grecs de cette époque, et placés de manière à couvrir l'endroit où les troupes de Tancrède devaient nécessairement débarquer.

Ces préparatifs causèrent quelque surprise au vaillant Tancrède, qui ne savait pas que ces vaisseaux étaient arrivés de Lemnos dans le port la nuit précédente. L'intrépide courage de ce prince ne fut néanmoins nullement ébranlé par le péril inattendu qui semblait alors devoir accompagner son entreprise.

Cette vue splendide, dont la description nous a fait sortir un instant de notre sujet, était contemplée par le médecin et par Ursel d'une terrasse qui était presque la plus haute du palais de Blaquernal. Du côté de la ville, elle était bornée par un mur solide, d'une hauteur considérable, servant d'appui au toit d'un bâtiment plus bas, qui, incliné en dehors, permettait de voir l'élévation du mur, sans que rien en gênât la vue qu'une haute balustrade massive en bronze qui, se prolongeant du côté du port, s'avançait sur un profond précipice.

Ursel n'eut donc pas plus tôt tourné les yeux de ce côté, que, quoiqu'il se trouvât loin du bord de la terrasse, il s'écria avec terreur : «Sauvez-moi! sauvez-moi! si vous n'êtes réellement pas l'exécuteur des volontés de l'empereur.»

« C'est aussi réellement ce que je suis, répliqua Douban, mais pour vous guérir, pour achever complétement votre guérison, s'il est possible, et non pour vous faire le moindre mal ou souffrir que d'autres vous en fassent.»

« Gardez-moi donc contre moi-même, reprit Ursel, et sauvez-moi du désir furieux et insensé que j'éprouve de me jeter dans l'abîme au bord duquel vous m'avez amené.»

« Cette tentation frénétique et dangereuse, répliqua le médecin, est commune à tous ceux qui sont restés long-temps sans regarder d'en haut d'une éminence considérable, ou qui s'y trouvent tout à coup conduits. La nature, si bonne qu'elle soit, n'a point pourvu à ce que nous interrompissions pendant des années l'usage de nos facultés, et que nous pussions ensuite le reprendre dans toute sa force et toute sa vigueur. Il faut nécessairement qu'un intervalle plus ou moins long intervienne. Ne pouvez-vous croire que cette terrasse soit un lieu sûr, quand vous êtes soutenu par moi et par ce fidèle esclave?»

« Vraiment si! dit Ursel; mais permettez-moi de me tourner vers cette muraille de pierre, car je ne puis souffrir la vue de ce mince ouvrage en fil de laiton, seule barrière qui me sépare du précipice.» Il parlait de la balustrade en bronze haute de six pieds et grosse en proportion. En parlant ainsi, et tenant fermement le bras du médecin, Ursel, quoiqu'il fût lui-même plus jeune et plus fort, tremblait, et avançait ses pieds aussi lentement que s'ils fussent devenus de plomb, jusqu'à ce qu'enfin il regagna la porte vitrée, où se trouvait une espèce de banc sur lequel il se plaça. « C'est ici, dit-il, que je veux rester. »

« Et c'est ici, ajouta Douban, que je vais vous faire, de la part de l'empereur, une communication à laquelle il est nécessaire que vous vous prépariez à répondre. Vous remarquerez qu'on vous laisse parfaitement libre de choisir entre la liberté et la captivité; mais on y met pour condition que vous renoncerez à ce morceau doux, mais criminel, appelé vengeance, que le hasard, je ne vous le cacherai pas, semble vouloir vous mettre sous la main. Vous savez que l'empereur a vu un rival en vous; vous savez aussi la mesure des maux que vous avez soufferts par son ordre. Voici la question : Pouvez-vous pardonner tout ce qui s'est passé? »

« Laissez-moi m'envelopper la tête de mon manteau, dit Ursel, pour chasser l'étourdissement qui trouble encore mon pauvre cerveau, et dès que la mémoire me sera revenue, vous connaîtrez mes sentimens. »

« Il se laissa tomber sur son siége, la tête enveloppée comme il l'avait dit; et après quelques minutes de réflexion, avec un tremblement qui prouvait que le malade ressentait encore une affection nerveuse, résultat d'une extrême horreur mêlée d'épouvante, il s'adressa ainsi à Douban : « L'injustice et la cruauté, dans le premier moment qu'on en éprouve les effets, excitent, comme de raison, le plus vif ressentiment dans la malheureuse victime; et il n'est peut-être pas de passion qui vive si long-temps dans son cœur que le désir naturel de la vengeance. Si donc, pendant le premier mois que je suis resté étendu sur mon lit de privations et de misères, vous m'eussiez offert une occasion de me venger de mon cruel oppresseur, j'aurais sacrifié avec joie ce qui pouvait me rester encore de ma misérable vie. Mais l'effet d'une souffrance de quelques semaines, ou même de plusieurs mois, ne peut être comparé à celui de maux qui durent des années. Après un court intervalle de douleur, le corps, aussi bien que l'esprit, conserve cette vigueur qui attache encore le prisonnier à la vie, et lui apprend à frémir en pensant à

CHAPITRE XXVIII.

la chaîne, long-temps oubliée, d'espérances, de désirs, de désappointemens et de mortifications qui ont affecté sa première existence. Mais, avec le temps, les blessures se ferment peu à peu, et d'autres sentimens meilleurs occupent la place des premiers, qui s'en vont tour-à-tour s'éteindre dans l'oubli. Les jouissances, les amusemens de ce monde n'occupent plus aucune partie du temps pour celui sur qui se ferment les portes du désespoir. Je vous dirai, mon cher médecin, que, pendant un temps, par une tentative insensée pour redevenir libre, j'ai percé une portion considérable de roc vif. Mais le ciel m'a guéri d'une si folle idée; et si je n'ai pas pu me résoudre à aimer réellement Alexis Comnène (car comment cela aurait-il été possible en conservant toujours l'usage de ma raison?) cependant, plus je reconnus mes crimes, mes péchés et mes folies, plus aussi je me persuadai qu'Alexis n'était que l'agent par l'entremise duquel le ciel avait exercé son droit, chèrement acheté, de punir mes offenses et mes fautes, et que par conséquent ce n'était pas sur l'empereur que mon ressentiment devait s'appesantir. Et je puis maintenant vous dire, autant qu'un homme qui a éprouvé une révolution aussi terrible peut être supposé connaître son propre esprit, que je ne désire ni rivaliser avec Alexis à qui aura l'empire, ni profiter des différentes offres qu'il me fait pour prix de ma renonciation à mes prétentions. Qu'il garde la couronne sans l'acheter, car suivant moi il l'a payée un prix qu'elle ne vaut pas. »

« Voilà un stoïcisme extraordinaire, noble Ursel, répondit le médecin Douban. Dois-je donc comprendre que vous refusez les offres superbes d'Alexis, et que vous désirez, au lieu de tout ce qu'il a l'intention.... et même le désir de vous accorder.... être de nouveau renfermé dans votre ténébreux cachot de Blaquernal, pour que vous continuiez à votre aise les méditations ascétiques qui vous ont déja conduit à une conclusion si extravagante? »

«Médecin,» répliqua Ursel, tandis qu'un frisson soudain qui agita tout son corps témoignait ses alarmes à l'alternative qu'on lui proposait, «on s'imaginerait que ta profession aurait dû t'apprendre que jamais simple mortel, à moins d'être prédestiné à devenir un saint glorieux, ne préféra les ténèbres à la clarté du jour, l'aveuglement à la faculté de voir, les tourmens de la faim à une nourriture suffisante, et l'humidité du cachot à l'air libre créé par Dieu. Non!... Ce peut être une vertu d'agir ainsi; mais la mienne n'atteint pas si haut. Tout ce que je demande à l'empereur pour le soutenir de tout ce pouvoir que mon nom peut lui donner en ce moment de crise, c'est qu'il travaillera à me faire recevoir comme moine dans quelqu'un de ces beaux monastères richement dotés, fondés par sa dévotion ou pour ses craintes. Que je ne sois plus l'objet de ses soupçons, car leur effet est plus terrible que celui d'être l'objet de sa haine. Oublié par le pouvoir, comme j'ai moi-même perdu le souvenir de ceux qui le possédaient, que j'achève ma route vers la tombe, obscur, inconnu, mais en liberté, en possession des organes de ma vue affoiblis et détériorés, et surtout en paix. »

« Si tel est sérieusement et en vérité votre désir, noble Ursel, dit le médecin, je n'hésite pas moi-même à vous garantir la complète exécution de ce souhait pieux et modéré. Mais, songez-y, vous êtes encore une fois habitant de la cour, et vous pouvez aujourd'hui y obtenir ce que vous voulez; tandis que demain, si vous vous repentiez de votre indifférence, il se pourrait que vos plus vives instances ne feraient pas ajouter la moindre chose aux conditions que vous venez d'établir. »

« Soit, dit Ursel; alors, j'en stipulerai une autre, mais qui n'a de rapport qu'avec ce jour même. Je vais supplier sa majesté impériale avec toute humilité de m'épargner la peine de conclure un traité entre elle et moi, et de se contenter de l'assurance solennelle que je suis très disposé à faire dans son intérêt tout ce qu'il lui plaira de me commander; tandis qu'au contraire je désire seulement l'exécution des conditions modérées pour mon avenir, dont je viens de vous entretenir tout à l'heure. »

—« Mais pourquoi craindriez-vous d'annoncer vous-même à l'empereur que vous consentez à un arrangement qui ne peut paraître qu'extrêmement modéré de votre part? Vraiment j'ai peur que l'empereur n'insiste pour une courte entrevue avec vous. »

—« Je ne suis pas honteux d'avouer la vérité. Il est vrai

que j'ai ou que je crois avoir renoncé à ce que l'Écriture appelle l'orgueil de la vie; mais le vieil Adam vit toujours en dedans de nous, et entretient contre la meilleure partie de notre nature une guerre interminable qu'il est facile d'éveiller de son sommeil, mais qu'il n'est pas moins difficile de forcer à se rendormir en paix. Tandis que, la nuit dernière, je ne comprenais qu'à peine que mon ennemi se trouvât en ma présence, et que mes facultés ne faisaient qu'à demi leur devoir en me rappelant ses accens trompeurs et détestés, mon cœur ne palpitait-il pas dans mon sein avec toute l'agitation d'un oiseau pris; et faut-il que je traite encore en personne avec un homme qui (soit sa conduite générale ce qu'elle pourra), a été sans provocation de ma part la cause constante de ma misère sans égale? Douban, non! Écouter encore sa voix, ce serait entendre donner l'alarme à toutes les passions violentes et vindicatives de mon cœur; et quoique j'en appelle au ciel de la pureté de mes intentions à son égard, néanmoins il m'est impossible d'écouter ses protestations sans qu'il y ait péril pour lui ou pour moi.»

—«Si tels sont vos sentimens, je me bornerai à lui redire votre condition; mais il faudra que vous lui juriez de l'observer strictement: sinon il serait difficile ou peut-être impossible de conclure la ligue que vous désirez tous les deux.»

—«Ainsi soit-il! Et comme mes intentions sont pures, comme je suis résolu à n'en pas varier, puisse le ciel me garder de l'influence d'une vieille rancune, d'un ancien ressentiment ou d'une nouvelle querelle!»

On entendit alors frapper avec autorité un coup à la porte de la chambre à coucher, et Ursel, délivré par des sensations plus puissantes de l'étourdissement dont il s'était plaint, rentra d'un pas ferme dans l'appartement, et, prenant un siége, attendit, les yeux détournés, l'entrée de la personne qui demandait à être admise, et qui se trouva n'être pas autre qu'Alexis Comnène.

L'empereur parut à la porte en costume militaire, costume qui convenait bien à un prince qui allait assister à un combat en champ clos.

«Sage Douban, dit-il, le prisonnier que nous estimons tant, Ursel, a-t-il fait son choix entre notre paix et notre inimitié?»

—« Oui, sire ; il a choisi le sort de cette heureuse partie des mortels dont le cœur et la vie sont dévoués au service du gouvernement de votre majesté. »

—« Il me rendra donc aujourd'hui le service de contenir tous ceux qui peuvent prétendre à exciter une insurrection en son nom et sous prétexte des injustices qu'il a souffertes ? »

—« Oui, sire ; il remplira aussi parfaitement que possible le rôle dont vous le chargez. »

—« Et de quelle manière, dit l'empereur en prenant son plus gracieux ton de voix, notre fidèle Ursel désire-t-il que de pareils services, rendus dans un temps de pressant besoin, soient récompensés par l'empereur ? »

—« Uniquement en ne lui disant pas un seul mot à ce sujet. Il désire seulement que toute jalousie entre vous et lui soit désormais oubliée, et que vous le fassiez recevoir dans une des maisons monastiques fondées par votre majesté, avec permission de consacrer le reste de sa vie au culte du ciel et de ses saints. »

« En es-tu bien persuadé, Douban? répliqua l'empereur à voix basse, en changeant de ton. Par le ciel ! quand je considère de quelle prison il sort et de quelle manière il l'a habitée, je ne puis croire à ces paisibles dispositions. Il faut au moins qu'il me parle lui-même avant que je croie jusqu'à un certain point la métamorphose de l'impétueux Ursel en un être si peu capable de ressentir les impulsions ordinaires de l'espèce humaine. »

« Écoute-moi, Alexis Comnène, dit le prisonnier, et puissent tes prières au ciel être entendues et exaucées suivant que tu ajouteras plus ou moins foi aux paroles que je t'adresse dans la simplicité de mon cœur ! Quand même ton empire de Grèce serait fait d'or monnayé, ce ne serait pas à mes yeux un appât digne de me séduire ; non plus, et j'en remercie le ciel, les injustices que j'ai reçues de toi, si cruelles et si nombreuses qu'elles aient été, n'ont pas excité en moi le moindre désir de punir la trahison par la trahison. Pense de moi ce qu'il te plaira, pourvu que tu ne cherches pas à lier conversation avec moi, et sois convaincu que, quand tu m'auras fait entrer dans le plus rigide de tes monastères, la discipline, le jeûne et les veilles me sembleront de beaucoup préférables à l'existence qui échoit en partage à ceux que le roi se plaît à honorer, et qui doivent en conséquence tenir compagnie au roi toutes les fois qu'on leur ordonne de le faire.»

«Il ne m'appartient guère, dit le médecin, d'intervenir dans une affaire si importante : néanmoins, comme possédant la confiance du noble Ursel et de sa majesté l'empereur, j'ai fait un court extrait des quelques conditions qui doivent être exécutées par les deux illustres parties, l'une à l'égard de l'autre, *sub crimine falsi.*»

L'empereur prolongea sa conversation avec Ursel jusqu'à ce qu'il lui eût clairement expliqué de quelle manière il aurait besoin de ses services le jour même. Quand ils se quittèrent, Alexis, avec de grandes démonstrations d'amitié, embrassa son ex-prisonnier, tandis qu'il fallait tout l'empire de soi-même et tout le stoïcisme d'Ursel pour l'empêcher d'exprimer en termes clairs l'étendue de la haine qu'il portait à l'homme qui lui donnait ce baiser.

CHAPITRE XXIX.

Le Feu grégeois.

> ......O conspiration! n'as-tu pas de honte de montrer ton front dangereux la nuit, alors que tous les maux sont déchaînés? Le jour, où trouveras-tu donc une caverne assez ténébreuse pour cacher ton monstrueux visage? N'en cherche pas, conspiration; cache-le sous le sourire et l'affabilité : car si tu parais sous tes propres traits, l'Érèbe lui-même ne serait pas assez noir pour déguiser ta laideur.
> SHAKSPEARE, *Jules César.*

L'IMPORTANTE matinée arriva enfin où, d'après la proclamation impériale, le combat entre le César et Robert, comte de Paris, devait avoir lieu. C'était une circonstance en grande partie étrangère aux mœurs grecques, et à laquelle par conséquent le peuple attachait des idées bien différentes de celles qu'associaient les nations de l'Occident à ce jugement solennel de Dieu, comme les Latins l'appelaient. La conséquence fut une vague mais extrême agitation parmi le peuple, qui rattachait la lutte extraordinaire dont il allait être témoin aux différentes causes qui avaient été conçues comme devant occasioner quelque insurrection générale d'une nature grande et terrible.

Par ordre impérial, une lice régulière avait été préparée pour le combat, avec deux portes ou entrées en face l'une de l'autre, suivant la coutume, pour y admettre les deux champions; et il fut entendu que chacun d'eux devait faire appel à la Divinité selon les formes de l'église dont les adversaires étaient respectivement membres. La lice se trouvait placée sur le rivage de la mer, du côté de l'ouest du continent. A peu de distance, on apercevait les murs de la ville, d'architecture variée, construite de pierres et de ciment, et n'offrant pas moins de vingt-quatre portes ou poternes, dont dix-neuf regardaient l'eau, et cinq la terre. Tout cela formait un aspect admirable, aujourd'hui même en grande partie visible. La ville a environ dix-neuf milles de circonférence ; et comme elle est de tout côté entourée de hauts cyprès, il semblerait au premier coup-d'œil que la cité s'élève du milieu d'un grand bois de ces arbres magnifiques, cachant en partie les clochers, les obélisques et les minarets qui marquaient alors la place d'un grand nombre de nobles temples chrétiens, mais qui aujourd'hui, généralement parlant, indiquent la position d'autant de mosquées musulmanes.

La lice, pour la commodité des spectateurs, était entourée de tous les côtés par de longues rangées de siéges en gradins. Au milieu de ces siéges, et précisément en face du centre de la lice, était un trône élevé, destiné à l'empereur lui-même, et séparé des galeries préparées pour la populace par une enceinte de barrières en bois qui, comme pouvait le voir un œil expérimenté, devaient en cas de besoin servir de retranchemens.

La lice avait soixante toises de long, sur peut-être quarante de large, et présentait un espace suffisant pour le combat soit à pied, soit à cheval. De nombreuses bandes de citoyens grecs commencèrent, dès la pointe du jour, à sortir des portes et poternes de la ville, à examiner, et non sans étonnement, la disposition de la lice, critiquer le but et l'utilité des différentes parties qui la composaient, et prendre leurs places pour voir le spectacle. Bientôt après arriva un fort détachement des soldats qu'on appelait les immortels Romains. Ils entrèrent sans cérémonie, et se placèrent des deux côtés de la barricade de bois qui défendait la place de l'empereur. Quelques uns d'entre eux prirent même une plus grande liberté; car, affectant d'être trop pressés contre la galerie, plusieurs s'approchèrent de la séparation et parurent vouloir l'escalader et se placer du même côté que l'empereur. Quelques vieux esclaves de la maison impériale se montrèrent alors, afin de défendre cette enceinte sacrée pour Alexis et sa cour; et à mesure que les immortels devenaient plus audacieux et plus turbulens, le nombre des défenseurs de l'enceinte prohibée parut graduellement s'accroître.

Il y avait, quoique on pût à peine le remarquer, outre la grande porte qui communiquait en dehors avec la galerie impériale, une autre entrée de côté, solidement fermée, par où différentes personnes furent introduites sous les siéges destinés à la maison impériale. Les individus, à la hauteur de leur taille, à la largeur de leurs épaules, aux fourrures de leurs manteaux, et surtout aux redoutables haches-d'armes qu'ils portaient tous, semblaient être des Varangiens; mais quoiqu'ils n'eussent ni le costume de grande tenue ni l'armure complète de guerre, cependant lorsqu'on les examinait de près, on pouvait s'apercevoir qu'ils portaient leurs armes offensives. On put observer que ces hommes, arrivant par troupes petites et séparées, se joignoient aux esclaves de l'intérieur du palais pour empêcher les Immortels d'occuper le siége de l'empereur et les places voisines. Deux ou trois Immortels, qui avaient réussi à passer par dessus les barrières, furent rejetés de l'autre côté sans beaucoup de cérémonie par les bras robustes et nerveux des Varangiens.

Le peuple, qui occupait les galeries voisines, dont la plupart avaient l'air de citoyens endimanchés, firent de nombreux commentaires sur ces procédés, et furent fort disposés à prendre parti pour les Immortels. «C'était une honte à l'empereur, disait-on, d'encourager ces barbares Bretons à s'interposer par violence entre sa personne et les cohortes des

Immortels de la cité, qui étaient en quelque sorte ses propres enfans.

Stephanos, l'athlète, que sa haute taille et sa force prodigieuse faisaient remarquer parmi les mécontens, dit sans hésiter : « S'il y a seulement ici deux hommes qui veulent se joindre à moi pour dire que les Immortels sont injustement privés de leur droit de garder la personne de l'empereur, voici la main qui les placera à côté du trône impérial. »

« Non, répondit un centurion des Immortels que nous avons déjà présenté à nos lecteurs sous le nom d'Harpax ; non, Stephanos ; cet heureux temps peut arriver, mais il n'est pas encore venu, mon joyau du cirque. Tu sais qu'en cette occasion c'est un de ces comtes, un de ces Francs d'Occident, qui doit combattre ; et les Varangiens, qui appellent ces gens-là leurs ennemis, ont quelque raison de réclamer le privilége d'être gardiens de la lice, privilége qu'il ne conviendrait pas de leur disputer en ce moment. Vraiment, mon homme, si tu étais seulement à moitié aussi spirituel que tu es grand, tu sentirais qu'il n'y a qu'un mauvais chasseur qui effraie le gibier par des cris, avant de l'avoir amené près des filets qu'il lui a tendus. »

Tandis que l'athlète roulait ses gros yeux gris comme pour trouver le sens de cette figure, son petit ami, Lysimaque l'artiste, faisant un effort pour s'élever sur la pointe des pieds et paraître intelligent, dit en s'approchant aussi près que possible de l'oreille d'Harpax : « Tu peux t'en rapporter à moi, brave centurion ; cet homme fort et robuste ne s'élancera point comme un chien mal dressé sur une fausse piste, et ne sera ni muet ni inactif quand le signal général sera donné. Mais dis-moi, » continua-t-il, parlant très bas, et pour ce, montant sur un gradin, ce qui le mit de niveau avec l'oreille du centurion, « n'aurait-il pas été mieux qu'une forte garde des vaillans Immortels eût été placée dans cette citadelle de bois, pour atteindre le but d'aujourd'hui ? »

« Sans doute, répondit le centurion, on le voulait ; mais ces vagabonds de Varangiens ont changé les postes de leur propre autorité. »

« Ne serait-il pas bien, dit Lysimaque, que vous, qui êtes

CHAPITRE XXIX.

beaucoup plus nombreux que les Barbares, vous commençassiez une dispute avec ces étrangers avant qu'il en arrive un plus grand nombre? »

« Ne crains rien, l'ami, répliqua le centurion froidement, nous connaissons notre temps. Une attaque commencée trop tôt serait pire qu'inutile, et nous ne trouverions plus l'occasion d'exécuter notre projet en temps convenable, si l'alarme était prématurément donnée en ce moment. »

A ces mots, il se mêla parmi ses compagnons d'armes, comme pour éviter toute relation suspecte avec les gens qui n'étaient regardés que comme conspirateurs bourgeois.

Tandis que la matinée avançait et que le soleil s'élevait sur l'horizon, les différentes personnes que la curiosité ou quelque motif plus décidé attiraient vers l'emplacement du combat, accoururent, comme on put le voir, des différentes parties de la ville, et s'empressèrent de prendre les places qui restaient encore sur les estrades élevées autour de la lice. Pour arriver au lieu où avaient été faits les préparatifs du combat, ils avaient à gravir une espèce de cap qui s'avançait dans l'Hellespont comme un petit promontoire, et le sommet fort élevé qui se rattachait à la côte offrait une montée rapide, et par conséquent commandait la vue du détroit qui sépare l'Europe de l'Asie, mieux que le voisinage immédiat de la ville, où le terrain plus bas encore sur lequel était placée la lice. En passant sur cette hauteur, les premières personnes qui se rendaient au combat ne s'y arrêtèrent que peu ou point; mais au bout de quelque temps, lorsqu'on put s'apercevoir que ceux qui s'étaient hâtés de se rendre dans la lice y restaient sans but ni motif, ceux qui les suivirent par le même chemin... par une curiosité bien naturelle, payèrent tribut au paysage, en donnant quelque attention à sa beauté, et s'arrêtèrent pour voir quels augures on pouvait tirer de l'eau, qui parussent indiquer le résultat des événemens qui allaient avoir lieu. Quelques marins qui rôdaient furent les premiers à remarquer qu'une escadre de petits bâtimens grecs (ceux de Tancrède) était arrivée d'Asie, et menaçait de faire une descente à Constantinople.

« Il est étrange, dit un individu qui avait le rang de capitaine d'une galère, que ces petits bâtimens, qui avaient ordre de revenir à Constantinople aussitôt qu'ils auraient débarqué les Latins, soient restés si long-temps à Scutari, et ne reviennent à la ville impériale que le second jour après leur départ d'ici.»

«Fasse le ciel, dit un autre homme de la même profession, que ces vaisseaux reviennent à vide. Il me semble que leurs mâts, leurs agrès, leurs vergues sont décorés des mêmes enseignes, ou à peu près, qu'y avaient déployées les Latins, lorsque, par ordre de l'empereur, ils furent transportés vers la Palestine. Ne dirait-on pas que leur retour ressemble à celui d'une flotte de navires marchands qui n'ont pu décharger leur cargaison au lieu de leur destination?»

«Il n'y a guère de profit, ajouta un des politiques dont nous avons déja parlé, à faire commerce de pareilles marchandises, soit qu'on les importe, soit qu'on les exporte. Cette ample bannière qui flotte au dessus de la première galerie annonce la présence d'un chef qui occupe un haut rang parmi les comtes, à cause de sa valeur ou de sa noblesse.»

Notre capitaine ajouta, du ton d'un homme qui veut faire comprendre qu'il a d'alarmantes nouvelles : «Ils paraissent s'être avancés dans le détroit à hauteur de pouvoir descendre avec la marée, et doubler le cap où nous sommes; mais pourquoi semblent-ils vouloir aborder si près des murs de la ville? il faut un homme plus habile que moi pour prétendre le dire.»

«Assurément, répliqua son camarade, ce n'est pas dans une bonne intention. Les richesses de la ville ont leur tentation pour des gens pauvres qui n'estiment le fer qu'ils possèdent que comme leur fournissant les moyens de se procurer l'or qu'ils convoitent.»

«Eh! oui, frère, reprit Démétrius le politique; mais ne voyez-vous pas à l'ancre dans la baie qui est formée par ce cap, et précisément à l'endroit où ces hérétiques doivent être poussés par la marée, six gros vaisseaux, pouvant, de dessous leurs ponts creux, faire pleuvoir une grêle non seulement de dards et de flèches, mais encore de feu grégeois, comme on l'appelle? Si ces messieurs les Francs continuent à diriger leur course sur la ville impériale, étant, comme ils sont,

CHAPITRE XXIX.

..... *Propago*
Contemptrix suprûm sanè sœvœque avidissima cædis,
Et violenta [1]*,*

nous allons bientôt être témoins d'un combat plus curieux que celui annoncé par la grande trompette des Varangiens. S'il vous plaît, asseyons-nous ici un moment, et voyons comment cette affaire finira. »

«La motion est excellente, mon ingénieux ami, dit Lascaris, car c'était ainsi que se nommait l'autre interlocuteur. Mais, dites-moi, ne serons-nous pas ici à portée des traits par lesquels ces audacieux Latins ne manqueront pas de riposter au feu grégeois, si, suivant votre conjecture, l'escadre impériale le lance contre eux?»

«Ce n'est pas mal raisonné, mon ami, répliqua Démétrius; mais sachez que vous avez affaire à un homme qui s'est déja trouvé dans de pareilles extrémités; et si une telle décharge venait à partir de la mer, je vous proposerais de reculer d'une cinquantaine de toises, et de mettre ainsi la pointe de ce cap entre eux et nous : un enfant pourrait alors les braver sans aucune crainte. »

«Vous êtes un homme sage, voisin, dit Lascaris, et vous possédez ce mélange de science et de valeur qui convient à un homme avec lequel un ami pourrait risquer sa vie en toute sûreté. Il y a des gens, par exemple, qui ne peuvent vous montrer la moindre des choses qui se passent, sans vous mettre en péril pour vos jours, au lieu que vous, mon digne ami Démétrius, grace à vos vastes connaissances en affaires militaires et à vos égards pour vos amis, vous êtes sûr de leur faire voir tout ce qui vaut la peine d'être vu, sans le moindre danger pour leur personne, que tout naturellement on ne se soucie guère d'exposer... Mais, sainte Vierge! que signifie ce pavillon rouge qui vient d'être arboré par l'amiral grec?»

«C'est, voyez-vous, voisin, répondit Démétrius, que ces hérétiques d'Occident continuent à avancer sans faire attention aux différens signaux que lui a faits notre amiral de s'arrêter, et maintenant il arbore la couleur de sang, comme si

---

[1] *Ovide*, Métamorphoses. Le sens de ce passage est celui-ci : « Race bravant les dieux, avide de carnage, et violente... »

un homme fermait le poing et disait : « Si vous persistez dans votre incivile intention, je ferai ceci et cela. »

« Par sainte Sophie ! dit Lascaris, c'est lui donner un bon avis. Mais qu'est-ce que va donc faire l'amiral de l'empereur ? »

« Courez ! courez ! ami Lascaris, répliqua Démétrius, ou vous en verrez plus que peut-être vous n'êtes curieux d'en voir. »

En conséquence, pour joindre la force de l'exemple au précepte, Démétrius se ceignit les reins, et se retira avec la plus édifiante vitesse de l'autre côté du cap, suivi par la plus grande partie de la foule, qui s'était arrêtée au même endroit pour être témoin du combat que le nouvelliste promettait, et qui était décidée à le croire sur parole quant au danger. Le bruit et la vue de ce qui avait alarmé Démétrius était la décharge d'une grande quantité de feu grégeois, que peut-être on ne peut mieux comparer qu'à une de ces immenses fusées à la Congrève d'aujourd'hui, qui prend sur ses épaules un petit grapin ou une ancre, et traverse les airs en sifflant, comme un démon pliant sous le faix des ordres de quelque magicien inexorable, et dont les effets étaient si terribles que les équipages des navires attaqués de cette étrange manière renonçaient à toute tentative de défense, et ne cherchaient qu'à échouer sur le rivage. On supposait qu'un des principaux ingrédiens de ce feu terrible était le naphte, bitume qu'on recueille sur les bords de la mer Noire, et qui une fois mis en état d'ignition, ne pouvait s'éteindre que par un mélange fort singulier qu'il n'était pas probable qu'on aurait sous la main. Il produisait une épaisse fumée et une bruyante explosion : « Il était capable, dit Gibbon, de communiquer ses flammes avec une égale véhémence, soit en descendant, soit latéralement. Dans les siéges, on le versait du haut des remparts, ou on le lançait, comme nos bombes, dans des boules de pierre et de fer rouge, ou bien dans du chanvre dont on entourait les flèches et les javelines. On regardait comme un secret d'état de la plus haute importance la manière de le composer ; et, pendant quatre siècles environ, les Musulmans ne la connurent pas. Mais enfin la composition en fut découverte par les Sarrasins, qui l'employèrent pour repousser les croisés et vaincre les Grecs, pour qui il avait été long-temps le plus formidable instrument de défense. Il faut accorder quelque exagération à une époque barbare, mais nul doute que la description du croisé Joinville doive être admise en général comme exacte : «Ce feu fendait l'air, dit ce bon chevalier, comme un dragon ailé de la grosseur d'un muids environ, avec le bruit de la foudre et la rapidité de l'éclair, et l'obscurité de la nuit était dissipée par cette horrible illumination.»

Non seulement l'intrépide Démétrius et son ami Lascaris, mais encore toute la multitude qu'entraîna leur exemple, prirent la fuite à toutes jambes lorsque l'amiral grec tira la première décharge; et, quand les autres vaisseaux de l'escadre imitèrent leur amiral, les cieux furent remplis d'un bruit terrible et inaccoutumé, tandis que la fumée était assez épaisse pour obscurcir jusqu'à l'air. Comme les fugitifs passaient sur la cime du promontoire, ils virent le marin que nous avons déja mentionné comme spectateur, tranquillement couché au fond d'un fossé à sec, où il était arrangé de manière à être, autant que possible, à l'abri de tout accident. Il ne put cependant s'empêcher de lancer une plaisanterie aux politiques.

«Qu'est-ce donc, mes bons amis, s'écria-t-il sans lever la tête au dessus de la contrescarpe de son fossé, ne resterez-vous pas assez long-temps à votre poste pour finir la docte dissertation sur les combats de terre et de mer que vous avez eu si bonne occasion de commencer? Croyez-moi, le bruit fait plus de peur que de mal; tous les feux sont lancés dans une direction opposée à la vôtre, et s'il arrive qu'un de ces dragons que vous voyez vienne du côté de la terre au lieu d'aller du côté de l'eau, c'est une méprise de quelque mousse qui aura manié la mèche avec plus de bonne volonté que d'adresse.»

Démétrius et Lascaris entendirent juste assez de la harangue du héros naval pour être informés du nouveau péril qui pourrait les assaillir par suite d'une mauvaise direction donnée au feu, et, se précipitant vers la lice à la tête de la multitude éperdue de frayeur, ils propagèrent bientôt l'alarmante nouvelle que les Latins revenaient d'Asie avec l'intention de débarquer en armes, de piller et de brûler la ville.

Cependant le vacarme subit qui retentissait dans les airs était bien de nature à confirmer dans l'opinion publique la cause qu'on lui assignait, si exagérée qu'elle fût. Le tonnerre du feu grégeois se faisait entendre successivement coup sur coup; et chaque coup répandait tour à tour une masse de fumée noire sur la face du paysage, qui, épaissie par tous les nuages successifs, sembla enfin, comme celle que soulève un feu bien soutenu d'artillerie moderne, obscurcir tout l'horizon.

La petite escadre de Tancrède était complétement dérobée à la vue par les volumes de fumée que les bizarres instrumens de guerre de l'ennemi lançaient continuellement au milieu des airs; et il sembla, par une lueur rouge qui commença à se montrer dans le plus épais des ténèbres, qu'un bâtiment de la flottille avait au moins pris feu. Cependant les Latins résistèrent avec une obstination digne de leur courage et de la renommée de leur célèbre chef. Ils avaient quelque avantage dans la petitesse de leurs navires et leur peu d'élévation au dessus de l'eau, aussi bien que dans l'état ténébreux de l'atmosphère, qui empêchait qu'ils servissent aisément de point de mire au feu des Grecs.

Pour accroître ces avantages, Tancrède, à l'aide de barques et de tous les signaux grossiers connus à cette époque, donna ordre aux bâtimens de sa flottille de ne pas s'inquiéter du sort des autres, d'avancer chacun séparément, et de mettre leurs hommes à terre dans l'endroit et de la manière qu'ils pourraient effectuer cette manœuvre. Tancrède lui-même donna un noble exemple: il était à bord d'un bon navire, garanti jusqu'à un certain point de l'effet du feu grégeois, en ce qu'il était en grande partie recouvert de cuir cru, récemment mouillé. Ce navire était monté par plus de cent braves guerriers, chevaliers pour la plupart, qui avaient toute la nuit humblement manié la rame, et tenaient ce matin-là dans leurs mains l'arbalète et l'arc, généralement regardés comme les seules armes qui convinssent à des gens de qualité. Ainsi armé et ainsi préparé, le prince Tancrède donna à son bâtiment toute la vitesse que le vent, la marée et la rame pouvaient obtenir, et, le mettant en position d'en profiter autant que ses connaissances navales le lui per-

CHAPITRE XXIX.

mettaient, il s'élança avec la rapidité de l'éclair au milieu des vaisseaux de Lemnos, lançant de toute part flèches, dards, javelines et traits de toute espèce, avec d'autant plus d'avantage que les Grecs, se fiant à leur feu artificiel, avaient omis de se munir d'autres armes, de sorte que, quand le valeureux croisé les assaillit avec tant de fureur, répondant à l'épouvante que semait leur feu grégeois par une pluie non moins formidable de flèches et de traits, ils commencèrent à sentir que leur avantage était beaucoup moindre qu'ils l'avaient supposé, et que, comme la plupart des dangers, le feu maritime des Grecs, lorsqu'on le bravait intrépidement, perdait au moins la moitié de ses terreurs. Les marins grecs aussi, lorsqu'ils virent avancer si près les vaisseaux remplis de Latins couverts d'acier, commencèrent à craindre un combat corps à corps avec un si redoutable ennemi.

Peu à peu la fumée commença à sortir des flancs du grand navire grec, et la voix de Tancrède annonça à ses soldats que le vaisseau de l'amiral ennemi avait pris feu par suite de négligence dans l'emploi des moyens de destruction qu'il possédait, et que tout ce qu'ils avaient alors à faire était de se tenir à distance pour ne pas partager son sort. On vit bientôt des étincelles et des flammèches partir de place en place à bord de l'immense bâtiment, comme si l'élément eût désiré et voulu répandre davantage la consternation, et faire tourner la tête au petit nombre de ceux qui donnaient encore attention aux ordres de leur amiral et tâchaient d'éteindre le feu. La connaissance des matières combustibles qu'ils avaient à bord commença bientôt à joindre le désespoir à la terreur, et l'on vit les malheureux hommes de l'équipage s'élancer du haut des mâts, des vergues, des agrès, des flancs, de toute part enfin, presque tous pour trouver dans l'eau une mort qui leur semblait beaucoup plus terrible dans le feu. L'équipage du bâtiment de Tancrède, cessant, par ordre de ce généreux prince, de lancer leurs projectiles contre un ennemi qui était à la fois menacé par l'eau et le feu, poussèrent leur bâtiment vers la côte dans une partie de la baie qui était tranquille, et, sautant dans la mer, là peu profonde, ils prirent terre sans difficulté; et un grand nombre de leurs coursiers, grace aux efforts de leurs maîtres et à la docilité des animaux, arrivèrent en même temps qu'eux sur le rivage. Leur chef ne perdit pas de temps pour former une phalange de lanciers à rangs serrés, peu nombreuse d'abord, mais augmentant toujours à mesure que les bâtimens de la petite flottille venaient échouer sur la côte, ou que, s'amarrant fort tranquillement au rivage, ils débarquaient leurs hommes qui allaient rejoindre leurs compagnons.

Le nuage qui avait été élevé par le combat fut alors entraîné par le vent, et le détroit n'offrit plus que quelques vestiges de l'action. Là flottaient sur les vagues les restes rompus et fracassés d'un ou deux vaisseaux latins qui avaient été brûlés au commencement du combat, quoique leurs équipages, par les efforts de leurs camarades, eussent été généralement sauvés. Plus bas on apercevait les cinq navires qui restaient de l'escadre de Lemnos, effectuant leur retraite avec peine et en désordre, dans le dessein de gagner le havre de Constantinople. A l'endroit qui venait d'être le théâtre de l'action était amarré le vaisseau de l'amiral grec, brûlé jusqu'à fleur d'eau et envoyant encore une fumée noire de ses poutres et de ses planches en feu. La flottille de Tancrède, occupée à décharger les troupes, était éparse irrégulièrement le long de la baie, les hommes gagnant terre comme ils pouvaient et courant rejoindre l'étendard de leur chef. Différens objets noirâtres flottaient à la surface de l'eau plus ou moins loin du rivage : les uns étaient des débris des vaisseaux qui avaient été détruits, et d'autres, encore plus tristes à voir, les corps inanimés des marins qui avaient péri dans le combat.

L'étendard avait été porté à terre par le page favori du prince, Ernest d'Apulie, aussitôt que la quille de la galère de Tancrède avait touché le sable ; il fut alors planté au faîte du cap élevé qui se trouvait entre Constantinople et la lice, où Lascaris, Démétrius et d'autres bavards s'étaient établis au commencement de l'action, mais qu'ils avaient tous quittés en fuyant, doublement effrayés des feux grégeois et des traits des croisés latins.

CHAPITRE XXX.
Les deux Officiers.

Revêtu d'une armure complète, et tenant de la main droite l'étendard de ses pères, Tancrède demeura avec sa poignée de guerriers comme autant de statues de bronze, s'attendant à être attaqués par les troupes grecques qui occupaient la lice, ou par les habitans qui sortaient en foule des portes de la ville... quelques uns soldats, d'autres citoyens, et la plupart équipés comme pour combattre. Ces personnes, alarmées des divers bruits qui avaient couru sur les combattans et sur l'issue de l'affaire, se dirigèrent vers l'étendard du prince Tancrède, avec l'intention de le renverser et de disperser les gardes qui lui devaient hommage et respect. Mais il est parfois arrivé au lecteur de parcourir un pays de pâturages, suivi d'un chien de bonne race; il doit avoir remarqué dans la déférence que finit par avoir le chien de berger pour le noble animal, tandis qu'il traverse la vallée solitaire dont le premier s'imagine être le seigneur et gardien, quelque chose de semblable à la conduite des Grecs irrités, quand ils approchèrent de la petite troupe des Francs. Au premier symptôme de l'arrivée d'un intrus, le chien de berger se réveille en sursaut et se précipite vers le noble arrivant avec une bruyante déclaration de guerre; mais quand la diminution de la distance qui les sépare montre à l'agresseur la taille et la force de son adversaire, il devient comme le croiseur qui dans une chasse s'aperçoit, à sa grande surprise et à sa non moins grande frayeur, qu'il lui faut combattre un navire à deux ponts au lieu d'un. Il s'arrête, suspend ses bruyans aboiemens, et enfin bat sans gloire en retraite vers son maître, donnant les preuves les plus déshonorantes qu'il refuse positivement le combat.

Ce fut de cette manière que les troupes des Grecs tumultueux, avec force cris et force bravades, s'élancèrent de la lice et de la ville, avec l'intention apparente de chasser les compagnons peu nombreux de Tancrède du lieu qu'ils occupaient. Mais lorsqu'ils se furent avancés, de manière à voir l'ordre calme et régulier des hommes qui avaient pris terre, rangés qu'ils étaient sous la bannière de ce noble capitaine, ils changèrent totalement leur résolution d'en venir sur-le-champ aux mains : leur course devint une marche incertaine et tremblante, leurs têtes se tournèrent plus souvent du côté d'où ils venaient que vers l'ennemi ; et leur désir de provoquer une lutte immédiate s'évanouit tout-à-fait quand ils ne virent pas le moindre indice que leurs adversaires s'en inquiétassent.

Ce qui ajoutait à l'extrême confiance avec laquelle les Latins maintenaient leur position, c'étaient les renforts fréquens, quoique peu nombreux, qu'ils recevaient de leurs camarades qui débarquaient par détachemens le long de la baie ; et qu'au bout d'une heure, leur nombre s'était élevé, tant à pied qu'à cheval, sauf quelques hommes qui avaient péri, à celui qui existait en partant de Scutari.

Une autre raison qui empêcha d'attaquer les Latins, fut le peu de disposition des deux principaux partis qui se trouvaient là en armes, à entrer en querelle avec eux. Les gardes de toute espèce, qui étaient fidèles à l'empereur, et surtout les Varangiens, avaient ordre de rester fermes à leur poste, quelques uns dans la lice, et d'autres en différens lieux de réunion dans Constantinople même, où leur présence était nécessaire pour prévenir les effets de l'insurrection soudaine qu'Alexis savait être méditée contre lui. Ils ne firent donc aucune démonstration hostile contre la troupe des Latins, et l'intention de l'empereur n'était nullement qu'ils en fissent.

D'un autre côté, la plus grande partie des gardes immortelles et des citoyens qui étaient disposés à jouer un rôle dans la conspiration avaient été tous persuadés par les agens de feu Agelastès, que les Latins, commandés par Tancrède, parent de Bohémond, avaient été envoyés par celui-ci à leur secours. Les hommes restèrent donc tranquilles et ne firent aucune tentative pour guider ou diriger les efforts des gens du peuple, disposés à assaillir ces visiteurs inattendus. Le projet d'attaque ne fut donc partagé que par peu d'individus, tandis que la plupart ne désiraient rien tant que trouver une excuse pour se tenir en repos.

Cependant l'empereur, de son palais de Blaquernal, obser-

CHAPITRE XXX.

vait tout ce qui se passait sur le détroit, et voyait sa flotte de Lemnos échouer totalement dans sa tentative d'empêcher au moyen du feu grégeois le débarquement de Tancrède et de ses hommes. Il n'eut pas plus tôt vu le principal vaisseau de cette escadre commencer à dissiper les ténèbres par l'incendie qui le dévorait lui-même, qu'il forma la secrète résolution de désavouer le malheureux amiral, et de faire la paix avec les Latins en leur envoyant sa tête, si c'était absolument nécessaire. Il avait donc à peine vu les flammes éclater et les autres navires lever l'ancre pour battre en retraite, que la condamnation de l'infortuné Phraortes (car tel était le nom de l'amiral), fut arrêtée et signée dans son esprit.

Au même instant, Achille Tatius, déterminé à ne pas perdre l'empereur de vue dans cette crise importante, vint précipitamment au palais avec un air très alarmé.

«Sire!... majesté impériale! s'écria-t-il, je suis malheureux d'être le porteur de si tristes nouvelles; mais les Latins sont parvenus à traverser en grand nombre le détroit, venant de Scutari. L'escadre de Lemnos a cherché à les arrêter, comme on l'avait décidé la nuit dernière dans le conseil impérial de guerre. Par une forte décharge de feu grégeois, un ou deux vaisseaux des croisés sont devenus la proie des flammes, mais le plus grand nombre ont poursuivi leur course et brûlé le navire du malheureux Phraortes, et l'on assure qu'il a lui-même péri avec la plupart de ses hommes. Les autres bâtimens ont coupé leurs câbles et abandonné la défense du passage de l'Hellespont. »

« Et vous, Achille Tatius, dit l'Empereur, dans quelle intention est-ce que vous m'apportez ces tristes nouvelles, lorsqu'il est trop tard pour que je puisse en prévenir les suites? »

« Avec votre permission, très gracieux empereur, répliqua le conspirateur non sans rougir ni balbutier, telle n'était pas mon intention... J'avais espéré vous soumettre un plan par lequel j'aurais aisément préparé les moyens de réparer cette petite erreur. »

« Eh bien ! votre plan, monsieur ? » dit l'empereur sèchement.

« Avec la permission de votre majesté sacrée, dit l'acolyte, je me serais chargé moi-même du soin de conduire contre ce

Tancrède et ses Italiens les haches de la fidèle garde varangienne, qui ne s'inquiéterait pas plus du petit nombre de Francs qui ont débarqué, que le fermier ne s'inquiète des troupes de rats et de souris, ou de toute autre vermine malfaisante qui vient se loger dans ses greniers. »

« Et que voulez-vous que je fasse, pendant que mes Anglo-Saxons se battront pour moi ? » demanda l'empereur.

« Votre majesté, répondit Achille, qui n'était pas tout-à-fait satisfait du ton sec et caustique avec lequel lui parlait l'empereur, peut se mettre à la tête des cohortes immortelles de Constantinople; et je vous réponds que vous pouvez rendre complète la victoire sur les Latins, ou du moins éloigner la plus légère chance de défaite en avançant à la tête de ce corps choisi de troupes nationales, si l'issue de la journée semblait incertaine. »

« Mais vous, vous-même, Achille Tatius, vous nous avez plusieurs fois assuré, répliqua l'empereur, que ces Immortelles conservent un attachement pervers pour le rebelle Ursel. Comment se fait-il donc que vous nous conseilliez de confier notre défense à ces troupes, quand nous aurons engagé nos vaillans Varangiens dans le combat que vous proposez contre la fleur de l'armée d'Occident? Avez-vous pensé à ce risque, seigneur acolyte? »

Achille Tatius fut alarmé d'un langage qui semblait dénoter que son dessein était connu; il répondit que « dans sa précipitation il avait été plus empressé à conseiller le plan qui exposait sa propre personne à un plus grand danger, que celui-ci peut-être qui compromettait moins la sûreté personnelle de l'empereur son maître. »

« Je vous remercie de l'avoir fait, dit l'empereur; vous avez prévenu mes désirs. Quoiqu'il ne soit pas en mon pouvoir à présent de suivre l'avis que vous me donnez, nul doute que je n'eusse été fort content si ces Latins avaient repassé le détroit, comme on me l'avait suggéré dans ce conseil de la nuit dernière; mais puisqu'ils ont débarqué et qu'ils se tiennent en bataille sur nos rivages, mieux vaut les payer avec de l'argent et des dépouilles qu'avec la vie de nos braves sujets. Nous ne pouvons d'ailleurs croire qu'ils soient venus avec l'intention sérieuse de nous faire du mal; il n'y a que l'insensé désir d'être témoin des prouesses d'un combat singulier, ce qui est pour eux le souffle de leurs narines, qui ait pu les porter à cette contre-marche partielle. Je vous commande donc, Achille Tatius, et je donne au protospathaire le même ordre qu'à vous, de vous rendre vers cet étendard et de demander à leur chef, qui se nomme le prince Tancrède, s'il y est en personne, le but de son retour et la cause du combat qui a eu lieu entre lui et l'escadre de Lemnos commandée par Phraortes. S'il peut alléguer quelque excuse raisonnable, nous ne ferons pas difficulté de nous en accommoder ; car nous n'avons pas consenti à tant de sacrifices afin de conserver la paix pour faire éclater la guerre, si, après tout, un si grand malheur peut être évité. Vous recevrez donc avec calme et indulgence les excuses qu'ils pourraient être disposés à faire; et soyez certain que la vue de ce spectacle de marionnettes... un combat singulier... suffira seul pour bannir toute autre considération de l'esprit de ces fous de croisés. »

On entendit en ce moment frapper à la porte de l'appartement de l'empereur; et lorsque celui-ci eût répondu « entrez !» le protospathaire se présenta. Il portait une armure splendide à la mode des anciens Romains. Son casque sans visière laissait voir ses traits, et pâle, inquiète comme était sa figure, ils n'allaient pas à merveille, le cimier martial et la plume ondoyante qui décorait le casque. Il reçut la commission dont nous avons déja parlé, avec d'autant moins d'empressement que l'acolyte lui était adjoint pour collègue; car, comme le lecteur peut l'avoir remarqué, ces deux officiers étaient des partis différens dans l'armée, et en mauvaise intelligence l'un avec l'autre. L'acolyte ne regarda pas non plus le fait de l'adjonction du protospathaire comme une preuve de la confiance de l'empereur, ou comme un gage de sa propre sûreté; mais en attendant, il était dans le Blaquernal où les esclaves de l'intérieur n'hésitaient jamais un instant, dès qu'ils en recevaient l'ordre, à exécuter un officier de la cour. Les deux généraux n'avaient donc pas d'autre alternative que celle qu'on laisse à deux levriers qui sont malgré eux accouplés ensemble. L'espérance d'Achille Tatius était de pouvoir s'acquitter en sûreté de sa mission auprès de Tancrède, après quoi il pensait que l'explosion de la conspiration pourrait avoir lieu et suivre heureusement son cours, soit comme appuyée et désirée par les Latins, soit comme une chose dans laquelle ils resteraient tout-à-fait indifférens.

Le dernier ordre de l'empereur fut de monter à cheval au premier son de la grande trompette varangienne, de se mettre à la tête de ces Anglo-Saxons dans la cour de leur caserne, et d'attendre les ordres ultérieurs de sa majesté.

Il y avait quelque chose dans cet arrangement qui pesait sur la conscience d'Achille Tatius; cependant il ne savait comment justifier les craintes qu'il concevait pour lui-même, autrement que par la conscience de ses crimes. Il sentait néanmoins que, en le retenant sous prétexte d'une honorable mission à la tête des Varangiens, on lui ôtait la liberté de disposer de lui-même, tandis qu'il avait espéré pouvoir communiquer avec le César et Hereward qu'il regardait comme ses actifs complices, ne sachant pas que le premier était en ce moment prisonnier dans Blaquernal où Alexis l'avait arrêté dans les appartemens de l'impératrice, et que le second était le plus important soutien de Comnène dans ce jour si fertile en événemens.

Quand la gigantesque trompette des gardes varangiennes fit entendre son bruyant signal dans toute la ville, le protospathaire entraîna Achille avec lui au rendez-vous des Varangiens, et lui dit, chemin faisant, du ton aisé de l'indifférence : « Comme l'empereur exerce aujourd'hui ses droits en personne, vous ne pourrez par conséquent, vous, son représentant, son acolyte, ne donner aucun ordre à la garde, à moins que sa majesté elle-même vous en transmette, de sorte que vous regarderez votre autorité comme suspendue pour aujourd'hui. »

« Je regrette, répondit Achille, qu'il ait semblé y avoir des motifs pour de telles précautions ; j'avais espéré que ma bonne foi et ma fidélité... mais... je dois obéir en toutes choses au bon plaisir de l'empereur...

« Tels sont ses ordres, répliqua l'autre officier, et vous savez sous quelle peine on exige l'obéissance. »

« Si je ne le savais pas, dit Achillle, la composition de cette garde me l'apprendrait, puisqu'elle renferme non seulement une grande partie de ces Varangiens qui sont les défenseurs

CHAPITRE XXX.

immédiats du trône de l'empereur, mais aussi les esclaves du palais, exécuteurs de ses volontés. »

Le protospathaire ne lui répliqua rien, tandis que, plus l'acolyte examinait attentivement la troupe qui suivait, montant au nombre peu ordinaire de trois mille hommes, plus il avait raison de croire qu'il devait s'estimer heureux si, par l'intervention du César, d'Agelastès ou d'Hereward, il pouvait avertir les conspirateurs de retarder l'explosion projetée, contre laquelle l'empereur semblait s'être prémuni avec une rare circonspection. Il aurait donné tous ces rêves d'empire dont il s'était bercé encore si récemment, seulement pour apercevoir le panache d'azur de Nicéphore, le manteau blanc du philosophe, ou même le luisant de la hache d'Hereward. Mais ces objets, il ne les voyait nulle part, et le fidèle acolyte ne fut pas peu mécontent de remarquer qu'aussitôt qu'il tournait les yeux d'un côté, ceux du protospathaire, et surtout des inflexibles esclaves du palais, semblaient épier ce que les siens cherchaient.

Parmi les nombreux soldats qu'il voyait de tout côté, ses yeux ne reconnaissaient pas un seul homme avec lequel il pût échanger un regard ami ou confidentiel, et il demeurait dans cette agonie de terreur qui est d'autant plus accablante que le traître sent bien que, entouré de divers ennemis, ce sont probablement ses propres craintes qui le trahiront. Intérieurement, et à mesure que le danger semblait accroître, et que son imagination alarmée cherchait à découvrir de nouveaux motifs de craindre, il ne pouvait que conclure qu'un des trois principaux conspirateurs ou du moins quelque subalterne, s'était rendu délateur, et il ne savait s'il ne devait pas se faire pardonner la part qu'il avait prise au complot en se jetant aux pieds de l'empereur, et en lui avouant tout. Mais encore la crainte de trop se hâter en recourant à un moyen si bas pour se sauver la vie, et l'absence de l'empereur, se réunirent pour retenir sur ses lèvres un secret qui n'importait pas seulement à sa fortune future, mais encore à son existence même. Il était donc, en attendant, comme plongé dans une mer de trouble et d'incertitude, tandis que les pointes de terre qui semblaient lui offrir un refuge n'apparaissaient que dans le lointain, dans les ténèbres, et semblaient extrêmement difficiles à atteindre.

CHAPITRE XXXI.

Le Pardon.

> Demain... oh! c'est bientôt! Épargne-le, épargne-le; il n'est pas préparé à mourir
> SHAKSPEARE.

Au moment où Achille Tatius, sentant combien sa sûreté était compromise, attendait que l'écheveau dangereux de la politique d'état finît par se dévider, un conseil privé de la famille impériale se tenait dans la salle appelée le *Temple des Muses*, que nous avons souvent désignée comme l'appartement où la princesse Anne Comnène avait coutume de faire ses lectures du soir aux personnes qui étaient admises à l'honneur d'entendre lire d'avance des extraits de son histoire. Le conseil se composait de l'impératrice Irène, de la princesse elle-même et de l'empereur, outre le patriarche de l'église grecque qui assistait comme une sorte de médiateur entre un excès de sévérité et un degré dangereux de douceur.

«Ne me débitez pas, Irène, dit l'empereur, toutes les belles choses qu'on peut dire en faveur de la pitié. Je viens de renoncer à ma vengeance si juste contre mon rival Ursel, et quel avantage en ai-je retiré? Cet obstiné vieillard, au lieu de devenir traitable et d'être sensible à la générosité qui lui a laissé la vie et les yeux, ne consent qu'à peine à faire quelques efforts en faveur du prince à qui il en est redevable. J'avais coutume de croire que la vue et le souffle de la vie étaient des choses que l'on conservait au prix de tous les sacrifices; maintenant, au contraire, je pense qu'on ne les estime que comme de simples jouets. Ne me parlez donc pas de la reconnaissance que j'exciterai en épargnant ce jeune ingrat; et croyez, ma fille, ajouta-t-il en se tournant vers Anne, que non seulement tous mes sujets se riraient de moi

CHAPITRE XXXI.

si je pardonnais à un homme si déterminé à causer ma perte, mais qu'encore vous seriez la première à me reprocher ce sot excès de tendresse, que vous faites maintenant tant d'efforts pour m'arracher. »

« Votre bon plaisir impérial, dit le patriarche, est donc irrévocablement que votre malheureux gendre reçoive la mort pour sa complicité à cette conspiration, trompé qu'il fut, par cet infame païen Agelastès et par le traître Achille Tatius ? »

« Telle est mon intention, répliqua l'empereur ; et pour preuve que je ne veux pas une seconde fois faire exécuter en apparence seulement une sentence de ce genre, comme dans le cas d'Ursel, notre traître, notre ingrat va être conduit du haut de l'escalier, du haut de l'échelle de l'Achéron, comme on le nomme, dans la vaste salle appelée *Chambre du Jugement*, à l'extrémité de laquelle sont déjà faits les préparatifs de l'exécution ; et je jure... »

« Ne jurez rien ! s'écria le patriarche ; je vous défends, au nom du ciel dont la voix part par ma bouche, tout indigne que je sois, d'éteindre le chanvre qui fume encore, de détruire la faible espérance qui peut encore rester, qu'on vous persuadera enfin de changer votre résolution à l'égard de votre gendre égaré, dans l'espace de temps qui lui reste pour implorer votre pardon. Rappelez-vous, je vous en conjure, les remords de Constantin. »

« Que veut dire votre révérence ? » demanda Irène.

« Une bagatelle, répliqua l'empereur, indigne de sortir d'une bouche comme celle du patriarche, puisque c'est, suivant toutes les probabilités, un reste de paganisme. »

« Qu'est-ce donc ? » s'écrièrent les princesses avec chaleur, dans l'espoir d'entendre quelque chose qui pût augmenter la force de leurs argumens, et mues peut-être par la curiosité du sentiment qui ne sommeille guère dans un cœur de femme, lors même que des passions plus violentes sont sous les armes.

« Le patriarche vous le dira, répondit Alexis, puisque vous voulez absolument le savoir, mais je vous promets que vos argumens ne prendront aucune force nouvelle dans une sotte légende. »

«Écoutez-la cependant, dit le patriarche; car, quoique ce soit une histoire un peu ancienne, et que parfois on suppose qu'elle remonte au temps où le paganisme prédominait sur la terre, il n'en est pas moins vrai qu'il s'agit d'un vœu fait et enregistré dans la chancelerie du vrai dieu, par un empereur de Grèce.

«Dans l'histoire que je vais vous raconter, continua-t-il, il est véritablement question, non seulement d'un empereur chrétien, mais encore de celui-là qui rendit chrétien tout l'empire, de ce Constantin qui fut aussi le premier qui en déclara Constantinople la métropole. Ce héros, également remarquable et par son zèle pour la religion et par ses exploits à la guerre, obtint du Ciel d'innombrables victoires, et toute espèce de bénédictions, sauf cette union de famille que les hommes sages sont si ambitieux de posséder. Non seulement la bénédiction de la concorde entre frères fut refusée à la famille de cet empereur triomphant, mais un fils plein de mérite et d'un âge mûr, qu'on accusait d'aspirer à partager le trône de son père, fut soudainement et à minuit appelé à se défendre contre une accusation capitale de trahison. Vous excuserez aisément de ne pas vous rapporter les artifices au moyen desquels le fils fut présenté comme coupable aux yeux de son père. Qu'il me suffise de dire que l'infortuné jeune homme périt victime du crime de sa belle-mère, Fausta, et qu'il dédaigna de se défendre d'une accusation si monstrueuse et si erronée. On dit que la colère de Constantin contre son fils fut entretenue par des flatteurs, qui lui firent observer que le coupable dédaignait même d'implorer sa merci, ou de montrer qu'il était innocent d'un crime si atroce.

«Mais le coup mortel n'eut pas plus tôt frappé l'innocent jeune homme, que son père acquit la preuve de la précipitation avec laquelle il avait agi. Il s'occupait alors à faire construire les parties souterraines du palais Blaquernal, où sa conscience voulut qu'il plaçât un monument de sa douleur paternelle et de ses remords. Au haut de l'escalier qu'on nomme le Puits de l'Achéron, il fit bâtir une vaste chambre, encore appelée la Salle du Jugement, où se font les exécutions. A l'extrémité de cette salle se trouve, dans le mur, une porte cintrée, qui communique avec ce lieu de misère où sont disposés la hache et les autres instrumens, pour l'exécution des grands prisonniers d'État. Sous cette porte fut placée une espèce d'autel en marbre, surmonté d'une statue de l'infortuné Crispus. Elle était d'or, et portait cette mémorable inscription : «A MON FILS, QUE J'AI CONDAMNÉ TÉMÉ-RAIREMENT, ET QUE J'AI FAIT EXÉCUTER AVEC TROP DE PRÉCIPITATION.» Lorsqu'il éleva ce monument, Constantin fit vœu, pour lui et sa postérité, que l'empereur régnant se tiendrait à côté de la statue de Crispus, toutes les fois qu'un individu de sa famille serait conduit à l'exécution, et qu'avant de le laisser passer de la salle du Jugement dans la chambre de la Mort, il devait se convaincre personnellement de la validité des motifs de l'accusation.

«Le temps a passé... La mémoire de Constantin est conservée presque comme celle d'un saint, et le respect qu'il inspire aujourd'hui laisse dans l'ombre l'anecdote de la mort de son fils. Les besoins de l'État ont rendu difficile de conserver une si grande valeur en statue, surtout lorsque cette statue rappelait la triste faute d'un homme si illustre. Les prédécesseurs de votre majesté impériale ont employé le métal qui la formait à subvenir aux frais des guerres contre les Turcs; et le remords, le repentir de Constantin ont été oubliés, uniquement conservés par un tradition obscure dans l'église et dans le palais. Toutefois, à moins que votre majesté impériale n'ait de fortes raisons d'agir autrement, j'ose dire que mon opinion serait que vous manqueriez presque à ce qui est dû à la mémoire du plus grand de vos prédécesseurs, si vous ne donniez pas au malheureux criminel, votre si proche parent, l'occasion de plaider sa cause, avant de passer devant l'autel de refuge, nom communément donné au monument de l'infortuné Crispus, fils de Constantin, quoique aujourd'hui dépouillé des lettres d'or qui composaient l'inscription, et de la statue d'or qui représentait la royale victime.»

On entendit alors une musique lugubre qui montait l'escalier dont il a été si souvent fait mention.

«S'il faut que j'entende le César Nicéphore Briennius avant qu'il passe l'autel de refuge, il n'y a point de temps à perdre, dit l'empereur; car ces sons funèbres annoncent qu'il approche déja de la salle du Jugement.»

Les princesses se mirent aussitôt, et avec les plus vives instances, à le supplier de ne pas souffrir qu'on exécutât la sentence portée contre le César, et à le conjurer, s'il voulait maintenir la paix dans l'intérieur de sa maison, et mériter la reconnaissance éternelle de son épouse et de sa fille, d'écouter leurs prières en faveur d'un infortuné qui avait été séduit, entraîné dans le crime, mais innocent au fond du cœur.

«Du moins je le verrai, répliqua l'empereur; et le saint vœu de Constantin sera, en cette occasion, strictement exécuté. Mais rappelez-vous, femmes insensées, que la situation de Crispus et celle du César actuel diffèrent autant que le crime et l'innocence; et que, par conséquent, leur destin peut être décidé avec justice d'après des principes et avec des résultats contraires. Mais je verrai le criminel en face; et vous, patriarche, vous pouvez me suivre, pour prêter l'assistance qui est en votre pouvoir à un homme mourant. Quant à vous, femme et mère du coupable, vous ferez bien, il me semble, de vous retirer à l'église, et de prier Dieu pour l'ame du défunt, plutôt que de troubler ses derniers momens par d'inutiles lamentations.»

«Alexis, dit l'impératrice Irène, je vous supplie de nous croire : soyez convaincu que nous ne vous quitterons pas dans cette volonté opiniâtre de répandre du sang, crainte que vous laissiez, pour l'histoire de votre règne, des matériaux plus dignes des temps de Néron que de ceux de Constantin.»

L'empereur, sans répondre, se dirigea vers la salle du Jugement, où une lumière plus brillante que de coutume éclairait déja l'escalier de l'Achéron, et d'où l'on entendait sortir, à intervalles inégaux, les paroles des Psaumes de la Pénitence, que l'Église grecque a ordonné de chanter aux exécutions. Vingt esclaves muets, avec des turbans dont la pâle couleur donnait un air lugubre aux rides de leurs visages et à la blancheur étincelante de leurs yeux, montaient deux à deux, comme sortant des entrailles de la terre, portant chacun un sabre nu d'une main, et de l'autre une torche allumée. Après eux venait l'infortuné Nicéphore: son air était celui d'un homme à demi mort de la terreur que lui causait un trépas instantané, et le peu d'attention qu'il conservait encore était donnée à deux moines vêtus de robes noires, qui, alternativement et avec onction, lui répétaient en grec des passages de l'Écriture, suivant la forme de dévotion adoptée par la cour de Constantinople. Le costume du César répondait aussi à sa triste fortune : ses jambes et ses bras étaient nus, et une simple tunique blanche, dont le col était déjà ouvert, montrait qu'il avait pris les vêtemens qui devaient lui servir à son heure dernière. Un esclave nubien, grand et vigoureux, qui se regardait évidemment comme le principal personnage du cortége, portait sur son épaule une grande et lourde hache d'exécuteur, et, comme un démon suivant un sorcier, marchait pas à pas après sa victime. Cette espèce de procession était fermée par quatre prêtres qui chantaient, chacun de temps à autre et à pleine voix, les Psaumes funèbres usités en pareille occasion, et par une troupe d'esclaves armés de carquois et d'arcs, ainsi que de lances pour résister à toute tentative qu'on pourrait faire pour soustraire le coupable au châtiment. »

Il aurait fallu un cœur plus dur que celui de la malheureuse princesse pour résister à la vue de ce sombre appareil d'épouvante et de douleur qui entourait un objet chéri, qui était dirigé contre l'amant de sa jeunesse, contre l'époux de son sein, et au moment même où il allait terminer sa carrière mortelle.

Comme le lugubre cortége approchait de l'autel de refuge, à demi entouré alors par les deux grands bras étendus qui sortaient du mur, l'empereur, qui se tenait directement sur son passage, jeta sur la flamme de l'autel quelques morceaux de bois aromatiques, trempés dans de l'esprit-de-vin, qui, produisant aussitôt une flamme brillante, éclaira toute la funèbre procession, la figure du coupable et les traits des esclaves qui avaient, pour la plupart, éteint leurs flambeaux, après s'en être servis pour éclairer le noir escalier.

La lueur soudaine qui brilla sur l'autel ne manqua point de rendre l'empereur et les princesses visibles au groupe lugubre qui traversait la salle. Tous s'arrêtèrent... tous se turent. C'était une rencontre, comme la princesse elle-même s'est exprimée dans son ouvrage historique, semblable à celle qui eut lieu entre Ulysse et les habitans de l'autre monde, qui, après avoir goûté de ses sacrifices, le reconnurent à la vérité, mais avec de vaines lamentations, avec des gestes faibles et obscurs. Les chants funèbres avaient cessé, comme nous l'avons dit ; et de tout le groupe, la seule figure rendue plus distincte, était le gigantesque exécuteur, dont le front haut et ridé, aussi bien que la large lame de sa hache, recevait et réfléchissait la brillante flamme de l'autel. Alexis se vit dans la nécessité de rompre ce silence, de crainte que les personnes qui intercédaient pour le prisonnier en profitassent pour recommencer leurs supplications.

«Nicéphore Briennius», dit-il, d'une voix qui, quoique généralement interrompue par une légère hésitation, d'où ses ennemis lui avaient donné le surnom de Bègue, était pourtant dans les occasions importantes, comme celle-ci, conduite avec tant d'habileté et si bien cadencée, qu'on ne s'apercevait aucunement de ce défaut... «Nicéphore Briennius, dit-il, ci-devant César, une juste sentence a été prononcée contre toi, portant que, pour avoir conspiré contre la vie de ton légitime souverain et de ton père affectionné, Alexis Comnène, tu subiras la peine voulue, tu auras la tête séparée du corps. Je viens donc te trouver ici, à ce dernier autel de refuge, suivant le vœu de l'immortel Constantin, pour te demander si tu as quelque chose à alléguer contre l'exécution de cette sentence. Même à cette onzième heure, ta langue est déliée, et tu peux tout dire librement pour sauver ta vie. Tout est préparé dans ce monde et dans l'autre. Regarde au delà de cette porte cintrée... le billot est prêt. Jette un regard derrière toi, et vois la hache déjà aiguisée... ta place parmi les bons et les méchans est déjà marquée dans l'autre monde... le temps fuit... l'éternité approche. Si tu as quelque chose à dire, dis-le hardiment... sinon, confesse la justice de ta sentence, et va recevoir la mort.»

L'empereur commença cette harangue avec ce regard décrit par sa fille comme si perçant, qu'il brillait semblable à l'éclair ; et si ses périodes ne coulaient pas précisément comme

CHAPITRE XXXI. 427

la lave brûlante, c'étaient les accens d'un homme pouvant donner des ordres absolus, et comme tels ils produisirent un effet terrible non seulement sur le criminel, mais encore sur l'empereur lui-même dont les yeux baignés de larmes et la voix tremblante montraient combien il sentait et comprenait la fatale importance du moment actuel.

Revenant par un effort sur lui-même à la conclusion de ce qu'il avait commencé, l'empereur demanda encore une fois au prisonnier s'il avait quelque chose à dire pour sa défense.

Nicéphore n'était pas un de ces criminels endurcis qu'on peut appeler les prodiges de l'histoire, par le calme avec lequel ils contemplèrent la consommation de leurs crimes, soit dans leur propre châtiment soit dans les infortunes des autres. « J'ai été tenté, dit-il en tombant à genoux, et j'ai succombé. Je n'ai rien à alléguer en excuse de ma faute et de mon ingratitude; mais me voilà prêt à mourir pour expier mon crime. » Un profond soupir, presque un cri de frayeur fut alors entendu derrière l'empereur, et la cause en fut révélée par l'acclamation soudaine d'Irène: « Sire ! sire ! votre fille est morte ! » Et en effet, Anne Comnène était tombée dans les bras de sa mère sans connaissance ni mouvement. Aussitôt le père n'eut rien de plus empressé que de contenir son enfant évanouie, tandis que le malheureux époux luttait contre les gardes pour qu'on lui permît d'aller secourir sa femme. « Accordez-moi seulement cinq minutes de ce temps que la loi m'a abrégé; que mes efforts contribuent du moins à la rappeler à une vie qui devrait être aussi longue que le méritent ses vertus et ses talens; puis, que je meure à ses pieds, car peu m'importe d'aller un pas plus loin. »

L'empereur, qui, dans le fait, était plus étonné de la hardiesse et de la témérité de Nicéphore, qu'alarmé par ses efforts pour échapper aux gardes, le considérait comme un homme plutôt égaré qu'égarant les autres; et par conséquent cette entrevue produisit un grand effet sur lui. D'ailleurs il n'était pas cruel quand les actes de cruauté devaient se passer sous ses yeux.

« Le divin et immortel Constantin, dit-il, n'a point, j'en suis persuadé, soumis ses descendants à cette épreuve sévère, pour qu'ils cherchassent à s'assurer davantage de l'innocence des criminels, mais plutôt pour donner à ceux qui viendraient après lui une occasion de pardonner généreusement un crime qui ne pourrait, sans pardon, sans le pardon exprès du prince, échapper au châtiment. Je me réjouis d'être né du saule plutôt que du chêne, et je reconnais ma faiblesse ; je reconnais que la sûreté même de ma propre vie et le ressentiment des infâmes manœuvres de ce misérable ne font pas sur moi autant d'effet que les larmes de mon épouse et que l'évanouissement de ma fille. Lève-toi, Nicéphore Briennius, je te pardonne de bon cœur, et je te rends même le rang de César. Nous veillerons à ce que ta grâce soit expédiée par le grand Logothète et scellée de la bulle d'or. Tu resteras prisonnier pendant vingt-quatre heures, jusqu'à ce qu'on ait pris des mesures pour le maintien de la paix publique. En attendant, tu resteras sous la garde du patriarche, qui répondra de ton évasion... Ma fille, mon épouse, il faut maintenant vous retirer dans vos appartemens : un temps viendra où vous pourrez avoir assez à pleurer et à vous embrasser, à sangloter et à vous réjouir. Priez le ciel que moi, qui en suis venu jusque-là que j'ai sacrifié la justice et la vraie politique à la compassion conjugale et à la tendresse paternelle, je n'aie pas du moins raison de déplorer sérieusement tous les événemens de ce singulier drame. »

Après avoir reçu son pardon, le César voulut mettre en ordre ses idées, que bouleversait un changement si inattendu ; mais il trouva aussi difficile de se convaincre de la réalité de sa situation, qu'il avait été pour Ursel d'en croire ses yeux, après avoir été si long-temps privé du spectacle de la nature, tant le vertige et la confusion des idées, occasionés par des causes morales et physiques de surprise et de terreur, se ressemblent par leurs effets sur l'intelligence.

Enfin il demanda en bégayant qu'il lui fût permis d'accompagner l'empereur à la lice, et de le préserver, en lui faisant un rempart de son corps, des coups que la trahison de quelque homme désespéré pourrait diriger contre le sien, dans un jour qui trop vraisemblablement devait être un jour de danger et de sang.

« Halte-là ! dit Alexis Comnène. Nous ne commencerons pas, à l'instant où nous venons de t'accorder la vie, à concevoir

CHAPITRE XXXI.

de nouveaux soupçons sur ta fidélité; cependant il est convenable de te rappeler que tu es encore le chef nominal et ostensible de ceux qui veulent prendre part à l'insurrection d'aujourd'hui, et le plus sûr sera de laisser à d'autres le soin de tout pacifier. Allez, César, entretenez-vous avec le patriarche, et méritez votre pardon en lui confessant toutes les perfides intentions de cette conspiration infame, que nous ne connaissons pas encore... Ma femme, ma fille, adieu! il faut que je me rende maintenant à la lice, où j'ai à parler au traître Achille Tatius et à l'infidèle, au païen Agelastès, s'il vit encore, car la Providence a mis un terme à ses jours, suivant un bruit qui se confirme. »

« Oh! n'y allez pas, mon très cher père! dit la princesse, mais laissez-moi plutôt aller encourager moi-même vos sujets fidèles à prendre votre défense. L'extrême bonté dont vous avez fait preuve à l'égard de mon coupable époux me montre combien est grande votre affection envers votre fille indigne, et combien est grand le sacrifice que vous avez fait à son amour, presque puéril, pour un ingrat qui a mis votre vie en danger. »

« Est-ce à dire, ma fille, dit l'empereur, que le pardon de votre mari soit une faveur qui a perdu son prix après avoir été accordée? Suivez mon conseil, Anne, et pensez autrement : le mari et la femme doivent par prudence oublier leurs fautes l'un envers l'autre aussitôt que la nature humaine le leur permet. La vie est trop courte et la tranquillité conjugale trop incertaine pour qu'on puisse insister long-temps sur des sujets si irritans. A vos appartemens, princesses, et préparez les brodequins écarlates, ainsi que les broderies qui décorent le collet et les manches de la robe du César, et qui indiquent son haut rang; il ne faut pas qu'on le voie demain sans cette robe... Révérend père, je vous rappelle que le César est sous votre garde personnelle jusqu'à demain à pareille heure. »

Ils se quittèrent, l'empereur allant se mettre à la tête de ses gardes Varangiens, le César, sous la surveillance du patriarche, rentrant dans l'intérieur du palais Blaquernal, où Nicéphore Briennius se trouva dans la nécessité de « désenfiler l'aiguille rouillée de la rebellion », et de donner sur la marche du complot tous les renseignemens qui pouvaient être à sa connaissance.

«Agelastès, dit-il, Achille Tatius et Hereward le Varangien étaient les personnages spécialement chargés de la diriger; mais ont-ils été tous également fidèles à leurs engagemens, c'est ce que je ne prétends pas savoir. »

Dans l'appartement des femmes, il y eut une violente discussion entre Anne Comnène et sa mère. La princesse avait si souvent changé, pendant ce jour, d'idées et de sentimens, que, quoiqu'ils eussent tous fini par lui inspirer le plus vif intérêt en faveur de son mari, cependant à peine la crainte de le voir puni avait-elle disparu, que le ressentiment de son ingrate conduite commença à renaître. Elle sentit en même temps qu'une femme douée de talens aussi extraordinaires que les siens, et qui avait été, par une longue suite de flatteries universelles, disposée à concevoir une haute idée de son importance, ferait une bien pauvre figure après avoir été le jouet passif d'une multitude d'intrigues par suite desquelles on devait disposer de sa personne d'une manière ou d'une autre, suivant les caprices d'une bande de conspirateurs subalternes qui n'avaient seulement jamais songé à la regarder comme un être capable de former un désir en sa propre faveur, ni même de donner ou de refuser son consentement. L'autorité de son père sur elle, et le droit qu'il avait de disposer de sa fille étaient plus incontestables; mais alors même il y avait quelque chose qui dérogeait à la dignité d'une princesse née dans la pourpre, d'une femme auteur dont les écrits donnaient l'immortalité, si elle devait être, sans son propre consentement, jetée, pour ainsi dire, à la tête, tantôt d'un époux, tantôt d'un autre, si bas et si indigne que fût sa naissance, pourvu que ce mariage dût, pour le moment, profiter à l'empereur. La conséquence de ces tristes réflexions fut qu'Anne Comnène se donna toutes les peines imaginables pour trouver quelque moyen de rétablir sa dignité compromise, et les expédiens qu'elle imagina furent de plusieurs sortes.

CHAPITRE XXXII.

Dénouement.

> Mais voici que la main du destin soulève le rideau et met la scène en vue.
>
> *Don Sébastien.*

La gigantesque trompette des Varangiens donna le bruyant signal du départ, et ces escadrons de gardes fidèles, complétement couverts de cottes de mailles, et ayant à leur centre la personne de leur maître impérial, défilèrent en bon ordre dans les rues de Constantinople. Alexis, brillant sous sa splendide armure, ne paraissait pas indigne par son extérieur d'être le point central des forces d'un empire; et tandis que les citoyens le suivaient en foule, lui et son cortége, on pouvait remarquer une différence manifeste entre les gens qui venaient avec l'intention préméditée du tumulte, et le plus grand nombre, qui, comme la multitude de toute cité populeuse, se coudoyaient les uns les autres et poussaient des cris de ravissement à la vue de tous les objets qui peuvent faire arrêter les passans. L'espoir des conspirateurs était principalement fondé sur les gardes immortels qui, étant spécialement chargés de la défense de Constantinople, partageaient les préjugés généraux des citoyens, et surtout avaient été influencés par les partisans d'Ursel, qui, avant son emprisonnement, avait eu le commandement de ce corps. Les conspirateurs avaient arrêté que les soldats de cette garde, qui étaient regardés comme les plus mécontens, prendraient de grand matin, dans la lice, possession des postes les plus favorables à leur projet d'attaque contre la personne de l'empereur. Mais, en dépit de tous leurs efforts, tant qu'ils ne recoururent pas à la violence ouverte, car le moment d'y recourir n'était pas encore venu, ils se trouvèrent désappointés dans leur projet par des détachemens de Varangiens, postés comme par un simple hasard, mais avec une habileté parfaite, pour déjouer leur entreprise. Un peu confondus en voyant qu'un dessein, qu'ils ne pouvaient pas regarder comme trahi, était de toutes parts entouré d'empêchemens et d'obstacles, les conspirateurs commencèrent à chercher les principaux personnages de leur parti, sur les ordres desquels ils comptaient dans le moment critique. Mais on ne voyait ni le César ni Agelastès, soit dans la lice, soit dans la marche des troupes venant de Constantinople; et quoique Achille Tatius fût arrivé avec le dernier détachement, il était facile de remarquer qu'il avait plutôt l'air d'obéir au protospathaire, que d'avoir cette démarche indépendante qu'il aimait tant à affecter comme officier.

De cette manière, lorsque l'empereur, au milieu de son brillant cortége, approcha de la phalange que formaient Tancrède et ses compagnons, postés, comme on doit s'en souvenir, sur un promontoire élevé entre la ville et la lice, le principal corps de l'escorte impériale se détourna un peu de la route directe, afin de passer devant eux sans briser les rangs; tandis que le protospathaire et l'acolyte allèrent avec un détachement de Varangiens demander à Tancrède, de par l'empereur, la cause de son retour avec sa troupe. La courte distance fut bientôt parcourue. Le fameux trompette qui accompagnait les deux officiers sonna un pourparler, et Tancrède lui-même, remarquable par cette beauté de corps que le Tasse a préférée à celle de tous les autres croisés, à l'exception de Renault d'Est, créature de sa poétique imagination, s'avança pour parlementer avec eux.

« L'empereur de la Grèce, dit le protospathaire à Tancrède, prie le prince d'Otrante de lui faire savoir par les deux hauts officiers qui lui transmettront cette demande dans quel dessein il est revenu, contre son serment, sur cette rive droite du détroit. Il assure en même temps le prince Tancrède que rien ne plaira tant à l'empereur que de recevoir une réponse qui ne soit contraire ni à son traité avec le duc de Bouillon ni au serment prêté par les nobles croisés et leurs soldats, attendu que l'empereur pourrait alors, conformément à son désir, montrer, par l'accueil bienveillant qu'il ferait à Tancrède et à sa troupe, combien haute est son estime pour la dignité de l'un et pour la bravoure de tous. Nous attendons une réponse. »

Le ton du message n'avait rien en soi de bien alarmant, et il ne fut pas très difficile au prince Tancrède d'y répondre.

« Le motif, dit-il, qui amène ici le prince d'Otrante avec cinquante lances est le cartel qui annonce un combat entre Nicéphore Briennius, appelé le César, occupant une place éminente dans cet empire, et un digne chevalier de grande renommée, compagnon des pèlerins qui ont pris la croix, faisant vœu d'arracher la Palestine aux infidèles. Le nom dudit chevalier est le redoutable Robert de Paris. Il convenait donc, et c'était une obligation indispensable pour les saints pèlerins de la croisade, d'envoyer un de leurs chefs, avec un nombre d'hommes d'armes suffisant, veiller, suivant l'usage, à ce qu'il y ait justice entre les combattans. Telle est donc leur intention, et on peut s'en convaincre, puisqu'ils n'ont envoyé que cinquante lances avec leur suite accoutumée, tandis qu'il ne leur aurait été nullement difficile d'envoyer un détachement dix fois plus considérable s'ils avaient songé à intervenir de force ou à troubler le combat à armes égales qui se va livrer. Le prince d'Otrante et ses camarades se mettront donc à la disposition de la cour impériale et seront spectateurs de ce combat avec la plus parfaite confiance que les règles de la justice seront ponctuellement observées. »

Les deux officiers grecs transmirent cette réponse à l'empereur, qui l'écouta avec plaisir, et aussitôt agissant d'après le principe qu'il s'était proposé, de maintenir, s'il était possible, la paix avec les croisés, il nomma le prince Tancrède et le protospathaire maréchaux de la lice, leur confiant plein pouvoir, sous l'empereur, d'établir toutes les conditions du combat, et d'en référer à Alexis lui-même quand ils ne se trouveraient pas d'accord. On fit connaître cet arrangement au public, qui fut ainsi préparé à voir l'officier grec et le prince italien entrer armés de pied en cap dans la lice, tandis qu'une proclamation solennelle annonça à tous les spectateurs leurs solennelles fonctions. Ordre fut en même temps donné aux assistans de toute espèce d'évacuer une partie des gradins qui entouraient la lice d'un côté, afin de faire place aux compagnons du prince Tancrède.

Achille Tatius, observateur attentif de tout ce qui se passait, vit avec alarme que, par cette dernière disposition, les Latins armés se trouvaient placés entre les immortels et les citoyens mécontens : ce qui rendait fort probable que la con spiration était découverte et qu'Alexis pensait avoir bonne raison de compter sur l'assistance de Tancrède et de ses troupes pour la réprimer. Ce fait, joint à la manière froide et caustique dont l'empereur lui donna ses ordres, fit penser à l'acolyte que la meilleure chance de sortir du danger dans lequel il se trouvait était que toute la conspiration en restât là et que la journée se passât sans la moindre tentative pour ébranler le trône d'Alexis Comnène ; et même alors il était toujours fort douteux qu'un despote si rusé et si soupçonneux que l'empereur voulût bien se contenter de connaître le complot, car vraisemblablement il le connaissait, et de le voir échouer sans donner de la besogne aux fers à aveugler et aux cordes d'arcs des muets du palais. Cependant il n'y avait guère possibilité ni de fuir ni de faire résistance. La moindre tentative pour s'éloigner du voisinage de ces fidèles serviteurs de l'empereur, ses ennemis personnels, qui graduellement le pressaient et l'entouraient de plus en plus, devenait à chaque instant plus périlleuse et aurait infailliblement provoqué une explosion que l'intérêt du parti le plus faible était de retarder, si difficile que ce dût être. Et tandis que les soldats sous l'autorité immédiate d'Achille semblaient encore le traiter comme leur officier supérieur et s'adresser à lui pour prendre ses ordres, il paraissait devenir de plus en plus évident que le moindre degré de soupçon qui serait excité serait aussitôt le signal de son arrestation. L'acolyte se vit donc, le cœur tremblant et les yeux obscurcis par l'effrayante idée de bientôt dire adieu à la lumière du jour et à tout ce qu'elle rend visible, condamner à surveiller la tournure que prendraient les choses qu'il ne pouvait influencer en aucune manière et à se contenter d'attendre le dénouement d'un drame d'où dépendait sa vie, quoique la pièce fût jouée par d'autres. De fait il semblait que toute l'assemblée attendît un signal que personne n'était prêt à donner.

Les citoyens mécontens et les soldats cherchaient vainement des yeux Agelastès et le César ; et quand ils remarquèrent la situation d'Achille Tatius, elle leur parut de nature plutôt à exprimer le doute et la consternation qu'à encourager les espérances qu'ils avaient conçues. Cependant beaucoup de gens des classes inférieures se sentaient trop en sûreté, à

CHAPITRE XXXII.

l'abri de leur insignifiance sociale pour craindre personnellement les suites d'un tumulte, et désiraient en conséquence exciter le trouble qui semblait disposé à s'endormir.

Un sourd murmure, qui s'éleva presque à l'importance d'un cri, se fit entendre... «Justice! justice!—Ursel! Ursel!—les droits des gardes immortelles!» etc. Alors retentit la trompette des Varangiens, et ces sons terribles se répandirent dans toute l'assemblée comme la voix d'une divinité qui y présidait; puis un morne silence régna parmi la foule, et la voix d'un héraut annonça, au nom d'Alexis Comnène, son bon plaisir et sa volonté souveraine.

«Citoyens de l'empire romain, vos plaintes, excitées par des factieux, sont parvenues aux oreilles de votre empereur; vous allez être témoins du pouvoir qu'il a de satisfaire son peuple. A votre requête et sous vos yeux le rayon visuel qui a été éteint sera rallumé; l'esprit dont les efforts se bornaient à pourvoir imparfaitement aux besoins du corps appliquera de nouveau ses facultés, si telle est la volonté de l'individu au gouvernement d'un grand *thème*, d'une vaste division de l'empire. La jalousie politique, à laquelle il est plus difficile d'imposer silence que de rendre la vue à un aveugle, se laissera vaincre par l'amour paternel de l'empereur pour son peuple et par le désir de lui donner entière satisfaction; Ursel, l'objet de tous vos désirs, que vous supposiez mort depuis long-temps, ou du moins que vous croyiez vivre aveugle dans une prison, vous est rendu bien portant, jouissant de la vue, et possédant toutes les facultés nécessaires pour recevoir les faveurs de l'empereur ou mériter l'affection du peuple.»

Comme le héraut parlait ainsi, un homme qui s'était jusque là tenu caché derrière quelques officiers du palais s'avança alors, et, jetant loin de lui un manteau sombre dont il était enveloppé, se montra couvert d'un splendide vêtement écarlate dont les manches, ainsi que les brodequins qu'il portait, étaient enrichies d'ornemens qui indiquaient un rang ne le cédant qu'à celui de l'empereur lui-même. Il tenait à la main un bâton d'argent, emblème du commandement des cohortes immortelles qui lui était confié, et, s'agenouillant devant l'empereur, il le lui présenta, comme pour résigner entre ses mains le pouvoir dont il était le symbole. L'assemblée entière fut électrisée à la vue d'un personnage que l'on avait cru si long-temps ou mort ou rendu, par de cruels moyens, incapable de remplir aucun emploi public. Quelques uns reconnurent l'homme dont l'extérieur et les traits n'étaient pas faciles à oublier, et le félicitèrent de rentrer si inopinément au service de son pays. D'autres restaient immobiles de surprise, ne sachant s'ils devaient en croire leurs yeux, tandis que quelques mécontens déterminés s'empressèrent de répandre le bruit que le prétendu Ursel qu'on leur présentait n'était qu'un imposteur, et que l'empereur leur jouait un tour de sa façon.

«Parle-leur, noble Ursel, dit l'empereur; dis-leur que, si j'ai péché contre toi, c'est parce que j'ai été trompé, et que ma disposition à réparer mes torts est aussi grande que l'a jamais été mon intention de te nuire.»

«Amis et concitoyens, dit Ursel en se tournant vers l'assemblée, sa majesté impériale me permet de vous assurer que, si dans une partie antérieure de ma vie j'ai souffert des injustices de sa part, elles sont plus que réparées par les sentimens que j'éprouve en un moment si glorieux; et que je suis charmé de pouvoir, à partir de cet instant, passer le reste de mes jours au service du plus généreux et du meilleur des souverains, ou, avec sa permission, l'employer à me préparer par des exercices de dévotion à une immortalité sans bornes qui doit s'écouler dans la société des saints et des anges. Quelque choix que je fasse, je compte que vous, mes chers concitoyens, qui vous êtes si obligeamment souvenus de moi pendant mes jours de ténèbres et de captivité, vous ne manquerez pas de m'accorder l'avantage de vos prières.»

Cette apparition soudaine d'Ursel, depuis si long-temps perdu, avait quelque chose de trop étrange et de trop surprenant pour ne pas captiver la multitude, et elle scella sa réconciliation avec l'empereur par trois acclamations si terribles, que l'air, dit-on, en fut ébranlé, et que les oiseaux, incapables de s'y soutenir, tombèrent hors de leur élément naturel.

CHAPITRE XXXIII.

Suite.

> « Quoi ! passer le combat ? s'écria le chevalier. Oui !
> sinon il nous faut renoncer au stagyrite. » — « La salle
> ne contiendra jamais une pareille multitude. » — « Alors
> bâtissez-en une autre, ou jouez en plein vent. »
>
> Pope.

Le bruit des joyeuses acclamations s'était répandu jusqu'aux rives éloignées du Bosphore, à travers les montagnes et les forêts, et avait enfin expiré dans les échos lointains. Les spectateurs, pendant le silence qui suivit, paraissaient se demander les uns aux autres quelle scène allait orner une pause si solennelle et un théâtre si auguste. Le silence aurait probablement été bientôt interrompu par de nouvelles clameurs, car une multitude assemblée, n'importe pour quel motif, reste rarement silencieuse long-temps, si un signal de la trompette des Varangiens n'eût fourni matière nouvelle à l'attention. Les accens de cette trompette avaient quelque chose d'animé, et pourtant de mélancolique, offrant tout à la fois le caractère d'un air guerrier et le son lugubre qu'on pourrait choisir pour une exécution d'une solennité particulière. Ces accens étaient hauts, bruyans, sonores et prolongés, comme si les clameurs des bronzes étaient produites par quelque chose de plus terrible que le souffle des poumons d'un simple mortel.

La multitude sembla reconnaître ces sons imposans qui, de fait, étaient ceux qui sollicitaient ordinairement l'attention des citoyens aux édits impériaux d'une nature grave, tels que ceux qui annonçaient au peuple de Constantinople des rébellions, des sentences rendues pour cause de trahison et d'autres nouvelles de grande et véritable importance. Lorsque la trompette eut à son tour cessé par ses sons inquiétans et tristes d'agiter l'immense assemblée, la voix du héraut recommença à se faire entendre.

D'un ton grave et imposant, celui-ci déclara qu'il arrivait parfois au peuple de manquer à ses devoirs envers son souverain, qui était pour lui comme un père, et qu'alors la pénible obligation du prince était d'employer la verge de correction plutôt que le sceptre d'olivier de merci.

« On est heureux, continua le héraut, quand la Divinité suprême, se chargeant du soin de conserver un trône qui ressemble au sien par la bienfesance et la justice, veut bien remplir aussi la tâche la plus pénible de son représentant terrestre, en punissant ceux que son jugement infaillible a reconnus comme très coupables, et en laissant à son substitut la tâche plus agréable de pardonner à ceux que l'artifice a égarés, et que la trahison a fait tomber dans ses piéges.

« Tel étant le cas aujourd'hui, la Grèce et les Thèmes qui en dépendent sont invités à m'écouter, et à apprendre qu'un infame, nommé Agelastès, qui s'était insinué dans les bonnes graces de l'empereur, par l'affectation d'une science profonde et d'une sévère vertu, avait formé le plan coupable d'assassiner l'empereur Alexis Comnène, et d'opérer une révolution dans l'État. Cet individu, qui, sous une prétendue sagesse, cachait les doctrines d'un hérétique et les vices d'un sensualiste, avait trouvé des prosélytes, même dans la maison de l'empereur, et aussi bien parmi ceux qui le touchent de plus près que dans les classes inférieures, puisque, pour les exciter à la révolte, on avait semé à plaisir une multitude de bruits semblables à ceux de la mort et de l'aveuglement d'Ursel, dont vos propres yeux viennent de reconnaître la fausseté. »

Le peuple, qui jusque là avait écouté en silence, témoigna son assentiment par de grands cris. Le silence était à peine rétabli, que la voix de fer du héraut continua la proclamation.

« Coré, Datham et Abiron, dit-il, n'ont subi la sentence d'un Dieu offensé, ni avec plus de justice ni avec plus de promptitude, que ce misérable Agelastès. La terre solide s'est cependant entr'ouverte pour dévorer les fils apostats d'Israël, mais le coup fatal porté à l'existence de ce scélérat l'a été, autant qu'on peut le savoir maintenant, par l'entremise directe d'un mauvais esprit qu'il avait lui-même évoqué à la lumière du jour par ses artifices. Cet esprit, à ce qu'il semble, d'après le témoignage d'une noble dame et d'autres femmes

CHAPITRE XXXIII.

qui ont assisté à sa mort, a étranglé Agélastès : destin bien digne de ses crimes odieux. Une telle mort, même subie par un coupable, a dû nécessairement être bien pénible à l'empereur, sensible et humain qu'il est, parce qu'elle implique des souffrances au delà de ce monde. Mais cette terrible catastrophe porte avec elle cette consolation, qu'elle dispense l'empereur de porter plus loin une vengeance que le ciel lui-même semble avoir limitée à la punition exemplaire du principal conspirateur. Quelques changemens de places et d'emplois seront faits dans l'intérêt de la sûreté et du bon ordre. Mais le secret de savoir quels sont ceux qui ont ou qui n'ont pas pas pris part à ce grand crime dormira dans le sein des criminels eux-mêmes, puisque l'empereur a résolu de bannir leur faute de son souvenir, comme n'étant que l'effet d'une illusion momentannée. Que tous ceux donc qui m'entendent, en quoi qu'ils aient participé au projet dont l'exécution devait avoir lieu aujourd'hui, retournent chez eux, assurés que leurs propres pensées seront leur seule punition. Qu'ils se réjouissent de ce que la bonté toute-puissante les a préservés des méditations de leurs cœurs; et, suivant le langage touchant de l'Écriture, qu'ils se repentent et ne pèchent plus, crainte que pire leur arrive. »

La voix du héraut cessa alors, et les acclamations de l'auditoire y répondirent encore. Elles étaient unanimes, car tout se réunissait pour convaincre le parti des mécontens qu'ils étaient à la merci de leur souverain, et l'édit qu'ils venaient d'entendre montrant qu'il connaissait leur crime, il ne tenait qu'à lui d'employer contre eux les armes des Varangiens, tandis que, d'après la manière dont il lui avait plu de recevoir Tancrède, il était probable que les épées des soldats Apuliens étaient aussi à sa disposition.

Les voix du gigantesque Stéphanos, d'Harpax le centurion, et d'autres rebelles tant du camp que de la ville, furent donc les premières à exprimer bruyamment leur gratitude pour la clémence de l'empereur, et leurs actions de graces au ciel pour sa conservation.

Cependant l'assemblée, une fois bien convaincue que la conspiration avait été découverte et déjouée, commença, suivant la coutume, à tourner ses pensées vers la considération de l'objet plus avoué qui les avait réunis, et des chuchotemens particuliers, se changeant peu à peu en murmures, commencèrent à exprimer le mécontentement des citoyens d'être si long-temps assemblés sans recevoir aucune communication sur le but de leur réunion.

Alexis ne fut pas long-temps à s'apercevoir de la direction de leurs pensées; et, à un signal de sa main, les trompettes sonnèrent un air guerrier, sur un ton beaucoup plus vif que celui des fanfares qui avaient préludé à la proclamation impériale. «Robert, comte de Paris, dit alors un héraut, es-tu ici en personne, ou représenté par un chevalier, pour répondre au défi que t'a porté son altesse impériale Nicephore Briennius, César de cet empire?»

L'empereur croyait avoir suffisamment pourvu à ce qu'aucun des deux champions nommés ne répondît lui-même à cet appel; et il avait préparé un spectacle d'un autre genre, savoir, des cages renfermant des animaux sauvages qu'on devait lâcher et laisser combattre les uns contre les autres en présence de l'assemblée : grandes furent donc sa surprise et sa confusion, lorsqu'à l'instant où le dernier mot de la proclamation mourait répété par l'écho, le comte Robert de Paris s'avança armé de pied en cap, son cheval bardé de fer venant derrière lui, et sortant d'une enceinte fermée par des rideaux, d'une des extrémités de la lice et comme prêt à monter en selle au signal du maréchal.

La honte et l'alarme qui se montrèrent sur les visages de tous ceux qui entouraient la personne de l'empereur, lorsque le César ne se présenta point de la même manière pour faire face au formidable Franc, ne furent pas de longue durée. A peine le nom et le titre du comte de Paris avaient-ils été proclamés suivant l'usage par les hérauts, et leur seconde sommation à son antagoniste faite en bonne forme, qu'un homme, portant l'uniforme des Varangiens, s'élança dans la lice, et déclara qu'il était prêt à combattre au nom et à la place de Nicephore Briennius et pour l'honneur de l'empire.

Alexis vit avec la plus grande joie ce secours inattendu, et permit sans peine au hardi soldat qui se sacrifiait ainsi à l'heure du plus grand besoin, de remplir le dangereux emploi de champion. Il consentit d'autant plus volontiers, qu'à en juger par la taille et l'extérieur du soldat, ainsi qu'à son air de bravoure, cet individu ne lui était pas inconnu, et qu'il avait pleine confiance dans sa valeur. Mais le prince Tancrède intervenant, s'y opposa.

« La lice, dit-il, n'était ouverte qu'à des chevaliers et à des nobles, ou, en tout cas, les gens qui pouvaient s'y rencontrer devaient être égaux de sang et de naissance. Il ne pouvait donc rester témoin muet d'une violation si complète des lois de la chevalerie. »

« Que le comte Robert de Paris, dit le Varangien, regarde ma figure, et qu'il dise s'il n'a point promis d'écarter toute objection à notre combat qui serait basée sur l'inégalité de condition ; qu'il juge lui-même si, en marchant à ma rencontre dans ce champ clos, il fera plus que tenir une parole par laquelle il est depuis long-temps engagé. »

A cet appel, le comte Robert avança et reconnut sans autre discussion que, malgré la différence de leur rang, il se regardait comme tenu par sa parole solennelle à combattre ce vaillant soldat en champ clos. « Il regrettait, dit-il, attendu les éminens services de cet homme courageux, et les hautes qualités qui le distinguaient, qu'ils se trouvassent dans la nécessité de vider une querelle semblable par le sang de l'un ou de l'autre ; mais puisque rien n'était plus commun que de voir des amis forcés par le sort de la guerre à se combattre à mort, il ne rétracterait pas l'engagemet qu'il avait formé ; et il ne croyait pas que son honneur fût le moins du monde souillé ou terni parce qu'il descendait dans la lice contre un guerrier si bien connu et d'un si grand renom qu'Hereward le brave Varangien. » Il ajouta qu'il consentait volontiers que le combat eût lieu à pied et avec la hache, arme ordinaire de la garde varangienne.

Hereward était resté immobile presque comme une statue, pendant ce discours ; mais quand le comte Robert eut fini de parler, il s'inclina vers lui avec une gracieuse salutation et se déclara honoré et satisfait de la noble manière dont le comte s'acquittait de sa promesse, avec tout honneur et toute fidélité.

« Ce que nous avons à faire, dit le comte de Robert avec une surprise de regret que son amour même des combats ne put réprimer, faisons-le promptement : le cœur peut être affecté, mais la main doit faire son devoir.»

Hereward fit un geste d'assentiment et ajouta : «Alors ne perdons pas plus de temps, car il s'enfuit déjà bien vite.» Et saisissant sa hache, il se tint prêt à combattre.

«Je suis prêt aussi, dit le comte de Paris en prenant une même arme des mains d'un soldat varangien qui se tenait près de la lice. Tous deux furent bientôt en garde, et nulle formalité, nulle circonstance ne vint retarder l'action.

Les premiers coups furent portés et parés avec une grande précaution, et le prince Tancrède et plusieurs autres trouvèrent que de la part de Robert la prudence était plus grande que de coutume; mais au combat comme à table, l'appétit vient en mangeant. Les passions plus fougueuses commencèrent suivant l'usage à s'éveiller avec le cliquetis des armes et la douleur que causèrent plusieurs blessures terribles, suite de coups formidables portés avec une grande furie de part et d'autre, parés avec beaucoup de peine, et non assez complètement pour que le sang des deux antagonistes ne coulât point. Les Grecs regardaient avec étonnement un combat singulier comme ils en avaient rarement vu, et n'osaient respirer en voyant les coups furieux qu'échangeaient les deux guerriers, coups sous lesquels ils s'attendaient à voir succomber l'un ou l'autre des combattans. Jusqu'alors leur force et leur agilité semblaient assez égales, quoique ceux qui jugeaient du combat avec plus de prétention à s'y connaître, pensaient que le comte Robert s'abstenait de déployer toute l'adresse militaire par laquelle il s'était rendu célèbre; tandis qu'il était généralement remarqué et convenu qu'il avait abandonné un grand avantage en n'insistant pas, comme il en avait le droit, pour combattre à cheval. D'un autre côté, l'opinion générale était que le brave Varangien avait omis de profiter de deux ou trois occasions que lui avaient fournies l'ardeur du comte Robert qui était évidemment courroucé pendant le combat.

Enfin, un accident parut sur le point de décider un combat qui jusqu'alors avait été égal. Le comte Robert, faisant une feinte d'un côté de son antagoniste, le frappa de l'autre qui était découvert, avec le coupant de son arme, de sorte

CHAPITRE XXXIII.

que le Varangien chancela et parut sur le point de tomber à terre. Le son ordinaire produit par les spectateurs à la vue de quelque circonstance pénible et désagréable, en tirant leur haleine entre leurs dents serrées, se fit aussitôt entendre dans toute l'assemblée, tandis qu'une voix de femme, haute et animée, s'écriait : « Comte Robert de Paris ! n'oublie pas aujourd'hui que tu dois une vie au ciel et à moi. » Le comte allait porter un second coup, et l'on ne peut dire quel en aurait été l'effet, quand ce cri parvint à son oreille, et sembla lui ôter toute ardeur pour le combat.

« Je reconnais la dette, dit-il en baissant sa hache d'armes, et en reculant à deux pas de son adversaire, qui demeura stupéfait d'étonnement, et à peine remis de l'étourdissement que lui avait causé le coup dont il avait failli être renversé. Il baissa aussi sa hache comme son antagoniste, et parut attendre avec incertitude comment allait se continuer le combat. « Je reconnais ma dette, dit le vaillant comte de Paris, aussi bien envers Bertha la Bretonne qu'envers le Tout-Puissant qui m'a préservé d'une effusion de sang, entraînant avec soi ingratitude... Vous avez été témoins du combat, messieurs, ajouta-t-il en se tournant vers Tancrède et ses chevaliers, et vous pouvez certifier sur votre honneur qu'il a été bravement soutenu de part et d'autre, sans avantage pour personne. Je présume que mon honorable antagoniste a satisfait actuellement le désir qui l'a porté à m'adresser ce défi, et qui certainement ne provenait d'aucune querelle personnelle ou privée. Pour ma part, j'éprouve un si vif sentiment des obligations que je lui ai personnellement, que si je continuais le combat, à moins d'y être forcé pour me défendre, je commettrais à mes propres yeux une action honteuse et coupable. »

Alexis agréa joyeusement cette proposition de paix à laquelle il était loin de s'attendre, et jeta son bâton de commandement dans la lice en signe que le duel était fini. Tancrède, quoique un peu surpris et peut-être même scandalisé qu'un simple soldat de la garde de l'empereur eût résisté si longtemps à tous les efforts d'un si fameux chevalier, ne put s'empêcher de reconnaître que le combat s'était passé avec une justice et une égalité parfaites, et que le résultat n'en était déshonorant pour aucun des deux adversaires. Comme la réputation du comte était bien connue et bien établie parmi les croisés, ils furent obligés de croire que quelque motif d'une nature très puissante, l'avait porté, fort contrairement à son habitude, à proposer la cessation du combat avant qu'il se fût terminé par sa mort ou par une victoire décisive. La volonté de l'empereur en cette occasion passa donc en loi, loi reconnue par la sanction des chefs présens, et surtout confirmée, sanctionnée par les applaudissemens des spectateurs assemblés.

Mais peut-être la physionomie la plus intéressante de l'assemblée était-elle celle du brave Varangien, arrivé si soudainement à un point de renommée militaire que l'extrême difficulté qu'il avait éprouvée à se défendre contre le comte Robert l'avait empêché de prévoir, quoique sa modestie n'eût pas diminué l'indomptable courage avec lequel il avait soutenu la lutte. Il se tenait debout au milieu de la lice, la figure animée par l'ardeur du combat, non moins que par le sentiment de modestie propre à la franchise et à la simplicité de son caractère qui était déconcerté en ce qu'il se trouvait le point central des regards de la multitude.

« Parle-moi, mon soldat, dit Alexis, fortement ému par la reconnaissance qu'il sentait devoir à Hereward dans une occasion singulière; parle à ton empereur comme son supérieur, car tu l'es en ce moment, et dis-lui s'il est une manière, fût-ce au prix de la moitié de son empire, dont il puisse te récompenser de lui avoir sauvé la vie, et ce qui est encore plus cher, l'honneur de son pays que tu as si bravement défendu et protégé. »

« Sire, répondit Hereward, votre majesté impériale attache une trop grande valeur à mes humbles services, et doit les attribuer au noble comte de Paris, d'abord, pour avoir consenti à vouloir bien accepter un adversaire d'une condition si basse que la mienne, et ensuite, en renonçant avec générosité à la victoire, lorsqu'il pouvait la décider en sa faveur en frappant un second coup; car j'avoue ici en présence de votre majesté, de mes frères d'armes et des Grecs assemblés, que je n'avais plus la force de continuer le combat, quand le vaillant comte y a mis fin par sa générosité.

« Ne te fais pas cette injustice, homme brave, dit le comte

Robert ; car j'en appelle à Notre-Dame des Lances-rompues, le combat était encore soumis à la décision de la Providence, lorsque la violence de mon émotion m'a rendu incapable de le continuer, au risque de blesser gravement un adversaire à qui je devais tant de reconnaissance, et peut-être de lui donner la mort. Choisis donc la récompense que la générosité de ton empereur t'offre d'une manière si juste et si pleine de reconnaissance, et ne crains pas qu'une voix mortelle ose dire que cette récompense n'a pas été méritée, quand Robert de Paris déclarera, l'épée en main, qu'elle a été bravement gagnée sur son propre cimier.»

« Vous êtes trop élevé par votre naissance et trop noble, seigneur comte, répliqua l'Anglo-Saxon, pour qu'un homme tel que moi puisse vous contredire, et je ne dois pas éveiller une nouvelle querelle entre nous, en contestant les circonstances qui ont soudainement mis fin à notre combat, et il ne serait ni sage ni prudent à moi d'attaquer davantage votre opinion. Mon noble empereur me donne généreusement le droit de désigner ce qu'il appelle ma récompense; mais que sa générosité ne soit pas blessée, si c'est de vous, seigneur, et non de sa majesté impériale, que je vais demander une faveur, la plus précieuse pour moi que ma voix puisse solliciter.»

«Et cette faveur, dit le comte, a rapport à Bertha, la fidèle suivante de ma femme?»

« Vous l'avez dit, répliqua Hereward ; j'ai formé le projet de demander à cesser mon service dans la garde varangienne, avec permission de prendre part au vœu saint et honorable qu'a fait votre seigneurie de reconquérir la Palestine, avec liberté de combattre sous votre illustre bannière, et faculté de pouvoir rappeler de temps à autre à Bertha, suivante de la comtesse de Paris, l'affection qu'elle m'a jurée, dans l'espoir que notre union trouvera faveur auprès de son noble maître et de sa maîtresse. Je puis espérer ainsi d'être rendu à un pays que je n'ai jamais cessé d'aimer plus que toute chose au monde.»

«Tes services, noble soldat, dit le comte, me seront aussi agréables que ceux d'un comte-né; et il ne se rencontrera point d'occasion d'acquérir de l'honneur sans que je te mette à même d'en profiter autant qu'il sera en mon pouvoir. Je ne me vanterai pas du crédit que je puis avoir près du roi d'Angleterre, mais si enfin je pouvais quelque chose près de lui, je ferais tout pour t'établir dans ton pays natal, que tu chéris tant. »

L'empereur prit alors la parole. « Soyez témoins, ciel et terre, et vous mes fidèles sujets, et vous mes braves alliés, surtout vous, mes courageux et loyaux Varangiens, que nous aimerions mieux perdre le plus brillant joyau de notre couronne impériale, que renoncer au service de ce digne et vaillant Anglo-Saxon. Mais puisqu'il faut qu'il nous quitte et puisqu'il le désire, nous tâcherons de lui accorder des marques de notre munificence, qui montreront pendant le reste de sa vie que c'est à lui que l'empereur Alexis a déclaré devoir une dette que tout son empire ne pourrait acquitter... Vous et vos principaux officiers, seigneur Tancrède, vous souperez ce soir avec nous, et reprendrez demain votre honorable et religieux pèlerinage. Nous espérons que les deux combattans nous honoreront aussi de leur présence... Trompettes, sonnez le signal du départ. »

Les trompettes sonnèrent donc, et les différentes classes de spectateurs, armés et non armés, se divisèrent en groupes différens, ou se formèrent en rangs militaires pour revenir à la ville.

Des cris de femmes, soudains et étranges, furent la première chose qui arrêta le départ de la multitude. Ceux qui osèrent regarder en arrière, virent Sylvain, le grand orang-outang, s'avancer dans la ville, à la surprise et à l'étonnement de tous. Les femmes et même beaucoup d'hommes présens, inaccoutumés à l'air bizarre et à l'extérieur sauvage d'un animal extraordinaire, poussèrent des cris de terreur si bruyans qu'ils effrayèrent la créature qui en était la cause. Pendant le cours de la nuit, Sylvain, après avoir sauté par dessus les murs du jardin d'Agelastès, et escaladé les remparts de la ville, n'avait trouvé aucune peine à se cacher dans la lice qu'on s'occupait alors à construire, en se blottissant dans quelque coin obscur sous le siége des spectateurs. Il en fut probablement délogé par le tumulte que fit la multitude en se dispersant ; et en conséquence il avait été forcé de se montrer au public au moment où il le désirait le moins, à peu près comme le fameux polichinelle, au dénouement de son drame, quand il engage un combat à mort avec le diable lui-même : scène qui excite à peine autant de terreur parmi les jeunes spectateurs, que n'en causa l'apparition inattendue de Sylvain parmi les témoins du combat singulier. Arcs furent tendus et javelines pointées par les plus braves soldats, contre un animal d'une nature si ambiguë, et que sa taille extraordinaire, son ignoble figure faisaient prendre à tous ceux qui le regardaient pour le diable en personne ou pour l'apparition de quelque une de ces divinités infernales d'autrefois, qu'adoraient les païens. Sylvain avait su acquérir assez d'expérience pour comprendre suffisamment que l'attitude prise par tant de soldats indiquait un danger imminent contre sa personne, et il se hâta de s'en mettre à l'abri en courant se placer sous la protection d'Hereward avec qui il s'était jusqu'à un certain point familiarisé. Il le saisit donc par son manteau, et par l'air singulier et alarmé de ses traits étranges, ainsi que par des cris sauvages et inarticulés, il chercha à exprimer sa frayeur et à demander protection. Hereward comprit les terreurs de la pauvre créature, et se tournant vers le trône de l'empereur, dit à haute voix : —« Pauvre bête effrayée, adresse ta demande, tes gestes, tes accens à un homme qui, après avoir pardonné aujourd'hui tant de crimes volontairement et méchamment commis, ne se montrera pas, j'en suis sûr, inflexible envers un être tel que toi, pour ceux que ta moitié de raison t'a laissé commettre. »

L'animal, comme c'est l'usage de son espèce, imita aussitôt et avec beaucoup de bonheur les gestes et les supplications d'Hereward lui-même, tandis que l'empereur, malgré la scène sérieuse qui venait de se passer, ne pouvait s'empêcher de rire du trait de comédie que ce dernier incident y ajoutait.

« Mon fidèle Hereward, dit-il, (en ajoutant à part lui : je ne l'appellerai plus Edouard si je ne puis) tu es le refuge des affligés, hommes et bêtes ; et jamais supplication qui passera par ta bouche, tant que tu seras à notre service, ne sera faite en vain. Aie la complaisance, toi, bon Hereward... (car ce nom était alors extrêmement bien gravé dans la mémoire de l'empereur) toi, avec ceux de tes compagnons qui connaissent les habitudes de cet animal, de le reconduire à son ancien logement dans le Blaquernal ; et cela fait, mon ami, songe que nous requérons ta compagnie et celle de ta fidèle Bertha, pour souper à notre cour avec notre épouse et notre fille, et ceux de nos serviteurs et alliés qu'il nous plaira d'appeler au même honneur. Sois assuré que, tant que tu resteras avec nous, il n'est point de distinction que nous ne t'accordions volontiers... Et toi, Achille Tatius, approche. Tu n'es pas moins en faveur auprès de ton empereur, qu'avant que ce jour n'ait commencé. Les accusations portées contre toi n'ont été entendues que par une oreille amie qui ne s'en souviendra que si de nouvelles fautes (ce qu'à Dieu ne plaise!) viennent en réveiller le souvenir. »

Achille Tatius s'inclina au point que le panache de son casque touchât la crinière de son superbe coursier ; mais il crut qu'il valait mieux s'abstenir de toute réponse, laissant son crime et son pardon se perdre dans les termes généraux dont l'empereur s'était servi.

La multitude de tout rang se remit encore une fois en marche pour retourner à la ville, et aucun nouvel incident n'interrompit leur retour. Sylvain, accompagné d'une couple de Varangiens qui l'emmenèrent en quelque sorte comme un prisonnier, prit la route des souterrains de Blaquernal qui étaient dans le fait son habitation convenable.

Tout en cheminant vers Constantinople, Harpax, le fameux centurion des gardes Immortelles, eut un entretien avec un ou deux de ses soldats et quelques citoyens qui avaient pris part à la dernière conspiration.

« Ah! dit Stéphanos l'athlète, la belle affaire que nous avons faite là ! Nous laisser devancer et trahir par un absurde Varangien ! Toutes les chances ont tourné contre nous, comme elles tourneraient contre Corydon le savetier, s'il osait me défier dans le cirque. Ursel, dont la mort avait si bien travaillé, se trouve n'être pas mort après tout, et qui pis est, il ne vit pas à notre avantage. Ce drôle d'Hereward, qui hier ne valait pas mieux que moi... Que dis-je donc ?... mieux ! Il valait beaucoup moins ; un être insignifiant sous tous les rapports !... le voilà maintenant comblé d'honneurs, de louanges, de présens, jusqu'à ce qu'on lui fasse rendre presque tout ce qu'on lui a

CHAPITRE XXXIII.

donné ; et le César, l'acolyte, nos complices, ont perdu l'amitié et la confiance de l'empereur; et si on les laisse vivre, il en est d'eux comme de ces volailles domestiques que nous gorgeons aujourd'hui de nourriture pour leur tordre demain le cou et les mettre à la broche ou dans le pot. »

« Stephanos, répliqua le centurion, ta force de corps te rend propre à la palestre, mais ton esprit n'est pas assez fin pour discerner ce qui est réel de ce qui n'est que probable dans le monde politique, que tu te mêles de juger en ce moment. Vu le risque que l'on court à prêter l'oreille à une conspiration, tu devrais songer que c'est un bonheur, tout bien examiné, d'y échapper la vie et la réputation sauves. Tel a été le cas d'Achille Tatius et du César. De plus, ils ont conservé leurs hauts emplois, emplois qui leur donnent confiance et pouvoir, et ils doivent compter que l'empereur ne se hasardera guère à les en dépouiller par la suite, puisque la connaissance de leurs crimes ne l'a point enhardi à le faire. La puissance qu'on leur laisse ainsi nous appartient de fait, et l'on ne peut supposer une circonstance à dénoncer leurs complices au gouvernement. Il est beaucoup plus probable qu'ils se souviendront d'eux avec l'espoir de recommencer en temps convenable et de renouveler l'alliance qui les unit ensemble. Reste donc dans ta noble résolution, mon prince du cirque et songe que tu conserveras encore cette influence prédominante que les favoris de l'amphithéâtre sont sûrs de posséder sur les citoyens de Constantinople. »

« Je ne sais pourquoi, répondit Stephanos, mais une chose me ronge le cœur comme le ver qui ne meurt pas : c'est de voir ce mendiant étranger trahir le plus noble sang du pays, pour ne pas parler du meilleur athlète de la palestre, et se retirer non seulement sans être puni de sa trahison, mais avec des éloges, des honneurs et de l'avancement. »

« En effet, dit Harpax; mais observe, mon ami, qu'il se retire fort à propos. Il abandonne le pays et quitte le corps où il aurait pu prétendre à de l'avancement et à quelques vains honneurs, qu'on estime au prix de semblables bagatelles. Sous deux ou trois jours, Hereward ne vaudra guère mieux qu'un soldat licencié, vivant du pauvre pain qu'il pourra gagner à la suite de ce comte mendiant, ou que plutôt il lui faudra disputer aux infidèles, en opposant sa hache d'armes aux sabres turcs. A quoi lui servira en Palestine, parmi les désastres, les massacres et la famine, d'avoir été admis une fois à souper avec l'empereur? Nous connaissons Alexis Comnène, il se plait à remplir, coûte qui coûte, les obligations qu'il a envers des gens comme cet Hereward; et, crois-moi, je m'imagine déja voir le rusé despote lever les épaules de dérision, quand un matin il recevra la nouvelle d'une bataille perdue en Palestine par les croisés, et dans laquelle son ancienne connaissance aura péri. Je ne t'insulterai pas en te disant combien il serait aisé d'obtenir la faveur de la suivante d'une dame de qualité; et je ne pense pas qu'il serait difficile, si l'envie en venait à un athlète, d'acquérir la propriété d'un grand babouin comme Sylvain, qui sans doute mettrait à même de s'établir comme jongleur tout Franc qui aurait l'esprit assez bas pour chercher à gagner son pain de cette manière, grâce aux aumônes de la chevalerie affamée d'Europe. Mais pour descendre jusqu'à envier le sort d'un pareil individu, il ne faut pas être un de ces hommes que leurs distinctions personnelles suffisent pour élever au premier rang parmi tous les favoris de l'amphithéâtre. »

Il y avait dans ce raisonnement sophistique quelque chose qui n'était qu'à demi satisfaisant pour l'intelligence bornée de l'athlète auquel il s'adressait, quoique la seule réponse qu'il essaya de faire se bornât à cette observation:

« Oui ; mais, noble centurion, vous oubliez qu'outre de vains honneurs, il a été promis à ce Varangien Hereward, ou Édouard, peu importe son nom, un présent considérable en or. »

« Oh! cette fois, vous me prenez, dit le centurion ; et quand vous me direz que la promesse a été remplie, j'avouerai très volontiers que l'Anglo-Saxon a obtenu là quelque chose digne d'envie; mais tant que ce ne sera qu'une simple promesse, vous m'excuserez, mon cher Stephanos, si je n'en fais point plus de cas que de celles qu'on ne fait ainsi qu'aux Varangiens, promesses qui nous montrent dans l'avenir des monceaux d'argent que nous recevrons probablement en même temps que la neige de l'année dernière. Armez-vous donc de courage, noble Stephanos, et ne croyez pas que vos affaires soient dévenues pires à cause de l'échec d'aujourd'hui ; que votre cœur ne se laisse donc pas abattre, mais, sans perdre de vue les principes qui l'ont enflammé, croyez que vos projets n'en sont pas moins sûrs parce que le sort a renvoyé leur accomplissement à un jour plus éloigné. » C'était ainsi qu'en conspirateur adroit et infatigable, Harpax rassurait pour quelque renouvellement futur de leur entreprise l'esprit chancelant de Stephanos.

Les chefs qui avaient été désignés par l'empereur se réunirent ensuite pour le repas du soir ; et au contentement général, à la bienveillance que témoigna Alexis à ses hôtes de tout rang, on ne se serait guère douté que le jour qui venait de s'écouler avait été d'abord désigné pour l'exécution d'un projet si terrible et si criminel.

L'absence de la comtesse Brenhilda, pendant cette journée si remplie, ne causa pas peu de surprise à l'empereur et à ceux qui jouissaient de sa confiance intime, et qui connaissaient son caractère entreprenant, non moins que l'intérêt qu'elle devait prendre à l'issue du combat. Bertha avait de bonne heure communiqué au comte que sa maîtresse, agitée par suite de toutes les inquiétudes des jours précédens, n'avait pu quitter la chambre. Le vaillant chevalier ne perdit donc pas de temps pour apprendre à sa fidèle comtesse qu'il était sain et sauf ; puis, rejoignant les convives qui devaient assister au festin du palais, il se comporta comme s'il ne lui restait pas le moindre souvenir de la perfide conduite de l'empereur, à la fin du banquet précédent. Il savait à la vérité que les chevaliers du prince Tancrède, non seulement faisaient bonne garde autour de la maison où logeait Brenhilda, mais encore qu'ils surveillaient rigoureusement les environs de Blaquernal, autant pour la sûreté de leur chef héroïque que pour celle du comte Robert, compagnon respecté de leur pèlerinage militaire.

Le principe général de la chevalerie européenne était de laisser rarement la méfiance survivre à une querelle vidée au grand jour, et tout ce qui était pardonné s'effaçait de la mémoire, comme ne devant plus revenir ; mais, dans la présente occasion, les divers événemens de la journée avaient réuni un nombre de troupes plus considérable que d'ordinaire, de sorte que les croisés avaient à se bien tenir sur leurs gardes.

On peut croire que la soirée se passa sans aucune tentative pour renouveler le cérémonial dans la grand'chambre des Lions, qui avait amené, dans une occasion précédente, une telle mésintelligence. Il eût été vraiment heureux si l'explication entre le puissant empereur de la Grèce et le chevaleresque comte de Paris avait eu lieu plus tôt, car un moment de réflexion sur ce qui s'était passé avait convaincu l'empereur que les Francs n'étaient pas gens à s'en laisser imposer par des ouvrages de mécanique ou de pareilles bagatelles, et que ce qu'ils ne comprenaient pas, au lieu d'exciter leur crainte ou leur admiration, ne faisait qu'enflammer leur courroux et leur courage. D'ailleurs il n'avait pas échappé au comte Robert que les mœurs des Orientaux étaient absolument différentes de celles auxquelles il avait été habitué; qu'ils n'étaient pas aussi profondément imbus de l'esprit de la chevalerie, et que le culte de Notre-Dame des Lances-rompues, pour parler comme lui, n'était pour eux un sujet si naturel d'adoration. Cependant le comte Robert avait observé qu'Alexis Comnène était un prince sage et politique; et s'il se mêlait peut-être trop de ruse à sa sagesse, c'était peut-être à cette conduite adroite qu'il devait d'exercer sur les esprits de ses sujets cet empire qui était nécessaire, et pour leur bien et pour le maintien de son autorité. Il résolut donc d'écouter sans colère tout ce que l'empereur pourrait dire, par civilité ou par plaisanterie, et de ne pas troubler de nouveau une bonne intelligence qui pourrait être utile à la chrétienté, par une querelle fondée sur une fausse interprétation de mots, ou sur l'ignorance des usages du pays. Le comte de Paris resta fidèle, toute la soirée, à cette prudente résolution, non sans peine pourtant car elle s'accordait mal avec son caractère vif et fougueux, qui était également jaloux de savoir le sens précis de chaque mot qu'on lui adressait, et prêt à prendre ombrage s'il y voyait le moindre degré d'offense, avec ou sans intention.

CHAPITRE XXXIV ET DERNIER.

Conclusion.

Ce ne fut qu'après la conquête de Jérusalem que le comte Robert de Paris revint à Constantinople, et qu'il en partit, avec son épouse et ceux de ses compagnons que le fer et la peste avaient épargnés dans cette guerre sanglante, pour retourner dans son pays natal. En abordant en Italie, le premier soin du noble comte et de la comtesse fut de faire célébrer avec pompe le mariage d'Hereward et de sa fidèle Bertha, qui avaient ajouté à leurs autres titres, à l'affection de leur maître et de leur maîtresse, ceux qu'ils avaient acquis, Hereward par ses loyaux services en Palestine, et Bertha par les soins non moins affectueux qu'elle avait prodigués à la comtesse pendant son séjour à Constantinople.

Quant au destin d'Alexis Comnène, on peut lire quel il fut dans l'histoire de sa fille Anne Comnène, qui l'a représenté comme le héros de maintes victoires remportées, dit l'historienne née dans la pourpre, au chapitre III du livre XV de son ouvrage, tantôt par ses armes et tantôt par sa prudence. « La hardiesse seule a gagné quelques batailles, d'autres fois ses succès ont été dus au stratagème. Il a élevé le plus illustre de ses trophées en affrontant le péril, en combattant comme simple soldat, en se jetant tête nue au plus épais de la mêlée; mais il en est d'autres, continue la docte princesse, qu'il a trouvé occasion d'ériger en feignant de craindre, en simulant une retraite. En un mot, il savait également triompher en fuyant et en poursuivant, et restait debout devant l'ennemi qui paraissait l'avoir terrassé, semblable à l'instrument militaire appelé chaussetrappe, qui reste toujours droit dans quelque direction qu'on le jette à terre. »

Il serait injuste de priver la princesse de la défense qu'elle se fait pour elle-même contre l'accusation bien naturelle de partialité.

« Il faut que je repousse encore une fois les reproches que

m'adressent certaines gens, comme si mon histoire était simplement composée d'après les inspirations de l'amour naturel pour les parens qui est gravé dans le cœur des enfans. En vérité, ce n'est pas l'effet de l'affection que je porte aux miens, mais l'évidence incontestable des faits eux-mêmes, qui m'oblige à parler comme je l'ai fait. N'est-il pas possible qu'on ait en même temps de l'affection pour la mémoire d'un père et pour la vérité? Quant à moi, je n'ai jamais dirigé ma tentative pour écrire l'histoire, autrement que par l'assurance de l'exactitude des faits. Dans ce dessein, j'ai pris pour sujet l'histoire d'un homme illustre; est-il juste que, par suite du hasard qui a voulu qu'en même temps il fût l'auteur de mes jours, sa qualité de père vis-à-vis de moi, élève nécessairement contre moi une prévention qui ruinerait mon crédit auprès des lecteurs? J'ai donné en d'autres occasions des preuves assez fortes de l'ardeur que j'ai à défendre les intérêts de mon père, et ceux qui me connaissent n'en douteront jamais; mais, dans celle-ci, je me suis bornée à ce que prescrivait l'inviolable fidélité avec laquelle je respecte la vérité, et je me serais fait un scrupule de la violer, sous prétexte de servir la renommée de mon père. » *Ibid.*, chapitre III, livre XV.

Nous avons cru devoir faire cette citation par justice pour la belle historienne; nous extrairons aussi la description qu'elle fait de la mort de l'empereur, et nous n'hésitons pas à convenir que la manière dont notre Gibbon a peint cette princesse est pleine de justice et de vérité.

« Malgré ces protestations réitérées de sacrifier plutôt à l'exacte et absolue vérité qu'à la mémoire de mon père mort, Gibbon remarque avec raison « que au lieu de la simplicité de style et de narration qui gagne la croyance, une affectation travaillée de rhétorique et de science trahit à chaque page la vanité d'une femme auteur. Le vrai caractère d'Alexis se perd dans une vague constellation de vertus; et le ton perpétuel de panégyrique et d'apologie éveille notre méfiance et nous force à douter de la véracité de l'historienne et du mérite de son héros. Nous ne pouvons cependant lui contester sa judicieuse et importante remarque, que les désordres du temps furent l'infortune et la gloire d'Alexis, et que toutes les calamités qui peuvent affliger un empire inclinant vers sa ruine furent accumulées sous son règne par la justice du ciel et par les vices de ses prédécesseurs. » Gibbon, *histoire de l'Empire romain*, vol IX, page 83, note.

La princesse n'hésita donc pas à croire que les signes nombreux qui parurent dans le ciel et sur la terre furent interprétés par les devins de l'époque, comme présageant la mort de l'empereur. Par ce moyen, Anne Comnène a rattaché à son père des marques d'importance que d'anciens historiens représentent comme les indications nécessaires de l'intérêt que prend la nature à la disparition des grands personnages de la scène du monde; mais elle ne manque pas d'apprendre au lecteur chrétien que son père ne croyait à aucun de ces pronostics, et qu'il resta incrédule même dans la remarquable occasion que voici : Une magnifique statue, qu'on regardait généralement comme un débris du paganisme, tenant à la main un sceptre d'or et placée sur un piédestal de porphire, fut renversée par un ouragan, et l'on interpréta cet incident comme un signe de mort prochaine pour l'empereur. Mais il repoussa généralement cette interprétation. Ce Phidias, dit-il, et d'autres grands sculpteurs de l'antiquité avaient le talent d'imiter le corps humain avec une surprenante exactitude; mais supposer que le pouvoir de prédire l'avenir était donné à ces chefs-d'œuvre de l'art, ce serait accorder à leurs auteurs les facultés que la divinité se réserve à elle-même, lorsqu'elle dit : « C'est moi qui tue et qui fais vivre. » Pendant ses derniers jours l'empereur fut vivement tourmenté de la goutte, mal dont la nature a exercé l'esprit de nombreux savans ainsi que celui d'Anne Comnène. Le pauvre malade était tellement épuisé que, comme l'impératrice parlait des hommes les plus éloquens qui aideraient à composer son histoire, il dit avec un mépris naturel pour de semblables vanités : « Les événemens de ma malheureuse vie demandent plutôt des larmes et des lamentations que les louanges dont vous parlez. »

Une espèce d'asthme se joignit bientôt à la goutte, et alors les remèdes des médecins devinrent aussi inutiles que l'intercession des moines et du clergé, aussi bien que les aumônes qui furent indistinctement prodiguées. Deux ou trois évanouissemens profonds et successifs donnèrent un sinistre avertissement du coup qui s'approchait; et enfin se terminèrent le règne et la vie d'Alexis Comnène, prince qui, malgré tous les défauts qu'on peut lui imputer, possède encore un droit réel, vu la pureté de ses intentions en général, à être regardé comme un des meilleurs souverains du Bas-Empire.

L'historienne oublia quelque temps l'orgueil de son rang littéraire; et, comme une femme ordinaire, elle versa des larmes, jeta des cris, s'arracha les cheveux, et se défigura le visage, tandis que l'impératrice Irène quittait ses vêtemens impériaux, coupait sa chevelure, changeait ses brodequins de pourpre pour des souliers noirs de deuil, et que sa fille Marie, qui elle-même avait été veuve, prenait une robe noire dans une de ses garde-robes, et la présentait à sa mère. «A l'instant même où elle la mit, dit Anne Comnène, l'empereur rendit l'ame, et en ce moment le soleil de ma vie se coucha.»

Nous ne poursuivrons pas ses lamentations plus loin. Elle se reproche d'avoir, après la mort de son père, cette lumière du monde, survécu aussi à Irène, également les délices de l'Orient et de l'Occident, ainsi qu'à son époux. «Je suis indignée, dit-elle, que mon ame, accablée de pareils torrens d'infortunes, daigne encore animer mon corps. N'ai-je pas été plus dure et plus insensible que les rochers mêmes, et n'est-il pas juste que celle qui a pu survivre à un tel père, à une telle mère et à un tel époux, soit soumise à l'influence de tant de calamités? Mais achevons cette histoire, plutôt que de fatiguer plus long-temps mes lecteurs de mes inutiles et tragiques lamentations.»

Après avoir ainsi conclu son histoire, elle ajoute les deux vers suivans:

> La savante Comnène alors cesse d'écrire,
> A défaut de matière et quand son père expire.

Ces citations en apprendront probablement au lecteur autant qu'il désire en savoir du caractère réel de l'historienne impériale. Peu de mots suffiront pour en finir avec les autres personnages que nous avons choisis dans son ouvrage, et qui ont figuré dans le drame qui précède.

Il n'est guère douteux que le comte Robert de Paris, qui devint particulièrement célèbre par l'audace qu'il eut de s'as-

CHAPITRE XXXIV.

seoir sur le trône impérial, ne fût, dans le fait, un homme du plus haut rang, et non moins, comme l'a conjecturé le savant Ducange, qu'un ancêtre de la maison de Bourbon qui a donné si long-temps des rois à la France. Il fut, à ce qu'il paraît, successeur des comtes de Paris par qui cette ville fut vaillamment défendue contre les Normands et les ancêtres de Hugues Capet. Il y a sur ce sujet diverses hypothèses qui font descendre le célèbre Huges Capet 1° de la famille de Saxe; 2° de Saint-Arnould, par la suite évêque d'Altex; 3° de Nibilong; 4° du duc de Bavière, et 5° d'un fils naturel de l'empereur Charlemagne. Placé de différentes manières, mais dans chacune de ces généalogies contestées, apparaît ce Robert, surnommé le Fort, qui était comte du district dont Paris était la capitale, plus particulièrement appelé le comté ou l'Ile-de-France. Anne Comnène, qui a rapporté dans son histoire l'usurpation hardie du trône de l'empereur par ce chef orgueilleux, nous apprend aussi qu'il reçut une blessure grave, sinon mortelle, à la bataille de Dorylœum, faute d'avoir suivi les instructions que lui avait données son père touchant les guerres de Turquie. L'antiquaire qui est disposé à faire des recherches sur ce sujet peut consulter la généalogie de la maison royale de France, par feu lord Ashburnham, ainsi qu'une note de Ducange sur l'*Histoire de la princesse*, pag. 362, tendant à prouver l'identité de son Robert de Paris, barbare hautain, avec le Robert surnommé le Fort, mentionné comme ancêtre de Hugues Capet. On peut encore consulter Gibbon, vol. XI, pag. 52. L'antiquaire français et l'historien anglais semblent également disposés à trouver l'église appelée, dans notre histoire, Notre-Dame des Lances-rompues, dans celle dédiée à Saint-Drusas ou Drosin-de-Loissing, qu'on supposait avoir une influence particulière sur l'issue des combats, et être dans l'habitude de les terminer en faveur du champion qui passait la nuit d'avant dans la chapelle.

En considération du sexe d'une des parties intéressées, l'auteur a choisi Notre-Dame des Lances rompues comme patronne plus convenable que saint Drusas lui-même, pour les amazones, qui n'étaient pas fort rares à cette époque. Gæta, par exemple, femme de Robert Guiscard, héros redouté, et père d'une héroïque postérité, était elle-même une amazone, combattit aux premiers rangs des Normands, et est sans cesse mentionnée par notre historienne impériale, Anne Comnène.

Le lecteur peut aisément concevoir que Robert de Paris se distingua parmi ses frères d'armes et les croisés ses compagnons. La renommée retentit du haut des remparts d'Antioche ; mais à la bataille de Dorylæum, il fut si gravement blessé, qu'il ne put prendre part à la plus grande scène de toute l'expédition. Cependant son héroïque comtesse eut la satisfaction infinie d'escalader les murs de Jérusalem, et d'accomplir son vœu, ainsi que celui de son époux. Cela fut d'autant plus heureux que les médecins déclarèrent que les blessures du comte avaient été faites avec une arme empoisonnée, et que, pour espérer une guérison complète, il lui fallait recourir à l'air natal. Après quelque temps passé dans le vain espoir d'échapper par la patience à cette désagréable alternative, le comte Robert se soumit à la nécessité, ou à ce qu'on lui présentait comme tel : et avec son épouse, le fidèle Hereward et tous ceux de ses soldats qui avaient été mis comme lui hors de combat, il reprit le chemin de l'Europe par mer.

Une agile galère, qu'ils se procurèrent à grands frais, les conduisit sans accident à Venise ; et de cette ville alors glorieuse, la modique portion de butin qui était échue en partage parmi les conquérans de la Palestine le mit à même de regagner ses propres domaines, qui, plus heureux que ceux de la plupart de ses compagnons de pèlerinage, n'avaient pas été dévastés par les voisins pendant l'absence du possesseur pour la croisade. Le bruit que le comte avait perdu la santé et les forces nécessaires pour continuer son hommage à Notre-Dame des Lances-rompues lui attira cependant les hostilités d'un ou deux voisins ambitieux ou jaloux, dont pourtant l'ambition fut suffisamment réprimée par la courageuse résistance de la comtesse et de l'intrépide Hereward. Il fallut moins d'un an au comte de Paris pour recouvrer toutes ses forces, et pour le faire redevenir comme jadis le protecteur assuré de ses vassaux et le sujet à qui les possesseurs du trône français accordaient le plus de confiance. Cette dernière circonstance mit le comte Robert à même d'acquitter sa dette envers Hereward d'une manière aussi ample qu'il pouvait le désirer ou l'attendre. Alors respecté pour sa prudence et sa sagacité, autant qu'il l'avait toujours été pour son intrépidité et sa valeur comme croisé, il fut plusieurs fois employé par la cour de France à conduire les négociations ennuyeuses et difficiles dans lesquelles les possessions normandes de la couronne anglaise entraînaient ces nations rivales. Guillaume-le-Roux ne fut ni insensible à son mérite, ni aveugle à reconnaître combien il lui importait de gagner sa bienveillance; et s'apercevant du désir qu'il avait qu'Hereward fût rendu au pays de ses pères, il saisit ou fit naître l'occasion de la déchéance de quelque noble rebelle, pour donner au Varangien un vaste domaine attenant à la Nouvelle-Forêt, aux lieux mêmes que son père avait principalement fréquentés, et où, dit-on, les descendans du vaillant écuyer et de son épouse Bertha ont existé pendant de longues années, survivant aux chances du temps et des hasards qui sont en général funestes à la continuation de familles plus distinguées.

FIN DU COMTE ROBERT DE PARIS.

www.ingramcontent.com/pod-product-compliance
Lightning Source LLC
Chambersburg PA
CBHW070533230426
43665CB00014B/1672